教育部人文社会科学研究项目
中央高校基本科研业务费专项资金项目

欧美发达国家
统筹城乡教育均衡发展的
比较研究

刘义兵◎著

西南师范大学出版社
国家一级出版社　全国百佳图书出版单位

图书在版编目(CIP)数据

欧美发达国家统筹城乡教育均衡发展的比较研究／刘义兵著．－－重庆：西南师范大学出版社，2021.6
ISBN 978-7-5621-7664-0

Ⅰ.①欧… Ⅱ.①刘… Ⅲ.①教育事业－城乡一体化－对比研究－欧洲、美国 Ⅳ.①G55②G571.2

中国版本图书馆 CIP 数据核字(2015)第 248572 号

欧美发达国家统筹城乡教育均衡发展的比较研究
刘义兵　著

责任编辑：牛振宇
责任校对：雷　兮
排　　版：王　兴
出版发行：西南师范大学出版社
　　　　　网址：http://www.xscbs.com
　　　　　地址：重庆市北碚区天生路2号
　　　　　市场营销部电话：023-68868624
　　　　　邮编：400715
印　　刷：重庆市正前方彩色印刷有限公司
幅面尺寸：170mm×240mm
印　　张：19.5
字　　数：450千字
版　　次：2021年6月　第1版
印　　次：2021年6月　第1次印刷
书　　号：ISBN 978-7-5621-7664-0
定　　价：48.00元

前　言

随着改革开放后的经济高速发展,我国区域间、城乡间以及校际间的教育差距逐渐拉大,尤其是城乡基础教育发展不均衡成为社会所关注的一个问题。如何推进城乡教育均衡发展,是我国深化教育体制机制改革的重大问题。我国基础教育均衡发展主要包括四个方面:区域均衡发展、城乡均衡发展、校际均衡发展和群体均衡发展。其中区域均衡是宏观上的表现,城乡均衡是中观上的表现,而校际和群体均衡则是微观上的表现。从某种意义上来说,解决了城乡教育非均衡发展的难题,也就等同于实现了整个基础教育均衡发展的目标。城乡教育均衡发展是推动我国基础教育健康、协调发展的关键性环节。

教育公平是社会公平的基石,是教育发展的本真追求。城乡教育均衡发展的目标在于落实教育公平理念,为适龄儿童提供公平的受教育机会。均衡发展既不是"削峰填谷"式的齐步发展,　　　　　"的单一发展。其目标在于城乡教育协调发展,以政府为统筹　　　薄弱学校及弱势群体施以必要优惠政策倾斜的基础上,　　　励特色发展逐步缩小城乡教育发展差距,从而达到城乡教育　　　的共赢局面。因此,城乡教育均衡发展既不是限制发展与平均发展,也不是划一发展与短期发展,而是以积极发展、分类发展、特色发展和持续发展为旨归。

城乡教育发展不均衡是困扰世界各国的普遍难题之一。欧美发达国家凭借其经济优势,通过颁布各类教育政策,积极采取有效措施改变工业时代遗留下的"重城轻乡"倾向,努力实现教育资源配置的相对均衡,不断缩小城乡教育发展差距。虽说城乡教育发展差距不可能完全消除,欧美发达国家的城乡基础教育差距已保持在一个社会可承受的合理区间内,教育公平的理念也由最初的重视入学权利公平到之后逐渐关注教育过程和结果公平,教育在促进社会流动方面的正向功能渐趋明显。因此,从"他山之石,可以攻玉"的角度来看,研究和借鉴欧美发达国家统筹城乡教育均衡发展的经验,对推动我国城乡教育均衡发展具有一定的理论和实践参考价值。

本书是教育部人文社会科学研究项目"欧美发达国家统筹城乡教育均衡发展的比较研究"(10YJA880088)和西南大学教师教育创新团队项目"教师教育

研究"(项目编号:SWU1709118)的研究成果。西南大学外国语学院巫娜博士、西南大学教育学部常宝宁博士、西南大学教育学部博士生杨登伟、西南大学教育学部博士生屠明将、西南大学教育学部博士生吴桐、西南大学教育学部硕士生陶梦云、西南大学教育学部硕士生裴海,作为项目的核心主研人员,他们参与了所述项目的全程研究工作。本书调研及撰写过程中,参考和借鉴了国内外许多相关学者的研究成果。为此,对参与课题研究工作的上述教师和研究生,以及参考文献的作者深表感谢。另外,还要由衷地感谢西南师范大学出版社的鼎力支持和编辑等同志们的辛勤劳动。

统筹城乡教育均衡发展是一个综合、复杂的系统工程,既涉及宏观层面教育体制机制的改革,也需要微观上课程教学改革的同步推进。本书只是重点探讨了欧美发达国家统筹城乡教育均衡发展的一些具有代表性的经验和启示,其中可能有不准确的表述,敬请各位读者不吝赐教。

目 录

前　言 ……………………………………………………… 1

第一章　美国统筹城乡教育均衡发展的研究 ………………… 1
　第一节　美国城乡教育均衡发展的历史进程 ……………… 1
　第二节　美国城乡教育均衡发展的现状与问题 …………… 20
　第三节　美国促进城乡教育均衡发展的举措 ……………… 32
　第四节　美国城乡教育均衡发展的特点与启示 …………… 55

第二章　加拿大统筹城乡教育均衡发展的研究 ……………… 61
　第一节　加拿大城乡教育均衡发展的历史进程 …………… 62
　第二节　加拿大城乡教育均衡发展的现状与问题 ………… 73
　第三节　加拿大促进城乡教育均衡发展的举措 …………… 86
　第四节　加拿大城乡教育均衡发展的特点与启示 ………… 99

第三章　法国统筹城乡教育均衡发展研究 …………………… 103
　第一节　法国城乡教育均衡发展的历史进程 ……………… 103
　第二节　法国城乡教育均衡发展的现状与问题 …………… 110

第三节　法国促进城乡教育均衡发展的举措 ············· 112
第四节　法国促进基础教育均衡发展的经费政策 ········· 126
第五节　法国城乡教育均衡发展的特点与启示 ············ 134

第四章　英国统筹城乡教育均衡发展的研究 ············· 141
第一节　英国城乡基础教育均衡发展的历史进程 ········· 141
第二节　英国城乡教育均衡发展的现状与问题 ············ 157
第三节　英国促进城乡基础教育均衡发展的举措 ········· 161
第四节　英国城乡基础教育均衡发展的特点与启示 ······ 171

第五章　德国统筹城乡教育均衡发展的研究 ············· 177
第一节　德国基础教育均衡发展的历史进程 ··············· 177
第二节　德国城乡教育均衡发展的现状与问题 ············ 182
第三节　德国促进城乡教育均衡发展的举措 ··············· 187
第四节　德国城乡教育均衡发展的特点与启示 ············ 191

第六章　芬兰统筹城乡教育均衡发展的研究 ············· 195
第一节　芬兰基础教育均衡发展的历史进程 ··············· 195
第二节　芬兰基础教育均衡发展的现状与问题 ············ 200
第三节　芬兰促进基础教育均衡发展的举措 ··············· 202
第四节　芬兰基础教育均衡发展的特点与启示 ············ 209

第七章　我国统筹城乡教育均衡发展的现实思考 ······· 217
第一节　我国城乡教育均衡发展的历程与现状 ············ 217
第二节　我国城乡教育非均衡发展的原因分析 ············ 230
第三节　我国统筹城乡基础教育均衡发展的政策审视 ··· 243
第四节　我国统筹城乡基础教育均衡发展的对策研究 ··· 261

参考文献 ·· 279

第一章 美国统筹城乡教育均衡发展的研究

美国是全球城镇化水平最高的国家之一,20世纪城镇化率就已经超过82%。[①] 在急速发展的城镇化过程中,美国政府注重整合各种要素,促进区域城乡一体化发展。在教育方面,各级政府实行优惠扶持政策,帮助城乡弱势群体,力图实现人人享有平等的受教育权。但是,作为典型的多种族、多民族移民国家,美国国民在文化传统、政治观念、宗教信仰、经济状况等方面存在较大差异,各州教育发展受到种族、民族、贫困问题的极大影响。尊重地区差异的分权制教育管理模式既有利于解决地区教育问题,也为更好地解决区域间教育发展不均衡问题带来一些经验。总体而言,在不同的发展时期,美国政府、社会团体、公益机构从未放弃过对教育公平的追求,不断采取各种措施,保障不同地区、不同阶层、不同种族群体获得平等的教育的权利。纵观美国城乡教育改革发展的历史,促进城乡教育均衡发展始终是美国基础教育改革的价值取向之一,其独特的改革路径与经验值得关注。

第一节 美国城乡教育均衡发展的历史进程

在美国,统筹城乡教育均衡发展大致经历了四个历史发展阶段,即17世纪初至18世纪末的城镇化酝酿期、18世纪末至19世纪末的城镇化初步完善期、19世纪末至20世纪初的城市加速发展期以及20世纪的郊区化时期。

一、城镇化酝酿期的教育均衡发展

美国对城乡教育均衡发展的关注可以追溯到17世纪殖民地时期,当时的美洲大陆还处在不断拓荒的农业社会时期。然而,随着来自英国、法国等国家的移民在美洲大陆聚居,形成了人口分散的村落与居住集中的小镇,于是集镇教育与分散乡村教育之间的差距开始显现。通常,享受集镇学校教育是相对富

---

① 王传军.美国城镇化的"破"与"立"[N].光明日报,2013-2-5(8).

裕阶层子女的权利。这一时期初等教育最大的差异源自不同殖民者对待教育的不同态度,因为整体教育处于落后状态,所以乡村与集镇教育发展的地区差异不是特别明显。

17世纪初至18世纪末,美国城镇数量少、规模小,人口主要分布在农村地区。1790年美国进行的第一次人口普查统计数据显示,美国总人口约400万人,农村人口占总人口的比重为94.99%,人口数在2500人以上的城市只有24个,人口数在1万人以上的城市仅有5个。这一时期的教育内容以宗教教义为主且学校由于私人或教会兴办,初等学校基本都设立在农村地区的村落和镇当中。移居美国的殖民者主要以新教徒为主,他们带着宗教信仰自由的梦想结伴来到美国这片新大陆。为了使基督教在新大陆继续传播,培养合格的基督徒,殖民者们在建立教堂的同时,也兴办学校,主要向学生灌输宗教教义以及传授基本的读、写、算技能。从北美洲南部到北部,由于移民过程的随意性以及管理的无序性,各地村镇的组成往往由宗教派别维系,形成了南部种植庄园社区、中部多教派各自聚居区、北部新英格兰清教徒社区等,这些区域具有不同形式的城镇基础教育。当时整个北美大陆各地区基础教育没有统一的学校制度、课程设置、师资培训,教育规模参差不齐,教育水平普遍较低。同时,为数不多的私立学校仅仅向富裕的中产阶层的儿童敞开,贫困家庭不但没有能力支付高额的学费,还不得不让子女过早参加生产劳动,补贴家用,大部分社会底层阶级的儿童缺少接受学校教育的机会。当然,这一时期在英法殖民者统治下,印第安人和非裔美国人受教育的机会微乎其微,女性受教育情况也不理想。

(一)城镇化酝酿期城乡教育的差距日渐显现

以南部种植庄园社区为例,南部殖民者初到美洲时,种植业并没有想象中那么发达,殖民者多采取群居模式居住在一起,以应对自然及当时土著印第安人带来的威胁。后来,随着殖民地人口的增加,烟草种植业的持续发展,蓄奴制度的产生,大片土地通过买卖变成个人私有,大量面积巨大的庄园组成的小镇社区独具特色。过去以"教区"维系的、社区创办的少数学校此时已经难以为居住较远、人口稀少的庄园社区提供服务,于是富裕的中产阶级家庭往往采取聘请家庭教师或者将子女送回英国的方式为子女提供教育。而对于劳动阶层的子女来说,由于分散居住在乡间,既找不到离家较近的学校,又缺乏资金聘请教师,只能放弃受教育的机会。

北部殖民地则以清教徒为主,建立了与南部种植庄园社区完全不同的教育体制。北部殖民者居住相对集中,便于建立学校,其大多让子女在镇区学校接受教育。北部殖民者在抵达美洲的头十年,建立了包括初等学校及拉丁文法学校在内的教育体系。但是,同南部地区一样,北部地区的贫困儿童也没能获得同等的受教育权利。他们不但没有机会进入为家境优越的"上层儿童"开设的拉丁文法学校,而且连接受基本的初级识字教育的机会也难以获得。在北部殖民地,女性也被排除在教育体系之外,只有男孩儿才有机会进入高级英语语法学校,而源自名门的欧洲殖民者后裔有机会学习拉丁语,而后进入哈佛学院、耶鲁或威廉玛丽等院校。[①]

(二)城镇化酝酿期北美殖民地城乡教育均衡发展的实践

如果说整个17世纪美洲殖民地的教育都是欧洲模式的移植,那么随着移民在美洲的增多,到了18世纪,北美殖民地则孕育出三种独具特色的关于教育职责的观念和实践。第一种是加尔文关于教会国家的观念,主张出于宗教和世俗的双重目的,当地应该建立公共学校、高等拉丁语学校或学院。这种教育观念在新英格兰地区占主导地位,在马萨诸塞殖民地最为流行。第二种是由荷兰人、摩拉维亚人、门诺派、德国路德教、德国改革派、贵格会、长老会、浸信会和天主教会所主张的教区学校观。这种类型的教育观念以信奉新教的宾夕法尼亚殖民地和信奉天主教的马里兰殖民地为代表。它主张由教会来管理教育事务,反对政府干预教育,主张教会控制学校教育。第三种是在融合第二种观点的基础上形成的,即安立甘宗关于教育的观念。它认为除了高等教育之外,公共教育主要是为孤儿和贫困儿童开办,且由于它将教育视为一种慈善活动,因此政府没有义务对教育提供任何形式的支持与帮助。在第三种类型占主导的地区,社会中上层家庭的子女主要通过私立学校或教会学校接受教育,或者聘请家庭教师来家中教学,这样的教育需要支付一定的学费。只有少数的贫儿和孤儿才能在极其有限的时间内,通过教会和政府的资助来学习一些有用的知识。[②] 在以上三种观念的指导下,不同地区的教育主导力量积极尝试,推动了各地教育的发展。在北部地区,殖民地政府颁布了早期的公共教育法令,政府肩负起对教育的责任;在中部地区,各教派投入大量资金,着手创建慈善学校;在南部地区,改革者和慈善家模仿英国教育体制,创建了"贫儿学校"。各地为普通劳动

[①] Kaestle F. Carl. (2008). Victory of the Common School Movement: A turning point in American educational history. In Historians on America: Decisions that makes a Different, edt. by George Clark. Dot1q publishing, 2010.

[②] (美)埃尔伍德·帕特森·克伯莱.美国公共教育:关于美国教育史的研究和阐释[M].陈露茜,译,合肥:安徽教育出版社,2012:7.

者阶层子女及弱势群体子女提供了教育契机,成为美国统筹基础教育发展、追求教育公平的"雏形"。

北部殖民地各省对居民的教育问题尤为关注,是美国殖民地"强制教育"(compulsory education)的开端。以马萨诸塞州为代表的北部殖民地成立了议会并颁布法令,要求所有村镇政府负责本地基础教育,开办学校。1641年,马萨诸塞州纽黑文镇设立了一所比较有名的学校,村镇居民召开大会,共同出资聘请一位教师任教,每年为教师支付15英镑的报酬,每个学生每年需要支付12先令的学费,而贫穷儿童上学的费用则由村镇支付。[1] 1642年与1647年马萨诸塞州两度颁布法令,规定凡居民满50户的镇区设立初等学校,满百户者设中等学校,实行强制就学。[2] 1650年,康涅狄格州也颁布了类似的法案。[3] 这些法案的颁布是美国普及教育的早期探索,也体现出当时殖民政府对城镇与乡村间、不同社会群体之间教育均衡发展的关注。

中部地区殖民者来源复杂,所属教派各异,为了争取信徒,扩大本教派势力,各教派在各村镇建立了教堂和学校,宣传各自教义,一些教会和慈善家也为当地的贫民建立了贫民学校及慈善学校。1683年,中部宾夕法尼亚州建立了第一所贫儿学校,开设了阅读、写作、记账等相对实用的课程,规定富家子弟必须缴费,但对贫民子弟免收学费。在偏僻农村,特别是一些教育落后的散居地区,一些教会从传教的目的出发,常常深入偏僻农村进行传教布道,开办学校。以康涅狄格州肯特镇为例,由于该镇常年受到水灾威胁,最初的40户人家中有16户向西搬迁,村镇居民分散各地,学校由最初的一所扩展到几所,基本解决了该镇儿童的识字问题。[4]

在南部地区,封建思想相对浓厚,社会阶层划分明显,种植园主对贫民的教育漠不关心,各地基础教育极为落后。种植园主开办教育的主要目的是满足地方产业对劳动力的需求,南方较为原始的生产方式,对劳动力素质的要求较低,教育得不到足够的重视。为了满足种植业需要,南部地区最主要的教育形式是学徒训练模式,能够支付学费的家庭将子弟送到匠人师傅处接受手工训练和识字教育。这样的教育模式非常随意,效率也极低,即便如此,也不是所有的贫民

---

[1] Richard,B. ,Boone. Education in the United States:Its History from the Earliest Settlements. New York:Thoemmes Press, 1889,P. 19.
[2] 腾大春. 外国教育通史(第三卷)[M]. 济南:山东教育出版社,1990:345-346.
[3] Laws,Connecticut. The Code of 1650. 1830. Reprint. London:Forgotten Books,2013. Print.
[4] 王强. 美国农村教育发展史[M]. 银川:宁夏人民出版社,2009:47.

家庭都有条件为子女提供这样的教育。相对于北部和中部地区,整个南方地区的基础教育发展都较为落后。随着种植业对技术工人需求量的不断增加,南方地区过于落后的教育现实促使各地政府加强了对基础教育的监控力度。南部佐治亚州地方当局制定了为贫民和孤儿开设"贫儿学校"的规定与实施细则,规定无力为子女提供教育的赤贫家庭,可以享受免费教育。一些慈善组织也积极投入经费,为农村贫困儿童提供免费的教育。18世纪初,南方地区才逐步普及对孤儿和贫穷儿童的艺徒训练。

在城镇化酝酿期,农业经济占主导地位,工业尚不发达,基础教育发展差距主要体现在经济地位差距较大的中产阶级与贫苦大众之间,体现在人口相对集中、商业相对繁荣的城镇与人口相对较少、以农业和种植业为主导的乡村之间,也体现在不同信仰、不同性别之间。这一时期,殖民地政府及相关权益主体采取了一定的举措,为社会弱势群体享有教育权益提供了支持。但总体而言,由于农业经济对教育的需求较低,人们对基础教育发展之间的差距未有足够的重视。

二、城镇化初步完善期的城乡教育均衡发展

18世纪末至19世纪末的大部分时期,美洲大陆的殖民者并未将教育作为政府的主要事务,多数地区的基础教育被当作私人的事,不是政府强制的,也不是免费的。学校不向所有人开放,也不是大多数人接受教育的主要方式。在人口密集的城镇,接受教育的儿童需要父母支付学费,因此在中部和南方殖民地,教育的普及几乎是难以想象的。美国建国后的一百年时间里,逐步经历了从农业社会向工业社会转型的过程,国土面积不断扩大,人口不断增加,经济持续发展,城镇化初步完成。教育逐渐被当作政府的责任,免费的公共教育制度开始在各州建立起来。在19世纪声势浩大的公立学校运动的推动下,城市教育体系逐渐形成,城乡教育结构发生了历史性变化。美国政府统筹城乡教育均衡发展的举措就体现在这场影响深远的公立教育运动中。各州广泛建立起由公共税收维持、公共行政机关监督、向所有儿童免费开放的学校制度,努力将教育普及到美国乡村和城市的广大民众中去。南部各州受历史、传统和经济模式影响,在创建公共教育体系的过程中较为被动,公立学校建设水平远不及北部各州,城乡基础教育水平相差较大;而随着19世纪国内交通运输的逐渐发达,原来分布于东北部各州的中小城镇迅速发展,城市经济发展对城乡教育提出了新的要求,建立公共教育的诉求得到了积极的回应。这样的发展结果使得美国乡

村地区和城市地区的教育差异开始凸显。

(一)18 世纪城乡教育发展差异的表现

18 世纪美国独立战争后,建立了联邦政府,由资产阶级与种植园奴隶主联合执政,公立学校建设被正式提上联邦政府的议事日程。但是,在公立学校运动之初,不是所有的州都接受联邦政府的倡议,特别是南部以种植业为主的各州,由于庄园社区较多,农村所占比例较大,学区分散,规模较小,公立学校建设困难重重。地方政府一方面坚持传统的教育理念,认为教育是家长的责任,而不是政府的责任;另一方面也不能妥善解决公共教育税收及资金分配上的问题,致使南部地区公共教育发展缓慢。在南部地区的印第安纳州,政府为公立学校征收教育税的问题进行了长时间的斗争。1816 年,印第安纳州通过立法,提出在本州建立公共学校系统;1824 年,政府颁布公共教育法案,许可公共学校所在村镇向居民征税,以维持公共学校的运行,为避免和教会学校冲突,该法案也同时允许各个村镇学区向家长收取学费,用以开办公共学校。直到 1836 年,印第安纳州才颁布法律允许村镇征收强制性的学校教育税,规定将一部分地方税用于村镇公立学校办学。和南部各州相比,中部和北部各州居民渴望接受免费教育的欲求更为强烈,不仅工人阶级要求普及免费的学校教育,广大农民和商人等同样渴望实现免费的公立教育,但是他们并不真正理解自己所需要的是怎样的教育和怎样的学校。[1] 他们希望免费的公立学校有漂亮的校舍,规范的课程设置,良好的师资,却不愿意在子女的教育上投入更多。因此,教育税收问题是制约这一时期乡村学区教育发展的一大障碍。

18 世纪中期前,许多乡村地区仍然由城镇自行决定是否成立学校,以及如何为学校筹集资金。而通常条件下,学校的建设和运作一部分由当地的税收财政支出,另一部分由父母缴纳学费。有时,学校会向所有儿童提供一定时期的免费课程,然后会向父母有能力支付学费的儿童提供"延续"课程。这样一来,儿童接受学校教育的多少最终取决于家庭财富,因此,黑人和印第安人通常无法在这些学校上学。由于缺少重视,乡村学校大多比较破败,学校管理者多是没有任何教育管理背景的人,任课教师水平通常也较低;由于经费有限,聘请合格教师的学校往往是少数,教师工资收入极低,仅能够为学生提供基本的识字教育。在 19 世纪初,乡村学校成为许多改革家批评的对象,密歇根州的学校督学约翰·皮尔斯(John Pierce)称那些乡下是"无知教师们的天堂";另有一份报

---

[1] 滕大春.美国教育史(第二版)[M].北京:人民教育出版社,2001:142.

告在形容一个地区的学校建筑年久失修时说"甚至连老鼠都弃之而去"。①

19世纪,农业机械化逐渐在美国农村推广,大量农村劳动力迁入东海岸中小城镇,城市规模逐渐扩大。1820—1860年间,美国城市人口比例由1820年的7%上升到1860年的20%。1820年,10万人以上的城市仅有1座,而到1860年,增加到9座。② 在美国东北部城市比例较大的各州,人口流动加剧和商品贸易的不断发展让越来越多的人意识到教育的重要性,各州兴起了办学热潮,在经济水平较高的城镇地区,基础教育得到了很大发展。城市学校的面貌较乡村学校而言有了极大的改变。城市学校的资金来源较为广泛,除了能够获得州政府及地方财政的支持以外,还有一些慈善家及成功人士愿意为儿童教育做出贡献。在波士顿、纽约、费城等扩大中的沿海城镇以及哈特福德(Hartford)等内地枢纽,慈善团体和教会针对日益明显和严重的贫困状况,参照英国的"慈善"学校模式建立了免费学校,为贫困儿童提供免费的伦理教育。③ 许多城市出现了一种名为"导生学校"的慈善学校,鼓励由成绩优异的学生教导成绩较为落后的学生。1820年,"导生学校"模式开始在宾夕法尼亚州的匹兹堡(Pittsburgh)、哈里斯堡(Harrisburg),密歇根州的底特律,华盛顿特区,康涅狄格州的哈特福德和纽黑文(New Haven),弗吉尼亚州的诺福克(Norfolk)和里士满(Richmond)以及许多城市涌现。④ 在纽约和费城,改革者组建了完整的"导生学校"网络,这些系统成为这些城市在日后建立免费公立学校时采用的设置及建制基础。城市公立学校的不断发展,更加凸显了城乡教育之间的差距。

(二)19世纪城乡教育均衡发展的状况

城市和乡村学校之间的差异,特别是乡村学校落后的现实引起了政府及改革者的关注。同城市学校一样,政府首先改革的是宗教对于教育及农村学校的控制。建国之初的美国政府意识到,教派之间在教育领域的纷争、矛盾会成为

---

① Kaestle F. Carl. (2008). Victory of the Common School Movement: A turning point in American educational history. In Historians on America: Decisions that makes a Different, edt. by George Clark. Dot1q publishing, 2010.
② 王春艳. 美国城市化的历史、特征与启示[J]. 城市问题, 2007(6):93.
③ Kaestle F. Carl. (2008). Victory of the Common School Movement: A turning point in American educational history. In Historians on America: Decisions that makes a Different, edt. by George Clark. Dot1q publishing, 2010.
④ Kaestle F. Carl. (2008). Victory of the Common School Movement: A turning point in American educational history. In Historians on America: Decisions that makes a Different, edt. by George Clark. Dot1q publishing, 2010.

实现培养具有美国精神,具有凝聚力的美利坚公民这一目标的巨大阻碍。因此,在1791年颁布的联邦宪法修正案中明确规定了不设置国教的原则,为各个宗教教派确立了平等的法律地位,并开始在学校中贯彻非教派原则。但是,由于城市与乡村社区结构的显著差异,城市学校和乡村学校的宗教特征也有所不同。城市人口的流动性、社区的开放性以及多种宗教并存的现实使得城市宗教性特征并不明显,与此相对的乡村社区却是另外一番景象,改造乡村学校的宗教特征变得尤为重要。乡村社区的居民大多信仰同一宗教,在社会发展过程中由于其封闭性,也较少受到外来宗教的影响,为了巩固某一宗教派系在乡村地区的地位,发展更多的信徒,该教派会不惜花费资金对农村贫困地区的儿童给予资助,建立宗教性质的学校,这就使得乡村地区学校具有非常明显的教派特征。因此,从19世纪初开始,美国各州开始对学校,尤其是对乡村学校进行"去宗教化"改革,在承认宗教信仰自由及各教派法律地位平等的同时,要求学校不再教授或是宣传某一教派的教义。同时,在实施《1787年西部土地法》的过程中,要求各州为设立公立学校提供土地,鼓励设立遵守"非宗教原则"的村镇学校及社区学校,接受各个教派的学生,改革教材内容,淡化宗教教育色彩,转向国民教育与世俗教育。[①]

19世纪中期,城市学校在教学管理、学制模式等方面都取得了极大的进步。城市学校被划分为不同学区,各个学区的改革者都开始为城市学区设计统一的、具有连续性的课程或研究规划;对学生进行科学的分类及分级,努力实现学校的分级教育,根据学校不同级别的授课任务对教师进行培训并授予证书;为检测教学效果,提供学生升级标准,同时检测教师教学水平,学区还设计了统一的试卷;同时,各个城市学区还尽量为学校提供实现分级教育的校舍及设施。1838年,美国公立学校行政管理改革家亨利·巴纳德(Henry Barnard)举办了关注城市及大型村庄公立学校分级的讲座,此后的20年间,他在美国50多个城市不断举行这类讲座,努力实现城市学校管理模式的改革。在波士顿等城市,改革者认为,分类教学需要与之适应的学校建筑,一种新型的被称为"鸡蛋箱"式的学校建筑在波士顿开始流行。波士顿昆西市教育家菲尔布里克(John D. Philbrick)向当地教育局提出建议,向德国等国家学习,建立学校分级制。1848年,波士顿昆西市的一所新学校落成,由菲尔布里克担任校长。学校建筑有四层楼高,拥有一个可以容纳700名学生的大礼堂及12间教室,每间教室可

---

① Boone, Richard G. Education in the United States: Its History from the Earliest Settlements. Whitefish: Kessinger Publishing, 2011.

以容纳56名学生。每位学生都有自己单独的课桌,每位教师都有独立的教室,学生根据测试被编入不同的班级,同一级学生使用相同的教材,并由一位年级教师负责教授。1870年,美国对45个城市的公立学校进行的调查显示,大多数城市和大型乡镇的学校都实现了分级制,一些城市的课程设置及标准测试也在改革中不断完善。

乡村学校的分级教学却未能像城市学校一样迅速实现。美国公立教育改革家贺拉斯·曼认为农村过度分散的学区制度造成了许多学区管理涣散,对学校支持乏力,因此他积极主张将城市学校实行的集中管理体制在农村地区推行,主张将村庄或者散居农村地区中独立学校的主要管理权限及责任转移到镇,只有这样才能为农村学校提供充足的经费支持及有效的专业指导,实现学校的专业化管理。1845年,在贺拉斯·曼等教育改革家的推动下,佛蒙特州(Vermont)通过立法废除地方自治体制,创建了由州直接控制的学校管理体制。这种管理体制在佛蒙特州城市地区及其他城市很快得到推广,但在乡村地区受到了阻碍。一方面农民不愿意为公立学校纳税;另一方面,农村地区私立学校及教派学校面对公立学校的威胁,也不遗余力地反对公立学校体制的建立。但是,在美国公立教育改革家的努力下,公立学校体制仍然在美国乡村社会逐步建立起来,乡村学区无论大小都在努力建设统一的、标准化的学校。

这一时期美国政府统筹城乡教育均衡发展的举措还体现在对黑人等少数族裔教育问题的关注上。黑人自从17世纪被贩卖到美洲大陆后,就处于悲惨的境地。奴隶贩子、种植园主和资本家把黑人视作牟取暴利的工具,美国南部各蓄奴州甚至以法律形式剥夺了黑人受教育的权利,并对那些教授奴隶识字读书的人施以重罚。随着一些宗教团体对少数族裔信仰问题的关注,在美国北部、中部等城市有许多慈善家为穷苦白人、印第安人和黑人提供免费教育,教授他们信仰上帝,黑人等少数族裔也有了识字的机会。19世纪中叶,美国南北战争解放了黑人奴隶,使他们获得了公民权。然而他们的公民权仅限于法律意义上,因为绝大部分黑人生活在南方,根深蒂固的种族主义使得他们无法享有与白人同等的权利,无法进入由政府资助的公立学校。大多数黑人住在农村,而农村学校的标准远低于城市学校,典型的黑人学校所得的资金仅为白人学校的十分之一。

在美国联邦政府的推动下,许多州创办了公立黑人学校,私立黑人学校也蓬勃发展起来。美国内战结束后,南方设立了"自由民局"(Freemen's Bureau),为广大农村及黑人社区建立了许多学校,虽然由于政治冲突该局在几年后被解散,农村地区的黑人学校也受到了一定的冲击,但黑人受教育的意识已被唤醒,其开始主动追求受教育的权利。① 19 世纪末期,北部城市发展很快,城市条件日趋优越,吸引了很多南部黑人。在芝加哥、圣路易斯、底特律等城市,一个黑人工人一周内挣的钱比他在南部辛苦工作一个月挣的钱还多。更重要的是,北部有很好的学校及其他公共文娱设施等,可以为南部黑人的下一代提供较好的受教育的条件。② 除此以外,为了同其他移民一样追求教育与经济自由,还有大批黑人从南部迁移到西部荒原,在美国法律的支持下,他们定居在西部大草原,在西部建立村镇及学校,但这些学校多是私立性质的,多为"一师学校"或"一室学校",许多学校的教师也由黑人担任。直到 19 世纪末,为黑人建立公立学校仍未被看作是政府的责任,但很多地区,尤其是教育观念较为发达的城市及大中型乡镇,为黑人提供开放的、免费的公立教育已成为教育发展的趋势。

三、城市加速发展期的城乡教育均衡发展

20 世纪前 20 年是美国城市化加速发展的时期,通常被美国史学家称为"进步时代"。③ 这一时期,美国工业化进程进一步加快,新兴中产阶级兴起,西部的拓荒运动导致了移民人口的不断增长。从 1881 年到 1920 年,美国移民人数猛增到 2350 万人,1907 年移民潮达到顶峰。④ 大量移民和农村人口流向城市,城市人口在全国人口中的比例不断上升。1860 年,居民人口超过 8000 人的城市在全美仅有 141 个,在南北战争后,这类城市增长到 1000 多个,城市规模也在 19 世纪后期不断扩大。1920 年美国全国人口为 1.05 亿人,城市人口为 5410 万人,城市人口第一次超过农村人口。⑤ 城市学龄人口数不断增加,城市学校体系逐步完善,教育规模与教育质量显著提高,城乡教育差异日益增大。

工业化和都市化深刻改变了农村地区的生产方式和人们的生活方式,为迎接时代挑战,农村学校改革也势在必行。农业电气化和机械化使得农村面貌不

---

① 王淑霞.论美国内战时期自由民局的创建[J].中南大学学报(社会科学版),2014(1):70-73.
② 陈奕平.第一次世界大战期间及二十年代美国黑人大迁徙运动[J].美国研究,1999(4):109-125.
③ (美)韦恩·厄本,(美)杰宁斯·瓦格纳.美国教育:一部历史档案[M].周晟,谢爱磊,译.北京:中国人民大学出版社,2009:50-70.
④ 储昭根.美国新移民法案难产的背后[J].观察与思考,2007(23):50-54.
⑤ Sukko Kim & Robert A. Margo. Historical Perspective on U.S. Geography. Handbook of Regional and Urban Economics,2003,Volume 4,August:1-44.

断改变。成年人及青少年走入工厂,父母期望子女获得更多知识,学校教育成为必然选择。大量新移民也希望通过学校教育解决语言困境,掌握谋生技能,这与美国政府倡导通过学校教育的启蒙诱导培养热爱美国的公民的意图不谋而合。与城市相比,农村地区仍处于相对封闭的状态,由于自然和地理条件方面的原因,农村地区所能获得的社会服务相对贫乏,农村学校在学校规模、课程设置、师资水平等方面发展缓慢。农村教育逐渐成为全美关注的热点,均衡城乡差异,普及基础教育在全美各州不断推进。

(一)20世纪初城乡教育发展差异的表现

南北战争后,各州政府为了推动初等教育的全面普及,纷纷颁行法令,建立强制教育制度,通过政府强制措施给予儿童及青年受教育的机会。由于美国国土较为广阔,各州推行强制教育的力度和范围也千差万别。以最早推行强制教育制度的马萨诸塞州为代表的美国北部各州,如纽约州、俄亥俄州等,制定了较为完备的法令,采取了较为强硬的推行政策。北部一些州规定对不履行普及教育义务的人,如不送子女上学的父母或雇佣学龄儿童的雇主处以一至三个月的拘役;一些州为贯彻强制教育的法令,还专门设置有关人员和机构负责制止学生逃学。相对而言,以农业经济为主的南部省区,如阿拉巴马及密西西比等州,由于种族问题、保守势力依然存在,教育法令制定及执行的情况都不甚理想。有的州和城市仅仅是在时代大背景下制定了"口号式"的条款,在实践中却未采取任何措施,或者在初期行动受挫后就选择放弃。直到20世纪初,强制初等教育才在全国范围内基本实现。

在强制教育的推进过程中,农村中小学与城市学校之间的差距也逐渐加大,主要表现在以下几个方面。第一,美国的农村学校主要由教会、慈善团体、村镇或个人设立,管理者多为非专业人士,管理方式较为随意。同时,农村学校主要以社区为单位,缺乏与城区及其他学区之间的交流与联系,因此多数农村学校缺乏统一的教学标准,教学效率极低。第二,由于人口密度较低,农村学校学生人数往往较少,使得当时美国许多教育学家倡导的现代教育原则难以真正实现。20世纪初,约有500万儿童在"一师一室"式的学校求学,占全美小学生人数的四分之一[1],但此类学校仅为学生提供了读、写、算等简单的教学,最基本的分年级和分班级教学制度都难以实施。第三,农村地区所能获取的教育经费明显少于城市,农村小学校的基础设施和办学条件差,美国学校的经费在很大

---

[1] 王强.20世纪美国农村"学校合并"运动述评[J].外国中小学教育,2007(8):1—4.

程度上来自资产税和当地居民所缴的教育税,而农民可以用于征税的资产明显少于城市的人,相对较少的税收也难以为农村提供充足的教育经费。第四,农村师资及管理人员专业化水平较低,美国城市学校教师的专业化水平至19世纪后半期开始飞速提升,各类专任教师、分科教师在城市学校不断涌现,具有教学经验和管理才能的专任管理人员在城市出现,而农村学校在这些方面却进展缓慢。

(二)20世纪初城乡教育均衡发展的主要措施

为了解决农村学校的发展困境,实现城乡学校体系的一致发展,从19世纪后期开始,"农村学校合并"运动就在美国一些州开始推行,并于20世纪初全面展开。1897年,美国全国教育协会提交的报告《农村学校12人委员会报告》标志着农村学校合并与学区重组在美国全国范围内展开。美国各州相继立法,采取措施,推动农村小规模学校即"一师一室"式学校的合并与重组。这一时期的"一师一室"学校,一般指只有一名教师、一间教室的小学,或者学生数量在50人以下的中学。"农村学校合并运动"是以城市学校为范型,在追求规模效益的思潮下开展起来的。在实践中,农村小学学校和学区进入快速合并与重组阶段。仅在1919年至1929年间,美国南部农村地区一师学校数量减少37%,西部地区减少32%,东部地区减少23%。[①]

1944年,第一次白宫农村教育会议提出"复兴农村教育"的口号,要求重组农村小学区,继续推进农村学校合并与管理改革。[②]"农村学校合并"运动掀起高潮,学区重组和学校合并进入快速发展阶段。20世纪50年代末,哈佛大学校长科南特从学校规模与学生学业成绩关系的角度提出"规模效益"理论假设。[③]他认为,美国小型中学的普遍存在,成为许多地区建设优质中学的严重障碍,因此中学改革的首要任务就是消除小型中学。科南特"规模效益"理论,使得美国农村"学校合并"运动达到高潮。1961年,美国有学区36402个,1970年便减少至17995个,全国2/3的学生都在大型综合中学就读。

美国"农村学校合并"运动使得美国农村学校在"硬件"及"软件"上都有显著提高,农村学校的校园环境、基础设施建设有了明显改善,教学组织形式及课

[①] 樊涛,曲铁华.20世纪美国农村学校布局调整策略及对我国的启示[J].国家教育行政学院学报,2014(1):89-94.
[②] Mitzel, Harold E. . Encyclopedia of Educational Research, Fifth Edition, New York: The Macmillan Publishing Co. , Inc. 1982, P. 169.
[③] 王强.20世纪美国"农村学校合并"运动述评[J].外国中小学教育,2007:1-4.

程设置也发生了极大变化。农村学校校舍得以修葺一新,学生教室及教师办公室的照明、取暖设施都更新换代,采用了电能设备;图书馆、运动场等配套设施也逐步完善。农村学校的课程设置变得更加多元,由于学校的合并重组,师资力量的增强为学生提供了更多可供选择的课程。以阿肯色州为例,调查显示,合并后的六年制高中可以为学生提供由专任教师讲授的多门选修课,而传统的四年制高中当时只能为学生提供少量的选修课,且多为一到两名教师兼任。农村学校合并使得分级教学得以实现,师生比趋于合理,每个年级的学生水平大致相当,便于教师教学,学生所获得的实际指导时间也增长了。事实上,与小学校相比,在提供同等服务项目的情况下,合并学校可降低学校的经常性经费支出,提高学校的经济效率,因此也可减少地方的税赋负担。

20 世纪 30 年代,全国范围的经济危机对农村学校合并运动产生了很大的冲击。经济危机使得农民收入减少,在缴纳教育税上面临极大困难,合并学校所需要的新校舍建设费用、学生的交通费等都受到影响。在长期持续的经济大萧条后,许多农村学区学校不仅没能成功合并,还面临关闭的命运。以西弗吉尼亚农村社区为例,为了减少教育开支,降低学校运行成本,州政府不得不取消 450 个学区,转而面对现实,设立了 55 个县级教育管理机构。[①] 从 20 世纪 60 年代后期开始,美国农村学校合并运动放缓,一些教育学家开始对"学校合并"运动进行质疑和反思。一方面,绝大多数农村小学区和小学校已经被重组或合并;另一方面,人们日益认识到农村小学校和小学区不可能被消除,并从教育质量、社区交往等各方面重新审视小规模学校的优劣。

20 世纪前期美国农村普及教育的显著特征之一是为黑人儿童建立了一个"隔离但平等"的公共学校体系。1896 年,美国最高法院在"普莱西诉弗格森案"的判决中确认了南部路易斯安那州"隔离但平等"的法令合法,认可在公共场合设置"隔离但平等"的设施。在教育领域,这一规定主要表现为白人儿童和黑人儿童都可以享有"平等"的教育机会,但需要一个"隔离"的学校体系,即白人儿童在"白人学校"上学,黑人儿童在"黑人学校"上学。这一理念带有严重的种族歧视,也掩盖了黑人学校在实际上与白人学校的巨大差异。在这一政策指导下,城市地区的政府及教育机构基本上对黑人学校和白人学校采取相同的政策,但由于缺乏监管,一些小镇和农村学区则将教育经费全部投入白人学校,而要求以黑人为主的县镇教育委员会自己筹资资助农村黑人学校。由于资金缺

---

① Gaumnitz,W. H. Availability of Public School Education in Rural Communities,U. S. office of Education,Bulletin,1930. No. 34,P53.

乏,农村地区的黑人学校校舍简陋,师资配备有限,在学校教学活动安排上也难以按照计划实施。但是,与历史上其他时期比较,黑人儿童有了更多受教育的机会。20世纪初,南方农村地区的黑人学校多为私人捐助建立。当公立黑人学校无法为学生提供必备的学习条件时,一些北方城市的慈善家及慈善机构在教育改革者的倡导下,为黑人学校发展提供了大量的经费支持。事实上,美国现代基金会慈善事业起源于一批基金会对改善南方"黑人"教育的兴趣。其中最有影响的有约翰·斯莱特(John F. Slater)基金会、奥尔顿·琼斯(Alton Jones)基金会,以及后来加入的朱利叶斯·罗森瓦尔德(Julius Rosenwald)、约翰·D.洛克菲勒(John D. Rockefeller Sr.)和安德鲁·卡内基(Andrew Carnegie)等基金会。[1] 这些基金会在美国最落后的地区建造学校和培训教师,帮助那些被排斥于基本公共教育系统之外的黑人儿童。以洛克菲勒基金会及其前身大众教育委员会(General Education Board)为例,1903年,老洛克菲勒创建了大众教育委员会,以帮助美国实现"无种族差异、无性别差异、无信仰差异"的教育目标。从1913年到1920年,大众教育委员会在洛克菲勒基金会方针政策的指导下,资助美国南方黑人学校建设、黑人教育师资培训;从1921年到1962年,洛克菲勒基金会对美国黑人教育资助的范围逐渐扩大,包括支持对美国黑人儿童的研究,资助美国黑人社会福利工作学校、美国黑人高等教育,以及为进一步促进美国黑人教育机会的平等开展了教育机会平等项目等。[2] 此后,慈善基金会等非政府组织在美国城乡教育均衡发展过程中,起到了不可忽视的作用。

四、郊区化时期的城乡教育均衡发展

20世纪20年代以后,美国人口向郊区迁移的进程加快,到1970年郊区人口的数量超过了中心城市,美国成为了一个郊区化高度发达的国家。[3] 所以这一时期又被称为"郊区化"时期,指过去占有优势的城市地区逐渐被郊区所取代。随着大量中产阶级迁入城郊,财富及政策优势也随之转向城郊地区,教育资源的流向亦是如此。于是传统城市学校获得的支持越来越少,学校逐渐变得落后破败;而城郊学校却因中产阶级子女增多变得日益兴盛。城市学区教育和

---

[1] Katz, Stanley N. Reshaping U.S. Public Education Policy. Stanford Social Innovation Review, Spring 2013. 11(2),24—26.
[2] 张向平.洛克菲勒基金会对美国黑人教育的影响及其模式分析[D].保定:河北大学,2009:7—13.
[3] 孙群郎.美国城市郊区化研究[M].北京:商务印书馆,2005:30—50.

城郊学区教育的差距日益扩大,成为美国统筹城乡教育均衡发展新的关注点。美国基础教育领域教育机会均等的政策从关注新兴中产阶级子女的教育,转向关注少数民族儿童和贫困家庭儿童的教育。偏远乡村地区的学校,尽管在农村学校标准化建设运动中取得了一定的成绩,但从 20 世纪 60 年代开始,一些教育工作者和学者逐渐意识到农村小规模学校既没有被全部撤并的可能,也没有将其全部撤并的必要,因为农村小规模学校有其存在的特殊意义与价值。以 1966 年科尔曼《教育机会均等报告》为标志,美国农村教育改革运动逐步沿着"多元而均等"的路径发展。此后,人们不再一味地追求农村学校的规模,而是努力实现农村学校、城郊学校以及城市学校的"教育机会均等"。[1]

(一)郊区化时期城乡教育差异的表现

从 20 世纪初开始,美国许多中心城市面临着基础设施老化,公共交通和教育系统不堪重负,外来人口和贫困市民大量增加,城市环境和社会治安恶化等问题,这些问题形成了中心城市产业发展的阻力。与此同时,郊区良好的环境、低廉的土地成本和税收以及巨大的开发潜力等因素对人口增长和产业发展有着很大的拉力。在中心城市阻力和郊区拉力的共同作用下,美国社会的中层和上层开始向中心城市周边的郊区迁移,从而开始了几十年的郊区城市化进程。郊区城市化使得人口分布发生了重大转变,1950 年美国郊区人口为 402.3 万人,2000 年达到 1401.5 万人。从中心城市、郊区和非都市区人口变化的过程来看,人口的增量主要分布在郊区。从 1950 年到 2000 年,人口增加了 1300.9 万人,其中约有 77%住在郊区。郊区城市化的结果是,一些老城市人口流失严重。据统计,自 1950 年以来,底特律市减少了将近 50%的人口。从 1980 年到 1990 年间,许多城市的人口规模变小了,如匹兹堡市(Pittsburgh)减少了 12.8%,圣路易斯市(St. Louis)减少了 12.4%,克里夫兰市(Cleveland)减少了 11.9%,新奥尔良市(New Orleans)减少了 10.9%,布法兰市(Buffalo)减少了 8.3%,芝加哥市(Chicago)减少了 7.4%,亚特兰大市(Atlanta)减少了 7.3%。[2]

在郊区化过程中,迁往郊区的多数是中上阶层的人群,留下来的则是穷人、少数族裔等弱势群体。他们大多集中居住在"内城"(downtown)的街区里,造成了社会阶层的区域分离。从中心城市和郊区就业机会在空间上的不均等,不

---

[1] 冯晓艳.美国基础教育领域教育机会均等问题探析——基于科尔曼报告的研究视角[J].考试周刊,2012(65):16-17.
[2] 张善余.20 世纪 90 年代美国城市人口发展的新特点——2000 年美国人口普查数据初析[J].城市问题,2002(2):67-70.

同群体间社会阶层的分离情况来看,人们经济地位的差距在不断扩大。内城作为城区中心区域,产业多为商业和服务业,产业人员需要较高的劳动技能,而这一区域的人口文化素质却相对较低,缺少专业技能,很难在内城找到合适的工作;相对来说,适合他们的职业往往都在郊区,多为制造业等对劳动力素质要求不高的产业。主要依靠公共交通的城市贫民,缺少私家车等便捷交通工具,他们很难进入郊区就业。以美国底特律市为例,从20世纪60年代开始,底特律市一部分大型工厂为了逃避中心城市的高税收、高地价及污染管制措施,纷纷沿交通线迁至城市边缘或圆角卫星工业城;种族骚乱和废除种族歧视法案导致白人大量逃离底特律市,市区白人人口锐减,零售商和小业主大量离开,城市税收不断下降。石油危机沉重打击了底特律汽车工业,导致工作岗位骤减,犯罪吸毒增多,治安环境不断恶化。[1] 底特律市空间规模拓展因产业发展缺乏活力而逐渐丧失动力,就业机会的空间不均等造成了族群的社会分离。城市发展变化带来的影响是广泛而深刻的,其导致了中心城市与郊区在教育、文化、阶层矛盾、社会保障、城市基础设施、社会负担、环境保护和城市管理等方面形成了明显的区域差异。中心城市在教育、就业、社会治安、环境卫生和社会保障等方面的困难与问题非常突出。[2] 事实上,1940年至1970年间,从农村地区迁入中心城市的数百万人中大部分来自教育受到忽视的地区。[3] 他们中的大多数是社会地位处于劣势的有色人种,有来自南方殖民地种植园的黑人,来自西部加利福尼亚的墨西哥人,来自西南群岛的波多黎各人,以及从保留地迁出的印第安人。密西西比的黑人迁移到了纽约、芝加哥,墨西哥原野工人在洛杉矶西班牙语居民区聚集,而作为原住民的印第安人不得不在奥克兰等地重新扎根。随着这些群体的迁入,以及城区白人群体的迁出,地区间的教育差异更多地体现为种族之间、贫困人口之间的教育差异。

城市和郊区经济发展的不平衡,造成了学校经费的差异,这也直接影响到学校的设备、师资和教学质量。德克萨斯的埃奇伍德学区有96%的少数族裔人口来自贫困区,因此每个学生的教育经费平均是356美元;而阿拉莫学区有19%的少数族裔人口,整体相对较富,因此每个学生教育经费平均是594美元。经费的差异,也关系到师资力量,因为城区教师的收入要比他们郊区的同行低

---

[1] 虞虎,王开泳,丁悦.美国底特律"城市破产"对我国城市发展的警示[J].中国名城,2014(5):39—44.
[2] 白国强.美国郊区城市化及其衍生的区域问题[J].城市问题,2004(4):65—68.
[3] 胡锦山.美国中心城市的"隔都化"与黑人社会问题[J].厦门大学学报(哲学社会科学版),2007(2):121—128.

25%,所以城区很难找到好的教师。在20世纪末的纽约,城区学校不仅比郊区学校缺少持有证书的老师,而且现有老师通过州资格考试的成绩也低。老师素质的好坏直接关系到教育质量,以亚特兰大为例,从70年代起,亚特兰大地区(包括周边郊区)按学生考试成绩划分,前十名的学校均为位于城郊的白人学校,而倒数十名的学校为城市中心的黑人学校,这种格局一直沿袭至今。1977年,北方大城市中,41%的学校有一半学生学业水平低于同年级水平一年或一年以上,而郊区只有3.5%的学校有同样的问题。①

除此以外,由于公立学校的教学理念、教学条件、教师素质、学生背景都不尽如人意,美国社会一些中产阶级又将希望寄托于一些新成立的私立学校。这些私立学校往往选择风景优美、居住条件较好的城郊作为学校的开办地,在校舍建设、师资选择、配套设施上都投入了大量的资金,因而学费较高,相对于免费的公立学校而言,过高的收费将许多低收入家庭子女排除在外。同时,私立学校在生源选择上也很自由,一些学校在办学之初就将某些社会群体,如少数族裔排除在外。私立学校规模往往较小,如同很多企业一样,尽管在开办之初缺乏稳定的生源及办学经费,但在教育市场驱动下,许多私立学校逐渐充满活力,通过不断提升管理水平,配备优质教师,提高学生的学习能力和素质来吸引更多的生源。而公立学校一直处于垄断地位,不仅在规模上占优势,而且受政府政策的保护,由国家税收支持的办学经费也相当稳定。免费教育吸引着社会大量中低层民众,因此公立学校在生源问题上没有丝毫压力。公立学校已经形成了相对稳定的运营机制,因此多数学校缺乏外部的压力,内部滋生出管理僵化、效益低下、依赖性强和责任感缺乏等问题。这些因素都导致公立学校的教育质量不如私立学校。私立学校在学生的学业成绩、升学率上都优于公立学校。相对而言,公立学校的问题学生较多,这些学生易产生如酗酒、吸毒、犯罪等不良行为。根据1994年一项调查显示,有15%左右的公立学校教师认为吸毒及犯罪是自己所在学校学生群体中最严重的问题,而只有4%左右的私立学校教师认为这是他们学校学生的问题。2000—2003学年两类学校学生学业情况调查显示,私立学校学生有较强的阅读能力、数学能力、写作能力和科学知识积累能力,私立学校更能促进学生学业成绩提高和能力发展。由于多数私立学校的位置位于城郊,美国城市中心地区与城郊之间的教育差异更加明显。②

---

① 朱世达.美国市民社会研究[M].北京:中国社会科学出版社,2005:50.
② 傅松涛,刘亮亮.美国私立学校与公立学校的比较研究[J].外国中小学教育,2006(10):6—10.

(二)郊区化时期城乡教育均衡发展的主要措施

二战后,美国政府出于应对国际政治经济秩序变化等挑战的考虑,视教育质量为国家安全的重要基石,采取了若干措施加强联邦政府对教育发展的干预。在基础教育均衡发展方面,开始关注城区公立学校,特别是少数民族学生、贫困学生群体受教育问题。1954年,美国最高法院在裁决"布朗诉托皮卡教育委员会"一案中,明确表示,在公共教育领域中,隔离但平等的原则没有立足之地,隔离教育设施的做法在实质上就是不平等,并要求各州根据各自情况废除学校的种族隔离教育制度。在布朗案后的十年间,废除种族隔离制度的民权运动在美国各大城市广泛开展,这一运动促使美国政府于1964年通过《民权法案》,授权相关机构对继续无视布朗案决定的地方校区停止提供联邦资金,包括最高法院在内的联邦法院开始命令学校当局不仅要毫不延迟地废除种族隔离制度,而且必须做到"种族平衡"。因此,从20世纪60年代开始,美国黑人学校和白人学校向对方"敞开",城市公立学校的"种族合校"在一定程度上有利于教育资源的合理分配。1964年,联邦政府提出"向贫困宣战"(War on Poverty)的社会改良运动,期望通过立法、扩大福利、发放低收入群体补贴、改善贫困地区卫生条件、提高贫困地区办学水平等手段来解决当时较为突出的贫困问题。教育成为消除贫困运动关注的重点之一,联邦政府推出了"教育抢先计划"(Project Head Start),为3—5岁处境不利的儿童提供教育资助;"就业计划"(Job Corp),为16—21岁青年提供基本读写培训和就业辅导,为其走向社会,顺利就业提供帮助。1965年通过的《初等与中等教育法》(*Elementary and Secondary Education Act of 1965*,ESEA)也是"向贫困宣战"的最重要法案。该法案规定每年从联邦基金中抽出超过十亿美元的教育经费,为贫困学生提供教育支持。这一法案是联邦政府为向青少年提供优质和平等的学校教育而做出的重要承诺。法案提及的项目计划即为地方学区低收入家庭儿童提供的教育援助达到联邦资助基金的80%。1966年和1967年,联邦政府进一步修订了该法案,将教育资助范围扩大到印第安儿童、残疾人儿童、移民工人儿童、英语处于不利地位的儿童等群体。联邦法院也在同一时期采取各类措施,如强制校车接送、学校对口支援、学校联合以及重新分配教师和学区等,来保障联邦政府对贫困人口及少数族裔的教育资助落到实处。

20世纪70年代以来,在推进城乡教育均衡发展进程中,美国国会组建内阁一级的教育部是一个非常重要的契机。美国独立后,宪法规定未授予合众国,也未授予各州行使的权利,一律由各州保留。因此,对教育的管理职能由州政府、私人机构和宗教团体执行。早在19世纪40年代,美国教育家巴纳德就首次提议成立一个由联邦政府管辖的教育部,统一管理全美的教育事务。但由于州政府认为联邦政府管理教育侵犯了各州的主权,因此巴纳德的建议在国会受到了多方的阻挠。1867年,历经20多年的国会辩论,《教育部法案》在国会勉强通过,但是法案规定,教育部为独立机构,署长由总统提名经参议院同意后任命。此后在美国的历史上,教育部的设置经历多次反复。1979年,经过卡特总统的努力,民主党占多数的国会在1979年9月通过《教育部改组法》,重建了联邦教育部。至此,教育部在成立112年后终于成为了联邦内阁级部门。比较1867年的《教育部法案》和1979年的《教育部改组法》可以发现,尽管100多年来教育部的名称有多次改变、地位几经变化,但是具体职能几乎没有发生实质性变化,国会设置教育部的主要目的是有效协调全国教育活动,确保公共教育得到联邦政府的资助,其职权一直局限于资助、研究及确保公民受到平等教育等服务和管理活动方面。1980年以后,美国教育部最主要的职能就是促进平等教育,即让所有人在K-12阶段(大学以前)都享受平等的教育。教育部每年会编制联邦补助方案,促进智力障碍人教育、扫盲教育以及发放教育贷款。这其中有适合所有学生的补助方案,也有以残障学生、贫困学生、印第安学生、移民学生以及英语能力有限的学生为主的特别补助方案。例如,根据《残障人教育法》,教育部会根据每个州上报的残障学生人数,将联邦补助经费经过合理分配,划拨给不同的州,帮助各州为残障学生提供免费的公共教育。美国教育部下设的全国教育统计中心是权威的教育数据收集、统计、分析机构,为国会和决策机构提供全国性的教育数据。该中心定期编制《全国教育发展评估》(NAEP),教育部根据该评估报告对各州的教育状况进行评估,并对结果较差的州进行督促并提供专项资金。在促进优质教育方面,教育部通过组织教师进修交流、推荐优质教科书、协助学生参加各种竞赛、下拨专项资金帮助各地政府改善教育条件等来推动、提高教学质量。[①] 因此,美国联邦政府内阁一级的教育部组建,实现了联邦政府教育管理机构的历史性突破,为改变各州教育发展各自为政互不相干、民众获得教育机会极不平等所造成的全国教育水平参差不齐等状况,起到了十分重要的作用。此后,联邦政府不断推出政策法规来保障社会不利群体的受教育权利,中小学课程出现了多元化的趋势,特殊教育、移民教育、双语教育以及补偿性教育计划得到了推广,种族和性别的教育研究得以开展,加快了美国实现区域间、各种族间、各阶层间教育均衡发展的进程。

---

① 徐贲.有所不为的美国教育部[J].教书育人,2009(8):78.

第二节　美国城乡教育均衡发展的现状与问题

进入 21 世纪后,美国农村地区儿童及城市弱势群体子女受教育的权利已得到了基本保障,但学生之间的学业差距仍在扩大。各项有利于统筹城乡教育均衡发展的政策在推进过程中也遭遇了种种困难。各州之间、学区之间、学校之间在办学经费、师资配置、办学条件、教育技术使用等各个方面仍有差异。贫困人口、少数族裔、新移民子女等群体仍然是城乡教育发展过程中的弱势群体。总体来看,美国城乡教育均衡发展存在的问题主要表现在以下几个方面。

一、教育均衡发展政策的针对性及有效性亟待增强

20 世纪下半期,为了提升基础教育质量,联邦政府通过教育行政立法、财政拨款、发布相关政策及研究报告等形式,把联邦政府的教育意图渗透到州、地方甚至学校,扩大了联邦政府在协调、管理教育事业方面的权力。进入 21 世纪,美国基础教育发展的问题日益凸显,教育质量被认为在发达国家中一直处于较低水平,学生之间的学业差距仍在扩大。联邦政府颁布了一系列政策,增加了对州政府及学区的教育拨款及经费奖励,加强了对各州教育质量的监控,给予教育质量提高方面表现突出的州或学区奖励,而对改善不力的州则施以相应的处罚,进一步强化了教育资助与教育质量之间的紧密联系。联邦政府在各州推行教育绩效责任制,在促进各州教育质量提升的同时,也在无形中扩大了地区间、学区间、学校间教育发展的差距。相对教育质量较好的大型学区,农村及经济薄弱学区在实施政府颁行的绩效责任制时显得无能为力。

2002 年,小布什政府颁布的《不让一个孩子掉队法案》(*No Children Left Behind*)提出,全国教育绩效评估的结果将决定是否对各州进行奖励或处罚,评估方式包括学生参加由各州自行制定的阅读、数学、科学科目考试以及联邦政府每年对 4 年级、8 年级及 12 年级的学生抽样进行阅读与数学测验。每次的测试中,所有学校都要达到"年度适当进步"的要求,在 2014 年使所有的学生都达到"学业熟练度"的要求,联邦或州将对不能取得"年度适当进步"的学校或学区施以相应的惩罚。该法案规定可以由各州自行对"年度适当进步"和"学业熟练度"进行定义。就全国范围来说,由于各州的实际情况不同,对二者的定义也各不相同。为了获得联邦政府奖励,各州在制定年度进步标准时更多考虑的是联邦政府制定的 2014 年所有的学生都达到"学业熟练度"的统一标准。各州学校

"年度适当进步"标准各不相同,起点较低的农村学区学校和城市薄弱学校每年提高的程度必须高于本州平均水平,否则就会被认定为"表现不佳"的学校而失去教育拨款,甚至面临被关闭的危险。与教育质量较好的学区学校相比,偏远农村学区学校和城市薄弱学校很难达到各自州规定的"年度适当进步"目标,因而极易被认定为"表现不佳"或"需改进"学校。一旦被认定为这类学校,其所在学区就需要为其提供技术援助服务,帮助其制定整改计划,或者允许该校学生选择其他公立学校就读,并提供额外的教育服务等措施,直至改组学校,将其变为"公有私营"的特许学校。

在这一改革过程中,一些农村学区学校及城市薄弱学校从最初的参与测试到接受整改都面临挑战,不但难以获得有效支持,和其他学校的差距也日益增大。农村学校通常规模较小,参加州或联邦测评的学生样本相对较小,这就容易使测评结果极不稳定,同时缺乏可靠性。美国农村中小学学生人数普遍较少,2010年数据显示,全美农村小学年级平均人数为62人,而在阿拉斯加等农村学区面积较大的州,农村学校年级平均人数才只有12人。联邦及各州对于整个学校的评估方式是抽取某个年级中某几个学生参加州或全国的学科测试,在班级规模较小的农村学校,每年抽取同样学生样本的概率更大,甚至是连续几年只抽到成绩较差的学生群体。尽管这样的评估结果常常不具备参考性,却决定了农村地区小规模学校的命运。对一些薄弱学校而言,贫困学生的比例、少数族裔学生的比例、学生的流动率等都不是学校能够控制的,但联邦政府的评估制度却没将这些因素考虑在内。在一些学者看来,通过学生成绩来对学校做整体评价是不科学的,学校受到处罚或奖励,更像是因其贫困程度和民族特点,而不是因其测试成绩或其他表现指标。

如果一所学校连续两年未能取得足够的进步,其所在学区就需要为该校学生提供到其他公立学校就读的选择,同时为该校学生提供到新学校上学的校车接送服务。但许多农村学区由于生源有限,在同一社区往往仅设一所学校,或者某个年级只在某所学校开设。有转学需求的学生只能到另一学区就读,学生转到新学区,随之带走的是联邦及各州政府为其提供的教育补助,这让农村学区原本就短缺的教育经费更显不足。不仅如此,学生到新的学区上学的交通费用更高,让农村学区本来就因为地广人稀需要花费的大笔交通费用更加捉襟见肘。长途接送学生不仅仅影响了学区和学校的经费预算,还为学生及家长带来新的困扰。由于花费在上学和放学途中的时间较长,学生感到疲惫不堪,学习质量也相应下滑,课外活动的时间更是难以得到保障。由于不在同一个社区,家长与教师关系不再同以往一样亲密,与教师面对面交流的机会不如以往多,家校合作的机会逐渐减少,对学生的成长极为不利。为了满足众多薄弱学校学生重新择校的需求,从20世纪90年代开始,美国各州开办了许多"特许学校",这些运用公共教育经费开办的符合社区特点的学校,在满足社区教育需求的同时,还能对绩效负有责任。特许学校开办的目的之一是为贫困人群、少数族裔提供私立学校般的优质教育,但对本身就缺乏教育资源的农村学区而言,即使是新开设的特许学校在师资力量、管理模式、教育创新上也和城区特许学校有巨大的差距。各州对特许学校的组织、运作、开办宗旨、申请程序、管理措施的规定各不相同,导致一些地区的特许学校还不如正在整改的公立薄弱学校。没有充足的教育资源,管理不善和财力不足成为许多农村特许学校被关停的主要原因。

此外,如果学校连续三年仍得不到进步,学区就必须为提出要求的学生提供额外教育服务,这类额外教育服务也显示出城乡差别。额外教育服务一般通过两种方式提供:一是通过州教育评估机构承认的教育服务机构为学生提供直接的教育服务,如课外补习、家庭辅导等;二是通过一些教育机构提供的远程教育服务,让学生通过自学的方式弥补学习上的不足。额外补习服务往往只为那些贫困程度较高且在州测评中成绩低的学生提供,而可以获得补习服务的学生人数又取决于学区经费的多少。一些能够通过州教育评估的教育服务机构往往对申请者有多项要求,在一些学区也缺少合格的教育服务机构。不能获得补习服务的贫困学生和农村偏远地区的学生只能选择远程教育服务机构提供的补习课程,但网络补习教育要求学生要具有一定的技能,如能使用计算机,并能独立学习等,这又为一些学生带来了困难,低收入家庭中要么没有计算机,要么没有免费网络,也没有监护人能为学生提供帮助。很多网络教育服务的机构只提供中高年级的补习服务,而农村地区需要改进的学校中的大多数都是小学。如果让学生在校使用远程补习,学校不仅要投入资金建设高速的远程互联网络,还需要聘请教学辅助人员帮助学生学习,这也加重了学校和学区的负担。并且,尽管各州都有具体的措施对教育服务机构为学生提供的服务进行评估,但能为农村学区及一些薄弱学校提供补习服务的机构非常有限,学区和学校大多只能被动接受,而不能主动选择。这些问题的存在造成联邦和各州颁行的促进薄弱学校、处境不利儿童发展的种种举措未能发挥其应有的作用。[1]

21世纪初,联邦政府为鼓励薄弱学区和学校改善绩效颁布的各项政策在实施过程中缺少对学校差异性的认识,不加区分地对学校采取干预措施,其干预的针对性较差,导致学校绩效改善效果非常有限,一些城乡地区的学校还因为各州在政策实施过程中的极端做法被重组或关闭,给当地社区的学龄儿童带来困扰,影响了学生的学业水平,进一步扩大了学区间教育发展的差距。

二、各学区间教育经费投入差距显著

20世纪末,美国基础教育投资主体由地方学区向州一级政府上移,教育财政政策经历了由追求公平向追求充足转变的过程。在20世纪的大部分时期,教育经费公平一直是美国义务教育财政关注的焦点,政府要么提高贫穷地区的教育经费,要么降低富裕地区的教育经费,或者二者兼施。20世纪90年代后,美国基础教育财政支付的核心理念出现新的转向,开始从关注学区平等转为关注学校平等,从追求水平平等转为追求纵向平等,从满足财政公平性转为满足财政充分性,政府的改革手段也从过去的报告呼吁转为通过法律途径解决教育不平等问题。所谓纵向平等就是指政府根据不同特性学生的需要予以不同的教育对待。该准则强调对弱势群体如经济困难学生、身心障碍学生、少数族裔学生以及英语障碍学生等给予更多的资源分配。随着联邦政府对学区教育越来越多的干预,美国各州政府逐渐成为第一投资主体,在保证充足性水平的基础上,把教育资源分配给各个学区,学区则根据资金分配公式,按照每个学生的要求把资金分配给各个学校,学校利用分配的充足的资源来更有效率地展开教育活动,从而提高每个学生的学业成就。以州政府为主角的教育改革,使得地方学区的权力呈现逐渐减弱的趋势,地方公共学区将联邦和州政府拨发的补助以及地方学区自筹收入全部收集起来,通过最终分配机制和最终保障机制为各中小学校配置教育经费。

尽管地方控制教育行政的传统在一定程度上被打破了,地方财产税仍然是城乡基础教育经费的主要来源,高财产税值学区的基础教育条件仍然优于低财产税值学区。各州公共基础教育财政分配方式存在差异,对农村基础教育的重视程度也各不相同。以教育问责为导向的教育经费分配模式直接将部分教育

---

[1] Davidson, Elizabeth, Randall Reback, Jonah E. Rockoff, and Heather L. Schwartz. Fifty Ways to Leave a Child Behind: Idiosyncrasies and Discrepancies in States' Implementation of NCLB. NBER Working Paper No. 18988. April 2013. JEL No. H7, H75, I21, I28

经费的使用权限交给学区,学校的自主权非常有限。教育经费不均衡的现象在不同的地区之间、不同的学区之间,甚至不同的学校之间仍然存在。特别是在2008年全球性的金融危机冲击下,美国各州和学区的教育经费缺口很大,成千上万的教师面临被裁员的风险,大批学校面临倒闭的威胁,贫困人口、少数族裔、弱势群体难以享受到充分的教育拨款,偏远农村学校基础教育发展受到巨大冲击。

20世纪下半期,农村地区人口不断迁入城市使农村地区财产税收锐减,公共福利设施经费及教育经费也受到了极大的影响。大多数受教育程度较高的青壮年农村居民都流向了城市或郊区,留在本地的那部分农村居民通常是贫困人口及老龄化人口,地方社区不得不将有限的财政收入投入到保证低收入人口的基本生活保障和老龄化人口的健康保障等社会保障服务体系的建设上来,因而对教育的投入有所减少。尽管一些偏远农村地区随着旅游业的发展吸引了新的居民迁入,也会使地方财产税有所增加,但新迁入的人口多数是受过良好教育的、富有的人,他们的子女多选择教育质量较好的私立学校就读,因为缺少对社区的融入感,他们更关心的是自己经营的事业,而不太关心社区的公共教育经费投入。此外,美国农村地区人口流动呈加速的趋势也影响了农村学校的发展。2000年美国人口普查发现:全美的所有农村家庭中15个月内居住地有变迁的占到了14.1%。除路易斯安那州与全国平均持平外,有27个州都超出了全国平均水平,其中农村人口流动性大的州有:内华达(22.3%)、亚利桑那(21.1%)、科罗拉多(20.5%)、阿拉斯加(20.2%)等。面对如此频繁的人口流动现象,农村地区在收取这一群体的地方财产税上往往面临很多困难。不仅如此,学区还不得不按照联邦政府规定,花费更多的教育经费,为学业不太理想的流动人口子弟提供额外的教学辅导,这使得农村学区原本就较少的教育经费更加紧张。

农村地区人口流失使得农村学区学生数量不断减少,1996年至2000年间有18%的农村学校学生人数减少率达10%以上,这18%的农村学校大多分布在内华达、北达科他、蒙大拿、阿拉斯加等教育不发达的地区。美国各州教育经费分配方式通常以学生数量或生均经费额为基础,农村学生的减少,导致教育经费下降,小型农村社区能从联邦及州政府获得的经费极为有限,各级政府对农村薄弱学校的各类项目资金支持比例较低,农村学校能供支配的生均教育开支不断减少,难以满足农村学区学生的特殊需求。1995—1996年联邦教育部调查显示,大城市公立学校和农村公立学校相比,每年生均投入差距几乎达30%。

在1998—1999学年,美国31%的公立学校、21%的公立学校学生、40%的教师是在农村和小城镇,但他们只得到了23%的联邦教育拨款。各州农村地区的生均财产税基数具有很大差异,地区间财产税收入的差别造成地区教育经费的差异,从而造成学生人均支出不均的教育不平等现象。农村学生的教育状况远远落后于他们在城市和市郊高中里的同龄人。

当前美国城乡教育经费分配的充足原则往往和绩效原则结合在一起,联邦和州政府为农村学区及薄弱学校提供的各项经费支持都有明确的绩效责任要求,在使用联邦和州划拨的教育经费的同时,需要对学生成绩的提高负责。联邦及各州建立了测评体系,对学校的教育质量进行监控。但如上文所述,这样的测评体系缺乏对农村地区及薄弱学校特殊性的考虑,这些学校就很容易在评估中被认定为不合格,也就会相应地被削减经费。而城区学校具有较好的先天优势,在评估中通常都会超过基本标准,而获得额外的经费支持。同时,尽管联邦还设有针对特定需求的专项拨款,但农村学区或薄弱学校由于缺乏经验或技术支持,在申请程序中常处于不利地位。一些州级层面的专项补助在教育经费有限的情况下,为了尽可能地达到"公平",各州对申请专项补助的资格有严格的规定,农村学区或薄弱学校中很少有完全满足这些规定的,同时,这些项目也大多不是为农村学区及薄弱学校基础教育的特殊性而设立的,而是多用于特殊教育、职业教育等方面。例如,小布什政府在2002年推行的"农村和低收入学校项目"(Rural and Low-Income School,RLIS),规定只有满足以下要求的学区才能获得资助:该学区5-17岁的学生中至少有20%生活在联邦贫困线以下;该学区内的所有学校都位于人口在25000人以下的县镇;只有未获得"小型和农村学区成就项目"资助的学校才有资格得到RLIS的经费。当年全国只有7244所学校满足了上述规定,这些学校都位于学校体系较为集中的贫困学区。

三、乡村处境不利儿童难以获得优质教育

2002年,国际拯救儿童联盟美国分部发布了名为《被遗忘的美国儿童:美国农村地区的儿童贫困》(*American's Forgotten Children:Child Poverty in Rural America*)的报告,对美国农村儿童的生存环境和教育环境做了详尽的描述,特别是农村地区贫困儿童的生活,让许多美国人深受震撼。报告指出,不是所有的农村地区都风景如画,如同人们想象中一样美好,也有很多地区存在着非常严重的贫困问题,这些地区和其他经济较为发达的农村地区相比,贫富差距较大。美国贫困农村主要集中在中阿拉巴契亚地区、最南部地区、里约格兰

德边界地区、西南部地区、加利福尼亚的中心峡谷、美国平原各州的印第安保留地等地区。20世纪的最后十年,持续的贫困阴影笼罩着这些地区。① 2000年,美国农村地区的贫困儿童约有250万,大多来自少数族裔和单亲家庭,而这六个地区的儿童贫困率高于国家平均标准的2至3倍。② 2010年,据美国皮尤研究中心(Pew Research Center)发布的数据显示,还有大约三分之一家庭的年收入不到3万美元,这些家庭的孩子甚至不能在家使用宽带服务,完成学习任务。2012年,约21%的学龄儿童来自贫困家庭。贫困儿童在北达科他州的比例是11%,而在密西西比州最多,占学龄儿童总数的32%。③

美国学生的家庭背景与族裔背景之间存在着密切联系。一般而言,白人学生的家庭条件和家长的文化程度均优于非裔和拉美裔学生。尽管美国在20世纪中期取缔了种族隔离政策,但各族裔学生在学校中的分布并不均衡,白人家庭更能为子女选择优质学校接受教育。越来越多的白人家庭选择将孩子送到教育条件较好的私立学校,公立学校的学生中有色人种的比例越来越大。2000年美国人口普查的统计资料表明,60%以上的黑人生活在大城市,而且是高密度聚居,他们生活的社区内五分之三的人是黑人,社区处于相对封闭的状态。④ 2010年,纽约州公立学校约有一半的学生来自低收入的家庭,黑人和拉丁裔学生占多数的学校有70%的学生是低收入家庭的孩子,由于居住地区上的种族隔离,学校教育出现了新的情况,其表现是中心城市学校主要以低收入的黑人或其他少数族裔学生为主,郊区学校以中产阶级的白人学生为主,城市与郊区学校的差距不断在扩大。2012年,在公立学校中白人学生的人数从2001年的2870万降低到2560万,所占全体学生的比例从60%降低到52%;相对而言,同一时期公立学校中西裔学生的人数从820万增长到1180万,他们在公立学校所占比例也从17%增长到24%。⑤ 2014年秋季新学年开学,全美公立学校中,白人学生所占比例首次跌落到50%以下。⑥ 2014年,美国"加州大学洛杉矶分

---

① 傅松涛,杨彬.美国农村社区基础教育现状与改革方略[J].比较教育研究,2004(9):47—52.
② 李秀芳,曹能秀.美国农村学前教育存在的问题及其对策[J].幼儿教育(教育科学),2010(3):53—56.
③ National Center for Law and Economic Justice. Poverty in the United States: A Snapshot. 2013, Report. http://www.nclej.org/poverty-in-the-us.php
④ 姬虹.美国城市黑人聚居区的形成、现状及治理[J].世界民族,2001(6):44—52.
⑤ National Center for Education Statistics. The Condition of Education 2014. http://nces.ed.gov/pubs2014/2014083.pdf
⑥ National Center for Education Statistics. The Condition of Education 2014. http://nces.ed.gov/pubs2014/2014083.pdf

校民权项目"(UCLA Civil Rights Project)发布的研究报告①显示,美国校园里种族隔离现象还很严重。一些贫困人口聚居的学区,学校里黑人学生和拉丁裔学生占绝大多数,白人学生屈指可数。纽约州公立学校的种族隔离情况在全美范围内是最严重的,很多学校连一名白人学生都没有。这种学校种族隔离的现象在全美范围内普遍存在。根据这份报告,种族隔离严重程度排在纽约州之后的依次为伊利诺伊、密歇根和加利福尼亚等州。2009年、2010年纽约州的华裔学生占学生总数的将近一半,非洲裔学生常去的学校白人学生平均比例仅为18%,纽约市75%的非洲裔学生集中于少数族裔占90%以上的学校。

在美国,农村社区是贫困学生和少数族裔学生的聚集地。2004年,农村社区中大约33%的西班牙裔儿童,37%的非洲裔儿童,44%的印第安儿童生活在贫困线以下。② 这些学区的学生成长环境往往充斥着犯罪、暴力等诸多不利因素,学生在生活上缺乏关照,精神上缺乏关怀,学习上缺乏管理,导致学生学习积极性偏低,文化冲突激烈,升学意识弱,学业表现也不甚理想。在贫困儿童和少数族裔占多数的学区,一些学生吸食大麻,加入帮派,携带武器进入校园,甚至选择过早辍学,给农村学校教育造成了巨大压力。而在美国多数州承认的优质学区、优质学校中,以高收入家庭子女和白人、亚裔为主,学生学习积极性高,愿意配合教师完成相应的教学活动,这些学校的家长委员会也能为学生和学校的发展提供帮助,在这些学校开设的天才班项目中往往是白人和亚裔学生一统天下,黑人和拉丁裔学生难见踪影。斯坦福大学肖恩·里尔顿教授的调查显示,1978年到2008年间,贫困学生与高收入家庭学生之间的数学成绩差距增长了三分之一。2013年,34%的25岁到29岁的美国年轻人获得本科及以上的学位,在这个群体中白人青年和黑人青年本科及以上学位获得者之间的差距从1990年的13%扩大到20%,白人青年和西班牙裔青年之间的差距在同一时期从18%增长到25%。

四、乡村教师结构性短缺,教师素质普遍偏低

优秀师资的均衡分布对于教育优质均衡发展极为重要,这是学生学业成绩

---

① Orfield, Gary, EricaFrankenberg. Great Progress, a Long Retreat and an Uncertain Future. Civil Rights Project/Proyecto Derechos Civiles, May, 2014. http://civilrightsproject.ucla.edu/research/k-12-education/integration-and-diversity/brown-at-60-great-progress-a-long-retreat-and-an-uncertain-future/Brown-at-60-051814.pdf
② 李秀芳,曹能秀.美国农村学前教育存在的问题及其对策[J].幼儿教育,2010(9):53-56.

和整体教育质量提升的关键因素。20世纪联邦及各州政府的一系列改革措施为城乡中小学配备了基本师资,但偏远农村学区学校及城市薄弱学校长期缺乏合格及优秀教师。当前,教师资源在城乡之间配置失衡主要表现在以下几个方面:优秀教师配置不均,薄弱学校、特许学校,贫困学生和少数族裔学生人数比例较大的中小学等学校里优秀教师数量明显少于非薄弱学校和白人学校;农村地区及薄弱学校教师流失率高,"教非所学"的教师和持替代性教师资格证或临时资格证的教师过多;合格的学科教师在城乡间配置不均衡,一些学区不仅缺乏数学、科学、特殊教育等学科教师,在职的学科教师胜任力也普遍较低;城乡教师职后专业发展不均衡,在经济条件较好、重视基础教育、终身学习氛围浓厚的学区,教师能够获得更好的专业发展,相对而言,偏远农村学区的教师在职后专业发展上获得的机会较少。

2005年的一项调查显示,农村各学区的学校普遍存在着不同程度的师资短缺问题。该项调查是在美国589个学区中进行的,在这些学区中,教师短缺率高达90%以上的有两个学区,占整个调查样本的0.3%,有6.1%的学区教师短缺率为10%—20%,2.5%的学区教师短缺率为21%—30%,1.5%的学区教师短缺率达31%以上。在这589个学区中,远离城市的农村学区和靠近城市的农村学区在教师短缺情况上存在一定差异,靠近城市的农村学区占调查学区的29.2%,其中有4.1%的学区教师短缺率为10%—20%,而远离城市的农村学区中有5.3%的学区教师短缺率为10%—20%。在教师短缺率达21%—30%学区中,远离城市的农村学区占2.6%,而靠近城区的农村学区仅为1.1%。[1]美国农村学校不仅教师总量不足,而且高素质的教师相对缺乏。尤其在农村小规模学区,优质教师最为缺乏。20世纪初,学区规模在250人以下的学区严重缺乏合格的教师,这些学区有20%左右的中学教师未能达到NCLB法案建议各州政府规定的"高素质教师标准"。[2] 而在一些大规模的城市学区,尽管有薄弱学校的存在,教师整体优质率也高于农村地区。在学区人数超过10000人的学区,教师的优质率达到99%。在农村及薄弱学校学科教师数量严重不足,以

---

[1] Patricia Canapé Hammer, Georgia Hughes, Caria McClure, Cynthia Reeves, Dawn Salgado. Rural Teacher Recruitment and Retention Practices: A Review of the Research Literature, National Survey of Rural Superintendents, and Case Studies of Programs in Virginia. 2005.12.

[2] Terri Duggan, Schwartzbeck, Cynthia D. Price, Doris Redfield, Helen Morris, Patricia Canapé Hammer. How Are Rural School Districts Meeting the Teacher Quality Requirements of No Child Left Behind? [R]. American Association of School Administrator & Appalachia Educational Laboratory. 2003.

数学教师为例,在轻度薄弱学校中,约有11%的数学教师属于缺乏必要能力与经验的非胜任教师;重度薄弱学校,此类数学教师的比例高于20%。与以白人学生为主的学校相比,在非裔、拉美裔学生居多的学校中,达到胜任水平的数学教师较少,仅为前者的一半。2000年,在以少数族裔学生为主的中小学中,有29.2%的数学教师未受过高校数学专业的培养,而以白人学生为主的学校中此类教师只有21%。低收入家庭、少数族裔学生的数学能力偏低,与数学教师的质量有直接关系。[1]

20世纪末期美国联邦政府和各州政府推出的一系列替代教师培养项目,在短期内为农村地区输送了很多教师。2005年,通过替代性教师培养项目获得教师证书的教师达35000人,占整个新教师队伍的17%左右,大部分替代性教师培养项目培养的教师都是为了解决农村及薄弱学校教师短缺的问题。但是,也有很多研究表明替代性培养方式培养出的教师表现不如传统培养方式下培养出的教师,甚至对学生的成长有不利的影响。一些替代性项目过于追求短期实效性,未能根据项目申请人的具体背景对项目进行设计与变通,变成了传统培养项目的复制品,却缺乏学术性,为未来教师提供的训练和支持远远不足。在缩短培养时间的基础上,再模仿传统培养模式开发起来的替代性教师培养项目很难培养出优质教师。相对而言,在传统教师教育模式下,职前教师需要花费大量金钱、时间和精力参加更为严格、完善的职前教育,因此,他们毕业后更愿意留在工作环境较好的学区任教,相对替代性教师培养项目培养出的教师,他们更加具有竞争力。因此,留在经济条件较好的学区的教师往往是接受过更多职前训练、素质较高的教师;而替代性计划培养出来的能力相对较弱的教师就被"淘汰"到了偏远农村学区或城市薄弱学校。一些新入职教师甚至将在农村学区或薄弱学校任教当作未来职业的跳板,在任教2到3年后,就选择放弃教职或是到条件更好的学区任教。美国国家教育统计中心2003年的统计报告显示,将近35%的教师在入职三年内离职,50%的教师在入职五年内离职,农村学区教师流失现象尤为严重。[2] 在全美范围内,教师的流动率近15%,而农村学区教师的流动率更高,科罗拉多州农村学校的教师流动率达到23%,比全国教师平均流动率高出13%。阿拉斯加州在2005年的教师供需报告中指出,5个

---

[1] Debra Hughes Jones, D. H.; Alexander, C.; Rudo, H. Z.; Pan, D.; Vaden—Kiernan, M. Teacher Resources and Student Achievement in High—Need Schools. [R]. Southwest Educational Development Laboratory, 2006.

[2] 陈蕊.美国初任教师入职指导研究综述[J].教育导刊,2009(11):31—34.

大城市学区的教师的流动率为每年 10%,而农村学校平均教师流动率则为每年 24%。[1]

导致农村学区如此之高的教师流动率的原因是农村学区相对落后,教师工作环境不理想,教师工作负担重,和同行交流的机会较少,职后培训较为薄弱。在农村和偏远地区任教的教师往往肩负多学科、多年级的教学任务,常常超负荷工作。在一些资金短缺、条件欠佳及偏远的乡村地区,很难招聘到一些合格的学科教师,如数学及科学教师、特殊教育教师、双语教育教师等,一些教师就不得不"教非所学",临时执行非专业学科的教学任务,在此过程中,他们迫切地想获得专业支持及专业发展机会,却由于繁重的教学任务和有限的资源而难以实现。因此,很多教师要么选择放弃教职,要么选择回避在专业上的进一步发展。一些农村学区的中学由于缺乏相应的师资,临时聘请一些持有小学教师资格证或只是教育专业毕业的新教师担任教职;但这些教师宁愿选择继续在小学从教,或者放弃教师工作,也不愿意继续学习社区大学提供的额外的课程,通过教学能力测试获得中学教师资格证。按照 NCLB 法案对教师素质的要求,美国教师队伍中有很多教师是不合格的。纽约州 2001 年 10 月的教师资格考试中,有 16% 的中小学教师没有通过考试,全州有近 8 万名教师,就意味着有大约 14000 名教师是不合格的[2]。2002 年,NCLB 法案对教师的素质提出了更高的要求,要求 2005—2006 学年所有公立学校的核心科目教师必须达到高素质标准。一名高素质的教师必须拥有学士学位,具有所教学科的教学能力,并获得各州相应的教师资格认证。在 NCLB 法案的推动下,各州学区教师都参加了有关阅读、数学教学的职后培训,但在农村学区及贫困薄弱学校,由于资源有限,教师能够获得的职后培训仍然有限,难以达到联邦提出的要求。2007 年,NCLB 法案对教师评估的结果显示,没有达到"高度合格"标准的教师主要包括特殊教育教师、教授英语水平有限学生的教师、中学教师,以及贫困率、少数族裔比例较高的学校中的教师。同时,在达到"高度合格"标准的教师群体中,贫困学区教师在教学经历上没有优质学区学校教师丰富,教师学历也相对较低。[3]

---

[1] 李祖祥.美国农村教师职后教育的新动向[J].外国教育研究,2010(1):85-87.
[2] 田静,王凌.美国农村高素质师资短缺的原因与对策[J].世界教育信息,2004(4):1-5.
[3] Birman, Beatrice, Kerstin Carlson Le Floch, Amy Klekotka, Meredith Ludwig, James Taylor, Kirk Walters, Andrew Wayne, Kwang-Suk Yoon, Georges Vernez, Michael Garet and Jennifer O'Day. State and Local Implementation of the No Child Left Behind Act: Volume Ⅱ — Teacher Quality Under NCLB: Interim Report. Santa Monica, CA: RAND Corporation, 2007. http://www.rand.org/pubs/reprints/RP1283.

政府对公立学校教师高素质的要求,加剧了美国各个地区对高素质教师的竞争。这就使得难以招聘到教师的学校的教师短缺问题更加严重,也让农村学校在招聘和留住高素质教师方面处于不利地位。

五、教育信息技术发展,城乡差距逐步缩小

20世纪下半期,推动教育技术发展成为美国基础教育改革的重要任务,数字教育技术的发展实现了教育资源在城乡之间的共享,成为城乡教育均衡发展的助推器,与此同时,美国教育界也意识到,教育技术既可以为城乡教育带来丰富的教育资源,也可能由于地区间不同的发展水平,产生巨大的"数字差距"及"数字鸿沟"。因此,只有缩小城乡之间的技术及设备差距,才能真正实现城乡教育资源的有效共享。

20世纪90年代,一系列优先发展农村及薄弱学区教育技术的政策及法案得以颁布和实施,用以弥补由于地理位置或财政资源短缺造成的城乡之间数字教育技术发展的不平衡。NCLB法案为农村学校及低收入家庭学生较多的学校提供资金,用于互联网建设。1996年,联邦政府推出电信安装优惠项目,作为电信法案的一部分,计划每年提供20亿美元左右的资金来为学校和图书馆提供互联网服务,并按照地区经济水平与贫困程度为不同省区的学校和图书馆接通互联网提供不同的折扣,经济状况越差的地区获得的折扣就越高。2003年,联邦政府出台农村学校互联网建设项目,为农村学区提供近6亿美元的项目资金,约有11600所农村学校及学区图书馆受益。这一项目实施两年后,学生人数在300人以下的中小型农村公立学校联网率达到100%,生机比3∶1,与城市学校4.2∶1以及郊区学校4.1∶1的生机比相较而言,农村学区的学校教育技术发展状况和城市相比还略胜一筹。公立学校高网络覆盖率让学生课堂变得更加丰富多彩,也让互联网接入服务成为学生完成课后任务及家庭作业必需的基本工具。[①]

对于偏远农村地区及贫困家庭的学生而言,网络及教育技术的发展既是机遇也是挑战。21世纪初,尽管农村网络服务的覆盖率在许多地区都有所增加,公立学校也为学生提供了免费的互联网接入服务,但还是有许多乡村地区家庭没有获得高速互联网接入服务,更谈不上享受免费的宽带接入服务。这些家庭的孩子们不得不想方设法利用公共资源来完成学习任务,比如在当地图书馆或有免费互联网服务的公共场所学习。一些农村学区为解决学生使用网络的问题,积极开拓社区资源,选择与当地电信运营商合作,为学生提供移动网络服

---

① 赵彦俊,崔宏观.美国农村基础教育优先发展政策探析[J].外国教育研究,2012(5):21—25.

务。但由于资金问题,这一计划难以实施。密歇根州"平康宁学区"位于底特律以北,在汽车工业衰落引发的经济大萧条影响下,这一贫困的农村学区曾于2010年和当地的无线网络运营商合作,为学生提供智能手机,并由学区支付网络使用费,但由于资金短缺,这一计划在一年后宣布失败。在此以后,和其他贫困学区的学校一样,教师在为学生布置作业时,不得不考虑这一情况,避免因为让学生必须使用互联网完成作业而导致贫困学生产生心理落差。同时,一些贫困学区的教育工作者也意识到贫困学区的教学如果过于依赖互联网,在缺乏网络过滤服务的贫困学区,反而会带来一些困扰。因此,在2010年美国商务部(U. S. Department of Commerce)的一份报告中[1],联邦监管机构已将家庭互联网接入服务之间的差距列为教育领域中的一个关键挑战。目前,美国联邦通信委员会(Federal Communications Commission,FCC)正在对国会提出的一项农村地区宽带服务项目进行评估,该项目计划在未来的十年中以每年投资45亿美元的方式,在农村及经济落后地区建设宽带网络,并减少或免除网络使用费,最终实现全美所有居民都享受免费的宽带服务。[2]

第三节 美国促进城乡教育均衡发展的举措

事实上,美国在公共政策和研究中对"城市"和"农村"一直没有统一的界定。美国政府发布的与教育相关的政策中,常见的对"城市"和"农村"的定义就有六种:美国人口普查局基于地理特征、人口状况所做的分类;都市状态代码;城乡连续代码;都市中心区域代码;城市中心区域代码;基于核心的统计区域。这些定义都源于不同的政策需要,以及"城市"和"农村"不断变化、发展的实际状况。在有关"城市教育"和"农村教育"的定义表述上也难以找到较为确定的描述。总体而言,从美国学界对"城市"及"农村"的定义中可以看出,农村一直处于相对落后的地位,在教育上亦是如此。1986年,美国教育部教育统计中心编撰的《教育的状况报告书》对农村地区的特征有如下描述:地域广阔,人口稀

---

[1] Economics and Statistics Administration & National Telecommunications and Information Administration. Exploring the Digital Nation:Computer and Internet Use at Home. 2011, November. http://www.ntia.doc.gov/files/ntia/publications/exploring_the_digital_nation_computer_and_internet_use_at_home_11092011.pdf

[2] United States Government Accountability Office. FCC Should Improve the Accountability and Transparency of High-Cost Program Funding. Highlights of GAO-14-587,a report to congressional requesters. 2014,July. http://www.gao.gov/assets/670/664939.pdf.

少,居住分散;区域内贫困率高、就业机会少。① 在美国,各州法律对"城市"的界定也有所不同,比如对城市地区所应该有的人口数,在不同的州就有不同的标准,如马萨诸塞州的城市人口下限是12000人,而马里兰州的下限则是300人。在17世纪到19世纪末的相关研究中,"城市"具有积极的含义,但从20世纪初开始,"城市"常与若干社会问题相伴随而开始具有了消极意义。如经常被提及的"内城"就具有消极意义。"内城"被界定为"城市中心地带",与城市郊区相对应,分布着大量拥挤的、贫困的街区,住房不足,犯罪率和失业率居高不下,充满着大量的社会问题和经济问题。"内城"学校教育质量低下、学生群体构成复杂、教学条件落后、师资素质低下。因此,美国真正最为成功的教育体系也不完全是"城市教育",而是相对于"内城"存在的"郊区"教育体系。美国著名教育改革家科尔曼认为在美国,教育机会的观念几乎在一开始就有注重均等的特殊意义。② 美国政府在不同的历史时期对城市教育及乡村教育各有侧重,实质上是在兼顾教育效率与公平的同时,一方面推动社会上层及中层阶级教育质量的提升,另一方面积极扶持社会弱势群体。为了全面提高各类型、各地区学生的教育质量,美国联邦与州政府在统筹城市和乡村教育均衡发展的过程中,推出了许多改革与发展措施。

一、政府履行主体责任,教育立法保障到位

美国教育法规主要分为三个种类,联邦教育法、州教育法、判例法。这些不同层面的法律法规互相配合、互为补充,指明了各级教育管理部门的权限。"教育公平"是美国教育法的基本原则。在统筹城乡教育均衡发展的各个历史时期,从联邦政府到各州、各学区都颁布了相关法规,明确各级政府与教育管理部门的权限与职责,为保障城乡教育均衡发展提供了良好的法律基础。早在1642年,马萨诸塞海湾殖民地议会就通过了一项美国历史上最早的教育法令。③ 该法令指出,由于殖民地许多父母忽视了对子女的教育,要求各市镇议会议员督促该地区父母及牧师承担起教育孩子的责任。法令开篇即指出,议会考虑到许多家长及"师徒制"模式下师傅对儿童教育的严重忽视,没有从学习、劳动等各

---

① 傅松涛,赵建玲.美国城乡教育机会均等与"农村教育成就项目"[J].外国教育研究,2006(3):35—39.
② 易红郡.西方教育公平理论的多元化分析[J].湖南师范大学教育科学学报,2010(4):5—11.
③ (美)英伯,(美)吉尔.美国教育法(第三版)[M].李晓燕,等,译,北京:教育科学出版社,2011:100—120.

个角度承担起应尽的义务,因而制定此法。该法要求每个城镇都要选人调查儿童的识字状况,要惩罚那些有教育子女或学徒阅读和理解宗教教义及殖民地法令的能力但不负责任的家长和雇主。该法令提出,为达到整治这一弊端的目的,他们或他们中的大多数人将有权时时关注所有家长、师傅和他们的孩子,倾听他们的呼声和孩子们的心声,特别要关注孩子们的阅读和理解宗教原则和本国死刑法的能力。如果这些要求被家长和师傅所拒绝,他们将被处以罚款;并且在法庭和地方长官的同意下,工作人员有权把那些没有能力和不适于培养的孩子送去当学徒。[①] 这项法令虽然没有强制各市镇建立学校,但是毕竟打破了英格兰政府长期忽视殖民地教育的传统,表达了政府对于儿童教育的关注。1647年,马萨诸塞海湾殖民地议会又通过了著名的《老魔鬼撒旦法案》(*The Old Deluder Satan Law*),对集资兴学办校做了更进一步和更明确的要求。在此法令影响下,马萨诸塞的学校教育得到了较大发展,其他各殖民地政府也纷纷仿效,市镇办学得以在殖民地兴起。早期殖民政府的教育法规,体现出政府在教育问题上追求集中治理的决心,为后来美国建立和发展公共学校体系,普及城乡义务教育产生了深远的影响。[②]

美国最初的普及义务教育立法主要是围绕初等教育的强制性、免费性和公共性三大主题展开的。在这三大主题指导下,各州保证了城市及乡村儿童能够进入学校接受教育。国家根据法令,采取必要的强制措施,强制法律规定应受教育者履行上学的义务,对不履行义务者国家将追究其法律责任;同时,法律规定各州为初等教育提供必要的教育经费,受教育者不必支付学费就能享受教育;在公共性这一方面,美国的法律规定教育与宗教分离,美国公民不因宗教信仰不同而失去受教育的权利,各级学校的教学内容也围绕着培养具有"美国精神"的公民展开。建国后,从联邦法律到各州法律都对实现普及公共教育对于民主国家建设的重要性进行了阐述。1787年通过的《美利坚合众国宪法》,虽然未对教育做任何规定,但是前后两次对宪法第十条的修正案都涉及教育问题。第一次修正案规定美国国会不制定设立国教或禁止信仰自由的法律,标志着教会与国家分离,成为美国公立教育的法律根据。此外,第十条修正案规定举办教育事业的权力属于州,确立了地方分权的原则。1872年《西部土地法》规定为农村公立学校建设划拨土地,保障公立学校的建设。1852年,马萨诸塞州第一

---

① (美)E. P. 克伯雷.外国教育史料[M].武汉:华中师范大学出版,1991:331—332.
② (美)英伯,(美)吉尔.美国教育法(第三版)[M].李晓燕,等,译,北京:教育科学出版社,2011:100—120.

个通过《义务教育法》,在美国教育史上掀开了义务教育篇章。到1918年,美国当时的48个州全部实施了义务教育。各州在义务教育法令的推行过程中,尤其关注农村地区法令的实施。在义务教育法律颁布初期,农村地区的一些家长在教会组织的刻意宣传误导下,对义务教育法提出了质疑,认为义务教育法侵害了家长对子女受教育的自由和权利,个别家长还因为儿童上学方面的争议将地方当局告上了法庭。为了在农村地区有效实施义务教育法律,从19世纪末期开始,各州开始建立义务教育实施保障机制,政府在一些村镇派出"劝学官"或者让当地警察及治安员充当"劝学官"的角色。一方面对偏远农村地区学龄儿童人数进行统计,掌握儿童入学情况,另一方面对于家长不让子女上学,或者学龄儿童不愿上学的情况给予惩处。同时,一些地方法庭在儿童失学案件的判决上,通过"判例法"确认了儿童上学的权利,强化了农村儿童接受教育的义务性和强制性相统一的观念。教育法的实施和义务教育观念的深入人心,推动了政府对免费的公共教育的投入。免除学费是各州兴学的通例,也是免费义务教育的基本特征,但考虑到学生家庭经济状况不同,仅仅免除学费还不行,1818年,费城开始免费供应课本,1844年马萨诸塞州普遍实行课本免费。从第一次世界大战后至1927年,全国范围内,硬性规定课本免费的州达20个,以法令允许课本免费的州有25个。[1]

第二次世界大战后,为了保障城市及农村教育的均衡发展,真正实现城乡地区学生在入学机会、教育过程以及教育结果上能够享有公平,推动城市及乡村教育向着"高质量的公平教育"发展,联邦政府颁布了一系列比较有影响力的法案。这些法案一方面关注了不同时期美国教育问题的重点领域,另一方面也或多或少体现了联邦政府对城市及乡村教育发展中不公平现象的关注。1958年,《国防教育法》颁布后,美国联邦政府依据该法资助了一些农村教师参加专业培训及学习;1965年《初等和中等教育法》颁布后,政府将大量资金投入农村低收入学区,帮助学校建设基础设施,如图书馆、实验室、运动场馆等;1964年《民权法》取消了公立中学中的种族隔离,为农村公立学校的发展创造了新的契机;1968年《双语教育法》增加了农村及城市地区新移民、少数族裔受教育的机会;1981年《教育巩固与促进法》弥补了城市"内城"及偏远农村地区贫穷与少数民族学生与其他学生之间的差距。除了与教育直接相关的各种法案以外,在关注农村或城市少数族裔发展的一些法规及报告中也体现出联邦政府对城乡教

---

[1] Cubberley, Ellwood Patterson. Public Education in the United States. [M]. Houghton Mifflin, 1942.

育差异的关注。

作为农村及城市教育的直接管理主体,各州政府也制定了有利于农村偏远学区、城市薄弱学校、少数族裔、贫困人群发展的教育法案。以解决弱势群体的教育公平问题为例,弱势群体是一个内容极其丰富的概念,它不仅包括残疾人、老人、妇女、儿童、孤儿等群体,还包括低收入群体、移民、贫民、难民和少数民族等群体。针对不同弱势群体的教育政策不能一概而论,而应当区别对待。美国政府在处理这些不同群体的教育公平问题时,还是考虑到了他们之间的差异性。如针对残疾人的《残疾儿童早期教育援助法》《教育所有残疾儿童法》以及《2000目标:教育美国法》中列出各州要制定政策帮助残疾学生的家长和家庭的明确规定。针对黑人和少数民族的《民权法》《双语教育法》和《紧急学校资助法》(后改为《磁石学校资助法》)等。针对家庭生活贫困学生的《初等和中等教育法》《教育巩固和促进法》《不让一个孩子掉队法案》以及启智计划(Head Start Program)、免费午餐计划、教育券计划等。针对学力不足学生的《不让一个孩子掉队法案》,强调标准、测验和问责制度,并通过特许学校制度、小班化计划、蓝带学校计划、特殊教育项目、补偿教育项目等来满足不同学生尤其是学力不足学生的需要。这些策略包括综合运用多种教育政策工具,运用命令、资助、宣传和提供服务等策略。[1]

2002年,小布什政府在1965年《初等和中等教育法》基础上,针对当时美国教育面临的现状与挑战,修订通过了《不让一个孩子掉队法案》(*No Child Left Behind Act*,简称NCLB)。该法案重申:不论其种族和家庭背景如何,学生都应平等地接受教育,学校应促使孩子取得他们潜能所应达到的进步。NCLB法案的第一章就提出要改进"处境不利的学生"的学业成就,增进教育公平,从而提高全体国民的基本素质。该法案在赋予地方更多的教育管理权的同时,倡导结果导向的教育问责,以此提升公共教育质量,并为学生和家长提供更多的教育选择。这一法案被认为是当今美国中小学校教育工作必须遵守的教育法令,对法案的执行是几十年来最有意义的教育改革。NCLB法案要求各州均要建立针对本州教育机构和薄弱学校的扶助和改进机制,各州据此制定了本州的各种改革措施。在实践中,各州首先制定了严格的标准和程序对薄弱学校进行鉴别,通过资金投入和技术支持对薄弱学校进行帮扶,促进学区内所有学生的学业进步,最终帮助薄弱学校改进。

---

[1] 黄忠敬.美国政府是如何解决教育公平问题的——教育政策工具的视角[J].教育发展研究,2008(21):1—6.

在小布什政府时期,联邦政府网站上发布了名为《教育:美国的承诺》(*Education:the Promise of America*)的文件,强调政府在教育改革中的职能,对NCLB倡导的教育改革进行了进一步的阐述,并公布了法案的实施框架。NCLB法案资助的对象包括所有在校学生,也包括所有的学校,即除了公立学校之外,对私立学校也进行资助,并要求所有州的所有学校必须达到一定标准,所有学生的测验成绩必须达到规定的标准。与以前的法案相比,它一方面扩大了资助的对象,另一方面也提出了更高的要求与标准,采取了严格的奖惩措施,以保证教育政策的效果。

但是,随着NCLB法案的推进,它所引发的一系列问题也受到社会各界关注。一些学者认为,各州在对学生成绩的评价标准上,仅仅关注达到部分主要科目(数学、阅读和科学)"熟练"标准的人数。教师在教学过程中就自然而然地围绕着要测试的科目进行教学,弱化了其他科目的教学工作,同时教师更多地将精力放在可能达到"熟练"标准的学生群体上,而忽略了最好和最差的学生。在这样的情况下,低收入家庭中的优等生因为没有获得相应的支持而在未来的发展中表现平平,基础较差的学生也因此放弃学业,难以适应社会发展。与此同时,尽管NCLB法案将学生合格率作为各州获得联邦教育经费的条件,但由于联邦政府并没有权利决定各州的教育政策,"熟练"标准也由各州自行决定,为了获得广泛认可,各州自然就尽可能采用最低标准。2010年的一项调查显示,州内测验成绩进步很快的州在全国考试中却没有显示出同样的进步。[1] 为了弥补NCLB法案存在的这些问题,奥巴马政府对这一法案进行了改革。例如,联邦预算案中提出将由州制定学校标准的惯例改为全国统一标准;将NCLB原定的到2014年全部学生达到"熟练"的标准改为让毕业生具备为将来的大学学业和工作做准备的能力;建立学生学业情况数据库,正确客观地评价学生学业成就;改变过去按照学区和学生人数分配经费的做法,转而要求各州、各学区通过"力争上游"的方式来获得经费。"力争上游"计划将过去通过惩罚促进学校发展的方式改为通过鼓励政策促进学校发展,激励各州为基础教育改革提供良好的环境,提高学生的学业成就,缩小学业差距,为学生升学和就业做好准备。同时,奥巴马政府提出改革特许学校,取缔一些一直以来低效运转的特许学校,将有限的办学资金集中用于优质学校,促使这些学校能够不断创造

---

[1] Murnane, Richard J. John P. Papay. 2010. "Teachers' Views on No Child Left Behind: Support for the Principles, Concerns about the Practices." Journal of Economic Perspectives, 24(3): 151-66. http://www.aeaweb.org/articles.php? doi=10.1257/jep.24.3.151

卓越的成绩。此外,奥巴马政府的教育改革还强调对儿童的早期教育,推出了"0—5岁儿童教育计划",鼓励各州普及幼儿教育;同时,建立了早期学习总统委员会(Presidential Early Learning Council),加强各州在婴幼儿教育方面的交流与合作。①

总体来看,在这些法案的影响下,美国城乡基础教育改革取得了很大的成效,教育问责和评价机制在各州广泛建立,不同族裔之间学生的学业差距也逐渐缩小,学生成绩和教师质量也得到进一步提升,美国公立学校展现出了一些新的面貌。

二、教育经费相对充足,各类补助计划的针对性较强

美国成为世界上教育最发达的国家之一,在很大程度上,是因为有大量教育经费的投入。从1975年以来的多数年份,美国教育经费总投入占GDP的比例保持在7%以上,②足够的教育经费投入是美国教育发展的持续动力。美国的义务教育是真正意义上的免费教育,从1834年美国宾夕法尼亚州废除了公立学校的学费制度开始,直到20世纪初美国各州先后实行了普及义务教育的免费制度。美国实行的13年义务教育,一般包括小学教育(幼儿园至6年级)、初中教育(7—8年级)和高中教育(9—12年级)三个阶段。在义务教育阶段,学生不但不用交学杂费,甚至在一些州学生连课本、练习本等都不用买。在美国,无论是在城市还是在农村,为教育而划分的区域被统称为学区,并实行城乡一体化的管理体制。学区制(district system)起源于1789年美国麻省修正通过的州宪法,该法规定地方政府成立"学校委员会"(school committees)负责教育事务。1826年,该法再度修正,将学校委员会独立于地方政府之外,并享有教育行政权以及决定教育税税率的权力,奠定了今日美国地方学区制度的基础。经过多年的改革与发展,美国农村和城市学区公立学校主要由政府出资兴办,可以保证每个学龄孩子的上学机会,是政府财政援助的重点。公立学校的经费来自政府拨款,农民孩子和城市孩子一样,可以享受费用低廉或免费的基础教育。③

美国城市和农村公立学校的教育经费主要由三个部分组成,即来自联邦、州、学区三级政府的税收,联邦政府的税收主要是所得税,州政府以销售税为

---

① 张燕军.从奥巴马政府修订 NCLB 法看美国教育均衡发展[J].外国教育研究,2011(2):44—49.
② 晓唐.世界各国(地区)教育经费占国民生产总值比例(%)一览(1975)[J].外国教育资料,1980(4):35.
③ 宋彬,黄琛.美国基础教育的经费来源分析与思考[J].上海教育科研,2006(4):23—26.

主,而学区即地方政府的税源多来自财产税。公立教育发展之初,教育经费的最主要组成部分是地方学区的税收,但各个学区由于经济发展的差异,在教育经费的投入上也有很大差异,因此美国城乡教育差异在很大程度上源自城乡学区之间的贫富差异。为了协调学区间教育发展的不平衡状况,各州教育主管部门一方面向联邦政府申请教育经费,另一方面调整州内教育拨款,扶持薄弱学区及薄弱学校。即通过"财政转移支付制度"来实现教育资源在学区之间的均衡分配,达到教育资源的公平配置,实现城乡教育的均衡发展。随着公共教育的不断发展,联邦及州政府承担的教育经费比重不断增加,城乡教育均衡化程度不断加强。

20世纪上半期,美国城乡公立中小学的教育经费主要由学区承担,学区拥有独立征税权,财产税一度成为学区义务教育经费的主要来源,学区教育经费的差异主要是由学区房地产价值的差异造成的。美国各州内学区间的贫富差距直接带来了教育资源配置的不均衡,进而带来教育质量的差别。农村学区由于人口相对分散,学生数量相对较少,所获的教育经费明显少于城市学区。而在城市,较高收入阶层的家庭有能力购买较富裕学区的房子,其子女则可以享受该学区较高质量的教育,而穷人只能居住在环境较差的市中心,于是位于郊区的学校与位于城市中心的学校在财政收入和生源方面也出现了差距。二战后,美国联邦政府和州政府加大了对地方学区财政拨款的力度。1979年以后,这一趋势进一步发展,州政府对学区基础教育的财政支持开始超过学区征收的财产税,成为城乡基础教育的最大财源。州政府作为中小学教育经费来源的主体,主要采用客观的公式来确定各学区的拨款额,较为公开、透明。此外,为了保障一些学区特殊的教育需求,联邦及州政府还实施了一系列专项拨款措施。

尽管各州政府教育拨款采用了不同的计算公式,教育财政拨款的模式也有所不同,但总体上看,各州的教育拨款模式都兼顾了效率及公平。以各州较为通用的基本补助模式(Foundation Modal)以及学区能力均等化模式(District Power Equalization Modal)为例,基本补助模式也称基数补助模式,即州政府为各学区设定一个生均义务教育经费定额标准。其特点是:向每一学区的学生提供的人均补助额与学区的教育成本、学区的贫富程度相联系,而不仅仅是与这一学区的学生数相关。在这一模式下,比较富裕的学区,即使州政府减少或者不拨补助也可以维持基本的教育水平;比较贫困的学区依靠学区财力无法达到的部分由州政府补助达到这一基本标准。这一模式非常有效地缩小了学区间的教育经费差距。学区能力均等化模式也称为保证税基计划,意在为每一个学区提供一个相同的基础性的学生人均财产税基,而不同于基本补助模式中设定的一个基础的学生人均最低支出水平。使用这一模式,所有的学区,不管是穷还是富,在相同税率下,都会筹集到大致相同的生均教育税。州政府可以保证不同的学区在同等的税收下,获得相同的教育经费。但这一模式鼓励高税率,其公平性效果不如基数补助模式。[①] 较为理想的教育经费拨款模式是将基本补助与学区能力均等化模式相结合,既融合了二者的优势,又弥补了各自的缺点。

公式拨款作为主要的拨款方式,是按学生人头数分配的,尽管分配形式公平,但由于美国农村学校学生少,还要维持较远的交通费等,实际所剩无几。为了解决农村小型学区所获教育拨款较少的问题,美国各州采取了将小型学区与其他学区联合,共同分享拨款的方式,将小规模学校并入其他大型学校,为学生提供优质的教育条件。但是,美国仍然存在较大范围的农村学区,以及学生人数较少的小规模学校。联邦及各州政府在解决这些学区及学校面临的教育经费短缺问题时,采取了一系列行之有效的措施。2000年,美国联邦政府开展了"农村教育成就项目"(Rural Education Achievement Project,简称 REAP),其中包括"小型农村学校成就项目"(Small, Rural School Achievement program,简称 SRSA)。REAP 的核心是帮助更多农村学区通过获得和使用联邦教育资金,缩小城乡学校之间学生学业成就上的差距。SRSA 具体面向小型、低收入农村学区,即学区地域类别是 7 或 8 类(8 为农村);学生日均出勤人数(Average Daily Attendance,简称 ADA)低于 600 人的学区,或者所在县的人口密度是每平方英里 10 人的学区。REAP 实施的第一周期(3 年)使将近 6000 所学校从中获益:受益学校的学生毕业率和日出勤率有了稳步的提高,学业状态和成绩也有了相应的改善。[②] 此外,在教育拨款公式的完善过程中,大部分州政府不仅考虑了地区经济发展水平、税收能力、税收努力等因素,还把影响教育成本的其他因素纳入了拨款公式中,如学校规模、班级规模、师生比、年级水平等。通过这些较为科学、客观的计算方式,各州城乡教育经费也得到了相对均衡的投入,农村地区在学区建设上也得到了进一步发展。犹他州通过增加经费投入,加大对农村地区小规模学校的扶持力度,在基本补助模式基础上,根据固定的公式对公立学校追加资助经费,农村地区的小规模学校可以根据相关规定申请"小规模学校资金"。获得该资金的资格包括:(1)学校的日均出勤人数(ADA)不超过

---

① 杨军.促进基础教育的均衡发展——来自美国的经验[J].外国教育研究,2004(11):11—12.
② 傅松涛,赵建玲.美国城乡教育机会均等与"农村教育成就项目"[J].外国教育研究,2006(3):35—38.

160人(小学)、300人(1至2个年级的中学)、450人(3个年级的中学)、500人(4个年级的中学)或600人(6个年级的中学);(2)学生上学行程时间超过45分钟(幼儿园至6年级学生)或超过1.25小时(7至12年级学生)。① REAP立足于农村社区不利人群学生的发展,对那些财产税基础薄弱但急需资金的学区尤为重要,其在改善农村社区的教育条件和质量、提高农村学生学业成绩、实现城乡教育机会均等等方面做出了贡献。REAP计划允许农村学校根据各自的实际情况,灵活使用项目资金,有利于农村学校校园设施建设、教师专业发展、信息技术设备完善等。路易斯安那州的一项针对REAP的调查显示,参与该计划的一些学区的学生成绩同三年前相比有所提升,一些主要学科,如数学、英语等科目的合格率和优秀率都有增长。②

美国教育部每年会编制联邦补助方案,促进智力障碍群体教育、残疾群体教育、扫盲教育以及发放教育贷款。这些方案中有适合所有学生的补助方案,也有以残障学生、贫困学生、印第安学生、移民学生以及英语能力有限的学生为主的特别补助方案。在美国,农村地区及城市"内城"地区往往是少数族裔及移民等贫困人口较为集中的地区,对这些弱势群体的教育经费支持成为统筹城乡教育均衡发展的重要途径。在美国推行范围较广的"教育券"计划就是典型案例。1955年,美国经济学家弗里德曼首次提出"教育券"这一概念,目的在于把竞争机制引入公立学校体系,让只能接受免费公立学校教育的学生群体有机会选择质量更好的私立学校或教会学校,不再受学区的限制。教育券可以冲抵全部或部分学费,学校凭收到的教育券到政府部门兑换教育经费,用于支付办学经费。教育券的发放对象主要是身体或智力有缺陷及存在英语能力不足等问题的学生,这些学生无法在普通公立学校接受适宜的教育,不得不选择更具针对性的私立学校。政府资助的教育券计划最早在20世纪60年代末开始尝试性付诸教学实践,此后得到长足发展,在20世纪90年代全面推广。1990年,美国威斯康星州密尔沃基市率先实施教育券项目,这就是有名的"密尔沃基家长选择方案"(Milwarkee Parental Choice Program 简称 MPCP),MPCP提出政府将资助一定数量的贫困家庭儿童自由选择愿意就读的学校。由于美国教育券

---

① Lawrence,Barbara K,Bingler,Steven,Diamond,Barbara M.,Hill,Bobbie,Hoffman,Jerry L. Howley,Craig B.,Mitchell,Stacy; Rudolph,David,& Washor,Elliot. (2002,September). Dollars & sense:The cost effectiveness of small schools. [Electronic version]. Retrieved from The Rural School and Community Trust Web site.

② Louisiana Public Schools Show Dramatic Improvement,School Scores Show [EB/OL]. http://www.doe.state.la.us/lde/comm/pr.asp? PR=605

制度实施并无一套统一或标准的模式,各州都根据自身的特性及需要,采取了不同的教育券计划。1995年,俄亥俄州的立法机构通过了克利夫兰市(Cleveland)教育券项目;1999年,佛罗里达州议会批准了全美第一个全州性的教育券实施计划。科罗拉多州是美国第一个通过立法形式创立教育券计划并为那些低表现公立学校的学生提供资助让其上私立学校的州。从实践来看,20世纪90年代,教育券制度逐渐在美国显示出生机和活力。①

在美国各州,不同的教育券项目,具体实施的细则也有所不同,有的教育券针对学习困难者及残障者,有的针对家庭贫困者;而在农业人口较多、偏远学区较多的州,教育券的发放是为了让居住在农村地区的学生享受到基本的教育。美国佛蒙特州是全国人口最稀少的州之一,农业是该州重要的经济组成部分,农村人口占全州人口的三分之二,在一些人口分散的地区,甚至没有公立学校。为了解决这类学生上学的问题,佛蒙特州规定,居住在没有公立学校地区的学生,在当地选民的同意下,政府可以为这些学生提供"教育券",用以支付私立学校学费。在另外一些州,如果一些学区的公立学校在教学质量评级中表现不理想,该学区的学生也有权领取教育券。在美国南部农业人口比例较大的一些州,位于农村地区的公立学校教育质量不甚理想,州政府就采用了教育券的形式为学生提供选择。路易斯安那州规定,公立学校在教学质量等级(最高为A)评定中被评为C级或以下的,该校学生可以领取教育券。亚利桑那州规定,学生入读的公立学校在登记评定中被评为D级或不及格的,该校学生有权领取教育券。美国明尼苏达大学的研究人员约翰·罗伯特·沃伦在2009年进行了一项调查,调查了最早实施教育券的威斯康星州密尔沃基市的教育券项目的实施效果,结果显示,领取教育券后在私立学校就读的"学券生"在高中学业上取得的成就更高。

2009年2月,为了应对国内经济危机,奥巴马政府颁布了《美国复苏与再投资法案》(American Recovery and Reinvestment Act of 2009)。按照法案规定,政府将投资1000多亿美元促进教育的发展。联邦政府对这些教育经费的使用做了如下规划:第一,提高教师质量,激励教师到教育落后地方任教;第二,提高学业评价标准,制定更好的评价形式;第三,运用全程教育追踪系统统计学生的进步情况;第四,对落后学区和学校进行进一步改革。② 这一法案将大幅提高教

---

① 沈有禄,谯欣怡.教育券计划及其对中国教育改革的借鉴作用[J].现代大学教育,2004(4):75—79.
② Congress U S. American recovery and reinvestment act of 2009[J]. Public Law,2009:11L

育经费投入,将基础教育改革作为振兴经济的手段,2010年奥巴马政府在制定2011年的教育经费预算中,将投入13.5亿用于"力争上游计划",运用教育拨款促进美国教育在追求教育公平的基础上为学生提供高质量的教育。在促进各州幼儿教育发展上,奥巴马政府计划投资100亿美元用于资助各州高质量的早期教育。

2015年,美国联邦政府追求教育结果公平的预算优先项目策略非常明确。它包括为所有学生获得成功创造机会,为学前儿童提供高品质的教育项目;为缩小学生学业成就差距和准备就业创设创新项目;为提升低绩效学校学生学业成就,造就卓越教师团队项目等优先项目及财政预算。基于2015年奥巴马政府教育优先项目财政预算的分析可以看出,奥巴马政府追求教育结果公平的政策导向不仅没有变,联邦政府教育预算投入力度及指向性也更加明确。

三、学校管理体制灵活多样,支持学校差异化发展

美国在统筹城乡教育发展的过程中,非常重视根据城市及乡村不同时期经济发展水平以及各个地区的实际状况,来制定灵活多样的学校管理政策,满足城乡不同的受教育群体的教育需求。在对待城乡不同的受教育群体时,注重根据群体的不同需求提供相应的教育支持,最大限度地保证偏远乡村的儿童接受基础教育的机会以及受教育的质量。

19世纪后期,体现教育民主的单轨学制最早在美国确立。作为新兴的资本主义国家,美国以民主、自由、平等作为立国理念,在教育领域也期望能够为所有学龄儿童提供平等的入学机会及相似的学校系统,帮助学生完成基础阶段的学习,进而有机会升入高等学府。但是,殖民地时期欧洲诸国"双轨制"学制在美国建国初期影响极大,要建立普及的中学教育在这一时期还难以实现,所以美国各州先从普及小学教育开始逐步实现教育的均等。美国各州首先颁布了建立公立小学的法令,倡导建立符合大众需求的公立小学。到19世纪30年代,公立小学运动使小学教育迅速普及并逐步实现了公立化和义务化。南北战争以后,随着公立中学运动的开展,与小学衔接的大众性公立中学迅速发展,到19世纪末已取代欧洲型的中等学校。与此同时,高等教育机构要求中学只教授古典语言,中学开始实行课程选择制以满足进入大学的要求,大学与中学的接续关系得到了改善。

20世纪初,美国建立了初等、中等、高等教育相衔接的单轨学制。美国的单轨学制具有一个系列、多种分段的特点,有利于教育的逐级普及,体现了社会公平和教育机会均等原则。① 美国实行的是地方分权制的教育行政管理体制,在联邦教育部没有直接领导教育的权力,但可以通过制定教育法规、拨发教育经费来控制各州教育。州教育委员会是州的教育决策机关,确定州的教育政策、组织机构、行政管理、课程设置、学制等。尽管当前美国基础教育一般被称为K-12年级,即从幼儿园到高中统称为基础教育阶段,但在美国教育发展史上,却出现过六、三、三制,六、六制、八、四制、四、四、四制等学制。到目前为止,各州仍然在根据自己教育发展的情况制定不同的学制年限。

在19世纪末期到20世纪初的美国农村地区,由于学生数量少,教师严重不足,学制改革一时难以实现,不同的地区就采取了相对灵活的学制年限。当时,多数农村初等学校的学制为8年,也有一些农村学校的学制为11年,其中小学为7年,初级中学为4年。在学校类型上也有所不同,一些中学附设在小学,在师资上也和小学共享,但在生源相对较多的城镇,设有独立的中学。在学年长短上,不同州也存在差异,特别是农村地区的学校更是没有统一的时间限制,农村学校随着规模的不同,学年时间也有所差异。一些农村学区为了解决农村地区劳动力缺乏的问题,在每年的5月初就放假以便儿童能够在农忙耕种季节帮助父母干活。虽然和城市学区相比,农村学区在学制及学年上没有较为统一的标准,却符合当时农村学校的实际,在一定程度上推动了农村中小学发展。

20世纪上半期,美国各州的农村中小学"合并"运动后,一些地区的小规模学校仍然被保留了下来,成为美国农村地区基础教育的一大特色。在农村学校合并时期,小规模学校通常只有一间教室作为校舍,一个教师负责教学,学生人数也极少。在当时,这类规模的学校较为落后,被认为不利于学生发展,需要进行合并以提高办学效益。因此在很长一段时间,美国各州大量小规模学校都成为被取缔、被合并的对象。但从20世纪70年代中期以后,美国政府及社会各界都意识到小规模学校对农村社区的重要性,开始在条件允许的情况下进行小规模学校的建设。新时期的小规模学校相对普通城市学校而言,除了在学生人数上的差异外,更被认为具有"自治、非综合、人性化、教师参与决策、家校合作"等特征。② 根据美国国内学者的多项研究显示,这些农村小规模学校更加适合农业人口占多数、经济发展相对落后的州,这些州的小规模学校对学生学业成绩有着积极影响。美国学者研究显示,较小的学校规模对贫困地区的学生更有

---

① 单中惠.外国中小学教育问题史[M].济南:山东教育出版社,2005:10.
② 杜一萍,陶涛.美国农村小规模学校探究与启示[J].当代教育科学,2008(2):47—49.

益,规模较大的学校则对富有社区的学生有利;学生成绩主要取决于社会经济背景,但小规模学校尤其有利于黑人学生,且更有利于促进学习的平等性。[1]

除了小规模学校以外,还有其他类型的公立学校为学生提供更加优质的义务教育,如特许学校(Charter School)。特许学校是20世纪90年代初在美国教育改革中出现的一种新型的学校,是由家长、教育工作者或其他社会团体同授权与许可开办学校的机构签订合同,互相承诺的一种办学形式。自20世纪90年代美国明尼苏达州第一所特许学校成立以来,美国特许学校迅速发展,形成了各种不同的风格,但在本质上还是有一些相同的特征。特许学校在性质上属于公立学校,公费办学,面向大众,不受宗教派别影响;除了必须遵循合同有关健康、安全、学校组织者及财务担保人之间的规定外,它在教职工聘用、经费使用、课程设置及教学改革方案的实施方面,享有很高的自主权。特许学校一方面具备公立学校公平、公正、低学费的优点,另一方面又具有多元化、创新性、注重提升教学质量的特点。面向各种类型的社区办学是特许学校的特色之一,为了使学校具有较大的适应性,许多特许学校注意选取办学地点,不像私立学校一样,只设立在环境较佳的社区,特别会在一些社会环境欠佳、文化背景复杂的社区开办学校。学校面向所有的族裔开放,为不同的学生群体服务,平等地对待所有学生,鼓励学生尊重彼此、协同工作,最大限度地促使学生认识社会的相互依存性,增强学生相互之间的责任感。在一些"内城"区,相当数量的特许学校是为一些特殊学生群体而设立的,如为贫困人口、少数族裔开设的特许学校。相对于其他公立学校而言,这些学校纪律更加严明,教学计划及教学目标更加具有针对性,往往能够吸引家庭贫困却又不愿意到公立学校或者离家太远的私立学校上学的学生。

创办于20世纪60年代末的"磁石学校"(Magnet Schools),又被称为"特色学校",以其弹性的课程设置和独特的教学方法,吸引了不同地区、不同种族、有志向、有兴趣的学生前来就读,有力地推动了学校的种族融合。磁石学校以"促进教育公平,增加教育多样性,发展优质教育"为使命,为在传统公立学校教育制度下废除种族歧视,促进教育公平和教育多样性做出了一定贡献。[2] 20世纪70年代初,磁石学校在政府支持下联合成立的"美国磁石学校协会"(Magnet Schools of America),致力协调发展磁石学校。进入80年代,里根政府增加城市改造资金的投入,加速了磁石学校制度发展。80年代中后期,里根政府通过

---

[1] 杜屏,赵汝英.美国农村小规模学校政策变化分析[J].教育发展研究,2010(3):72-75.
[2] 张君辉,王敬.从择校制度看美国基础教育改革的教育公平[J].外国教育研究,2005(7):73-76.

支持磁石学校发展项目即《磁石学校资助方案》(Magnet Schools Assistance Program，1985—1986)迅速促进了磁石学校的发展。磁石学校的学生可以学习读、写、算等基本技能，也可专修特殊学科，如音乐、绘画、戏剧、计算机、法律、视觉艺术等。磁石学校没有学区和入学条件限制，学生可自愿申请。有调查显示，磁石学校学生在各学科如数学、自然、写作等方面成就明显高于其他公立学校学生。[1]

四、规范课程的基本标准，拓宽农村学校师资补充渠道

美国的基础教育实行地方分权管理体制，联邦政府在教育管理上仅有有限的引导与协调职能。在基础教育课程设置上，联邦政府和教育部只对全国的课程提出指导性意见，州政府教育委员会是主要的权利主体。各州教育委员会制订自己的课程计划，各地方学区根据州课程计划选择不同版本的教材提供给本区学校，而学校也有自由选择的权利。这种地方本位取向的课程政策，强调课程设置以地方需求为出发点，主张由地方教育主管部门按照各地实际情况与发展需求，综合考虑联邦、州、学区与个人之间的利益关系，决定各地公立学校应当为学生提供何种课程。因此美国基础教育课程的设置向来没有统一的标准，各省之间、各学区之间甚至是同一学区内不同的学校之间都存在诸多差异。如何从课程政策上弥合这些差异，统筹不同地区课程均衡发展成为美国联邦政府和州政府教育改革的一个重要方面。一些非官方的教育团体及教育组织，如卡内基基金会、福特基金会、全国教育协会等，也从不同的政治立场出发，展开调研，发表报告，在公众及政府支持下提出课程改革建议，进而参与课程决策。

19世纪初期，各个殖民地颁布的教育法规中，已经出现对课程的规划，但多数地区和学校的课程都处于自由发展的状态，没有统一的规划。全国性的、自觉的、成体系的基础教育课程改革直到19世纪末才出现。1827年，新英格兰地区的佛蒙特州颁布了新的"学校教育法"，提出村镇教育管理机构有"规范学校课程"的基本职能。[2] 美国独立后，各州政府在逐步统一教育管理权的过程中，对各地学区进行规范，并赋予学区合法的地位。学区负责人在各自学区课程设置上享有很大的权利。在一些农村地区，学区负责人不仅对课程设置缺乏规范意识，甚至没有依法向学生提供已开设课程所需的课本。这一时期，无论是在

---

[1] 吴佳妮.从推动种族融合到提高教育质量——美国磁石学校的产生与发展[J].上海教育，2012(5):14—19.
[2] 王强.理想与现实:美国农村普及教育史研究[D].南京:南京师范大学，2007:1—15.

城市或是乡村,小学课程主要由陈旧的"3R's(读、写、算)"组成,中学课程也主要以古典人文类课程组成。一些州倡导的全面发展儿童心智的自然、科学、图画、音乐、游戏、缝纫、手工等课程主要出现在人口密集的城区,农村学区由于学校规模较小,缺乏相应的师资,课程设置仍旧单一。而中等教育课程在美国的乡村地区还非常薄弱,在俄亥俄州,一些农村学区要求各学校除了开设读、写、算等基础课程外,不开设任何其他课程。教学方式的随意性在农村学区特别明显,一些由新移民组成的农村学区甚至允许学校采用德语进行教学。因此,在整个19世纪,城乡学区之间的课程设置出现标准不一、规模各异、质量参差不齐等问题。

19世纪末至20世纪初,进步主义教育思潮席卷美国城乡,在以杜威、帕克等人所倡导的"教育即生长""教育即生活""教育即经验的不断改造"以及"做中学"等教育思想及教学理论的影响下,中小学课程改革如火如荼地开展起来。小学课程开始注重学生的兴趣和发展,中学课程也从传统的学术性课程中挣脱出来,更加贴近社会生活。1913年,全美教育协会成立了中等教育改组委员会,并在1918年发表了《中等教育的基本原则》(The Cardinal Principles of Secondary Education)报告。该报告确立了中等教育的七项基本原则:保持身心健康,掌握基本的学习技能,成为有效的家庭成员,为就业做准备,胜任公民职责,有价值地利用闲暇时间,讲究伦理道德。这几条原则为中学课程拓展提供了依据和框架,标志着中等教育的课程目标从追求大学预备转向关注未来的公民生活。美国进步教育协会在中等教育方面展开的"八年研究"更是进一步将美国的中学课程从学术性课程中解脱出来,大部分公立学校在20世纪上半期都增加了许多生活性和实用性的课程。美国农村学校课程改革也成为各州课程改革的重点,面对农村教育的落后情况,一些州通过立法,将公共税收投入农村中学建设,一些规模较大的村镇开始建设以8到9年级为主的中等学校。19世纪后半段,农村中学课程主要包括基础课程、家政课程、生活与职业技能课程三个部分。与社区生活紧密相关的家政及农业职技课程适应了农村环境的需要,为学生融入家庭和社区生活做了必要的准备,受到社区居民欢迎,相对为进入大学做准备的基础课程而言,他们更愿意为职业教育项目投入资金。[1] 一些州还特别开设了符合地区特色的农业及商业课程,为学生中学毕业后在当地社区就

---

[1] DeYoung, A. J. (2002). Dilemmas of rural life and livelihood: Academics and community. (Working Paper No. 3). ACCLAIM. Research monograph series. http://files.eric.ed.gov/fulltext/ED471920.pdf

业提供准备。20世纪末,在联邦政府推动下,西部各州开始推动"在实践中学习如何在农村创业项目"(Rural Entrepreneurship through Action Learning,REAL)。这一项目让社区学校教师和学生组成团队,以分析社区需求,寻找适合社区发展的商业点子,并撰写商业计划,甚至开办企业等方式开展实践学习,从而培养学生根据社区实际情况进行商业运作的能力。1996年,有23个州的150个学校实施了这一项目,项目参与者包括公立中学教师及学生,甚至还有社区大学的大学生。[1] 学生学以致用,通过成立企业,参与社区商业活动,在获得自身成长的同时,也推动了社区经济的发展。

从19世纪末开始的农村学校合并项目为农村学校提供了更为多样化的课程设置。合并后的农村学校能够有更为丰富的课程与课外活动,并在社区中发挥重要作用。一些农村学区开设的"地方课程"(Place—based curriculum)让学生的学习从教室拓展到了社区,课程资源来自社区,课程内容涉及地区生态环境、经济发展、道德建设、公民参与等各个方面,帮助社区建立了一种教育文化。"社区服务学习项目"(Community development—oriented service learning)[2]就是将学校课程运用于社区服务的一种学习方式,学校根据社区的实际情况来设计课程,在课程实施过程中以问题为导向,让学生运用课堂知识来解决社区面临的实际问题。这样的课程不仅提升了学生的创新思维及项目管理等方面的能力,还有助于培养学生的社区责任感。[3] 20世纪上半期,越来越多的农村青年人口选择离开农村到城市就业,农村学区针对学生的需求对课程进行了相应的调整。一些农村中学仍然开设农业方面的科目,但已经不再将其作为重点。多数农村学区,为了帮助学生适应中学毕业后的教育,中学课程调整为一般性基础科目,如语言、数学、科学、历史、自然等科目,还增加了当代文学、演讲、新闻、辩论、戏剧、广播、电视等反映现代人文发展新成果的课程。这些课程不仅帮助学生在当地社区及城市就业,还为学生升入高校做好了准备。此外,农村合并校的建立还为中学课外活动提供大量资源,学生拥有更多参与课外活动的机会,一些有利于学生身心发展的体育及艺术课外项目,如足球、棒球、网球、乐器等,也在农村中学开展起来。

---

[1] Larson,Rick;McCullough,Gair. (1996). REAL Enterprises:"A Chance To Build Something That's Your Own." Active Learner:A Foxfire Journal for Teachers,v1 n2 p12—15

[2] Henness, Steven A. (2001). K—12 Service—Learning:A Strategy for Rural Community Renewal and Revitalization. http://files.eric.ed.gov/fulltext/ED461466.pdf

[3] Daniel V. Brigman. (2009). Effectively Leading a School District toward School Consolidation [D]. New York:Trevecca Nazarene University. 2009:19

二战后,美国农村和农业的现代化对农村教育产生了广泛影响。农业现代化一方面为农村地区创造了巨大的财富,为农村教育提供了坚实的物质基础;另一方面,也对农村基础教育质量提出了更高、更新的要求。农业生产的科技含量提高,先进的机器取代了手工劳动,高效的种植及管理技术都得到了空前发展,农村地区的劳动者需要接受一定的基础教育才能从事农业生产或是到城市工作。农业从业者也意识到仅仅掌握基本的读、写、算技能已经不能满足社会需求,需要掌握更多的基础知识和生产经营知识。农村中小学课程设置开始注重学生的兴趣和发展,培养学生生活适应能力。农村中学课程结构不仅关注学术性,也重视社会性和职业性;课程内容中不仅有抽象的概念、原理等学术性知识,还包括社会、职业、公民活动等实用性知识。小学课程增加了公民、艺术、健康、科学等学科,中学普及教育也从初级中等教育向高级中等教育拓展,增加了物理、化学、生物等学科课程,一些新的综合性职业课程也得以开发,通过这些课程的学习,学生们可以熟悉美国农村及城市的经济体制和职业领域的实际情况,为将来就业提供帮助。农村学校的设施和教学设备逐步实现了标准化,农村学校和城市学校在课程设置、教师培养方面的差别日益减少,保障了农村地区学生公平地接受教育。

20世纪50年代,美国社会普遍认识到,要促进美国社会经济和科技发展,就必须要从中学教育抓起。在1958年《国防教育法》的推动下,美国全国教育协会教育政策委员会于1961年通过了《美国教育的中心目标》报告,掀起了结构课程改革运动,开发了大量新的课程,产生了新的教学方法和教学形式。为了提升各地自然科学、数学及外语等基础性学科教学效果,联邦政府通过提供资金支持、制定课程开发计划等措施给地方学区和学校以新课程选择权,推动了农村及偏远地区的课程建设。1959年,美国国家科学基金会利用联邦拨款,依托大学科研机构,为中西部地区的小学编制科学教材。从1962年开始,美国国家教育署在许多大学都建设了社会课程开发中心,负责为中小学开发、实验和推广新的课程及教材。1953年,肯塔基州开展了"农村学校改进项目"(Rural School Improvement Project),该项目在"教育促进基金会"(Fund for the Advancement of Education)资助下,依托肯塔基州伯利学院的教师培养计划,为该州偏远地区的农村小学校培养师资,同时开发符合当地特色的课程。20世纪70年代在美国西北地区展开的"西北地区教育实验室"项目为农村学校课程建设做出了巨大的贡献。该项目收集了大量农村学校在课程、教学和管理领域的成功经验,编制成实用性较强的指导性手册,为农村学校创新课程、改善教学提供了信息交流与互动平台。

　　1957年,美国著名教育家科南特在卡内基教育基金会资助下,带领团队先后对美国26个州、103所中学进行实地考察,发表了重要的教育调研报告——《今日美国中学》(*American High School Today*),对美国的中等教育产生了重大的影响。对于大城市中学和郊区中学,科南特主张应根据本地区实际情况,为各种类型的学生开设他们所需要的课程。具体而言,在城市人口密集的社区,可以设立文理中学、商业中学、音乐艺术中学等学校,既可以满足有意进入大学的学生的需求,也可以满足中学后选择进入社会的学生的需求;而位于郊区的学校,学生的升学需求大于择业需求,这类学校的课程设置就应当以高级文理课程为主。1965年美国国会通过了"初等和中等教育法"(*Elementary and Secondary Education Act*,ESEA),对处境不利的学生进行额外资助,开启了联邦大规模援助中小学教育的先河,并以立法的形式将追求教育机会均等确立为美国政府的一项重要使命。在保障处境不利儿童的教育质量方面,既通过联邦拨款改善教育条件,又通过开设新课程和教育项目来保障教育质量。1974年,联邦政府通过《全体残障儿童教育法》(Education for All Handicapped Children Act),鼓励学校在课程计划中为残障儿童设置有针对性的个性化课程,并通过为学区拨款和提供技术支持的形式,鼓励课程改革与创新。

　　美国在师资队伍建设方面也采取了一些行之有效的措施,为农村偏远地区学校及城市薄弱学校提供合格师资。一直以来,美国各州教师都有专门的培养机构,从最初师范学校到教育学院再到现在的综合性大学,这些教师培养机构最初并没有设置针对农村学校或薄弱学校的专门院系或课程,随着一些大学教育研究部门及教育机构对农村及薄弱学校研究的不断深入,全纳教育、教育平等权等理念的不断普及,教师培养机构逐渐意识到既要为特殊需求群体培养初任教师,也需要考虑基础设施较差、教学设备不全、生活在较闭塞地区的教师以及城区薄弱学校教师的实际需要。因此,从20世纪50年代开始,美国的州立大学和学院都开始制定专门的农村教师培养计划,为农村学校教师职前、职后培训体系提供所需资源,帮助农村学校获得更好的教师,同时加强农村学校教师和行政人员的在职培训,帮助教师更好地在农村学校工作。1987年,一项对美国27个州的调查显示,这些州内约有10%的美国高校设置了农村教师培养计划。[①] 1987年印第安纳大学(Indiana University)与当地农村小学一起合作实

[①] Mulcahy, Dennis. (1992a) Do We Still Have Multi-Grade Classrooms. Morning Watch. Vol. 20, Nos. 1—2, pp:1—8.

施了一项农村教师培养计划,名为"合作教师培养计划"(Collaborative Teacher Education Plan,简称 CTEP)。[1] 该计划主要采取远程教育模式,为印第安纳州的 8 个农村社区培养专门的特殊教育教师,通过特殊教师教育使农村教育工作者获取使残疾学生成功参与到普通教育中来的教育理论和基本技能,从而更好地促进农村地区所有儿童的发展。自 1987 年以来,该项目已经为农村地区培养了近 600 名特殊教师。印第安纳州的另一所大学——内布拉斯加林肯大学(University of Nebraska-Lincoln)2003 年实施的"内布拉斯加东北部准教师职业生涯计划"则是针对该州农村学区缺少双语学科教师的状况实施的。[2] 这一情况在美国中部地区同样存在,由于外来移民较多,农村学校对英语作为第二语言的教学提出了很大的挑战。为了解决这一问题,北达科他州大学专门实施了一项将英语作为第二语言的农村教师培养计划,以便更好地教授将英语作为第二语言的学生。这些不同的教师培养计划具有因地制宜、灵活多样的特点,每个计划在入学标准、类型、课程设置、培养模式、管理机制等方面都有所差异,却为农村地区输送了大批优秀教师,有效缓解了农村学校教师短缺的问题。同时,为了解决师资短缺的问题,一些农村地区通过提高工资、津贴以及各种便利条件来弥补一些学校的先天不足,从而吸引和稳定中小学教师。美国政府成立了教育成就基金,奖励那些在提高处境不利学生的学习成绩方面取得巨大进步的学校,联邦政府将经费直接拨给州,州政府又根据各个学区的情况及先前制定的公式分配给各个学校,并要求将其中固定的比例用于教师的专业发展。这一改革法案及其系列政策对教师队伍的建设产生了直接的影响。

20 世纪末期,为原住民、西班牙裔、亚洲裔、黑人等子女提供更加适合的教育者,以切实有效地推进义务教育,成为美国师资均衡配置关注的焦点。美国政府加大了少数族裔师资的培养力度,通过外联项目、奖学金项目、社区学院计

---

[1] Knapczyk, D. & Chung, H. (1999). Designing Effective Learning Environments for Distance Education:Integrating Technologies to Promote Learner Ownership and Collaborative Problem Solving. In B. Collis & R. Oliver (Eds.), Proceedings of EdMedia:World Conference on Educational Media and Technology 1999 (pp. 742-746). Association for the Advancement of Computing in Education (AACE). Retrieved August 17,2015 from http://www.editlib.org/p/6639.

[2] Barley,Z. A. ,and Brigham,N. (2008). Preparing teachers to teach in rural schools (Issues & Answers Report,REL 2008 - No.045). Washington,DC:U. S. Department of Education,Institute of Education Sciences, National Center for Education Evaluation and Regional Assistance,Regional Educational Laboratory Central. Retrieved from http://ies.ed.gov/ncee/edlabs.

划和选择性教师替代计划等,积极培养反映国家、种族、民族和文化差异的教师,提升少数族裔师资的水平,以此提高不同群体学生受教育的平等程度,促进教育质量的整体提高。康涅狄格州的纽黑文公立学区和南部康涅狄格州立大学建立了伙伴关系,在该学区的希尔豪斯高中开设了一个四年制课程,为将来想从事教职的学生进入康涅狄格州立大学教师教育培养项目做好准备。学习这一课程的学生不仅在假期可以到康大学习五周,其中的优秀毕业生还可以获得康大的全额奖学金,继续在康大学习,参加该项目的学生在毕业后需要为纽黑文公立学区服务三年。① 一些偏远少数族裔为主的社区通过早期外联项目,让有可能成为教师的学生还在初中和高中的时候就到学校体验教学,激发学生的从教愿望,从而成为将来的教师,为本地区服务。如肯塔基州杰斐逊公立学区开展的"中学教学意识培养"及"高中教师(导师)"项目,各公立学校教师通过邀请学生到校参观和大学教育研究者一起为学生开展讲习班和研讨会,聘请学生担任教师助理等多种形式,来激发学生的教学兴趣,让学生在进入大学前,就认识到教学是个可行、有价值的就业机会。此外,美国联邦政府、高校以及一些教育基金会也会为将来想从事少数族裔教育的学生提供各类奖学金计划,一些奖学金计划强调学生需要到指定的地区担任教师才能享受该计划,还有的高校教育机构提供的奖学金计划包括支持学生加入教学研究等学术项目,以此增强学生的学术研究能力、增加现场教学经验。20 世纪下半期,社区学院成为教师培养的重要力量,由于社区学院的注册学生多为少数族裔,一些社区学院开设了专门的教师培养项目计划,招募少数民族学生,并为其提供奖学金等政策支持,为少数族裔社区培养教师。相对四年制的大学,社区学院提供的项目更具多样性,入学门槛更低,学费也更便宜,更容易为学生所接受。20 世纪末期的一项调查显示,社区学院中参与教师培训计划的 40% 都是少数族裔。②

20 世纪 90 年代以来,联邦政府开始用多元文化制度来保证不同阶层、不同种族和不同文化背景下的儿童都能享受公平的学习机会,帮助他们获得适应未来社会生存的知识和技能。各州教师教育改革掀起了另一次高潮,全国约有 30 个州对教师教育制度进行了改革,各州教师培养内容更加多元,教师证书种类、

---

① 白治堂,方彤.美国中部地区教师教育机构农村师资问题的解决策略[J].外国教育研究,2009(4):83—87.
② Hudson, Mildred. Final Report(revised) for the National Study of Community College Career Corridors for K-13 Teacher Recruitment. Washington, DC: Office of Educational Research and Improvement, 2002.

级别增多,对教师的多元文化能力提出了更多要求。大学和中小学建立了伙伴关系,加强教师培养的实践性。2009 年,美国教育部计划投入一亿四千三百万美元支持"教师质量伙伴合作项目"(Teacher Quality Partnership Program,简称 TQP),一个通过联邦政府投入经费支持各州开展各类提升教师质量的政策性研究[1],和其他联邦政府推行的教师质量提升项目相比 TQP 政策服务方向明确,针对性强,吸引了更多的社会机构参与到项目研究中,美国中小学和教师培养机构的伙伴关系进一步加深,农村及薄弱学区教师队伍建设更加完善。2014 年,该项目资助计划显示,对于有针对性地培养农村地区跨学科教学教师、特殊教育教师、双语儿童教师等申请将优先获得资助。[2] 在这些改革举措下,很多大学的教师培训项目都将多元文化教育纳入学校课程,教师多元能力得到提升,少数族裔学生在公立学校获得更加公平的对待,公立学校教学水平进一步提升。20 世纪末,为了解决国内师资短缺及教师职业流动性较大等问题,一些州开始尝试通过"替代性教师认证"项目为教师提供任职资格,允许已经获得学士学位但未接受过师范训练的人加入教师队伍,以缓解一些特殊学科教师的短缺问题。1985 年,第一个"临时教师认证项目"(provisional teacher certificate program)在新泽西州开办,随后替代性教师认证模式在各州开始推广。2000 年后,这一教师模式迅猛发展,到 2006 年,全美 50 个州都有了不同类型的替代性教师认证方式,总共约有 59000 人通过替代性认证方式成为教师。2008 年,替代性认证方式培养的教师数量几乎占美国新教师的五分之一。替代性教师培养方式让更多拥有专业学科知识的优秀人才进入了教师队伍,也为偏远农村及贫困学区提供了相应的师资。一些替代性教师培养项目就专门为这些地区师资短缺的学校设立,规定项目参与者要愿意在教师短缺地区承担较为困难的教学工作,要善于与低收入家庭、各种不同文化背景下的学生群体建立良好的关系。因此,在许多偏远农村地区及贫困地区学校任职的教师都是通过这一模式获得的任教资格。[3]

---

[1] Rennie Center for Education Research & Policy. (Fall 2009). Preparing tomorrow's teachers: The role of practice—based teacher preparation programs in Massachusetts. Cambridge, MA: Rennie Center for Education Research & Policy.

[2] U. S. Department of Education. 24 New Teacher Quality Partnership Grants Totaling More Than $35 Million Awarded to Recruit, Train and Support More Science, Technology, Engineering and Math Teachers Major Progress on President's Goal to Prepare 100,000 Excellent STEM Teachers. SEPTEMBER 25,2014

[3] 梁深.美国替代性教师认证模式述评[J].中小学教师培训,2008(5):61—64.

在农村地区大规模学校合并运动后,更多的教育界人士认识到农村小规模学校存在的必要性,也意识到小规模学校教师"身兼数职"的现实性。为规范农村小规模学校教师的任职资格,联邦及各州政府增加了对农村教师任职资格条件认证的弹性。2004年,联邦教育部对小型学校教师资格进行审核,采用教师资格阶梯划分方式,规定在小规模学校教授多门学科的教师在获得主要授课学科"高度合格"(Highly Qualified)证书后,可以申请其他科目的"高度合格"证书。[1] 教师可以继续教授除主要科目外的其他学科,但必须要在三年内获得这一学科的合格证书。联邦政府通过法令的形式要求教师所在学校的教育部门为其提供专业发展机会,推动教师获得另外学科的专业认证。农村教师资格认证的灵活性对小型学校是有帮助的,一方面规范了教师的专业性,另一方面也推动了农村公立学校教学质量的提升。此外,各州还颁布政策,鼓励优秀教师积极参与交换与流动,教师在同一学区不同学校之间的流动教学,既节约了小规模学校聘请教师的成本,也有利于提高学校教学质量,同时促进了教师专业成长。

提高农村教师待遇一直是美国政府支持农村学区发展的政策之一,每届政府都颁布过相关法案,在已有拨款的基础上,增加对农村中小学的拨款,让偏远农村学区在教师招聘及师资建设上和其他地区一样具有竞争力。为了吸引更多的教师到农村学区工作,联邦政府设立了相应的专项基金,用以提高教师工作待遇,发放奖金,提供住房贷款、安家补助,提供交通补助、汽油补助等。农村地区教师还可以和政府签约,承诺服务年限,获得政府发放的签约基金。奥巴马政府在教师招聘和教师培养方面做出了很多改革,2010年奥巴马政府出台的《师资建设——如何实施提高教育者素质的改革蓝图》(*Built for Teachers——How the Blueprint for Reform Empowers Educators*),就继续在教育拨款上向农村学区倾斜,为教师提供更多的物质支持。2011年,联邦政府签约基金项目为在人数少于1000人的学区中任职的合格教师,或是在高贫困地区任职的合格教师提供4000美元的资助。农村教师还可以利用"偿还贷款项目"为其职前教育或职后培训支付学费,该贷款不仅可以用于偿还教育贷款,还可以用作购买房产等其他用途。此外,联邦政府还利用教师奖励基金来激励偏远地区任教的教师。政府创立了面向大学毕业生的"教师服务奖学金"(Teaching Service Scholarship),在师资极度匮乏的学科领域或地区任教满4年的大学毕业生,可

---

[1] U. S. Department of Education. Key Policy Letters Signed by the Education Secretary or Deputy Secretary. March 31,2004

获得相当于研究生两年学费的资助。教师奖励基金不仅从物质上为农村偏远地区合格教师提供奖励,还激励更多的教师到农村学校任教。一些特殊学科的在职教师如果选择到偏远地区工作,就能够获得政府的资金奖励。例如,北卡罗来纳州偏远农村学区缺乏学科教师,愿意到该地区任教的科学、数学或特殊教育的中学教师将获得 1800 美元的奖励;路易斯安那州为吸引有经验的教师到贫困学区工作,为教师提供每年 2500 美元的奖金以及 125 小时的专业发展时间作为奖励。①

从美国促进城乡教育均衡发展的各项策略中可以看出,美国政府以强制性、延续性的教育法案来保障城乡教育的均衡发展;以财政转移支付模式及教育补偿政策来改善地域间和群体间的教育资源配置不公状况;以教育券、特许学校、教育税减免等方式来实现不同群体的受教育机会均等;以统一的标准性测试以及综合评估问责模式来确保地区间教育质量和成就的平等。同时关注城乡教育的独特性,通过课程改革、师资培养模式改革等方式满足城乡地区不同学校的教育需求,重视乡土课程开发、教师资源配置、远程网络建设,推动偏远乡村学校的发展。在各级政府教育政策的制定及实施过程中,以科学性和民主性为原则,以市场竞争为驱动,倡导公众参与、多方监督,追求教育的充分性、公平性,不断加大教育财政投入,设立各类教育补偿资助项目,制定高学业标准和实施改善为主的教育问责,扩大学生和家长教育选择的自由权利,促进城乡教师水平整体提升及薄弱学校的现代化建设,最终实现城乡教育的均衡发展。

第四节　美国城乡教育均衡发展的特点与启示

我国在 20 世纪末基本实现了普及九年制义务教育和扫除青壮年文盲的两大基本目标,进入新世纪后,党和国家大力促进教育公平,推动义务教育内涵式和均衡式发展。深化教育领域综合政策大力促进教育公平,合理配置教育资源,重点向农村、边远、贫困、民族地区倾斜,支持特殊教育,保障农民工子女平等接受教育,让每个孩子都能成为有用之才。《国家中长期教育改革和发展规划纲要(2010—2020 年)》(以下简称《十年中长期规划》)提出了我国城乡教育均衡发展的具体措施:合理配置教育资源,教育资源向农村地区、边远贫困地区、民族地区和薄弱学校倾斜加快缩小教育差距。教育公平的主要责任在政府,全社会要共同促进教育公平。城乡教育均衡发展的需求和当前我国教育资源的

---

① 丁慧.美国农村学区吸引和挽留教师的对策及其启示[J].教育导刊,2007(1):50—52.

不足要求政府在政策制定上要谨慎处理平等和效率之间的关系,美国城乡教育改革的经验可以为我国提升城乡学校办学条件和师资水平,实现城乡教育的共同发展提供借鉴。

一、完善以教育公平理念为核心的城乡基础教育法律体系

体现公平理念、科学有效的政策法规是推动城乡基础教育公平发展的基本保障。美国各届联邦政府在制定教育发展规划和政策法规时,通常都会把推动教育公平发展作为前提,明确教育公平在不同历史时期的确切含义。在此基础上,综合考虑社会各阶层利益,合理配置各项教育资源,最大限度地保障所有儿童受教育的权利。在政策法规表现形式上,更是制定了全面、翔实的各类法案、修订案,确保对教育权利和义务的详细阐述,为城乡基础教育改革实践做出了明确的指导。在各项教育法规的执行过程中,政府更是通过强制性的法律和行政手段来保障政策的合法性与权威性。在立法、行政、司法三权分立的政治体制下,联邦政府通过分权制衡、各司其职,为各项教育改革发展的监督与调控提供法律和制度保障。

我国改革开放以来,虽然在经济、教育等方面取得了瞩目的成就,但是国家公共教育经费投入总体不足,教育资源配置与监管机制不完善,城乡间、区域间、学校间还存在巨大的教育发展差距。当前我国首要面临的是解决城乡间教育机会均等的问题,《十年中长期规划》体现了我国政府对当前教育基本情况和教育公平内涵的正确认识。

二、制定城乡基础教育财政转移支付制度

美国城乡基础教育的均衡发展与其居于世界首位的教育经费投入是分不开的。美国联邦政府不断加大教育财政拨款来干预教育事务,以实现不同阶段教育公平发展的目标。在被称为"教育总统"的小布什两个任期内,联邦政府的教育经费从422亿美元增长到544亿美元,8年间涨幅达22%,用于NCLB法案的政府拨款就从174亿美元增长到244亿美元。[①] 小布什的接任者奥巴马在面对世界性的经济危机给美国经济带来巨大挑战的情况下,也没有降低对教育经费的投入,反而继续保持教育经费的稳定增长。2009年奥巴马政府颁布的《美国复苏与再投资法案》将投资教育作为挽救经济市场和维护社会稳定的有效策略。2011年联邦政府为教育部提供的拨款预算为497亿美金,比2010年

---

① 余强.美国《不让一个孩子掉队法》的实施近况和问题[J].世界教育信息,2004(11):15—19.

的教育投入增长了7%。联邦政府的教育投入主要用于对贫困地区、对特殊群体等进行补贴,以确保所有学区教育经费能达到国家认定的统一经费标准。除了联邦政府为保障教育公平投入的经费以外,各州及地方政府也会对由于地区间财产税收入差异产生的教育经费不公情况进行调节,通过不断进行地方财产税改革与修订教育财政补助公式对教育经费进行调控和保障。各州教育经费除了依靠财产税、消费税、个人所得税三种基本税收以外,还可以来自各类教育基金、社会捐赠、福利彩票等多种渠道。总之,在政府各项财政转移支付政策下,美国城乡基础教育就能够获得较为公平及充足的教育经费。

近年来,我国教育经费投入总量在持续增加,但是由于各类因素的制约,城乡教育仍然面临经费投入总量不足及结构失衡的问题。在一些贫困地区,教育经费严重短缺,基本办学条件也难以满足,城乡间教育经费失衡的问题大量存在。结合美国的经验,我国政府应当继续推动教育财政立法,明确各级政府责任,加强司法机关在基础教育财政投入与配置中的保障作用;拓宽教育经费筹措渠道,保障经费统筹,加大教育经费转移支付力度,努力缩小省内县域间的教育差距。

三、建立针对经济欠发达地区及弱势群体的教育补偿制度

在推动城乡教育均衡发展的过程中,美国联邦政府始终将推动城乡教育"发展"作为"均衡"的前提。联邦政府意识到,缺少"发展"的"均衡"不是真正的"均衡"。因此,联邦政府不断加大对城乡教育办学、师资、课程等各方面的整体投入,同时为农村偏远地区、薄弱学校及弱势群体提供必要的教育补偿。

从20世纪60年代开始,美国政府在不断强调种族、文化群体和地域群体受教育的平等权利基础上,通过直接的财政援助、平等理念及多元文化理念融入教育等方式,为社会低收入群体、少数族裔等弱势学生群体提供补偿教育。从联邦到各州政府都制定了大量的教育法案,支持学校有针对性地在课程、教学、文化等方面进行改革,从而弥补不同教育群体之间的差距。在政府支持下,各州在课程改革中将多元文化理念融入课程内容,并基于城乡社区实际,开设各类地方课程;注重参与式教学,积极引导学生在完成学习任务的同时,关注社区建设,认同多元文化理念。特别是在一些偏远农村地区,在政府财政补贴政策支持下,学区积极调动各类社区资源,通过多样化的教学形式和颇具地区特色的课程内容,促进不同文化背景、社会背景、经济背景的学生共同成长。我国西部部分经济、文化欠发达地区,需要实施各类教育补偿政策,以保障贫困人口

受教育的权利。政府应当依据教育公平的补偿性原则,将教育资源配置向西部地区倾斜,推进学校标准化建设进程,确保农村学生、贫困学生、残疾学生能得到相应的教育补偿。同时,在课程开发上,尊重学生的认知方式、价值观念、生活习俗,主动开发适用于当地社会现实的地方课程、校本课程,将本土性知识与主流课程有机结合,帮助学生在获得自身认同的基础上适应现代学校教育。

不断提升教师教育质量,促进教师流动,合理配置教师资源是美国实现城乡教育公平的重要举措。从20世纪50年代开始,美国基础教育领域的几次重大改革都推动着教师教育的不断发展,一方面提高职前教师任职标准;另一方面也注重构建多样化、阶梯式的教师任职体系,各种教师培养项目在不断提升教师质量的同时,也开始关注特殊群体的需求。在联邦政府专项教育基金的支持下,教师培养机构和学区密切合作,为农村地区、薄弱学校、少数族裔培养专门的教师。为了确保各学区拥有高质量的教师,联邦政府设立了奖励和创新基金,奖励教师的教学成效,提高农村教师待遇。同时实施"教师服务奖励"政策,促进教师在学区间的交换与流动,鼓励专家型、高级教师前往偏远农村地区、薄弱学校任教或提供教学支持。

我国的城乡教师队伍结构长期处于失衡状态,中西部农村地区严重缺乏外语类、艺术类、信息技术类学科教师。尽管我国已经建立了以师范院校为主体、综合大学参与的职前教育体系,加大了教师培养力度,并通过免费师范生培养计划、中小学教师国家级培训计划等专项计划提高中西部地区教师质量,同时,制定了教师流动政策,引导骨干教师和校长向农村学校、薄弱学校流动。但由于在教师管理和教师待遇上缺乏有效的财政支持和政策保障,城乡教师资源失衡的状态仍然严重。① 因此,我国首先应加大中小学教师培养力度,提升教师整体水平,缩小城乡、校际之间的师资水平差距,完善教师资格标准制度,建立有效的教师评聘体系;其次,应加强对教师编制的管理,对各地教师队伍进行整体布局规划,完善偏远落后地区的教师编制;再次,完善教师流动机制,促进教师在城乡、校际间良性流动,采用有效的激励政策,鼓励教师到农村落后地区、薄弱学校任教或支教;最后,提升教师的工资待遇,尤其是落后地区、薄弱学校的教师工资待遇,对不同学校、地区的教师实施"积极差别待遇"政策,重点向落后地区或薄弱学校进行政策倾斜。当然,更为重要的,是我国应当继续营造重视教育、尊重教师的社会风尚,为教师创造良好的职业环境,增强教师职业的吸引力,把更多优秀人才吸引到教师队伍中来。

---

① 赖秀龙.区域性义务教育师资均衡配置的政策研究[D].上海:华东师范大学,2011:44.

四、加强各级政府城乡教育均衡发展的督导与问责制度

美国历届政府在制定教育改革蓝图时,都会制定战略性的发展目标,并根据教育发展的总体目标,建立相应的阶段性目标,形成各类量化指标,在此基础上,建立科学有效的监测评估机制及问责奖惩机制,对教育改革进行有效的监控。同时,联邦政府还不断完善信息公开机制,使城乡教育改革能得到各个利益相关主体的有效监督。2010年,奥巴马政府发布的"改革蓝图"(A Blueprint for Reform),对小布什政府制定的 NCLB 法案进行改革,在促进教育均衡发展上提出了更为可行的目标,要求各公立学校设立更高的学业标准,制定更科学的评价体系,促进学生成长。联邦政府要求各州根据总体目标,制定城乡教育发展计划及评价体系,并为各州提供可以达到目标的经费支持,但前提是各州要能完成制定的计划目标,如果各州及地区没能完成相应的教育目标,就可能被减少或取消教育拨款,而能够超前完成教育目标的州可以获得更多的教育拨款。这样相互竞争的方式,促使各州及学区也不得不建立新的问责机制,不仅对促进学生学业进步和缩小学生学业成就差异效果显著的学校进行奖励,更对学业成就持续落后的学校进行干预。从联邦政府到各州及学区的教育问责机制,既保障了教育经费的有效使用,也让每个学生都能获得公平及充足的教育资源,确保了城乡教育从"机会公平"走向"结果公平"。

目前,美国已经建立了较为完善的教育标准体系,并将其作为教育改革的标尺,对学校教学质量进行评估、问责、奖惩。美国的教育评价往往依据多维度、多层次的教育标准,注重形成性评价和终结性评价相结合。对教育质量的评价不仅是根据学生的考试成绩,而且关注教学过程中的每一个环节以及每一个参与者的表现。美国教育评价标准体系贯穿课程、教学、考试、教师、校长、学校管理者等各个层面,注重统一性和协调性。美国各州政府一直给予学校及教师很大的办学自主权和教学自主权,各教育利益相关主体也为学校和教师的工作提供了大量的支持。因此,学校及教师需要接受教育资源使用成效、学生学习积极性、教学效果等方面的公众问责。20世纪末,增值性评价模式在美国各州悄然兴起,通过追踪研究设计,收集学生在一段时间内不同时间节点上的学业成绩,并考虑不受学生及教师控制的其他因素对学生成绩的影响,如学生的家庭背景、学校所在学区的经济发展水平等,在此基础上对学生进行评价,将以往仅对学生的学业成绩进行测评拓展到对学生的能力、教师的教学、学校的教育、教育资源的投资效益进行综合性评价。如学校能够将政府及公众对教育的投入利益最大化,不断推动学生在原有基础上进步,培养出大量的优秀教师和

合格公民,就能获得政府更多的教育拨款及奖励,获得更大的发展。反之,如果学校未能达到既定目标,学区就会根据先前的评估对学校进行有针对性的援助、改造、重组。这样目标明确、评价有效、责任共担、奖惩分明的教育评估及问责体系,更能够指导学校改革、促进教师发展,对城乡薄弱学校教学质量提升有着显著的影响。①

我国过去在很长一段时期内,都将学生的考试成绩、学校的升学率作为基础教育质量评价的主要标准,导致了重分数轻素质、重知识传授轻全面育人、学生学业负担过重等问题,在一定程度上制约了学生社会责任感、创新精神和实践能力的提升。同时,较为单一的高等学校录取方式及社会各界对分数过分重视也让基础教育优质资源流向中高考成绩优异、升学率较高的学校。因此,我国应当大力加强教育质量标准体系建设,将学校质量、财政投入、教师水平等方面纳入标准体系建设,建立全国性的学校标准化指标体系,对各地区学校教育的各项发展进行有效的监控,在此基础上调整教育经费投入及师资配置,以缩减省区间、地区间学校教育质量差异。此外,我国还应当进一步完善教育督导制度,改革教育评价及教育问责制度,建立更加全面的信息公开制度,制定教育均衡发展督导评估体系,实施督导评估工作,定期向社会发布监测报告。2013年,教育部发布《中小学教育质量综合评价指标框架(试行)》,标志着我国中小学教育质量综合评价改革正式启动。这一标准体系包括学生品德发展水平、学业发展水平、身心发展水平、兴趣特长养成、学业负担状况等5个方面20个关键性指标,将逐步扭转我国基础教育单纯以分数和升学率来评价学校教育质量的做法。在下一阶段改革中,我们可以借鉴美国经验,逐步建立以政府为主导,由社会组织和专业机构实施的外部评价机制,通过科学有效的综合评价模式客观分析当前我国城乡中小学基础教育质量。同时,将评价结果以公告或通报等形式向政府有关部门及学校进行公布,并提出整改意见及相应的支持办法,对一些存在问题但又拒绝整改的学校或者整改不力的学校也要追究责任主体的责任,并给予相应的惩戒,当然,评估结果较好,或者整改后取得进步的学校也要给予相应的奖励。在对中西部中小学进行评价的过程中,要基于当地实际情况,制定有效的评价及信息反馈模式。在考虑当地整体发展水平、区域间差异的前提下,针对存在的主要问题,制定整改政策,合理利用教育资源,有效推动中西部贫困地区及弱势群体的教育发展,促进我国城乡基础教育质量提升。

---

① 冯国有,栗玉香.绩效问责:美国教育财政政策的取向及启示[J].教育理论与实践,2014(19):14—21.

第二章　加拿大统筹城乡教育均衡发展的研究

加拿大由10个省和3个地区组成,政府不设统一管理全国教育事务的教育部,各省根据各自社会及经济发展的实际情况,建立了适合自身发展、相对独立的教育体制。各省教育事务由省教育部负责,省际的教育交流与合作则由各省教育部长组成的教育部长理事(CMEC)负责协调。加拿大城乡中小学教育由省教育部长任命的教育委员会管理,每个城市或地区都会有一个教育局(School Board)或学区(School District)来管理其所在地区的中小学,地方教育局或学区管辖的公立中小学数量从三所到几十所不等。与18世纪公共教育体系初建时期落后的社会经济水平以及大小不一、质量参差不齐的中小学相比,21世纪的加拿大经济平稳发展,社会稳定有序,国内整个教育体系处于福利完善、资源富裕、人口稀疏、经济发达、战乱较少的大环境之下。无论是在城市或是在农村,中小学之间在硬件设施、软件配备等方面都较为完善,各校从校园的自然景观到学校文化环境上都能找到诸多相似之处,大有"千校一面"的特点。加拿大国土面积居世界第二,也是当今世界上种族和民族成分最多的国家之一。由于幅员辽阔,各省区在人口、资源、经济构成、地理诸方面各有不同,加拿大整个教育体系中仍然存在各类"普及中的失衡"[1]问题,解决各个地区教育之间的发展均衡问题仍然是加拿大政府及国内学者关注的重要问题之一。

事实上,建立公平、公正、和谐的教育环境一直是加拿大建国以来历届政府的目标、愿景及执政诉求。作为一个相对年轻的多民族、多种族的移民国家,到目前为止,加拿大拥有超过100个种族和200个不同民族,这些拥有不同宗教信仰、文化背景,以及教育理念的移民群体一直都在积极争取各自受教育的权利。面对这样复杂的国内教育环境,加拿大政府,秉持教育立国与教育平等的理念,突破了宗教垄断及落后传统教育观念的羁绊,解决了教育发展过程中的诸多难题,逐渐发展成为今天公共教育高度发达的大国,基本上实现了"人人有

---

[1] 李欣.从"普及中的失衡"到"均衡中的普及"——加拿大促进高等教育均衡发展的政策研究[J].复旦教育论坛,2013(1):75-79.

权接受基础教育"的理想,受教育者拥有相对均等的发展机会,偏远乡村与城市的教育基本上获得相对均衡的发展,其教育均衡发展的历史经验与当代实践,对我国政府积极推进城乡教育均衡发展具有重要的参考借鉴价值。

第一节 加拿大城乡教育均衡发展的历史进程

教育政策和教育环境是导致城乡教育差异的两个主要原因。尽管促进教育公平、实现教育均衡发展是加拿大各届政府努力的目标,但在不同的历史时期,城乡不同的自然条件、社会环境、经济水平、文化环境、人口构成对不同的个体或群体受教育状况有不同的影响。城乡地区政府在教育政策制定过程中对不同群体所持有的不同态度,也影响着教育资源在不同社会阶层、不同种族民族、不同区域学校之间的分配。因此,尽管加拿大城乡教育发展差异总体上在不断缩小,但是在不同历史发展时期,其教育发展不均衡的表现形式与程度也有差异。

在加拿大育空地区、西北地区、努纳武特地区、曼尼托巴、萨斯喀彻温省等,农村人口及土著居民始终占有相当的比例,偏远农村学区一直面临着资金不足、学校规模较小、合格教师短缺等问题。而在安大略省、不列颠哥伦比亚省、魁北克省等地区,少数族裔、新移民、城市贫困人口等不同群体在教育方面的特殊需求,也一直是各省政府教育部门关注的重点。特别是19世纪工业革命后,市场经济及技术革命给加拿大城市及乡村带来了巨大的变化,"城乡教育发展失衡"呈现加剧状态,各类城乡教育差异产生的问题在不同时期引起各省及联邦政府的关注,相关法令及举措也在不同时期相继颁布。从加拿大城乡社会发展的基本阶段考察,加拿大统筹城乡教育均衡发展大体上经过了如下主要阶段。

一、城市化初期的教育均衡发展

19世纪上半期,城镇学校体系在加拿大部分省区初步形成,基础教育均衡问题主要体现在加拿大东部省区和西部省区、英裔居民和法裔居民之间享有公平的教育机会等问题上。1825—1846年,近6万英移民来到加拿大,主要居住在以英裔殖民者为主的上加拿大(今安大略省),英国移民的到来不仅扩大了殖民地的人口规模,还改变了殖民地人口分布和族裔结构,使上加拿大英裔居民数量远远超过下加拿大的法裔居民(今魁北克省)。① 上、下加拿大教育发展水平呈现较大差异,在英国当局的支持下,上加拿大政治、经济取得了很大进步,各类教育决策及变革不断涌现,公立学校发展迅速;而以法裔居民为主的下加拿大,未能受到英裔居民主导下的政府相应的关注,教育水平相对落后。

加拿大英裔居民一直较为重视教育,从 18 世纪法属殖民地时期就开始兴办私立学校。当时的魁北克政府并不重视教育,不愿在教育领域投资,一些经济实力较强、社会地位较高的英裔移民便自筹经费建立私立学校,为他们的子女提供教育。当时的私立学校主要模仿英国公学和文法学校,为学生提供较为艰深的拉丁语和希腊语等课程。② 此类学校多由教会牧师牵头承办,数量较少、规模较小、师资相对缺乏。1807 年,为了推动上加拿大地区学校建设,英国议会通过了《1807 年公学法案》(*Public School Act of* 1807),提出在上加拿大部分地区分别设立公立学校,并每年为各校拨款 800 英镑作为建校资金;同时,每年为学校教师提供 100 英镑的补贴。③ 但是,受到同一时期英国统治者对洛克"绅士教育"思想推崇的影响,公立学校主要开办在城区中心,为社会上层子女提供教育服务,不愿招收下层劳动人民的子女,并且学费高昂,只有住在城中心的有钱人家的孩子才有条件在这些学校上学。

1812 年美加战争结束后,加拿大人民的民族自信心大大增强,越来越多的普通大众渴望接受教育,要求建立为社会中下层大众服务的公共学校制度。加拿大社会各界普遍认为,只面向上层阶级的公立学校,只能为少数群体服务,未能满足大多数学生受教育的需求,而凡是有教育需求的地方就应当建立公共学校,这样才能改善偏远乡村地区学生为了受教育而不得不选择远离家乡到城市入读寄宿学校的现象。在这一时代背景下,《1816 年公共教育法案》(*The Common School Act of* 1816)应运而生。该法案规定,上加拿大的任何一个城镇或农村都可以通过召开公共会议,商讨办学事宜,如需成立学校,学校的建设及管理都由地区选举的委员会决定,包括筹集学校的建设和维持费用、聘请及任免学校教师及校长,制定学校的制度法规、课程设置及教材选用、学费收取等。但以上所有的决定都必须上报区教育委员会,得到批准后方可执行。对于学生数

---

① 王晁.文化马赛克:加拿大移民史[M].北京:民族出版社,2003:116.
② J. Donald Wilson,"Education in Upper Canada:Sixty Years of Change. " in J. Donald Wilson, Robert M. Stamp and Louis Philippe Andet (eds.) Canadian Education:a History,Prentice-Hall of Canada,Ltd. ,1970.
③ Sir George William Ross (1896). The school system of Ontario (Canada) its history and distinctive features. D. Appleton and company. Retrieved 15 April 2013. ,p4

目超过20人的学校,政府会为每位教师提供每年25英镑的补贴。《1816年公共教育法案》颁布后,各类公立学校开始在上加拿大各地兴办起来,上加拿大地区儿童受教育的机会基本上得以保障。[1]

同一时期的下加拿大,教育状况却相对落后。在1763年英法殖民地争夺战后,法国人败走北美大陆,许多开办学校、担任教职的法国神职人员返回了法国,下加拿大地区大量法裔移民失去了受教育的机会。在此后的10多年里,下加拿大地区的教育几乎处于空白状态。直到1787年英裔居民不断迁入下加拿大地区,下加拿大地区落后的教育现实才引起政府的关注。下加拿大地区的居民不愿意延续学校由教会控制的历史,试图摆脱宗教对教育的影响,在和政府多年的协商后,下加拿大地区通过了《1801年法案》(Act of 1801),法案提出在各教区或城镇建立一所或多所非教会管辖的公共学校,学校开办的前提是大多数当地居民提出申请,同时愿意负担学校的所有费用、提供校舍并将其作为公共财产交由"皇家学术促进委员会"(Royal Institution for the Advancement of Learning,RIAL)统一管理。[2] 公共学校教师的任免由总督及其下属官员决定;皇家学术促进委员会还负责提醒父母履行让孩子受教育的义务,并规范学校和教师的行为,旨在推动下加拿大地区教育的发展。但是信奉天主教的法裔居民对皇家学术促进委员会对学校教育进行管理不满,这一提案未能获得法裔天主教徒的支持,《1801年法案》提出的教育改革在下加拿大地区就此搁浅。在19世纪的前30年,下加拿大地区学校数量严重不足、课本及师资等教育资源也非常匮乏,基础教育一直处于停滞不前的状态。

面对下加拿大地区教育依旧落后的现实困境,加拿大议会又分别于1829年和1832年颁布了两项教育法案,将教育管理权下放到地方学区,但对学区管理者、学校及教师的职责做出了相应的规定,并承诺为学校提供定期的教育资助。[3] 1829年的法案规定,各城镇可选举成立理事会调控和管理各自的学校,针对下加拿大多数民众较为贫困的社会现实,政府承诺:承担建校资金的一半,最高金额可达50英镑;学生人数在20—50人之间的学校,每位贫困学生不仅

---

[1] Di Mascio, Anthony. The Idea of Popular Schooling in Upper Canada: Print Culture, Public Discourse, and the Demand for Education. McGill—Queen's University Press, 2012.

[2] Roderick MacLeod and Mary Anne Poutanen. A Meeting of the People: School Boards and Protestant Communities in Quebec, 1801 — 1998. Montreal and Kingston: McGill—Queen's University Press, 2004.

[3] Bruce Curtis. Joseph Lancaster in Montreal (bis): Monitorial Schooling and Politics in a Colonial Context. Historical Studies in Education / Revue d'histoire de l'éducation 17, 1 (2005): 1—27.

在获得免费教育的同时,还可以另外获得10先令的教育补助。1832年的法案对各区学校理事会教师的职责做出了详细规定,包括地方教育法令的制定,对学校的资助以及教师的任免。但是,下加拿大始终存在着英、法两个族裔和两种宗教信仰之间的争斗,教育法案的推动充满波折,公共教育状况和上加拿大地区相比仍旧不够活跃,教育发展也不尽如人意。在1837年以后,下加拿大所有的政府教育补贴,连同1300多所学校包括师范学校都被英国政府一并取消了,下加拿大地区教育再次跌入深渊。[1]

19世纪上半期,英国政府管辖下的加拿大,教育较之法国殖民统治时有了很大的进步。英国政府更关注加拿大教育,在教育事务中承担起了越来越多的责任,不仅加大了对教育的投入幅度与管理力度,还加强了公立教育制度的建设。但法属加拿大殖民地教育落后的状况还是影响着下加拿大地区的教育发展,上下加拿大不同的政治环境对公立中小学的发展影响巨大,城市间、地区间、学校间基础教育发展状况参差不齐。1841年,上下加拿大合并成为加拿大联合省。以英裔居民为主的上加拿大更名为西加拿大,以法裔居民为主的下加拿大更名为东加拿大。安大略省作为西加拿大重要的省区成为推行公共教育制度最早的省份,在公共教育立法的制定与实施、公立学校的筹建与运作等各个方面都取得了相应的成就。特别是1846年加拿大教育家埃杰顿·莱尔森(Egerton Ryerson)担任西加拿大教育主管后,在城市基础教育体系、教师培养与培训、教育立法与管理等方面做出了巨大的贡献,极大地推动了西加拿大城市教育体系的发展。在莱尔森的推动下,西加拿大颁布了《1846年公立教学法案》(*The Common School Act of* 1846)。[2] 在该法案的推动下,西加拿大增设了统一的学校管理机构,规范学校的课程和教学,同时提出详细的规划,建立和监管师范学校,以此提高基础教育质量。

在莱尔森的推动下,至19世纪60年代,西加拿大城市或城镇里的公立小学硬件设施普遍较好,师资力量也较强,多数还实行了年级制度,学生人数也逐年增多。以安大略省为例,城市小学校舍通常是维多利亚时期的建筑样式,教室宽敞明亮,学生人数超过80人的班级很多,但班级已经不再是当年的"混龄

---

[1] Wendie Nelson. The Guerre Des Etelgniors: School Reform and Popular Resistance in Lower Canada:1841—1850.

[2] Murphy,F. Michael. The Common School Amendment Acts of the 1830s and the Re-shaping of Schooling in London,Upper Canada. Historical Studies in Education / Revue d'histoire de l'éducation8,2(1996):147—166.

班",而是分为高级、中级、初级等年级,城市公立小学的教师大多是师范学校毕业。相比而言,农村地区大多数的公立学校设施依旧简陋,特别是在东加拿大一些地区,校舍狭小不堪,师资稀缺,办学条件相当落后,与拓荒时代最早的学校相比,几乎没有发生任何改变,教师当中很少有人接受过任何师资培训,多数采用较为落后的传统教学方法教授学生。

尽管这一时期加拿大政府对乡村学校的关注度较低,但受新教育运动民主观念的影响,政府部门仍颁布了相关法令,推动乡村地区教育发展。例如,1871年,安大略省就颁布了相关法令,由政府特别拨款资助,对尚未开设中学的农村地区,采用延长公立小学教育年限的办法,即在原来八年制的小学基础上,再增设"继续学校"(continuation schools)或"延伸班"(extension class),将小学学制延长到10年,相当于在原有的小学开设9年级和10年级。其他省份也仿效该省,通过延长学制,利用乡村地区有限的教育资源,在不具备办学条件的乡村地区,为学生提供初等以上教育[1]。据调查,直到20世纪初,加拿大沿海省份有超过1200所农村单班学校(One-room School)在讲授9—11年级的课程。由于授课教师仍然是小学教师且多数学校由一位教师教授自己所在班级的全部课程,教师的知识水平和时间有限,教学任务繁重,教师几乎没有时间学习新的知识及教学技能,导致教学质量难以得到有效保障。[2]

二、城市化加速期的教育均衡发展

20世纪初,工业革命以来第二产业的发展促进了加拿大第一产业的现代化以及第三产业规模的不断扩大,产业结构的调整对各个行业劳动力的数量和质量提出了新的要求。此时期世界经济的周期性繁荣推动了加拿大国内经济增长,除了长期以来以农、林、渔业等自然产品和原材料生产为主的第一产业的增长外,汽车和电器产品的产量提升及出口增长促进了加拿大对外贸易的长足发展,工商业及服务业在各地蓬勃兴起。20世纪20年代,加拿大汽车产业蓬勃发展,国内生产的汽车有近三分之一出口其他国家。劳里埃(Wilfrid Laurier)自由党政府时期,加拿大推行的关税及其他对外贸易政策进一步促进了一些轻工业产品,如家用电器及家具的出口。在科技发展方面,19世纪后期至20世纪初,科学技术在加拿大社会生活与文化中占据了重要的位置,科学技术和智力

---

[1] C. E. Philips. The Development of Education in Canada. Toronto, W. J. Gage, 1957, p227.
[2] W. M. G. Leamed and K. C. M. Sills, Education in the Maritime Provinces of Canada, New York, Carnegie Foundation for the Advancement of Teaching, 1922, PP. 9—10.

资源的巨大推动力为加拿大带来了深刻的变革。商业、服务业等第三产业的发展对劳动力素质提出了新的要求,农村地区不断扩展的大机器生产让越来越多的剩余劳动力转移到城市地区。公司职员成为人数增长最快的职业之一,1891—1901 年,加拿大全国各行业劳动力总数增长 10.4%,其中公司职员增长率达 73.3%,至 1921 年在各类公司任职的职员占整个加拿大劳动力的 17%。[1] 这一时期的劳动分工更细化,专业化程度更高,劳动力性别构成也出现变化,越来越多的女性加入职场,胜任更多的社会角色,这一系列变化对劳动者所受的基础教育是一种挑战。

加拿大政府及大众都普遍认识到,提高这些劳动力的素质是下一阶段加拿大经济发展、国家强盛的保障。20 世纪初加拿大国家综合实力的不断增强也为提升国民素质提供了经济保障,使得联邦政府和各省政府更加关注初等教育质量的进一步提升和中等教育的发展。19 世纪末至 20 世纪初,中学教育制度在加拿大各省普遍建立,但中学入学率极低。在加拿大东部各省,多数学生选择完成小学学业后离开学校,有的学生甚至放弃小学学业,选择中途退学。1900 年,仅有 5% 的小学生进入中学学习,1905 年,在新不伦瑞克省(New Brunswick),中学入学率勉强达到 3%;甚至在最早提出免费中学教育的诺瓦斯科舍省(Nova Scotia),1896 年该省的中学入学率也仅为 6%。[2] 在加拿大西部各省,早期的中等教育几乎由教会学院掌控,直到 19 世纪末期,一些省区才开始创办为平民提供中等教育的学校,如萨斯喀彻温等省。1907 年,萨斯喀彻温省才开始开设 4 年制的中学教育,由地方税收作为办学经费,同时由选举产生的中学委员会管理;而阿尔伯塔省到了 1911 年,中学入学率才达 4%。[3] 各省中学入学率较低的原因有很多,例如,中学课程设置僵化呆板,缺乏实用性,难以吸引学生;高等教育体系难以满足社会需求,仅有不到一半的中学毕业生能够通过高校入学考试升入大学[4];城乡中等教育差异明显,农村中等教育和城市相比教学质量差距较大。

20 世纪初,一些教学条件较好、教育质量较高的中学在城市建立起来,而偏

---

[1] Margaret Conrad, Alvin Finkel, Cornelius Jaenen. History of the Canadian peoples:1867 to Present. Volume II,pp199—200.

[2] C. E. Philips. The Development of Education in Canada. Toronto,W. J. Gage,1957. P183—184.

[3] F. Henry Johnson. A Brief History of Canadian Education[M]. Ontario Teachers' Federation, 1994,p 266

[4] F. Henry Johnson. A Brief History of Canadian Education[M]. Ontario Teachers' Federation, 1994,p 104

远农村地区的中学教育却才刚刚起步。尽管越来越多的农村地区居民意识到仅完成小学的基础教育、掌握基本的阅读和计算,是难以适应不断发展的农村现代化生活的,更不能在城市找到满意的工作。但是,农村地区相对落后的经济条件让一些家庭难以承受高额学费,农村地区开办的中等教育质量较差,也让许多家长在选择是否让孩子在当地继续接受教育时犹豫不决。

以安大略省为例,多数城区已经建立了管理有效、组织有序的中等教育体制,而农村地区中等教育却仍然处于相对落后的状态,农村建立的初级中等教育模式处于师资匮乏和教学质量低下的状态。在安大略省的一些城市学区,由于地方财政收入较高,有条件建设高质量的中学。在这些中学里,教师大多都接受过大学教育,各科系的主任都是学科专家,学校的教学设施设备一流。[1] 然而,在农村地区,仍然保留着诸多的类似继续学校、延伸班等简陋的中等教育模式。1923 年,安大略省农村地区 181 所继续学校中共有 8777 名学生在校就读。[2] 其他省份的情况与其大致相仿,不列颠哥伦比亚省成千上万的乡村青少年所接受的是十分简陋的中等教育。在阿尔伯塔省,加拿大著名学者查默斯(J. W. Chalmers)对继续学校和延伸班式的公立中学提出批评,认为阿尔伯塔省所谓的公立中学,仅仅只是小学课程的向上延伸,根本不是中等教育。[3] 在乡村人口比例较高的曼尼托巴省 1913 年共有 41 所中间学校,全省只有 8 个城镇设有高级中学。[4]城乡学区在中等教育上的差异主要源于农村学区地方政府在税收上的匮乏,进而导致教育经费的减少,在公立中学建设上更是捉襟见肘。

为了保障农村学区有充足的教育经费,各省政府开始有针对性地增加教育拨款,对一些偏远地区,各省政府在核定支付水平和税收能力后,按照标准给予补贴,改善乡村地区教学条件。此外,一些省区在义务教育年龄段上也进行了调整。一战前,实行全年制义务教育的省区主要包括:安大略、曼尼托巴、魁北克、萨斯喀彻温、诺瓦斯科舍和不列颠哥伦比亚等省,这些省区的义务教育适龄儿童一般为 7—12 岁或 8—14 岁。也有一些省区没有规定全年制的义务教育,仅要求学生每年接受半年或 80 天的义务教育,但接受义务教育的儿童年龄段也多为 7—12 岁。[5] 例如,安大略省实施 8—14 岁全学年的义务教育,诺瓦斯科

---

[1] J. M. McCutcgen. Public Education in Canada, Toronto:Best,1941,P171.
[2] W. F. Dyde. Public Secondary Education in Canada, New York:Teacher's College, Columbia University,1929. P.41.
[3] J. W. Chalmers, Schools of the Foothill Provinces , University of Toronto Press,1967,P.26.
[4] C. E. Philips. The Development of Education in Canada. Toronto,W. J. Gage,1957. P194.
[5] 张湘洛.加拿大的教育立法及其启示[J].教育评论,2003(1):107—110.

舍省实施 7—12 岁全学年的义务教育,而爱德华王子岛每年为 7—13 岁的儿童提供 20 或 30 周的义务教育。为了进一步推动中等教育,1919 年,安大略省颁布了《青少年入学法案》(Adolescent school Attendance Act),将该省的义务教育年龄提高到 16 岁。法案颁布后不久,安大略省又免去了中等教育的所有费用。[1] 萨斯喀彻温省也在 1920 年取消了中学的所有费用。截至 20 世纪 30 年代,除魁北克省和纽芬兰与拉布拉多省外,加拿大其他省份已基本实现了免费的中等教育。

20 世纪 30 年代,受开垦耕地等因素的影响,北美地区沙尘暴频发,土地荒漠化日趋严重,从而形成了加拿大有史以来最大的一次干旱。加拿大部分区域整个地表土丧失,平均每公顷损失 2000 吨土壤,大草原地区的萨斯喀彻温、阿尔伯塔、曼尼托巴三省约 20% 的农田遭受严重风蚀,小麦、玉米分别减产 32%、50%,20 万个农场破产,30 万人从大草原迁移。[2] 1929 年席卷资本主义社会的经济危机对单一依靠农业的农村学区打击极大,许多农户破产,农村学区的教育难以保证,不得不向政府求助。加拿大联邦政府和省政府在对各地区的帮扶过程中,逐渐改变了以往不干涉地方政府管理的做法,对各地事务进行了一系列干预,逐渐建立了包括社会福利制度、儿童社会福利制度、教育福利制度在内的一整套公共福利制度。

加拿大社会保障制度的建立与完善为低收入家庭中学生就学提供了保障。加拿大社会保障制度的目标是"保证所有加拿大人拥有起码资源以满足他们的基本需要,享有基本的社会服务以保持他们的福祉"。[3] 为了实现这一目标,加拿大各省相继出台了家庭津贴方面的相关法案,为有子女的家庭提供津贴及补助。1944 年,加拿大联邦政府通过第一个全国性社会福利计划——《家庭津贴法》(The Family Allowance Act),这个法律规定,应该根据抚养 16 岁以下在校子女的数量,按月向其父母直接发放儿童补助金。[4]

此外,为了让中学更具吸引力,同时满足加拿大日益繁荣的第三产业对劳动者的能力和素质的要求,在美国进步主义教育思潮推动下,各省在中学课程

---

[1] Theodore Michael Christou. (2009). Parallel Progressivist Orientations: Exploring the Meanings of Progressive Education in Two Ontario Journals, The School and The Canadian School Journal, 1919—1942. A thesis submitted to the Faculty of Education in conformity with the requirements for the degree of Doctor of Philosophy, Queen's University Kingston, Ontario, Canada.

[2] 卢琦,杨有林. 全球沙尘暴警世录[M]. 北京:中国环境科学出版社,2001:41—45.

[3] Statistics Canada, Canada Year Book 1988 Ottawa, 1989, pp 6—7.

[4] 周晓红. 全球化与中产阶级的型塑:理论与现实[J]. 天津社会科学,2007(4):65—70.

设置上进行了改革。中学课程设置不再仅以大学教育体系为主导,转而为学生毕业后走向社会服务。课程设置注重灵活性与实用性,力求兼顾学科课程学习与职业培养。一些省区意识到,许多农村家庭或贫困家庭子女选择中等教育的目的不是为了升入高校,而是为了能够获得一份工作,中学课程设置需要满足这些群体的需要。20世纪30年代,不列颠哥伦比亚省、安大略省、阿尔伯塔省的中学课程改革具有代表性。不列颠哥伦比亚省将中学课程划分为两类,一类为通识课程(General Courses),另一类为升学课程(University Programs)。学生通过通识课程的考试就可以获得中学毕业证书,而还有升学打算的学生,就需要学习升学课程。安大略省在中学课程内容上加入了文化课程和职业课程,将中学课程与社会生活紧密联系在一起。而在农村人口较多的阿尔伯塔省和诺瓦斯科舍省等省区,中学选修课程中还有针对性地设置了农学、手工、家政等课程,为农村地区学生在当地就业做好充分的准备。同时,一些省区还授权学区根据实际需要灵活调整课程科目,以适应不同学生的需求。联邦政府对各省农业教育的支持也让农村地区的职业教育得到发展。1912年,联邦政府颁布了《农业扶助条例》(Agriculture Aid Act),拨款50万加元支持加拿大农业教育。[①] 在随后的一年,联邦政府更是针对教育领域颁布了《农业教育条例》(Agriculture Instruction Act),提出在1913—1923年间拨出专项资金,根据各省人口比例拨款到各省区,支持农业教育。[②] 在联邦政府和各省政府的努力下,加拿大农村学区青少年放弃学业的现象日渐减少,在校读书的时间大大延长,中学入学率也得以显著提升。

在城市化加速发展期,为了满足社会对新型劳动者的需求,联邦政府及各省政府不断推进中等教育体系建设。但随着人口不断迁入城市,农村地区所能享受的教育资源相对匮乏,城乡间社会、经济、文化等方面的差异导致城乡中学在人才培养质量上仍有差距。这种教育结果的差距是这一时期加拿大城乡基础教育差异的主要表现,也是这一差距促使加拿大联邦政府和州政府不断增加对农村学区的投入,从而提升农村学区中等教育的培养质量。

三、城市化稳定期的教育均衡发展

20世纪60年代,加拿大农业现代化基本完成,农村人口相对稳定,城市人

[①] John E. Lyons, Bikkar S. Randhawa, Neil A. Paulson. The Development of Vocational Education in Canada. Canadian Journal of Education, 1991, 16(2): 137—150.

[②] Act, Canada. Dept. Of Agriculture. Office Of The Agricultural Instruction. Dominion Aid to Agricultural Instruction in Canada. 1917. Reprint. London: Forgotten Books, 2013. Print.

口增加渐趋缓慢,城市化进入稳定期。联邦政府和各省政府推行的福利政策使得城乡居民收入差距不断缩小,农村学区和城市学区中小学在校园环境、硬件设施、课程设置上并无明显差距。这一时期加拿大城乡基础教育面临两个方面的挑战,一是如何让基础教育既为社会培养实践性劳动者,又为那些天赋高、希望继续大学学业的学生拓宽视野,进一步发展他们的心智,从而为社会培养更优秀的各类精英人才;二是如何面对资本主义社会制度本身引起的犯罪与贫困问题,如何培养城市青少年,尤其为贫困人口子女及少数族裔、新移民子女提供他们所需的基础教育。

20世纪三四十年代,受美国进步主义教育思潮影响,加拿大各省在中学课程设置上以实用为导向,忽视学生学术能力的培养,这一课程设置的问题在二十年后突显出来。一些学者认为,中学教育缺乏学术性,导致数学、语言等基础科目的教学与学习质量下滑,中学教育最终只能为社会培养大批平庸无奇的毕业生。而这样的培养方式带来的另一结果却是忽略了一批有天赋的学生,没能为其提供有效的成长途径,让其成为基础教育中的"弱势群体"。与此同时,六十年代美国对教育质量的关注也对加拿大社会产生了影响,为了让天赋较高、并且希望继续大学学业的学生有机会继续学业,进一步培养、发展他们的心智,加拿大全国各地掀起了一场对自然科学、数学以及文理学科课程的改革浪潮。联邦政府成立了课程改革委员会,借鉴美国课程改革实践,对中学课程大纲进行了一系列调整和革新。各省也成立了专门的学科委员会,组织学科专家和授课教师对欧洲和美国的课程理论和方法进行评估,并为各省学科课程改革提出建议。各省中学课程学术性不断加强,自然科学和数学课程的难度也不断加深,中等教育所面临的课程压力依次影响到初等教育阶段,基础教育质量得到不断提升。随着中学课程难度的提升,以就业为目标的学生和以升学为目标的学生之间的学业差距也不断显现。有针对性地为不同群体提供不同教育成为政府教育改革的新目标,在这一目标指引下,各省政府不仅开始开办中学职业教育,也鼓励地方学区从基础教育阶段开始就在一些学校开设"天才儿童班"(Gifted Program),为有天赋的学生提供早期优质培养,同时成立"天才教育委员会"(Gifted and Talented Education Council),从课程设置、教学管理上规范学校开展的天赋儿童教育。[1]

随着城市化与工业化的不断深入,加拿大面临着更多的社会问题,城乡贫富差距不断加大,城市犯罪率升高,贫困人口数增加,新移民和少数族裔与主流

---

[1] 孙璐.加拿大天才教育与辅导及其启示[J].教学与管理,2010:76—79.

社会各类冲突不断。在加拿大农村地区,以印第安人和因纽特人(Inuit)为主的土著居民长期身处加拿大社会的最底层,在加拿大日益繁荣的社会经济背景下却贫困潦倒,倍受歧视。20世纪60年代,加拿大土著居民艰难的生活状态及落后的教育水平逐渐引起了社会各阶层的关注,联邦政府也开始着手改革《印第安人法》(Indian Act),从解决印第安人的问题着手,消除加拿大社会的种族歧视现象。1969年,《印第安人政策白皮书》(The White Paper on Indian Policy)发布,取消了最初对印第安人的隔离政策,赋予印第安人平等的教育权,印第安人有权选择进入正规公立学校上学。[1] 这一法案公布后10年,印第安儿童进入公立学校的比例上升了一倍。

1973年,欧佩克组织联合提高油价,西方世界爆发能源危机,导致西方国家经济的衰退,经济危机再度发生,加拿大经济遭受重创。20世纪70年代的大部分时间,加拿大国内都面临高通货膨胀、低经济增长率、失业率居高不下等问题,这些问题加剧了加拿大联邦政府与各省之间,以及发展不平衡的各地区之间的矛盾。面对诸多难题,当时执政的特鲁多政府采取了一系列的解救措施,例如对物价和工资实行管制,扩大失业保险的覆盖范围,新增社会福利项目,赋予印第安人与白人平等的社会地位,推行多元文化政策等。但由于国内及国外各种客观因素牵制,这些努力所取得的实效并不尽如人意,从1981年第三季度到1982年第三季度,加拿大经济经历了20世纪30年代以来最严重的一次经济衰退。1982年国民生产总值下降5%左右,有41003家企业和个体经营行业破产。1982年平均失业率为11%,12月份失业人数达到149.4万人。1982年6月,加元贬值到历史最低点。1983年,加拿大的失业率超过了12%,联邦政府财政赤字恶性膨胀到1.5亿,占国民生产总值的36%。[2] 经济危机带来教育危机,加拿大传统的教育体制面临的现实困境需要政府重新审视行政管理模式,在新的时代及教育环境下进行改革。[3]

从20世纪80年代至21世纪初,处于全球化背景下的加拿大城乡教育,在寻求平等和发展的过程中,经历了一次包括教育理念、教育制度和学校运行机制在内的全面改革。20世纪80年代,政府出台了一系列大刀阔斧的改革措施,

---

[1] 黄红霞,王建梁.多元文化教育:加拿大的经验及启示[J].民族教育研究.2004(5):81—84.
[2] 张友伦.加拿大通史简编[M].天津:南开大学出版社,1994:179.
[3] Youth Unemployment in Canada: Challenging Conventional Thinking? By the Certied General Accountants Association of Canada. http://www.cga—canada.org/en—ca/ResearchReports/ca_rep_2012—10_youthunemployment.pdf

颁布的《1982年宪法法案》赋予了全体公民真正平等的公民权利。① 加拿大教育呈现出繁荣的景象：免费、平等、全民的公立中小学教育；严格的公共教育监察管理机制；强大的公共教育经费支持。然而，兴盛表象之下，加拿大公共教育面临着巨大的压力与危机。自由市场机制导向下的教育改革使得城乡教育差异不可避免。加拿大教育部在2001年日内瓦第46次国际教育大会上的报告《加拿大教育发展状况》上公示了21世纪初的加拿大教育状况。报告内容包括教育责任、中小学教育、中学后教育、成人教育、加拿大政府的活动以及目前加拿大教育发展的当务之急等七个重要方面。通过对加拿大教育各方面的综合解析，报告最后明确指出加拿大教育如今所面临的最大挑战就是如何实现教育机会平等，即不仅要确保满足城市青少年的教育需求，同时也要兼顾到偏远地区以及少数族裔社区的青少年教育。因此，克服自由市场机制为城乡教育带来的困扰仍然是加拿大政界及学界长期、艰巨的任务之一。

第二节 加拿大城乡教育均衡发展的现状与问题

和其他发达国家一样，随着农村工业化和城市化程度的不断提高，从20世纪中叶开始，加拿大城乡之间在基础设施、物质生活等许多方面已无多大差别，城乡二元的社会结构基本消除，城市与非城市的区别越来越模糊不清。在加拿大，农业已转化为"农业工业"或"工业农业"，农业已不再等同于农村价值观和农村生活，农场已经成为一种企业，农业与其他企业之间经营方式的区别正在消失，中小农场主收入甚至高于城市职员。随着农业及其劳动形式的变迁，农业工人的生活方式与城市人基本没有差别。尽管如此，城乡人口比例的不断变化，资源分配的相对均衡，以及乡村地区相对保守、闭塞的环境，使得农村地区发展较为缓慢。在20世纪末经济全球化的影响下，加拿大城乡产业、劳动关系、政府治理等方面也发生着重大变化，影响着城乡地区的发展，城乡教育差异成为社会各界关注的热点。尤其是近二十年来，加拿大国内不乏政界及教育界人士对城乡教育体制各个方面存在的问题提出批评，这些批评都源于加拿大人对当代教育公平、教育均衡发展的诉求。

一、加拿大城市与农村的界定及其发展差异

1971年，加拿大政府从劳动力结构、人口增长率及人口密度等角度出发，将

---

① 张友伦.加拿大通史简编[M].天津：南开大学出版社,1994:202.

1000 人以上聚集区和每平方公里人口密度超过 400 人的地区定义为"城市地区"①。从这一标准来衡量,当今的加拿大已是一个高度城市化的国家,其主要大中城市散布于靠近美国边界数百公里内,被一个便捷的交通网络连接,形成一个东西漫长的"城市走廊"。正如《1997 年加拿大年鉴》②描述的:从圣劳伦斯河(St-Laurent)河口的魁北克(Quebec)到苏必利尔(Lake Superior)湖畔的苏圣玛丽(Sault Sainte Marie)之间的城市带是加拿大的"主街",也是加拿大政治、经济及文化中心。这一占地面积仅为国土面积 2.2% 的地区,人口却占 60% 左右,包括两个最大的大都市区:多伦多(Great Toronto Area)及渥太华(Ottawa)。另外,加拿大还有几个地区性城市系统,如阿尔伯塔(Alberta)的埃德蒙顿—卡尔加里(Edmond-Calgary)走廊和西部的乔治亚海峡(Strait of Georgia)城市地区(即由大温哥华(Vancouver)地区为基础的城市带)。乔治亚海峡城市带包括维多利亚(Victoria)、纳奈莫(Nanaimo)、温哥华、里士满(Richmond)、伯纳比(Burnaby)等 20 多个城市自治体(市、区、镇等)。该城市地域面积仅占加拿大领土的 5%,但聚集人口却占全国和本省人口的 13% 和 80%。

在加拿大,广义的农村地区是城市地区外的地域。按照地理位置,加拿大农村地区又可以划分为临近城市的城郊郊区、靠近城市的农业产品加工区,以及偏远的农林、渔牧业生产区。

一些研究认为,基于加拿大地域辽阔、人口密度相对稀疏的现实状况,较为符合加拿大国情的做法是把"乡镇和小城镇"都纳入农村统计范围,这些小镇通常不在城市的公共交通范围内。③ 还有学者认为,在最初加拿大政府邮政分区时,就将城乡做出了划分,邮编的第一位字母通常代表着所属省区,而第二位数通常是数字,"0"代表的地区属于农村地区,"1-9"代表的通常是城市或城镇。邮编第二位数为"0"的地区,由于社区规模较小,邮政资源有限,住户通常不设邮箱,需要自己到当地邮局领取信件。④ 因此,尽管由于统计方式上的差异,加拿大城乡地区的划分较为模糊,但多数划分都涉及人口及资源问题,可以从人口分布及资源分配差异来划分城乡。

---

① Statistics Canada,2001 Census Dictionary,Catalogue no. 92-378-XIE. Ottawa: 2003.
② The Canada Year Book[Z],1997. Statistics Canada,1997.
③ L. Gary Hart,Eric H. Larson,and Denise M. Lishner. Rural Definitions for Health Policy and Research. American Journal of Public Health:July 2005,Vol. 95,No. 7,pp. 1149-1155.
④ Canada Postal Guide - Addressing Guidelines". Canada Post. 15 January 2007.

二、加拿大城乡人口分布状况与民族特征

加拿大最早的居民是以渔猎为生的土著居民,主要包括居住在南部的印第安人和北部的因纽特人,由于恶劣的自然条件和原始的生活方式,土著居民的人口增长缓慢,直到 17 世纪欧洲移民的迁入,加拿大人口才开始逐渐增长。1497 年意大利人乔瓦尼·卡波特(Giovanni Caboto),又称约翰·卡博特(John Cabot),探索新大陆,在加拿大最东端的纽芬兰一带登陆,随后欧洲人又陆续到达圣劳伦斯河(St-Laurence)河口及下游地区,1541 年,法国人雅克·卡蒂埃(Jacques Cartier)在今魁北克市建立了季节性定居点。此后越来越多的欧洲人为获取毛皮、捕鱼而来到加拿大东部沿海地区并逐渐向西推进,但这一时期定居人口数量很少,到 1763 年法属殖民地被英国占领时,只有约 6.5 万人。1783 年北美独立战争结束后,5 万人涌入英属加拿大,这是加拿大历史上第一次移民潮。1812 年爆发了英美之间为争夺加拿大殖民地的战争。1814 年战争结束后,第二次移民潮开始了,至 1865 年,100 多万人从英国来到英属北美,成为加拿大人口史上的一个转折点。1858 年,随着西部弗雷泽河(Fraser River)地区大批淘金者的涌入和金矿的开采,英国正式建立了不列颠哥伦比亚(British Columbia)殖民地,西部人口开始发展起来。1871 年,加拿大第一次人口普查结果显示,全国人口数为 537.1 万。[①] 1885 年 11 月,太平洋铁路竣工通车,加拿大的产业开始向西发展,人口也随之向西分布,中部草原地区开始建立起一批居民点。这一阶段加拿大人口主要从事商业贸易、矿产开发、农场种植等,一些小城镇开始涌现,但城乡间差异并不明显。[②]

19 世纪末至第一次世界大战开始,除了英、法等欧洲移民继续进入加拿大外,南欧国家移民也纷纷涌入加拿大,加拿大经济迅速发展,完成了从农业国向工业国的过渡。19 世纪前半期,许多南欧国家移民涌入西部草原省或不列颠哥伦比亚省等农村地区,从事种植及畜牧生产。中部草原地区的人口从 1891 年的 25 万增加到 1914 年的 180 万。[③] 一系列城市出现了,如里贾纳(Regina)、萨斯卡通(Saskatoon)、卡尔加里和埃德蒙顿等。1949 年,随着纽芬兰与拉布拉多省宣布加入加拿大联邦,加拿大现有行政区划最终形成。1951 年加拿大全国人

---

① 2001 Census Analysis Series- A profile of the Canadian population:where we live,Statistics Canada,Catalogue:96F0030XIE010010001.
② 陈焘,杜丽霞.加拿大人口简介[J].西北人口,1998(3):39-41.
③ Colombo,R. John. The Canadian Global Almanac,Toronto 1997.

口普查结果显示,加拿大全国人口数已达1400万。在1951—1961年间,加拿大共接收154.3万移民,加拿大人口净增108万。这一时期,移民主要涌入工业经济发达的省区,如安大略、不列颠哥伦比亚、魁北克和阿尔伯塔,更多的移民直接涌入城市,许多加拿大城市变成了各民族的聚居地。

1961年以后的20多年里,移民的数量基本保持稳定。1980年后,移民数量再一次激增,仅1986—1991年,移民人口就高达239.6万人,成为历史上移民涌入的最高纪录。这一时期的移民来源更加多元,许多移民来自亚洲、中东、加勒比海及中南美,和二战后涌入的难民不同,新移民大多受过良好的教育,能够在以高技术和服务性行业为主导的大都市就业,城市人口进一步增加。随着城乡经济结构的变化,越来越多的农村人口向城市迁移,农村人口出现负增长。1996年的人口统计显示,加拿大人口为2885万,城市人口为2246万,城市化率为78%,城市化最高的三个省区为大不列颠哥伦比亚省、安大略、魁北克。1996—2001年,城市人口总量增加了5.2%,乡村人口减少了0.4%。2001年,全国有27个大都会区,占总人口的64.3%,比1996年的比重又提高了1.3个百分点。由于中心城市房价较高,一些新移民和中低收入者把家安在大城市边缘地区,城市面积不断扩大。2001年统计数字显示,加拿大多数城市都位于南部四省——安大略、魁北克、阿尔伯塔、不列颠哥伦比亚。南部四省集中了加拿大城市数量的76.62%,城市人口的90.55%。[1] 而在地区总面积超过加拿大一半的西北部省区,如萨斯喀彻温、马尼托巴、纽芬兰与拉布拉多、西北地区、育空地区,不仅城市数量少,人口密度也极小。2011年加拿大统计局公布的人口与居住地数据显示[2],约有69.1%的人口居住在全国33个大都市,12.9%的人口居住在人口密集的中小城市,另外18%的人口居住在城市外的地区,包括分散于加拿大中部和北部的矿产和森林小镇,农业村镇或服务型城镇,以及全国各地的土著居民点和保留地等。

因此,经过近一个半世纪的移民,加拿大逐渐形成了这样的人口分布状况:人口分布极不平衡,南部省份人口密集,边远省份人力稀疏,城市人口密度较大,农村人口密度较小。此外,作为移民国家,加拿大人口构成十分复杂。2012年人口统计显示,加拿大50多个民族中,英裔加拿大人约占21%,法裔15.8%,苏格兰裔15.1%,爱尔兰裔13.9%,德裔10.2%,意大利裔4.6%,华裔4.3%,土

---

[1] 张桂霞,李玲.加拿大人口发展的空间差异及其变化[J].世界地理研究,2004(2):96—102.
[2] Statistics Canada. The Canadian Population in 2011:Population Counts and Growth[R]. Ottawa:Statistus Canada,2012.

著 4.0%。由于民族众多,加拿大国民的民族语言、宗教信仰也纷繁复杂。根据加拿大统计局最新公布的 2011 年人口普查报告,全国使用的语言有近 200 种,尽管官方语言为英语和法语,多数居民也能够使用包括官方语言在内的至少两种语言进行沟通,印第安人、因纽特人以及部分新移民多讲各自的民族语言。同时,加拿大是无国教的国家,宪法保障宗教信仰自由。全国信奉天主教的人约占 45%,信奉基督教的人约占 42%,并有少数犹太教徒和伊斯兰教徒。加拿大城市人口呈现出多种族、多民族、多信仰、受教育程度较高、流动性较大、容易融入主流社会等特点。而农村地区人口多为来自东欧从事农业生产的移民后裔以及印第安人、因纽特人和梅蒂人(Métis)等土著居民,种族和信仰相对单一,受教育程度有限,流动性较小,他们固守自己独特的民族文化,希望本民族文化得到认同与尊重,相对而言不愿融入主流文化。城乡地区人口分布的差异决定了城乡人口在教育上的不同诉求,也影响了城乡地区基础教育的发展。

三、加拿大城乡教育发展差异的现状及问题

进入新世纪,各国都认识到教育对培养人才、增强国际竞争力的巨大作用,纷纷开展基础教育改革。加拿大各界也开始重新审视国内教育状况面临的各种问题,为下一步改革做准备。2000 年,加拿大统计局和加拿大省教育部长委员会联合发表了《1999 年加拿大教育指标统计报告》(*Education Indicators in Canada* 1999),对各省教育状况进行了较全面的统计与分析,包括 20 世纪末加拿大教育环境、教育特点、教育成果以及教育水平对劳动力市场的影响等。[①] 报告发现,加拿大各省在教育领域取得成就的同时,也面临诸多挑战:教育经费减少,区域间教育经费投入失衡,贫困儿童增多,少数族裔入学率下降,学业状况堪忧。从 20 世纪 80 年代开始,低收入家庭学生比例逐渐增大,1996 年约有 140 万 15 岁以下的儿童来自低收入家庭,低收入家庭学生高中学业完成率低于高收入家庭学生。从 1986 年到 1994 年,在大学入学率上,低收入家庭学生远低于中高收入家庭学生。少数族裔学生在学业成就上落后于白人学生,1994 年和 1998 年加拿大全国范围内开展的两次对 13—16 岁学生进行的读写测试显示,法裔加拿大学生读写相对较弱。少数族裔受教育的程度低于非少数族裔学生,高中毕业率偏低,仅有少部分少数族裔学生完成大学学业,获得学位。20 世纪 90 年代,为应对财政赤字,各省人均教育经费不断下降,从 1994—1995 学年度的生均 2147 美元下降到 1998—1999 学年度的 1996 美元,下降了约 7 个百分

---

① Statistics Canada. Education indicators in Canada [M]. Ottawa:1999.

点。全国有一半的省区教育投入在政府公共支出中所占的比例低于经济合作发展组织(简称经合组织)国家的平均水平,各省教育投入也差异较大,教育经费占政府公共支出最高的省区是纽芬兰与拉布拉多省,经费投入比例为16.9%,支出比例最低的省区是诺瓦斯科舍省,仅为9.7%。

报告显示,21世纪初,加拿大社会在面临巨大的国际竞争压力的同时,也面临着国内教育失衡问题。在这样的时代背景下,加拿大各省纷纷颁布各类法案,推进新时期基础教育改革。在这场教育质量和教育公平同等重要的改革中,一些省区增加了教育经费投入,将教育管理权适当下放到学区,以科学合理的方式考核农村及薄弱学区教学成绩,有效地推动了农村学区及薄弱学区教育发展。另一些省区则注重对高质量教育的投入,建立了高标准的教育绩效考核模式,对学生成绩、教师教学进行监测,并以此调整教育经费拨款模式,将教育经费使用效益最大化。各省区均增多了对少数族裔、贫困人口、新移民等弱势群体的教育经费投入,力图在提升教育质量的同时,促进教育公平发展。

在经历了一段时间的改革后,加拿大城乡教育仍然存在许多问题,尤其是农村地区学校面临诸多困境:农村学区学龄人口逐年减少,低入学率导致教育拨款减少、教育资源不足,规模太小的学校逐步被合并或关闭;一些省区教育经费预算方式缺少对农村学区特殊性的考虑,公立学校资金匮乏,教学设备陈旧短缺,教育经费不足制约着农村学区建设;农村地区缺少专业的教育服务机构,难以为师生提供必要的教育支持;中小学教师及管理人员缺少专业发展机会,城区学校更能有效地利用大学专业教育机构提供的专业指导服务;农村合格教师短缺,尤其是合格的学科教师,城市便捷的生活条件吸引了更多有经验的教师选择在城市学区任教,城乡教师出现相对过剩的现象;不仅缺少教师,农村学区也缺少合格的校长及管理者,农村中小学校长既缺少相应的行政支持,又要面对农村学区特殊的要求,工作极具挑战,导致愿意到农村学区工作的专业人员极为缺乏,农村学校管理者多为"半专业人员"。一些省区在农村学区改革中,主要采取的方式就是关闭或合并小型学校,没有考虑到当地居民的实际需求,导致偏远学区居民对农村学区改革参与度较低,难以真正推动农村学区发展。一些省区推动的以市场为导向的基础教育改革,让更多的教育资源流向优质学校,间接加剧了城乡学区之间的教育差距。目前,加拿大城乡教育发展差异主要体现在以下方面。

(一)教育均衡发展缺少更具针对性的政策

20世纪90年代,随着全球化和信息化时代的来临,各国对科技人才的需求加剧。为了培养具有国际竞争力的人才，加拿大政府从全球大背景出发，为地区学校设定改革目标，提出改革议案。联邦政府及各省政府设定了体现全球精神的基础教育课程目标，要求培养具有国际化倾向、具备多元文化知识、掌握全球化市场相关知识技能的未来公民，要求各省区对课程内容、课程结构、课程管理进行相应的调整。尽管联邦及各省区政府与农村学区培养目标并无本质差别，但在教育改革实践中，联邦及各省政府往往为农村学区制定过多、过高的目标，导致农村学区难以达到政府要求。同时，一些省区政府对农村学区的改革过于强调国际化目标，对学区需求的关注度降低，在一定程度上忽视了地区及学生群体的特殊性，特别是在一些原住民保留地学区，省区教育目标与农村地区期望培养具有社区意识、社区理念、为社区服务的未来主人这一目标相左，导致教育政策在农村地区难以有效实施。

以加拿大各省区原住民学区为例，农村地区原住民在获得更多的教育自治权的同时，也面临教育质量下降等情况。20世纪70年代，在原住民运动推动下，加拿大政府逐渐改变了长期以来的原住民同化政策，确立了较为平等的民族政策，为原住民赋予了越来越多的社会权利。原住民意识到，要在政治、经济上取得和其他民族同等的地位，就必须在教育上争得平等的权利，才能培养出能够复兴本民族的新一代原住民。1972年，加拿大"全国印第安人兄弟会"（National Indian Brotherhood Association）提出了一份《印第安人管理印第安人》（*Indian Control Indian Education*）的报告，要求获得对教育的自主权。在这一法案推动下，由原住民社区自主管理的学校不断增加，联邦政府提供的财政拨款也让这些原住民学校的学校建设和师资力量不断得到加强，更多的原住民学生选择进入这些学校，原住民文化得到了很好的传承。在取得成效的同时，偏远地区原住民学校却面临了新的问题，政府在赋予原住民自主管理学校的权利的同时，缺乏对原住民学校的智力支持。偏远农村地区原住民学校管理人员多为受教育较少、缺少管理经验的印第安人，对学校教育经费、教职人员、日常教学、课程设置等方面管理不善，导致学校运营困难，教育质量普遍偏低。在这样的现实困境下，原住民学校想要开发出传承本民族文化的本土课程显得尤为困难。

2002年，负责原住民事务的印第安及北方事务部（Department of Indians and Northern Affairs，INAC）发布印第安人教育状况报告，呼吁所有加拿大人关注处在危机中的原住民教育，开发和实施基于原住民需要的教育，培养能够推动原住民社区发展的下一代。① 在此后的一段时间,尽管加拿大各省政府更加重视原住民教育,但在原住民学校改革的过程中还是在保留原住民文化、尊重原住民学区需求上仍显不足。一些省区原住民聚居区的公立学校并没有在语言、文化、智力等方面为原住民学生提供足够的发展空间,课程设置缺乏对原住民群体的特殊需要的考虑,在课程内容上甚至出现了对原住民历史的不当阐释,使得许多原住民群体极为反感,不愿意将子女继续送入公立学校。同时,在很长一段时期内,包括原住民在内的农村地区的居民,主要在农村地区规模较小、类型单一的企业中从事非技术性职业,这一现实导致农村地区居民对子女的教育期望值较低。原住民社区落后的经济条件使得青年学生更愿意尽早离开学校,寻求经济独立,以改善家庭经济状况。相对而言,这类农村学校难以获得社区更多的支持,在面临各类评估时,往往很难达到标准,获得的专项经费也极为有限,一些学校甚至最终被关闭、合并。由于资源有限,原住民学生往往在当地学校完成基础阶段的学习,升入高年级时就不得不转入其他地区的学校,和其他非本民族学生一起学习。原住民学生在学习环境变化的过程中,需要获得足够的支持。如果这种劣势在教育过程中得不到纠正和补偿,原住民与非原住民之间的教育成就差距就会进一步扩大,而这也正成为加拿大社会公平面临的巨大挑战。在转学和升学等转折点的衔接上提供恰当的帮助被认为对于原住民学生学业的发展至关重要。

长时期以来,加拿大联邦政府的教育政策一直鼓励教育发展的多元化,但是不加限制的多元化最终会走向多极化与不均衡化发展。在加拿大,教育政策的研究与制定者几乎都强调联邦和省政府不应该干预教育的独立发展。伴随着全国"教育分权"与各省"权力下放"政策的实施,加拿大的教育均衡发展面临着许多现实困难。例如,由于强调各省地方教育的自主权,导致省与省、学区与学区之间,甚至是同一学区的不同学校,在课程设置标准、教材选用、学生毕业条件与能力测试等方面差异性很大。这种各自为政的课程政策,表面上是尊重地方的选择权,实际上导致了基本教育质量的下滑。

新世纪加拿大城乡教育差异产生的另一重要原因正是源于加拿大联邦政府在基础教育改革过程中的不断放权,采取"以市场为导向"的教育管理措施。

---

① Minister's National Working Group on Education, Our Children — Keepers of the Scared Knowledge:Final Report of the Minister's National Working Group on Education. Commissioned by the Department of Indian Affairs and Northern Development, December 2002. http://dsp—psd.pwgsc.gc.ca/Collection/R41—9—2002E.pdf.

21世纪初,加拿大各省教育部相继推行了一系列的改革措施,一方面减少政府对基础教育的干预,通过决策权下放,扩大教育管理主体,完善评估体系等方式增加公立学校的活力;另一方面引进竞争机制,建立基础教育市场,鼓励多种办学形式并存,将公立学校推向市场,增强基础教育制度的灵活性。这样的市场化教育改革模式扩大了学校的自主权,保证了学生家长的教育选择权,在促进基础教育质量提升的同时,也给基础教育的公平性带来了挑战。政府对学校的管理主要通过绩效评估体系来实现,根据学校完成政府设定的绩效成绩,来对学校的财政与行政管理产生影响,而绩效标准的设定和管理又主要依赖市场调节。这样的改革模式削弱了政府对公共教育的责任,让基础教育的公平性由利益导向的市场来决定,无疑只会让优质资源流向投资成本更高的学校,而造成学校间更大的差距。

(二)乡村地区与弱势群体教育经费投入不足

经济全球化在全球范围内扩大了贫富分化,即便是在加拿大这样的福利国家,在财富分配、福利等方面的不平等也在不断拉大。从1981年到2010年,加拿大国内国民收入差距增长了20.5%。经济发达的西部省区居民收入差距增长明显,阿尔伯塔省居民收入差距增长率为10.8%,安大略省为9.4%,不列颠哥伦比亚省为7.8%。城市居民收入差距增长尤其明显,从1996年到2006年城市居民收入差距增长率为9.1%。[1]各省内城居民、少数族裔、新移民、偏远农村地区居民收入和城郊中产阶级收入差距不断加大,进一步拉大了城乡居民收入差距。城乡居民收入的差距直接影响了主要依靠地区税收支持的公立学校建设,从而导致贫富学区在校园硬件设施、软件设施、师资建设上都有较大差距。

21世纪初,在资本市场化、贸易自由化和放松管制等思潮影响下,一些省区在公立学校经费拨款上进行了改革,将公共教育经费由完全依赖政府税收支出转向部分依靠地方企业投入,即倡导"市场导向的学校经费融资"(market-driving financing)模式。不列颠哥伦比亚省颁布《2002年学校法案修订案》(*The School Amendment Act of 2002*),成为加拿大各省公共教育经费改革的先驱。法案正式提出让学区开展以营利为目的的商业活动,开办以营利为目的的公司——"学区商业公司"(School-District Business Company,SDBC),将盈利投

---

[1] Breau,S.,Rising inequality in Canada:A regional perspective,Applied Geography (2014),Retrieved from http://dx.doi.org/10.1016/j.apgeog.2014.11.010

入学区学校建设,政府对此类商业活动提供创业资金及政策支持。①这是加拿大历史上第一次制定以类似企业运行的方式开办公立学校的法案。学区可以尽量利用本地资源,获得更加充足的教育经费。到目前为止,学区开展的商业活动包括各种类型,如招收国际学生、开发国际教材、出租学校房产以用作商业广告宣传、和其他国家联合办学等。对偏远学区而言,政府提供的创业资金可以帮助学区开展有效的商业活动,以解决因学区减小、学生减少而导致获得的教育资源减少等问题。在阿尔伯达省北部的小型学区,这一教育经费分配模式让学区有机会寻找到更多的办学经费支持,而避免被关闭的风险。不列颠哥伦比亚省北部尼查科学区(Nechako School District)约有学生 6000 名,分布在面积约 4 万平方公里的广袤地区,学区内中小学规模小,获得教育经费非常有限。从 20 世纪 90 年代起,该学区就面临生源逐渐减少的问题。在政府支持下,该学区开发了一套网上教学课程——E-bus,向全省推广,吸引了大量的学生及家长报名,以此获得收益,支持学区中小学建设。②事实上,对大多数偏远学区而言,这样的例子并不多见,更多的偏远农村学区缺少和城市学区相同的商机,特别是一些原住民学区,更是如此。从 2002 到 2012 学年,不列颠哥伦比亚省温哥华大都市区的城市学区"西温哥华学区"(West Vancouver)通过市场导向的融资模式平均为每位学生筹集了约 1400 美元的投资;而位于该省偏远西北部的"落基山学区"(Rocky Mountain School District),学生人数和"西温哥华学区"大致相同,但学生中贫困人口和原住民人数较多,通过这一方式为学生筹集到的教育经费仅为 238 美元。③

因此,一些教师、管理者、家长担心将学校推向市场,让学校"企业化"的政策将导致公立学校体系中差距和不公平现象进一步增长。公立教育经费来源过于多元,可能会导致学校的"私有化",会极大损害公立学校的"公共性",公立学校中一些有特殊需求的学生得不到相应的支持。例如,2004 年,不列颠哥伦比亚省"海湾岛学区"(The Gulf Islands School District)为节约公立学校开支,

---

① British Columbia Ministry of Education. 2002. Legislation Update: Bill 34, The School Amendment Act, 2002. Retrieved from http://www.bced.gov.bc.ca/legislation/legp202.htm
② The Legislative Assembly of British Columbia. November 23, 2001. Legislative Session: 2nd Session, 37th Parliament, Select Standing Committee on Education, Minutes and Hansard. Retrieved from http://www.leg.bc.ca/cmt/37parl/session-2/edu/hansard/e11123a.htm
③ British Columbia Ministry of Education. 2012. Actual Sources of Other Operating Revenue by School District. Retrieved from http://www.bced.gov.bc.ca/accountability/district/revenue/0809/

将学校课程压缩到每周四天。后来,为了使该学区开设的国际收费学习项目更具有吸引力,在每周周五为收费的国际学生单独提供英语语言、文化等课程。① 学校的新移民及难民学生群体同样需要这类课程,但因为没有缴费而没有上课机会。同时,一些省区政府过于强调对学校的问责,过于重视学校的"效益",导致学区更愿意将教育经费用于改善学区现有学校的条件,而不愿花费更多教育经费为贫困儿童、少数族裔、新移民子女建设"特许学校"等公益性、非营利性的学校。

(三)乡村优秀教师与高素质管理者数量不足

一直以来,加拿大中小学对教师的任职要求都较为严格,教师队伍的入职门槛较高。职前教师在花费大量心血取得教师资格后往往更愿意到生活条件较好的城区任职。一般而言,有经验的教师大多留在城区学校任教,多数农村学区就只能招聘到年轻且缺乏教学经验的教师,即便如此,农村地区孤立的社区环境也难以留住这些素质相对较弱的新教师。1996年,一项有关不列颠哥伦比亚省教师流动的研究显示,多数教师选择离开农村学区的主要原因在于农村生活的"疏离感",农村学区不仅在地理位置上远离人口相对集中的城区,在社会文化生活及职业发展机会上也相对落后②。不仅如此,农村教师教学任务繁重,一位教师往往需要担任多门学科的教学任务,学生年龄层次、学业水平差异较大给教师备课带来种种困难;教师还需要为学生设计课外活动,负责家校联系等事项。与城市学区相比,农村中小学的校长及管理人员也多为非专业人士担任,缺乏科学有效的方法让教师顺利度过适应期。农村学区大多远离大学及教学研究机构,即使是教师个人想寻求专业帮助,也是困难重重。农村学区教师在缺少支持的工作环境下,还要面对繁重的工作压力。多数新教师在农村学区工作一两年后,要么选择流往城市学校任教,要么选择其他职业谋生。

加拿大农村学校缺乏合格的校长及管理者。尽管加拿大各省都建立了较为完善的中小学校长培训制度,但面对相对封闭、较为传统、充满挑战、资源缺乏、待遇较低的农村学区环境,愿意到农村学校任职的校长较少,农村学校教师对通过继续培训获得校长任职资格、担任管理职务缺乏兴趣。以曼尼托巴省为例,尽管该省要求担任校长职务的人员必须获得硕士学位,但2004年一项在农

---

① Keep Five Alive Coalition. 2004. Keep Five Alive! Retrieved from http://www.keepfivealive.ca
② Murphy, P. J, & Angelski, K. (1996/1997). Rural teacher mobility: A report from British Columbia. Rural Educator, 18(2), 5—11.

村学区校长中进行的调查显示,约有63.8%被调查对象没有获得硕士学位。①同教师一样,农村地区的校长也缺少专业发展机会,由于工作环境闭塞,尤其缺少和同行面对面的交流机会。农村中小学学生人数少,流动性大,教师流失严重、办学经费紧张、地区文化独特的特点也为校长的管理工作带来了极大的挑战。加拿大学者的多项研究表明,在农村学区工作的校长尤其要熟悉当地的文化、风俗和民情,才能处理好和当地社区的关系,获得相应的支持。②

(四)农村处境不利地区学生辍学率高、学业成就低

与20世纪90年代相比,加拿大基础教育质量有了显著提升,但农村人口较多的省区,基础教育质量相对薄弱。以纽芬兰与拉布拉多省为例,尽管该省高中辍学率由1990—1991年度的19.9%下降到2011—2012年度的8.7%,但与不列颠哥伦比亚省2011—2012年度5.9%的中学辍学率相比较,相差近3个百分点。而农村人口比例更大的两个大省:阿尔伯塔和曼尼托巴,2011—2012年度高中辍学率更是分别高达10%、10.4%。③ 加拿大各省城乡间教育差异还表现在高等教育入学率方面。作为高等教育入学率最高的OECD国家,加拿大已经进入了高等教育普及化阶段。2010年,加拿大全国高等教育入学率高达74.7%,但农村适龄人口的高等教育入学率低于全国水平近8个百分点,低于城市学生10个百分点,某些社会弱势群体的高等教育程度尚处于高等教育普及化的边缘。例如,土著适龄人口的高等教育入学率仅为50.1%,只超过普及化标准1个百分点。农村和城市在适龄人口入读的高校类型上也有差异,有35.5%的农村学区学生选择了二到三年制的社区学院就读,31.5%的学生选择进入四年制大学,而城市学生选择社区学院的比率为32.3%,选择四年制大学的比率为44.7%。④ 在完成学业的年限方面,加拿大农村学生的辍学率较高,

---

① Buettner, R. (2004). Coping mechanisms used by rural principals. Retrieved from the S. S. T. A. Research Centre:www. ssta. sk. ca/research/leadership/95—13. htm.
② Stelmach,B. (2004). Unlocking the schoolhouse doors:institutional constraints on parent and Community involvement in a school improvement initiative. Retrieved from The Canadian Journal of Educational Administration and Policy:www. umanitoba. ca/publications/cjeap/articles/stelmach. html .
③ Statistics Canada (2012). Data produced by Statistics Canada. Labor Force Survey 2012. Ottawa:Statistics Canada,2012. http://www4. hrsdc. gc. ca/. 3ndic. 1t. 4r@ — eng. jsp? iid=32♯M_1
④ Postsecondary Education Participation among Underrepresented and Minority Groups[EB/OL]. http://www. statcan. gc. ca/pub/81—004—x/2011004/article/11595—eng. htm

如在2004—2005学年,农村地区高中辍学率高达16.4%,几乎是城市地区的两倍(9.2%);在25—54岁的人群中,超过60%的城市居民受过高等教育,而在农村地区这个数字要低于50%。① 以原住民为例,居住在不同省区的原住民学生群体受教育情况也有不同,在东部各省原住民学生受教育条件要优于西部省区,2006年加拿大统计数据显示,15岁及以上原住民人口高中毕业率和全体15岁及以上人口高中毕业率比较,魁北克省差距最大;居住在大城市的原住民获得大学学历的人口比例远远高于居住在农村小型社区的原住民。② 事实上,原住民受教育的程度和其居住地有很大的关系,在一些省的大都市,原住民学生受教育程度要远远高于居住在保留地的原住民群体。阿尔伯塔省的印第安族裔接受高等教育的比例要高于加拿大其他省区,加拿大北部的梅蒂人、安大略省大城市区域(主要以渥太华为代表)的因纽特人获得高等教育学历的人数都高于其他省区的原住民。③

经济合作组织组织的一项大型国际学生学习质量比较研究项目——国际学生评估计划(Program for International Student Assessment,PISA),主要用于评估接近义务教育末期(15周岁)的学生,应用所学知识和技能,完成他们在今后生活中需要完成的任务和在社会中行使职责,以及持续学习能力的情况。依据2003年PISA的结果,除安大略省以外,加拿大其他各省农村学区学生在数学、阅读和科学3科成绩上明显落后于城市学生,而安大略省的农村学区学生也仅仅在数学与科学这两项测试中略高于城市学生。2009年,加拿大在该项评估中排名下滑。2013年,由加拿大教育部长委员会组织开展的联邦层面的学生学业评价项目——"泛加拿大学生学业评价项目"(Pan-Canadian Assessment Program,PCAP)在全加拿大挑选了1600所公立学校,随机对32000名8年级学生进行英语、法语、科学等科目的测试。④ 评估结果显示,阿尔伯塔省和

---

① 赵传兵.学校行动 职业引导 政府干预——加拿大城乡教育差距及实现城乡教育一体化的建议[J].世界教育信息,2013(2):29-33.
② Statistics Canada,2008. Aboriginal Identity (8),Highest Certificate,Diploma or Degree (13),Major Field of Study - Classification of Instructional Programs,2000 (14),Attendance at School (3),Area of Residence (6),Age Groups (10A) and Sex (3) for the Population 15 Years and Over,for Canada,Provinces and Territories,2006 Census-20% Sample Data. Catalogue number:97-560-XCB2006036.
③ Hull,J. (2009). Postsecondary completion rates among on-reserve students:Results of a follow-up survey. Canadian Issues,59 - 64.
④ O'Grady,Kathryn & Houme,Koffi. PCAP 2013 Report on the Pan-Canadian Assessment of Science,Reading,and Mathematics,on October 7,2014.

安大略省学生成绩远高于全国平均水平,哥伦比亚省和纽芬兰省达到了全国平均水平,而其他省区学生成绩均低于全国平均水平。在少数族裔、原住民、农村人口比例较大的省区,如萨斯喀彻温、曼尼托巴、诺瓦斯科舍、爱德华王子岛等省,学生的科学素养低于全国平均值。因此,尽管加拿大基础教育质量获得了国际社会的普遍认同,城乡学区间教育质量的差异仍然值得社会各界关注。

第三节 加拿大促进城乡教育均衡发展的举措

在加拿大联邦政府、各省区教育管理部门、市政府部门,以及各类非政府组织(非营利组织及志愿者组织)都为促进城乡教育均衡发展发挥着各自不同的作用。特别是联邦及各省政府,从教育政策、经费投入、特色项目等方面对城乡教育进行了干预。

一、建立有利于农村教育发展的法规保障体系

加拿大作为联邦制国家,其教育管理实行在联邦宪法指导下的分级管理体制,以省管为主,下设市(区)级,按属地关系,直接管理有关小学、中学、大学。具体为:国家不设教育管理职能部门,而是以宪法等法律规定的方式,确定全国教育发展的大政方针和政策,并依据战略发展的重点,通过联邦有关部门以"项目投入"的方式对各地教育进行有针对性的投入,从总体上带动全国教育的平衡及协调发展;省级设立省教育部,作为省政府的教育管理职能部门,全面负责全省大、中、小学教育发展的管理工作;全国10个省3个地区共辖72个市区教育局,直接管理所属的中小学教育,并对省政府负责。加拿大法律规定:教育是省政府的职责范围,联邦政府也要重视教育,通过转移支付和其他措施支持地方教育,缩小贫富差距,实现教育均衡发展。由于加拿大教育的法定职责明确,教育经费能够得到切实保障,每一个孩子都能享受到良好的公办教育。加拿大法律规定了本国的任何一个公民或移民必须接受从小学1年级(或幼儿园)到10年级(相当于高中一年级一般为16岁)的义务教育,11-12年级(相当于高中二、三年级)为普及教育,由政府免费提供。在这12年的教育中,学生无须交纳任何费用。学费、教科书费用都由政府承担。不仅如此,政府还为学生提供交通服务,以及为完成教学大纲所需要的试验费、空调费等。由于义务教育和普及教育费用全部由政府承担,即使低收入家庭的学生家长也不必为学生学习的费用担忧。

(一)颁布教育均衡发展的针对性政策

加拿大各级政府专门制定了相关教育政策,为因地域、民族、家庭经济、社会地位等原因成为"弱势"的学生群体提供更多的补偿性教育资源,满足这些特殊群体不同的教育诉求。加拿大为弱势学生群体制定了特殊的入学政策,让这些群体也能享受到优质的教育。为了保证教育公平,加拿大各省区都制定了教育法规,在就近入学的基本原则下,要求教育质量较高的中学必须给地处偏僻地区的学生一定的配额,特别是为少数族裔、原住民群体提供入学机会。同时,为了让这些学生真正享受到这一特殊待遇,政府还为住在偏远地区、符合优质高中入学条件,并愿意前往就读的学生提供校车接送服务。事实上,加拿大地广人稀,普通家庭都有自己的出行用车,除了一些大城市有地铁和非常发达的公共交通以外,一般的中小城市的交通不是非常方便,校车服务一直是各省教育经费的重点支出,政府不仅为城市地区的孩子提供此项服务,还为边远和农村地区的孩子提供专项补贴,使其能够享受到同样的校车接送服务。这些补偿性政策确保了偏远农村学区学生和城区学生一样,能够拥有获得优质教育的机会。

(二)制定激励学生持续学习的措施

加拿大农村及偏远地区经济结构较为单一,在完善的福利政策保障下,部分学生对进入大学学习的兴趣不高,一些农场出生的学生从小就参与农业生产劳动,对其具有浓厚的兴趣,其即便是上大学,多数也愿意选择农业大学,并希望今后能从事农业生产经营。针对这一现象,加拿大政府一方面积极推行高等教育普及政策,一方面也鼓励各省,实施有利于当地农业发展、符合当地学生群体需求的教育政策。如阿尔伯塔省针对当地普通高中学生推行的"绿色证书培训"计划,这一计划的目的是为了解决当地高中学生就业前缺少培训环节、缺乏就业技能的问题。绿色证书培训被列入了政府的工作职能范围,以项目的形式实施,设立了专门机构,配备了专门人员,安排了专项经费。普通高中学生参加绿色证书培训是不用缴纳任何费用的,培训经费由阿尔伯塔省政府负责;整个绿证培训工作是以能力为核心的,学生通过绿证考核后,不但可得到 16 个以上的学分,而且可增加农业生产的经验和技能,为高中毕业后的就业奠定基础。[①]在关注教育均衡发展的过程中,政府对农村地区家长及学生的教育选择权的尊

---

① 刘平.加拿大阿尔伯塔省的绿色证书培训[J].中国农技推广,1999(5):14—15.

重及关注可见一斑。

二、增加农村教育经费投入,建立充分的教育经费保障机制

(一)扩大教育经费来源,多渠道筹措教育经费

加拿大教育预算管理体制与其教育管理体制相一致。其教育管理实行以省政府管理为主的体制,省以下由地区教育局和学校理事会在省教育部直接领导下配合管理。联邦政府没有教育管理专门机构。与此相适应,其教育财政的提供和预算安排也以省政府为主。19世纪末期,加拿大中小学教育经费绝大多数靠省政府税收支出,只有少量办学经费由学校创收解决,学校可以通过办企业,如学校食堂、小卖部,以及家长、社会捐助等方式获得建校资金。政府根据教育发展的需要,结合公民的承受能力,确定有关教育的税收政策。由于各省财政、教育状况有所不同,因此,各省之间教育财政资金也不平衡。有的省中小学生均经费每年达到近2万加元,有的生均经费仅有4000—5000加元。省财政预算资金的安排主要是日常经费和专项经费以及基建经费三大块。日常经费主要用于学校教育教学活动、维持学校正常运转的相关开支,主要包括教师工资、仪器设备、图书资料、教师培训等等。专项经费主要是指各种特殊项目的支出,如残障生经费、第二语言经费等,各学校根据其具体情况有所不同。以上日常经费和专项经费的安排和预算,各省都制定有详细的标准,然后主要根据学校的学生人数分别进行公式化的测算,以学生人头为重要依据拨款。基建经费作为特殊的大项目开支,根据学校校舍的不同需要,由学校及地区教育局单项申报,省教育部单项审批。[1]

进入21世纪,加拿大各级政府颁布了各项优惠政策,吸引民间投资,积极扩大教育资金的来源渠道。例如,政府鼓励私人及社会各方面对教育进行捐助,为捐助者提供税收上的优惠;一些省区甚至为能够吸引到社会捐赠的学校,提供同等数额的配套资金。同时,一些省区政府还继续执行对一些校办企业的优惠税收政策。几乎所有省区的中小学校办企业都只需要缴纳部分联邦税,而不用缴纳地方税,校企的盈余也可以作为办学经费。对于一些贫困学生,加拿大政府制定并实施了一系列教育税收优惠政策和补贴计划,鼓励家庭增加基础教育投入。例如,加拿大联邦政府于20世纪60年代开展的"注册教育储蓄计划"(Registered Education Savings Plan 简称 RESP)免除了家庭教育储蓄的利

---

[1] 徐金龙,等.加拿大教育资金的来源及其使用和管理[J].基础教育参考,2003(12):3—6.

息税,鼓励父母为18岁以下的子女进行教育储蓄,引导家庭进行更多的教育投资。此外,为了满足学生不同的需求,对于一些选择私立学校的学生,政府也同样给予资助,加拿大各省政府都有明确的私立学校经费支持政策及计划,为私立中小学提供35%到50%的经费支持。总体而言,加拿大各级政府多元化的教育经费筹措方式,为城乡基础教育提供了充足的经费保障。

(二)加强教育经费管理,提高资金使用效益

加拿大重视教育投入,提倡全民教育,提供免费教育,重视制度管理,教育信息公开透明。加拿大各级政府按照联邦及地区法规,制定了较为细化的教育经费管理及使用准则,并在教育经费的预算、划拨、审批、管理过程中,遵守联邦宏观引导、省政府自主管理、多主体参与监督的原则,保障了教育经费的使用落到实处。在加拿大,各级政府不是教育经费管理的唯一主体,学校理事局、校委会、家委会等社会群体都是教育经费管理的参与者。加拿大各省区教育局都下设学校理事会,由教育局任命的具有社会影响力的人士组成,为地方政府各项教育政策的制定、执行提供咨询,同时监督学区及学校的各项管理工作。学区及学校教育经费的使用情况也受到该组织的监督,学校理事会对学区教育经费的使用给予建议,为学区提出一些改进预算管理的指导性意见,同时也监督学校各类教育经费的使用。学区教育局有权对出现赤字的学校进行调查处理,对于教育经费使用不当、财务管理不善的学校,教育局有权在下一年度教育经费的预算中减少对该校的经费拨款。对于学生人数太少、生均经费入不敷出的薄弱学校,学区教育局会在学校理事会的指导下,对这类学校进行整改,将其并入同一学区的其他学校或是撤销。但对于一些农村偏远地区的小学校,因为其存在的必要性,联邦政府和各省区政府都会根据相应的法规及优先发展计划,在教育经费划拨上予以政策性倾斜。通过这样的教育经费管理方式,城乡基础教育经费都能得到有效使用。

以安大略省多伦多市为例,多伦多公立学校教育局是该市最大的公立教育局,2010—2011学年管辖中小学592所(其中100所高中),学生26万人。学区教育理事会由22名理事组成,代表选民管理教育。学区教育局局长由理事会聘任,再由教育局聘用校长管理学校并实行校长负责制。教育局根据学校布点,将市区划分为24个学区,每个学区约10—25所学校。教育局负责管理区内学校的财政,设立学校财政预算方案,交由选民表决通过。2012年,安大略省政府面临财政赤字,不得不削减了对多伦多公立学校教育局的经费投入,多伦多公立学校教育局据此制定了两轮教育经费削减方案,包括降低学校行政管理

费用,减少一些无效的教师发展经费,关闭学校空置的教室、经营不善的学校餐厅,减少学校维修经费等。最后,这一教育经费缩减方案得以顺利通过,尽管学区教育经费缩减了 1.09 亿加元,学区多数学校仍然获得了基本的教育经费。正是由于该省严格的经费管理模式,使得教育经费流向了最需要的地方,避免了教育经费的滥用,才让该省公立中小学在教育经费紧缺的情况下,仍然能够正常运行。

(三)设立目标专款专项,保障弱势群体教育

在严格的教育经费拨款制度下,为保障农村地区及薄弱学校获得更多的教育支持,加拿大联邦政府及省政府设立了各类目标专款,向特殊教育、贫困人口、边远地区重点倾斜。这类目标专款体现了加拿大政府保障教育公平性的责任,具有明显的方向性特点。为弥补城乡教育差异,联邦及各省提供的目标专款主要有以下几类:贫困地区义务教育补贴专款、土著人教育专款、双语教育专款、社区教育均衡拨款等。

以安大略省为例,省政府的教育拨款包括基本拨款和目标拨款两类。目标拨款涵盖的项目包括:幼儿园与小学低幼拨款、特殊教育拨款、语言教育拨款、原住民额外拨款、偏远学校拨款、学习机会拨款、持续教育拨款、教师资历拨款、交通拨款、行政拨款、强化项目拨款、校舍拨款、债务拨款等,这些拨款都是为了平衡不同群体之间的教育成本而设立的。在这些教育拨款中,"偏远学校拨款"是为那些远离城市的偏远学区设立的,这些学区往往学校规模较小、校间距离远,行政开支较大;"农村偏远学校拨款"则专门拨给农村地区的学校委员会,用以满足学校委员会在管理地处偏僻小镇、规模极小的农村学校时所需的花费;"原住民额外拨款"针对原住民居住区学校开设有关原住民语言文化的课程,以及向原住民学生提供额外的帮助;在一些农村边远地区,学校还享受由于远距离接送学生而产生的"交通拨款";农村地区的贫困学生和移民学生同样享受"学习机会拨款"以及"语言教育拨款","学习机会拨款"主要提供给有大量贫困家庭学生和移民学生的学校委员会,省教育部根据加拿大统计局的低收入人口资料、家长低学历资料、单亲家庭资料和新移民资料决定向哪些学校委员会提供多少拨款;"语言教育拨款"则用于帮助母语非英语的移民学生。[①]

---

① 杜莉,袁莉莉,余显才,等.国外政府补贴教育的方式[J].科学发展,2009(4):93-102.

三、通过各类先导计划、特色项目实现农村地区教育发展

(一)"宽带加拿大:连接农村"计划(Broadband Canada:Connecting Rural Canadians)

2000年以前,加拿大的信息化建设存在着严重不均衡的现象。当时72%的加拿大家庭至少拥有1台计算机,90%的企业使用互联网,但同时一些农村和北部偏远地区对宽带服务还是可望而不可即。鉴于这种情况,加拿大政府决定把宽带建设当作一项战略方针来执行。2000年10月,加拿大政府制定了"让所有加拿大社区的居民和商业用户在2005年可以享受宽带网络服务"的目标。为了确保这个目标的实现,2001年1月,国家宽带特殊任务工作组成立,其主要职责是专为政府提出关于如何最好地完成信息化目标的可行性建议。同时提出,可行性方案的实施要在私营企业的带领下进行,受到各个方面的支持,并且费用应由政府和私营企业共同承担。为了实施工作组的建议,国家政府筹集了1.05亿美元创立了"农村和北部宽带发展计划"(Broadband for Rural and Northern Development),意在推动宽带在边远地区的发展。[1]

2002年9月加拿大联邦政府正式在加拿大农村及北部地区推行"农村和北部宽带发展计划",让部分农村和北部偏远地区居民及原住民有机会通过宽带网络享受到和城市社区同样的医疗和教育服务,并为这些地区创造经济发展机会。农村和北部宽带发展计划优先选择那些正在推广和应用先进技术或创新技术的地区,帮助这些入选地区制定宽带项目计划,并给予相应的资金资助。截至2005年,通过联邦政府、省政府、地区政府、私营企业共同提供的资金支持,该项目已经在超过880个农村及北部地区进行了宽带建设,其中包括超过100个以上的北部各省原住民社区。一些原住民首领大力赞扬这一项目为社区医疗及教育带来的变化,但同时也担心作为政府的试点项目,这一计划会缺乏持续的经费及技术人员支持,最终难以持续。[2] 事实上,在促进社会公平理念下,加拿大政府对各省网络连接持续的投入,可以保障偏远农村地区和原住民地区的信息网络建设不断发展。

2009年,加拿大政府推出了另一农村地区宽带连接项目——"宽带加拿大:

---

[1] 张姗姗.加拿大农村宽带发展计划实施进展[J].世界电信,2006(8):13-16.
[2] Tehaliwaskenhas,Bob Kennedy,Oneida. Turtle Island Native Network News briefs for March 2005. http://www.turtleisland.org/discussion/viewtopic.php? p=5539

连接农村"计划,计划在 2009—2010 年间,提高全国的宽带覆盖率,使尽可能多的非宽带接入家庭和上网速率低的家庭能够获得宽带接入设施。该计划为偏远地区和农村地区的加拿大人提供了关键性的基础设施,让他们有机会通过获得原来接触不到的数据、服务和机会来参与到网络经济中。"宽带加拿大:连接农村"计划的法律依据是《工业部法案》(Department Industry of Act),以补贴的方式为接受者提供财政资助。具体而言,一旦所提出的宽带安装计划获得批准,申请人即有资格申请宽带安装总成本 50%的援助。对于"原住民",若没有其他资金资源可用,则所提供联邦资金可高达 100%。计划规定,每份协议或每个地理服务区获得的总资助不得超过 5000 万加元。该计划项下合格的补贴接受者为法人机构,包括私人公司或联营企业、地区的公有企业以及非营利组织,前提是机构设立在加拿大并进行基础设施的建设和经营,且符合一系列评估标准。[1]

2010 年,"宽带加拿大:连接农村"计划支持下的 52 个建设工程为加拿大 9 个省区的 16.9 万户农村家庭提供了宽带连接服务,进一步提高了农村及偏远地区的信息化程度。[2] 2011 年,加拿大广播电视和电信委员会(Canadian Radio Television & Telecommunications Commission, CRTC)发布了新的国家宽带计划,力求在 2015 年为加拿大全体国民提供速度不低于 5Mbps 的宽带接入,无线技术的进步和卫星宽带服务的启动将为农村地区提供速率更高的宽带接入。

"宽带加拿大:连接农村"计划试图通过提高宽带覆盖率和平均带宽水平,提升农村或非发达区域的信息获取水平,缩小国内地区间发展差异。这意味着获得宽带连接服务的个人、家庭和企业能够享受到重要的经济和社会权益,包括电子医疗、商业机会和远程教育等。从长远意义来看,宽带普及将推动经济发展、刺激创新并改善加拿大全国数百个社区居民的生活质量。

(二)E-learning 教学模式推广

加拿大政府不断加强农村地区信息化建设,使信息化教学在农村及边远地区成为可能。在过去的十年间,加拿大农村学校广泛应用 E-learning 模式,将该模式与传统课堂教学有机结合,促进了农村教育的发展。其中,取得显著成效的当属加拿大纽芬兰与拉布拉多省的农村小规模学校。纽芬兰农村偏远地区的适龄学生人数逐年减少,学校规模也随之减小,地处偏远的农村小规模学

---

[1] 黄东黎.世界贸易组织补贴规则的条约解释[M].北京:法律出版社,2010:100-120.
[2] 刘林森.国家宽带:经济复兴最重要的战略[J].信息化建设,2010(9):53-54.

校一直难以给少数族裔学生提供系统的教学指导,特别是科学和外语课程的教学效果很差。引入 E-learning 模式后,这些学校在特定时段通过网上教学,保证并提高了教学质量。近年来,很多小规模学校已经将 E-learning 模式与传统教学模式有机融合,这对提高偏远地区农村教育质量和扩大教育公平发挥了重要作用。

偏远农村小规模学校的学生运用互联网享受到优质教育资源。教育资源相对分散,这在农村地区最为明显。纽芬兰与拉布拉多省农村小规模学校对 E-learning 模式的探索促进了学区之间的联系,课堂在网上组织起来,形成了远程教育背景下的虚拟课堂。比如在 8 个学区间建立网上课堂,聘请优秀的教师分别讲授生物、化学、数学和物理等课程,8 个学区的学生在这种开放式课堂中均能享受到优质课程。信息在各学区之间同步传递为偏远农村地区的学生拓宽了教育资源,也间接地为他们今后走向社会提供了一些必备的知识。从入学的便利程度来看,E-learning 模式使偏远农村的学生不再担心需要长途跋涉去中心学校上学,他们可以在本村的小规模学校利用网络进行学习。开放式的学习方式提高了农村学生的自主性和自信心,他们逐渐学会了利用视频、电话等设备与其他学校的老师和学生进行沟通。熟练学习之后,学生们可以自己独立地与外校的老师进行交流,也可以自信地面对很多社会性情境。

(三)安大略省"平等及包容教育策略"(Equality and Inclusive Strategy)及诺瓦斯科舍省"学校教育辅助计划"(SchoolsPlus program)

2009 年,安大略省推出在加拿大备受赞誉的"平等及包容教育策略",致力于解决公立学校体系中存在的种族主义、宗教歧视、性别歧视、网络欺凌等一系列问题,为学生创造平等、包容及多元化的学习环境。这一政策认为,教育中的公平是指所有人都能享受到公平、包容及尊重,教育平等并不意味着不考虑个体差异而给予同等的对待,而是在接受及包容所有学生的原则下,对课程、教育环境进行改革,以实现学生在多元环境下的自我成长。该省教育部号召学区、学校、家长共同参与这项改革,尤其强调家长对学生成绩提高的作用,2010 年,该省通过立法正式认可家长委员会作为学校教育的重要合作伙伴和参与者。在战略实施过程中,安省教育部负责对学区提供指导、支持和指引,学区委员会监督每所学校制定和实施相关政策,促进平等、积极、安全的学校氛围建设,各学区所在社区合作机构通过为学校提供资源,为教师提供专业发展机会来支持学区及学校的政策实施。教育部及学区委员会通过共享网站将各校取得的经验及成果进行分享交流,相互学习,促进政策落实到学校的每一个环节。

目前,通过颁布一系列法案,安大略省已经将平等及包容的教育策略贯彻到了该省下属的每一所中小学,在各级教育部门的政策、计划及实践中都有所体现。2012年,安大略省进一步对该省教育法案做出修订,公布了第13号法案《接受同校法》(Bill 13,the Accepting School Act)及14号法案《反欺凌法案》(Bill 14,the Anti-Bullying Act),在这两项法案的推动下,安大略省有关部门积极参与教育改革,学区及下属学校对学生的社会背景及宗教信仰持更加包容的态度,通过开设特色课程、开展社团活动,培养学生以更加宽容的态度对待身边的同学,为不同背景的学生创造了更加平等、宽容、积极的学习环境。

和安大略省一样,诺瓦斯科舍省也积极开展与政府各部门之间的相互协作,为学生创造更加公平的学习环境。2011年,该省开展的"学校教育辅助计划"(SchoolsPlus program),以学校为中心,号召专业人士为弱势群体学生及家长服务,为学生提供心理辅导及心理危机干预、课后学业辅导、性健康教育等,同时在学校建立家校联系中心,引导父母为学生提供必要的家庭支持,为一些贫困家庭及弱势群体设计有效的家校合作模式,促进学生成长。政府在项目实施学区成立由各个职能部门,如法律、教育、卫生等代表组成的"区域咨询委员会",评估学区面临的各种困境,并根据学区实际,提出有效的改革方案。在实际操作中,学区利用政府拨款,在一些学校进行试点,吸引学区及家长对学校面临的各种问题的关注,成立独立的联络机构,帮助学校和社区其他机构进行交流,并最终获得这些机构对学生和家长的支持。2015年"学校教育辅助计划"扩大到该省每个学区,让该省所有公立中小学学生都有机会获得所需的额外支持,特别是贫困及新移民家庭学生在这一项目的支持下,获得了和其他学生同样的发展机会。

四、重视为农村地区提供高质量的师资

(一)完善的教师入职保障体系

加拿大在教师选拔、教师培养、教师评估等方面都有其独到之处。为了保障教师质量,加拿大各省政府制定了严格的教师准入标准,同时颁布了各类教师专业标准,规范教师专业行为,为教师专业成长提供指导。加拿大中小学教师都需要具备大学本科及以上的学历,或者具备国外同等学历水平,在此基础上,再到各省指定的教育学院等教师培养机构进行一到两年的师范专门教育,合格者才有机会申请省内的教师资格证;或者选择一些高校开设的教育专业,

从本科开始学习教育类课程,毕业后通过相应的教师资格证考试,才能最终获得入职资格,修读这类课程往往需要 4—5 年。加拿大多数省区都对教师资格证书进行分级,刚从教师培养机构毕业的职前教师只能获得初级职业资格证书,如果还想获得更高级别的资格证书,就还需要到所在省区指定的教师培养机构,通常是大学教育学院,完成指定的课程学习,才能获得高一级的教师资格证书。在教师入职后,各省教师专业评估机构会根据教师所处的职业阶段,根据不同的专业标准,成立专业的第三方评估机构,遵循严格的评估程序,对教师工作进行绩效评估,以此进行教师评级。

各省教师实行聘任制,各校根据需要确定每学年需要的学科教师数量,由校长选择,教育局聘任。每个学校由于科目调整,未能得到续聘的教师由地区教育局统一集中,再在当地学区合理分配。被其他学校聘任的教师,教育局会进行转校安排,未能获得职位的教师,会暂时失业,或到别的地区教育局应聘。教师的报酬按照教师的素质及经验而定,城乡教师享受同等待遇。

以安大略省为例,该省教师培养和教师专业发展有规范的框架和运行机制,安大略省教师学院(Ontario College of Teachers,OCT)是主管教师培养、教师资格认证、教师专业评估的第三方机构。教师只有经过安大略省教师学院的资格认证,成为教师学院的注册会员后,才能到安大略省的公立学校求职、任教。从 2000 年开始,安省教师教育学院就开始制定教师专业标准,到目前为止,形成了《教师专业实践标准》(*Standards of Practice*)《教师专业道德标准》(*Ethical Standards*)《教师专业学习框架》(*Professional Learning Framework*)等专业文件,引导职前教师培养及职后教师专业发展。安省教师学院指定的教师培养机构根据上述标准设置各类教师培养课程,并交由学院审核通过,才能开展教师培养。换言之,教师学院对省内各高校开展的教师培养项目有审核及监督的权利及义务。该省教师学院同样关注新教师及有经验教师的职后发展,为确保学生能够享受优质教师的学校教育,同时公正、有效地评价教师的工作,促进教师专业成长,该省教师学院从 2002 年开始建立教师绩效评价制度(Teacher Performance Appraisal),设置了包括 5 个领域、16 项能力指标、165 个观测点的详细评估标准,对新教师及有经验教师的技能、知识和态度进行评估。[1] 学区管理者、学校校长、行政人员共同对教师的评估负责,新任教师在入职的第一年会接受两次评估,此后每两年需要接受一次评估,有经验的教师

---

[1] Ontario Ministry of Education. Teacher Performance Appraisal:Technical Requirements Manual 2010. Queen' Printer for Ontario. 2010,20.

每五年需要接受一次评估。评估不是对教师工作简单的评价,而是为教师的专业发展指出了明确、可行的道路,并予以相应的支持,不断推动教师专业发展。自加拿大安大略省经验型教师绩效评估体系实施以来,该省教师队伍的质量得到大大提升。由此可见,安省高质量的教师队伍建设离不开教师专业成长过程中每一个阶段高质量的绩效评估。

为解决加拿大农村地区及原住民聚居地教师短缺的问题,加拿大政府从职前教师培养阶段开始,就有针对性地开设了各类农村师资培养项目及原住民教师培养项目。这些项目围绕农村学生及少数族裔学生的独特需求及能力特点为职前教师培养设计课程,重视教师在农村地区的教学实践体验,要求教师要善于与家长及社区建立密切合作关系,为学生提供包括传统公立学校课程及地方性课程在内的综合性课程,关注学生的全面发展。从20世纪90年代开始,加拿大不列颠哥伦比亚省就在维多利亚大学主导下,和当地社区大学、政府机构共同协作,有针对性地开展教师培训,为加拿大不列颠哥伦比亚省东库特尼区乡村学区培养小学教师,使该学区的教师具备教师资格,能够为所在地区小学服务,2000年一项调查显示,该课程培养了200多名教师,为加拿大不列颠哥伦比亚省西南部偏远学区教师队伍建设提供了重要支撑。[1]

(二)为农村新入职教师提供全方位援助

近年来,北美学界逐渐意识到教师入职前五年对其是否能继续留在教师岗位上显得至关重要。[2] 很多新教师在入职前5年面对巨大的工作压力,如果没能获得有效的支持,很可能就会放弃教师职业。2008—2013年,阿尔伯塔省教师协会开展的一项长达5年的调查显示,有三分之一的新教师预计在他们工作的头5年就会离开教师这个岗位,25%的受访者承认他们在5年后"肯定"会离开,35%的人认为他们"可能"会离开。[3] 虽然受访教师提供的离职原因主要包括家庭原因、外出游历或者继续深造等,但更深层次的原因却源于社区和学校未能为新教师提供足够的支持,未能给予打算离职的教师足够的信心继续留在

---

[1] 2012 BC Education Facts. British Columbia Teachers' Federation[OL]. http://bctf.ca/uploadedFiles/Public/Publications/2012 EdFacts.pdf.

[2] Rod Paige, & Joseph A. Esposito. Attracting, Developing and Retaining Effective Teachers: Background report for the United States[R]. The United States Department of Education, 2004.

[3] The Alberta Teachers' Association. Teaching in the Early Years of Practice: A Five-Year Longitudinal Study. An ATA Research update. 2013, June.

教师岗位。

因此，面对越来越高的新教师离职率，加拿大各省更加关注新教师入职指导，在越来越多的农村社区的协同努力下，学校和努力帮助农村新教师克服孤独感及疏离感，邀请新教师参与社区活动，让新教师有更多的机会接触社区文化，在获得社区安全感的基础上，发展自己的专业能力。诺瓦斯科舍省专门成立了调查组，研究影响教师培养质量的因素。2007年，该小组发布报告，从农村新教师入职需求、支持模式等方面为省内农村学区及学校提出建议。2006年，一套全新的"新教师入职指导计划"（the New Teacher Induction Program）开始在安大略省的各学区推行。该计划包含了新教师在接受入职指导过程中需要完成的内容、各管理部门及责任主体需要提供的支持、具体操作程序以及最后的评价体系。在安大略省教育部和教师学院共同推动下，新教师入职指导计划在保证提供标准化入职指导的同时充分考虑了不同学区的需求，给予了学区相当的自由度。考虑到学区间社会文化、种族团体、发展水平等方面都有差异，这一计划没有对标准进行详细的设定，各学区可以根据各自的实际情况对新教师需要满足的标准进行调整，从而在实施新教师入职指导的时候，既保证了标准化，又满足了个性化。[①] 安大略省农村学区在这一计划中收获颇多，在新教师评估过程中，学区、学校、老教师和新教师之间建立了亲密的关系，学校利用政府给予的拨款和社区资源让新教师充分了解社区教学环境，不断提升专业能力，并增强了新教师留在学区任教的信心。在一些省区，愿意到偏远农村地区工作的大学毕业生可以获得许多政府特殊政策的支持。"不列颠哥伦比亚省贷款免除项目"对愿意到偏远农村地区担任紧缺学科教师的教师培养项目毕业生免除学业贷款，在吸引更多学科教师、特殊教育教师等到乡村任教的同时，也缓解了这些教师在入职初期的经济负担。

由于多数农村学区远离大学等教育研究机构，新教师在职后发展中难以从这些机构中获得直接的支持，宽带网络、远程教育成为农村学区新教师专业发展的主要途径。安大略省、阿尔伯塔省、不列颠哥伦比亚省等都建立了专门的拨款机制，政府出资建设宽带网络，保障偏远及农村地区在网络技术条件、资金配套方面与城市一致。安大略省教育部开设专门网站，通过互联网的方式培训偏远地区的教师。阿尔伯塔省教育部同时为发达地区和偏远地区学校提供连

---

① Ontario Ministry of Education. Compilation of Professional Development Core Content to Support the New Teacher Induction Program（NTIP）A Resource for Board NTIP Teams, September 2008.

接"超级网络"(Super Net)的费用,使城市与农村学校享用相同的带宽,确保全省学区之间全部实现网络视频会议系统的连接,为偏远地区的教师与学生建设了灵活的个别化学习环境。各省教师培养机构为偏远农村学区提供的职后培训方式也极为灵活,既有仅以远程教育的方式开展的教师职后培训,也有包括面授方式结合远程教育方式开展的培训。在加拿大一些省区,政府部门和一些社会机构的门户网站也成为教师培训的重要阵地。例如加拿大三大电信公司之一的TELUS电信公司从上世纪末就开始致力于开发提高公立教育质量和教师职业水平的项目,到21世纪初,已经建设了包括幼儿教育、青少年教育、家庭教育等不同类型的各类网站,为教师提供了交流的机会,新教师可以通过这些网站,获得所需的教学资源,同时向有经验的教师请教。家长和学生也可以通过这些网站发表他们对学校教育的看法,促进新教师及有经验的教师反思自己的教育实践,不断提升自身的专业能力。

2014年3月,在新西兰惠灵顿市举行的第四届教师专业国际峰会(The fourth International Summit on the Teaching Profession,ISTP)上,加拿大代表团围绕着大会三大主题——如何吸引高质量教师及学校管理者到最薄弱的学校,如何在教育管理权越来越归于地方化的情况下运用政策杠杆实现教育公平,如何为贫穷儿童及弱势群体创造有效的学习环境,介绍了加拿大的经验。与会代表指出,不仅要通过提高偏远农村地区教师收入及待遇来吸引教师留在乡村地区及薄弱学校,还要让教师获得更多的认同与支持,特别是持续的专业发展,让教师成为终身学习者,建立相互支持的学习型社区,推动农村地区教师交流及互助,这样才能真正为农村地区薄弱学校提供充足的师资。

五、加强特殊群体教育研究,提升地区教育水平

多年来,加拿大教育界非常关注新移民及少数族裔子女的教育问题,从不同的角度关注少数族裔子女成绩相对落后的缘由,并为政府及学界提供改善少数族裔学生学习状况的各种建议。加拿大学者非常关注加拿大印第安人的教育问题,不仅总结了加拿大各届政府对印第安人采取的教育政策的演变历程,还从现实出发,关注新一代印第安人的教育问题。尽管近30年来,印第安人在政治、经济和社会地位上有了不少改善,但与主流社会相比仍然存在很大差距,他们大多生活在加拿大国内600多块印第安保留地中,这些保留地地理位置偏远,远离城镇,求学与就业机会少。2012年,全加拿大仍有40个保留地没有中小学校;相比加拿大全国87%的高中毕业率,印第安青少年的高中毕业率不到

40%。2014年4月,加拿大联邦政府推出《第一民族控制第一民族教育法案》(First Nation Control First Nation Education Act),提出在3年里,联邦政府将向保留地学校增加12.5亿加元拨款,用以提高学校教育质量。[①] 联邦政府要求这些学校达到国家标准并接受政府测评,才能获得持续的拨款。在这样的背景下,加拿大国内学者展开了新一轮的研究热潮,关注原住民学校教学质量提升。和以往仅关注数据收集的量化研究不同,更多学者倾向于运用批判民族志等研究方法,深入原住民居住地,和当地的学生、教师、家长长期相处,进行观察与访谈,真正了解学生成绩落后的缘由,从而为政策制定者提供有效的研究结果。

21世纪以来,这样的研究方式被认为能够有效解决少数族裔教育问题,因而被用在很多类似研究中。以另一项有关非裔学生的研究为例,在多伦多公立学区,非裔和墨西哥裔学生的学习成绩通常低于其他族裔学生的成绩,高中辍学率明显高于其他族裔。多年来教育界认为造成非裔学生辍学的主要原因有早孕、吸毒、家庭问题等。为了深入研究这一教育难题,一些学者运用批判民族志的研究方法,深入多伦多地区,对某学区的非裔学生、其他族裔学生、学生家长以及社区工作者进行了长达三年的观察与访谈,探寻非裔学生无心向学的社会因素以及学校因素。他们研究发现非裔学生的辍学问题不仅是以往学者认为的表面原因,更多涉及种族、阶级、性别等其他社会因素,这一研究更深入地挖掘了造成非裔学生辍学的原因,并基于研究发现为教师、学校管理层和非裔社区提出了行动建议。

第四节 加拿大城乡教育均衡发展的特点与启示

加拿大基础教育的发展历程就是其不断实现均衡化的过程。自加拿大建国以来,学区之间、群体之间、种族之间、城乡学校之间就存在着各种非均衡的问题。加拿大联邦政府、各省政府、地方政府及各种社会力量在解决这些问题的过程中积累的经验值得我们借鉴。

首先,加拿大在统筹城乡均衡发展的历程中善于借鉴欧美其他国家的先进经验,同时结合本国实际,进行改造、创新,最终形成适合本国教育实际的改革

[①] Government of Canada. . Bill C—33:First Nations Control of First Nations Education Act, April 10, 2014. http://www. parl. gc. ca/HousePublications/Publication. aspx? Language=E&Mode=1&DocId=6532106

策略与模式。加拿大曾为英法殖民地的历史背景以及地处北美的地理位置决定了加拿大的各项教育改革都会受到欧美国家教育理念与实践的影响。但是，加拿大各届政府及主流社会并没有盲从欧美国家的教育模式，而是在学习中创新，将别国经验和本国的教育实际相结合，不断创新。在19世纪40年代前，加拿大各省中小学分级制度混乱，在教材选择上也没有统一的管理，各学区委员会、中小学、教师都有权选择教材，导致中小学教材没有统一标准，质量参差不齐。一些省区大量借鉴美国出版的教材，不仅价格昂贵，使得很多农村学校负担不起，还在使用过程中发现有大量内容并不符合加拿大教育实际。当时西加拿大教育主管莱尔森借鉴了法国和德国的经验，首先在西加拿大建立了分级学校制度，为每个年级制定了清晰明了的教学目标，便于教师管理，同时还引进了具有欧洲传统的外国教材进行再版改编。莱尔森的做法不仅获得了当时英国统治者的支持，还因为改编的教材价格低廉，让多数学生都有能力购买。莱尔森在加拿大成功实施的一系列教育改革离不开他对欧美多个国家长达14个月的学习与调研。加拿大一些省区也因为紧邻美国，在遇到和美国相同的教育困境时，善于从美国吸收成功的教育经验。阿尔伯塔省南部紧临美国，在20世纪80年代美国择校运动如火如荼地开展时，该省借鉴美国为城市弱势群体及乡村薄弱学校开设"特许学校"这一新型办学模式，推动省内教育公平的实现，而加拿大多数省区并没有效仿这一做法，而是根据自己的发展实际，采用了其他模式来实现对弱势群体的教育补偿。中国作为发展中的大国，东西省区在教育均衡发展上遇到的问题有极大差异，在借鉴他人发展经验时应当考虑各自实际，才能真正做到取长补短。

其次，加拿大在推进城乡基础教育均衡发展的进程中，非常重视教育立法，强调依法治理。从19世纪初开始，加拿大联邦政府就不断通过各类立法，强化政府管理职能，发挥政府促进社会公平与民主的责任。《1846年公共学校法》《1850年法案》《1871年法案》等一系列法案不仅推动了加拿大公共教育体系的建立，还促进了城乡间基础教育的均衡发展。1867年《英属北美法案》对加拿大联邦政府、各省政府在基础教育体系中肩负的责任做出了明确的阐述；1982年《权利与自由宪章》(*Charter of Rights and Freedoms*)和1988年《多元文化法案》(*Multiculturalism Act*)将少数族裔教育问题提上议事日程。这些法案成为加拿大政府推进城乡基础教育均衡发展的重要保障，各级政府在基础教育改革中各司其职，互相监督，确保了这些法案的落实与执行。正如19世纪加拿大著名教育家莱尔森认为政府的职责不仅仅是制定相关法律条文，它同时还必须确保这些法律条文的落实与执行。① 他还一再强调教育管理的重要性要远远大于教育立法,人民的教育多数取决于管理有效与否,而不仅仅是那些与公共教育有关的法律条款。② 当前我国城乡基础教育改革不仅需要进一步加强教育法规建设,制定并推广与促进公平相关的公共教育政策,加大对公共教育事业的支持力度和重视程度,更重要的是要在教育法律法规的执行过程中落实每一个环节,以此实现城乡间教育机会的公平。

再次,加拿大政府重视城乡基础教育经费投入,加拿大是世界上教育经费最高的国家之一。2001年加拿大公共教育经费占国内生产总值的5.2%,2006年公共教育经费在国内生产总值的比例升至6.1%,2014年教育经费投入已经高达7.1%,加拿大在城乡基础教育经费上的高投入显示出政府对教育事业的支持能力与重视程度。

最后,加拿大政府在推动城乡基础教育均衡发展的过程中,不断探索多样化的公共教育提供方式,同时建立了完善的公共教育监管体系。为了避免联邦政府对国家教育过多的干预,加拿大政府在对教育的干预过程中,本着开放、多元的精神安排教育内容、配置教育机会、确立评价体系。加拿大各级政府通过健全法律法规,在鼓励学区和学校自主办学的同时,保障家长和社会对公共教育服务提供方式及其质量的知情权与监督权,建立了多层次的现代教育监管体系。从20世纪初开始,加拿大多数省份的农村学区就在联邦政府政策和经费支持下,在公立学校中开展了不同形式的农业教育,对于这些农业教育效果的评估则由当地教育委员会负责。各地教育委员会的成员由学区社会人士、教育利益相关者、家长组成,负责当地的教育拨款使用、学校管理、教师资格认证、教材管制以及向省教育主管递交年度地区教育发展报告等事务。借鉴加拿大对城乡基础教育的管理经验,我国应当理顺政府、学校与社会的关系;根据我国国情,把灵活自主的市场竞争机制引入到基础教育改革中,探索多样化的城乡基础教育提供方式。国家可以通过发展自主经营的民办学校、公立学校的国有民营等形式来探索多样化的办学模式。政府应当在保持基础教育公立学校公立特性的基础上,积极鼓励支持民办教育的发展,以有效的指导和监督来管理基

---

① Egerton Ryerson. Report on a system of Public Elementary Instruction for Upper Canada, 1846. in J. George Hodgins, Documentary History of Education in Upper Canada, vol. 6 (1846). Toronto: Warwick Bros. & Rutter,1899,P74.
② Susan E. Houston and Alison Prentice, Schooling and Scholars in Nineteenth-Century Ontario. Toronto,Canada: University of Toronto Press,1988,p115.

础教育,从而保证政府对基础教育的监督权。同时,政府应当提高教育监管机构的监管水平,加强教育审计部门、公众等对基础教育体系的监督,改革教育评价体系,拓宽教育评估渠道,为城乡中小学发展提供有效的信息反馈,从而有效推进城乡基础教育均衡发展。

第三章　法国统筹城乡教育均衡发展研究

法国是欧洲西部的老牌资本主义发达国家。同欧洲其他国家相似,文艺复兴以前,法国的教育权被贵族、资产阶级所垄断,平民没有接受正规教育的机会。文艺复兴运动是资产阶级思想意识的初步唤醒,重"人"抑"神",推崇人的理性与尊严,反对封建统治与贵族专权,在此背景下,法国基础教育的世俗化与普及性出现。受资产阶级启蒙运动的影响,18世纪法国爆发了资产阶级大革命,彻底推翻了封建专制统治,并在此基础上确立了中央集权式的教育管理体制,先后出台了《初等教育法》《费里教育法》等一系列教育法案,初步建立了世俗化、免费性与强制性相结合的法国义务教育制度。然而,在很长一段时间内,法国的基础教育依然存在着很强的等级性,教育机会严重不平等。随着基础教育普及化程度的不断提高,在社会民主化思潮的影响下,法国从19世纪末20世纪初就围绕如何实现教育机会均等,使每个儿童获得均等的教育机会,接受高质量的教育等问题进行了长期探索,并在不同的历史时期,针对不同的问题采取了一系列的政策措施。

第一节　法国城乡教育均衡发展的历史进程

一、"二战"之前:教育均衡的雏形——双轨制下对教育均衡的探索

19世纪末期,在教育部长费里等人的努力下,法国的义务教育在"免费性、世俗化、义务性"等原则指导下获得了很快发展,并在初等教育阶段实行了免费教育,对基础教育进行了一系列教育改革,致力于消除因出生的偶然性带来的最明显的不平等,使富人和穷人坐在同一板凳上,实现最初的融合。但是并没有改变社会贫困阶层子弟受教育的状况,例如中学与小学不衔接,教育中存在着严格的选拔与淘汰机制,因而进入高等学校的只可能是富裕阶层子弟中的青年。

第一次世界大战以后,由一批进步的社会人士组成的"新大学联合会"倡导通过教育改革促进法国社会的发展。他们主张进一步提高义务教育的年限,废除双轨制,实施"统一学校"。"统一学校"主要是指三个方面:一是所有儿童在学校中接受相同的基础教育,这种教育既是义务的,也是免费的;二是初等教育与中等教育相互衔接;三是高等教育招收所有有天赋、有潜力的中学毕业生,而不考虑其家庭出身、父母的社会地位和职业。在此过程中,同时完成选拔的任务,但标准不是学生的家庭出身,而是学生的禀赋。[1] 在这一运动的影响下,法国政府于 1925 年开始了对小学"双轨制"的改革。其改革主要是通过统一小学教师标准和课程内容来体现的。法国政府规定:所有的小学教育机构从教人员必须具备相同的资格,考核执行相同的标准。所有的小学都必须遵循统一的教学大纲,实施统一的课程。统一学校要同时解决两个问题:民主教育和择优录取。

受资产阶级"民主、自由、平等、博爱"思想价值观念的影响,法国进行了诸多教育改革,教育平等的思想在一些教育政策和教育改革中初现出来,但是仍存在着严重的不足正如勃德罗和埃斯达伯莱在 1972 年出版的题为《法国资本主义的学校》中指出的,资本主义的生产方式把社会分成了两个阶级:资产阶级和无产阶级,它同样把学校体制一分为二,一类中高等教育,培养领导阶层,另一类初等和职业教育,培养劳动者阶层。学校的这两种职能,又产生了社会的不平等。[2] 可见,在双轨制教育体制下,教育制度总是为统治阶层服务的,其基本功能是为了维护资产阶级的统治,是社会文化的再生产。因此,在这种教育制度下,教育的平等只不过是资产阶级停留在口头上的一句空话。

二、"二战"结束至 20 世纪 80 年代,教育形式均衡——"消除阶层差异的教育均衡"

"二战"之后,法国在基础教育阶段仍存在着明显的等级性,劳动人民子女基本没有进一步升学的机会,为了消除教育中的等级性,法国政府于 1945 年取消了市立中学与国立中学附设的小学班,初等教育完全由公立小学实施,从而在法律层面实现了小学阶段学校的统一化,保障了不同阶层子弟小学升初中的机会平等,此举对于基础教育的均衡发展具有重大的历史意义。

1945 年,法国"教育改革委员会"先后在物理学家朗之万(P. Langevin)和儿

---

[1] 单中惠.外国素质教育政策研究[M].济南:山东教育出版社,2004:160.
[2] 张丽.二十世纪 50—80 年代法国初中等教育体制改革述论[J].史学月刊,1996(6):96.

童心理学家瓦隆（H. Wallon）的领导下开始研究并制定一项长远的、全国性的教改计划。该委员会于1947年向法国教育部提交了教育改革方案，史称"朗之万-瓦隆计划"，该计划批评了战前的法国教育与社会生活相脱节，受传统势力所支配等弊端，首次提出并确立了法国战后教育改革的两个基本原则，即公正的原则和定向的原则。计划把青年应接受的教育划分为两个阶段，第一阶段主要为6—18岁的学生提供免费的义务教育，第二阶段主要为18岁以后继续有能力接受教育的学生提供高等教育。第一阶段又具体划分为三个不同的时期。第一时期面向6—11岁的学生，实施无差别的教育；第二时期面向11—15岁的青少年，为定向指导阶段，学校根据不同学生的能力、禀赋与兴趣开设不同的课程，并指导其今后发展的方向；第三时期面向15—18岁的青少年，为职业定向教育阶段，学生分别进入理论科、职业科、技术科中的任意一科进行学习。通过不同阶段、不同时期的教育，最终都要使每个劳动者、每个公民处在最适合其可能性并且最有利于其成功的岗位上。[1] 然而由于法国社会的变动，"朗之万-瓦隆计划"并未付诸实施，但是它的基本思想，甚至一些具体要求却成为法国后来教育改革的基本依据。

1959年戴高乐政府在"朗之万-瓦隆计划"的基础上，重新制定并颁布了《教育改革法令》，主要围绕基础教育的结构进行了一系列改革，主要包括：（1）延长义务教育的年限，取消小学升初中的升学考试。即将义务教育从原来的6—14岁延长为6—16岁，实施十年义务教育。（2）调整基础教育结构，设立"观察指导阶段"。方案将义务教育划分为三个不同的阶段。第一阶段是为6—11岁的所有学生提供相同知识与技能的"初等教育阶段"；第二阶段是为11—13岁的学生提供的"观察阶段"，尽管学生学习的课程相同，但是通过对学生的能力与兴趣的观察，并给予升学与就业的指导，以决定其后两年的发展；第三阶段是为13—16岁的学生提供的"实科教育阶段"，学生经过"观察指导阶段"后，分别进入普通中学或者技术中学进行学习。戴高乐政府的教育改革使13岁以前的学生都能够接受相同的教育，在很大程度上消除了长期以来形成的等级制度，使义务教育趋向平等，并成为法国教育制度的法律基础，使法国教育在民主化进程中迈出了关键的一步。但是由于传统思想与各种偏见的影响，法案并没有得到有效的落实，"观察指导"往往流于形式，观察结束后绝大部分学生仍就读于其原来的学校。

1963年，为了解决"战后"人口出生高峰期带来的义务教育阶段学生人数剧

---

[1] 瞿葆奎.法国教育改革[M].北京：人民教育出版社，1994：75.

增,学生择校现象异常严峻等问题,法国政府于该年5月实施了"学校布局图制度",即规定学校的招生区域,确保学生依据家庭的居住地就近入学。"学校布局图制度"依然围绕着统一学校的问题,被认为是戴高乐政府教育改革的延续。同年,法国政府还效仿英国综合中学的做法,创办了"市立中等教育学校",力求将实施初中教育的各类机构统一起来,对不同的学生实施不同班级的教学,其中"长期班"主要进行普通文化教育,"短期班"主要进行职业教育,"过渡班"主要面向学习困难的学生,培养其谋生技能,从而将以往的校际分流转变为校内的课程分流。这种学校的创建是法国基础教育单轨制改革的重要环节,然而遗憾的是,尽管处在同一学校,学生间的交流并不理想。

尽管法国的基础教育历经多次改革,但是并没有从根本上改变教育体制僵化、教育思想保守、教育内容与社会实际生活脱节等弊端,为此,进入70年代,在世界发达国家教育改革的影响下,法国议会于1975年通过了《法国学校体制现代化的建议》法案,又称"哈比改革"。此次改革的目的主要在于"更好地保证机会均等;实施一种均衡的教育;承认技术与职业教育的价值;培养公民;建立学校共同体,并确定其责任"。[①] 改革强调,义务教育是免费的,每个儿童有权受到学校教育,学生的升学与留级不受严格的年龄限制,要采取措施尽可能使每个儿童按照其知识和能力水平接受不同类型和不同水平的教育;取消了各种类别的初级中学和市立中等教育学校的三类教学班,建立了完全统一的四年制综合性教育机构——初级中学。初级中学在为所有的学生提供完全相同的基础课程的同时,在初中后两年设置了具有职业特性的课程供学生选修,以决定学生在接受义务教育后的发展方向。通过哈比改革,法国在义务教育阶段最终实现了单轨制,从而摆脱了阶层与家庭出身对义务教育阶段的影响,是法国教育迈向民主化、现代化进程中的重要组成部分。但是法案在实施过程中,除公立教育学生家长联合会在其年会上表示了对哈比教育改革的部分赞同外,遭到了包括全国中小学教师工会和学生家长联合会在内的社会各界人士的反对,被指责存在使学生过早地职业化、加重了学生间的两极分化、降低了教育质量等弊端。

经过多年努力,通过诸多改革,法国在义务教育阶段最终实现了单轨制,从而在理论上消除了因出生和社会背景差异带来的教育的不平等,有效保障了不同阶层学生学习机会的均等,实现教育形式上的均衡。

---

① 瞿葆奎.法国教育改革[M].北京:人民教育出版社,1994:244.

三、20世纪80至90年代，教育条件均衡——以提高教育质量为核心，注重薄弱学校优先发展的区域教育均衡

"二战"后，经过40多年的努力，法国基本完成了基础学校的统一和义务教育的普及，基础教育结构日趋合理。但是由于受20世纪70年代石油危机的影响，社会经济不景气，失业率居高不下，社会两极分化加剧，在城市的近郊及其移民区，形成了许多新的贫民区。这些贫民区学生生源质量差，教育质量低下，学生学业失败、留级现象比较明显，社区之间教育不平等现象十分突出。

1981年，社会党上台后，即着手对教育进行全面改革。政府先后组织了一大批学者和专家对法国各级各类学校的现状和问题进行了调查研究，并提出了具体的改革措施和建议。如1983年公布的《为建立民主的初中而斗争》和《21世纪前夕的高中及其教育》报告，就是针对学生留级率高、基础知识掌握不牢固、定向选择过早、学生的出身和家庭情况对学生的就学产生严重影响等问题，从教学组织形式、教学内容、教学管理等方面提出了改进建议。在这些报告的基础上，20世纪80年代以来，法国基础教育改革的重心开始从关注学校外部的体制改革到关注学校内部的课程改革和教学改革，尽可能使每个学生都得到相应的学习与关照，以防止学生学业失败，尤其是关注贫困落后地区和薄弱学校教育质量的提高，确保每一个学生都能获得良好的教育。

与此同时，法国政府为了缩小不同社区之间的教育差距，于1981年制订了一项对处境不利社区的教育进行特别扶持的政策——"教育优先区"政策，即在一些贫困地区和学生学业失败率比较高的地区，采取增拨教育经费、增派教师、提高教师待遇、强化早期教育、实施个别化教学等措施，以保证教育质量的提高。90年代，法国政府继续实施这一政策，并将政策的范围从小学推广到各类中学，以期使处境最不利的学生的学业成绩得到提高。"教育优先区"的提出和实施，标志着人们对教育机会均等的认识与实践发生了重大变化，它承认必须把最大的努力放在需求最大的那部分人上，摒弃了传统的均等观念，信奉所有公民均等享受公共服务的原则，有效促进了基础教育的均衡发展。"教育优先区"的实施，也为世界各国基础教育的均衡发展提供了一个蓝本。但是，不可否认，教育均衡发展是一项历史任务，并且随着历史的发展而发展，法国也不例外，"教育优先区"的实施至少在短期内并没有彻底改变处境不利社区的教育状况，贫困地区学生的学业失败现象依然普遍。

1989年，法国议会通过了《教育方向指导法》。《教育方向指导法》指出，应

使每个人的受教育权得到保证,以便使他们的个性得到发展,使他们的起始教育和继续教育的程度有所提高……小学、初级中学、高级中学和高等教育结构均负责传授并使学生掌握知识和学习方法。① 1994年,法国教育部提出要因人而异地指导学生的学习和择业。

1997年,若斯潘(L. Jopin)担任法国政府总理期间,法国政府更加注重社会矛盾的缓和,提出了贯彻教育优先发展的原则,注重教育的平等,对处境不利的学校给予更多的支持。

法国20世纪八九十年代基础教育的发展遵循了"二战"以来实施的教育民主化、现代化的方针,从整体上看,这一时期法国左派政府的教育政策更强调教育平等,特别是争取学习成果的平等。但是,在经济文化背景差异较大的社会,获得这种平等是不现实的。②

四、21世纪初期至今,教育过程均衡——注重学生个性发展的教育均衡

20世纪80年代以来,法国基础教育取得了快速发展,教育环境得到较大改善,教育质量得到一定程度的提高。例如,小学入学率已达到100%,有95%的学生可以进入初中继续学习,获得高中毕业会考文凭的学生比重已由1980年的34%增长到2002年的69%。这一增长惠及社会各个阶层,特别是平民阶层的获益更大,在获得高中毕业会考文凭上的教育不平等已经缩小。但是差距依然悬殊……特别是平民子女获得的高中毕业会考文凭多数为技术类和职业类,其社会价值低于普通高中毕业会考文凭。③

面对诸多问题,法国政府于2003年组建了"学校未来全国讨论委员会",该委员会收集所有学校教育问题的思考和建议,并组织全国性的大讨论,在对学校教育问题进行大量调查研究的基础上,委员会于2004年向教育部提交了题为《为了全体学生成功》的报告。该报告提出了义务教育之后法国所有学生都应具备必不可少的共同基础,这种基础是知识、能力和行为准则的整体,包含着21世纪生活所必需的要素。法国政府在此报告的基础上,起草并颁布了《学校未来的导向与纲要法》。《学校未来的导向与纲要法》主要围绕建立"一个更公正的学校;可信任的学校;更有效率的学校;高质量的学校;更开放的学校;倾听

---

① 瞿葆奎.法国教育改革[M].北京:人民教育出版社,1994:651.
② 教育部国际合作与交流司.国外基础教育调研报告[M].北京:首都师范大学出版社,2001:55.
③ 王晓辉.法国新世纪教育改革目标:为了全体学生成功[J].比较教育研究,2006(5):23.

全国的学校"的原则来确定,并认为这是指导法国未来20年教育改革与发展的政策性文件。为了使全体学生成功,根据学校未来全国讨论委员会的建议,《学校未来的导向与纲要法》的附加报告确定了设立教育成功个人项目、增加奖学金学生数量、促进男女学生平等、改善残疾学生教育等促进教育平等的措施。[①]

为了缓和因"学校布局图"政策带来的社会阶层固化、教育分层加重等问题,法国政府于2007年逐步放松了对"学校布局图"政策的控制。同年,法国政府为了减少"教育优先区"学生学业失败现象,提出了"优质寄宿方案",即在郊区建设优质寄宿学校,为郊区学校里积极学习的学生提供寄宿名额,保障郊区学校有继续学习愿望的部分学生可以接受优质的教育,以促进学生学习机会的平等。

尽管历经了多次改革,但是法国城市中心和郊区的教育不公平现象依然严峻,贫困阶层学生的学业失败现象依然突出。尤其是在高中阶段,因此,为了实现"成功的高中是让每个学生都获得成功的高中"的教育目标,法国政府在2009年启动了"面向2010年的新高中"教育改革方案。方案以促进学生更好的定向、给予学生个性化的辅导、帮助学生更好地适应社会为目标。因此,"为了避免分科的偏颇,给学生更多选择的机会,更大程度上践行给学生更多公平机会的原则,改革方案为学生变换专业提供了各种便利条件。为了保障学生的个性化发展,让不同的学生得到适合自己的教育,改革方案提出学校根据学生的需要提供咨询、补习等服务。为了适应时代的发展,鼓励高中生与社会的接触,改革方案在外语、文化和责任感培养方面也提出相应措施。"[②]

进入21世纪以来,法国的基础教育改革主要围绕着"提高质量、促进公平"的教育理念而展开,致力于建立一个更加公平、更加高效、更加开放的基础教育新体系。不可否认,质量与公平是基础教育发展的一个永恒话题,绝对的教育均衡与教育公平是人类对教育的美好期望,是教育发展中的"乌托邦",是不可能实现的,但是在特定的历史条件下实现相对意义上的教育均衡不仅是必要的,也是完全可能的。就法国而言,如何在基础教育阶段尽快减少郊区学校学生的学业失败,缩小城市中心和城郊边缘地带的教育差距,促进学生的个性化发展,还是一项长期而艰巨的历史任务。

---

① 王晓辉.法国新世纪教育改革目标:为了全体学生成功[J].比较教育研究,2006(5):23.
② 张萌."面向2010年的新高中"——法国新一轮高中教育改革[J].外国中小学教育,2010(7):14.

第二节　法国城乡教育均衡发展的现状与问题

"自由、平等、博爱"不仅是法兰西共和国的社会价值观,也是其最核心的教育理念,在这种教育理念的引导下,法国社会一直将"平等与卓越"作为教育朝着民主化和现代化方向发展的价值追求,尤其是"二战"以来,法国为了减少学业失败,实现教育公平,促进教育均衡发展进行了一系列教育改革,诸如从"统一学校"运动到"单轨制"的建立,从"学校布局图"制度到"学区松绑",从确定"共同基石"到实施辅导制度,加强"方向指导",等等,都旨在为了所有学生的成功,在保障每一个儿童获得共同基石的同时,促进其个性化的发展,以便缩小因地域、家庭出身等产生的教育的不平等,落实基础教育均衡发展的思想和战略。法国的教育改革在促进基础教育均衡发展中起到了十分重要的作用,也为世界各国基础教育的均衡发展提供了新思路。

然而,不可否认,基础教育均衡发展是教育发展的一项永恒任务,在不同时期,由于人们对教育的认识不同、需求不同,教育发展的方式、方法及其侧重点会有所不同,而这种不同势必引起新的教育不均衡。因此,即便是在理想状况下,教育的发展也会像钟摆一样,始终围绕中央支点来回摆动。法国虽然实施免费的幼儿教育、统一的中小学教育和多种形式的高中教育,小学和中学没有重点与普通之分,并从初中开始就给学生提供了有关职业理想、学业选择等方面的辅导,设立了"观察——调适——定向"的发展路径,以确保每个学生根据自己的兴趣和能力选择适合自己的职业道路。此外,法国政府还为城市边远地区的学生提供了额外辅导,建立了制度化的补偿辅导机制,以保障每个儿童受教育机会的均等。但是问题的解决并非简单的政策设计,尤其是对教育而言,教育的发展往往受社会经济、家庭背景等因素的影响且已根深蒂固,因此,在法国东西地区之间、城市中心地区与边远地区之间、社会阶层之间差距较大的情况下,法国基础教育不均衡现象依然严峻。这种不均衡主要表现在不同阶层的子女在优质教育资源的享受和占有上仍存在着很大的差别,城市外围地区和偏远贫困地区的学生在学业失败与文盲率中仍居高不下,校园暴力现象时有发生。

一、不同地域学校教育发展不均衡

由于受劳动力需求和人口数量的影响,法国的移民政策一直比较宽松,先后在 19 世纪中叶和 20 世纪上半叶发生过两次移民高潮,这些移民主要是来自意大利、葡萄牙和西班牙等欧洲国家。19世纪50年代以后,非洲、亚洲的移民数量增加。移民的大量增加和法国社会与经济的"消化不良"使大城市周围出现了越来越多、越来越大的移民区。移民不管来自哪个国家,大多学历较低劳动收入低,长期定居或租住在城市的边缘地带。由于人口密度大、失业率高、种族复杂,使得移民区与城市中心地带相比,往往成为经济文化比较落后、社会秩序比较混乱的"问题区"。与社会经济文化发展相适应,移民区在教育上往往存在教育资源匮乏、教师水平不高、学生基础薄弱等问题。尽管法国政府宣布共和国的每个公民都是平等的,都应受到相同的教育,但是事实上,这种平等仅仅限于书面语言,社会和家庭的诸多不良因素也使得移民区的教育成为法国教育的"重灾区",移民区的学生得不到良好的教育,学生学业失败现象严重,在就业市场上容易受到排斥和歧视。早在1980年就有学者通过对小学一年级留级学生的调查表明,有59.8%的学生来自农业和普通工人家庭,而只有6.1%的学生是来自企业主、高级职业和自由职业者家庭。[①]

二、不同阶层学生受教育机会不均等

法国基础教育的非均衡发展除表现为不同地域学校教育发展的不均衡外,还表现在不同阶层学生接受教育机会的不均等上。据法国审计法院2010年公布的审计报告,法国大约有28%的高中生至少在高中阶段留级一次,而留级学生大多出生于中下阶层家庭。以法国著名的巴黎综合大学为例,80%的在校生都来自条件优越的政府高官、企业高管等中上层家庭。社会底层,尤其是移民家庭的孩子,想进入重点大学十分困难。审计法院院长迪狄埃·米戈甚至认为,从2000年到2006年这六年间,法国是学校不平等现象最为严重的国家,家庭出身对于学生的学业成功作用最大,因此法国也成为最远离机会均等原则的西方国家。法国学者皮埃尔-路易·戈蒂埃(Pierre-Louis Gauthier)的研究也指出,工人家庭出生的孩子在达到优秀成绩的机会方面只是一个富裕家庭的孩子的五分之一,而学校教育在削弱这种不公平方面显得无能为力,甚至在一定程度上,学校的教育模式更倾向于为中上层家庭出生的学生服务,从而加快了教育的非均衡发展,进一步使社会阶层固有化。

由此可见,尽管法国政府一直将减少学生学业失败、促进教育均衡发展、加快社会各阶层的融合作为教育的基本目标,并出台了一系列政策法规促进基础教育的均衡发展,但是这些政策往往只是流于形式,并不能真正确保每一个儿

---

① 王义高.当代世界教育思潮与各国教改趋势[M].北京:北京师范大学出版社,1998:251.

童受教育机会的均等。因此,如何保证不同地域、不同阶层的学生都获得均等的教育机会,尽可能消除家庭背景在学生接受教育方面的影响,真正实现为了所有学生成功的教育愿景,法国社会还有很长的路要走。

第三节 法国促进城乡教育均衡发展的举措

在19世纪法国著名哲学家皮埃尔·勒鲁看来,法国大革命把政治归结为自由、平等与博爱三个词,"我们处在两个世界之间:处在一个即将结束的不平等和一个正在开始的平等世界之间。"[1]可以说,从法国大革命开始了,法国资产阶级对社会民主化进程的追求。教育公平作为社会公平的基石,在社会民主化建设中自然得到了重要的关注,只是在不同的时期,政府对教育公平关注的侧重点不同,采取的政策措施不同。正如世界银行组织指出的,当一个国家的入学率低于30%时,政府在教育方面的关注点是如何兴建学校,提供更多的受教育机会,吸纳学龄儿童入学。随着入学率的提高,政府的工作重点逐步转移,当入学率达到70%—80%时,如何达到教育资源的最佳配置,如何达到教育内部效率的最大化,将取代教育的入学率问题成为首要关注点。[2] 纵观法国基础教育发展的历程,早在19世纪末期,从法国现代学制初步建立开始,基础教育均衡发展的问题就得到高度重视,政府先后通过学制改革、管理体制改革、课程改革、师资政策调整等一系列政策措施来促进基础教育的均衡发展。

一、学制改革:消除阶级差异的双轨制

19世纪末期,法国尽管进行了一系列教育改革,现代学制初步建立起来,并且实施了免费初等教育的政策。但是和欧洲大部分国家一样,法国的学校教育在这一时期是一种典型的双轨制,一轨是母育学校——初等学校——高等小学或职业学校,主要面向社会贫困阶层的子弟;另一轨是中学预备班——国立中学或市立中学——大学或高等技术学校,主要面向社会的富裕阶层子弟。两轨之间互不相通,在教学内容和师资水平等方面相差较大,学校等级现象明显。费里甚至认为,消除最后的、也是最可怕的不平等,是出身和来自教育的不平

---

[1] (法)皮埃尔·勒鲁.论平等[M].王允道,译.北京:商务印书馆,1988:11.
[2] 孙启林.世界主要发达国家义务教育均衡发展比较研究[M].长春:东北师范大学出版社,2009:45—46.

等。① 为此,他把消除教育的不平等看作是政府必须致力解决的最主要问题。当社会把基础教育的焦点集中到学校均衡发展方面时,这种不合时宜的教育制度就成为改革的首要对象。

法国政府在基础教育阶段的学制改革主要是通过"统一学校运动"来实现的。早在1923年,法国政府开始使原来中学预备班与初等学校的教育内容接近。1925年,政府进一步规定,两类初等教育机构都必须使用统一的教学大纲,使用统一的课程,从教人员也应具备相同的资格,初步实现了初等教育阶段的统一学校。需要说明的是,由于小学后的学制并没有调整,因此,这一时期法国在义务教育阶段实际上是单轨制与双轨制并存的。在中等教育阶段,统一学校的追求主要表现在教育的免费政策上。例如,1933年,法国政府就取消了各类中学的学费。1937年,法国政府颁布了《统一学校》法案,提出了通过建立统一学校以加强初等教育和中等教育的衔接,促进教育公平,实现教育民主。但是在第二次世界大战期间,维琪政府重新复辟了双轨制。1944年成立的"教育改革委员会",坚持民主与平等的教育原则,重新审议了新学制,次年,法国政府取消了市立中学与国立中学附设的小学班,从而在法律层面实现了小学阶段的学校统一化。所有儿童都接受相同的小学教育。②

1959年,戴高乐政府颁布了《教育改革法令》,法令取消了小学升初中的升学考试;取消了小学补充班,组建了四年制市立普通中学,并将初中前两年设为"观察阶段",对所有学生实施相同的基础教育。从而打破了来自社会上层的学生对中等教育的垄断,为所有学生提供了7年的相同的基础教育,保障了贫困家庭的学生在中等教育学校就学的机会。此次改革延长了义务教育时间,加强了初等教育和中等教育之间的衔接,实质上是向统一学校的方向迈进了一步。当然,这个改革仍然是不全面、不彻底的。

1963年法国的基础教育改革被认为是戴高乐政府教育改革的延续,依然是关于如何建设统一学校的问题。改革建立了一种新型的综合性中学——市立中等教育学校,力图将小学补充班、市立普通教育中学、国立中学中的初中教育统一起来,实施分班教学。但是学生一入学即分别进入3种不同培养目标的教学班。实际上,长期班(古典班和现代班)相当于以前的国立中学,目标是为学生接受高等教育做准备;短期班相当于市立普通中学,接受中等水平的平民子

---

① 瞿葆奎.法国教育改革[M].北京:人民教育出版社,1994:9.
② 孙启林.世界主要发达国家义务教育均衡发展比较研究[M].长春:东北师范大学出版社,2009:45—46.

女;过渡班则代替了以前的小学补充班,接纳水平差、无法接受前两类教学的学生。① 由于3类班的教学大纲、课程设置、师资水平差别较大,学生实际上仍按社会出身被分配到不同的班级接受不同的教育,相互之间基本没有流动。可见,市立中等教育学校的建立并没有真正实现各级初中学校的合并,义务教育阶段的双轨制依然存在,而这种现象一直延续到哈比改革时期。

1975年进行的哈比教育改革坚持了三项基本原则:一是尽可能地保证同一年龄组的全体儿童都在同一类学校中受到同样的培养;二是调整学术性和"智力性"太强的课程计划与教学法;三是使学生及家长进一步参与学校生活。② 在这些原则的基础上,法国建立了一种完全统一的综合性教育机构——初级中学,在实施统一教育的同时,设置一定的选修课,从而标志着法国义务教育阶段双轨制的终结,实现了义务教育阶段学制的统一。并在此基础上,尝试通过课程改革,确保为每个儿童提供相同的基础教育。

法国的学制改革彻底改变了法国基础教育的性质,从制度层面削弱了因学生出生不同而带来的教育上的不平等,从理论上保证了所有学生受教育机会的均等,是法国社会在基础教育均衡发展中迈出的最重要一步。

二、管理政策:统一规划与特殊优惠相结合

在教育管理方面,法国实行的是中央集权制的教育管理体制。法国政府利用中央集权管理之便利,有效地进行了学区的划分,完成了教育事业的统一规划,实现了全国范围内的教育机会均等,建立了统一的教育评估标准和模式,保证了法国教育的高质量发展,保证了法国教育经费占政府预算的高比例,保证了法国民众的平等受教育权利。法国政府通过多年的努力,建立了均等的教育体系。③ 反观法国政府为促进区域教育均衡发展,实现教育的民主化、平等化,在教育管理上的政策主要表现为"学校布局图"制度、"教育优先区"政策、"学区松绑"政策等。

(一)"学校布局图"制度

1958年后法国进入了一个相对稳定的、高速发展的"黄金时期",经济开始复苏,人民生活水平显著提高,公众对教育的需求进一步增长。与此同时,"战

---

① 邢克超.战后法国教育研究[M].南昌:江西教育出版社,1993:125.
② 瞿葆奎.法国教育改革[M].北京:人民教育出版社,1994:275.
③ 朱华山.传统与变革的抉择:细读法国教育[M].沈阳:辽宁人民出版社,2011:190-192.

后"人口出生高峰期的孩子开始入学,学生人数剧增。从"战后"到20世纪60年代初,小学生人数由512万增至821万,中等教育阶段由原来的不足30万激增至100多万,超过原来的三倍,这种现象被形象地称为"学生爆炸"。① 面对学生入学人数剧增,公众对教育需求越来越高,择校现象越来越严重等问题,法国政府实施了"学校布局图"制度。

"学校布局图"制度坚持就近入学的基本思想和原则,省级教育行政部门根据该地区适龄儿童的数量和学校的招生能力限定公共教育的服务区域,确定学校的招生范围,以满足公众的教育需求。根据政府的规定,小学的招生半径为3公里,以此为标准来设立学校,保证学校数量多、分布广,以方便儿童入学。在初中的布局方面,法国政府把全国划分为若干招生片,每个招生片涵盖居民5000—6000人,初中的招生半径为15—20公里,以此确定初中的数量与位置,其规模视招生片内的适龄学生人数而定。在初中的基础上,至少10个招生片联合设立1所高中,每所高中要涵盖20万以上的居民或400—500名适龄学生。②

当家长准备儿童入学时,先在市镇政府注册,并出示以下证件:(1)户籍证、身份证或出生证;(2)居住证明;(3)儿童疫苗记录。家长在到市镇政府规定的学校注册时,家长还须提供以下证明:(1)市镇政府签发的学校注册许可证;(2)户籍证、身份证或出生证;(3)儿童疫苗记录。③ 由于在此之前,法国已经取消了小学升初中的升学考试,建立了统一的市立中等教育学校,因此,注册初中基本上可以自动完成。但是高中学校的注册则要复杂得多,因为高中教育已不属于义务教育,学生在经过初中教育的"观察期"后,需要定向在普通教育、职业教育和技术教育的不同方向上。如果家长希望到分区以外的学校注册,须有适当的理由和相应的证明材料。如学习小语种外语,须提供申请信;如父母在某校工作,需该校校长的证明等。如果此项申请被拒绝,学生仍在规定分区的学校入学。特殊的小学入学要求须经相关市、镇教育行政部门批准,特殊的中学入学要求须经相关省级教育行政部门批准。④

"学校布局图"制度实施的过程中,法国政府根据国家的教育政策和区域的

---

① 孙启林.世界主要发达国家义务教育均衡发展比较研究[M].长春:东北师范大学出版社,2009:52.
② 孙启林,周世厚.大均衡观下的"略"与"策"——法国义务教育均衡发展政策评析[J].现代教育管理,2009(1):95—98.
③ 王晓辉.学校分区图——法国教育均衡的政策工具[J].比较教育研究,2010(12):53—57.
④ 王晓辉.为了社会和谐:法国教育的若干政策取向[J].比较教育研究,2008(4):66—67.

人口分布合理地规划了学校的数量、位置与规模,甚至在学校经费和师资政策方面都采取了严格的均衡政策,目的是使区域内青少年具有均等的教育机会,以促进教育公平,提高教育质量。不可否认,"学校布局图"制度的实施,有效抑制了当时日益严重的择校现象,在落实义务教育阶段学生就近入学、保障社会贫困阶层学生就学机会均等、促进基础教育均衡发展中发挥了重大作用,但是学校之间两极分化的现象仍难以避免。城市中心的学校往往办学条件优越、师资力量强、生源质量好、教育质量高,而城市远郊的学校往往办学条件简陋、师资力量薄弱、生源质量差、教育质量低下,学生学业失败现象严重。据统计显示,1980—1981年,工人子女进入高中数学与物理班的学生只占8.8%,准备技术毕业会考的学生占32%,52.8%的工人子女过早地被分流到预备学徒班。[①] 可见,"学校布局图"制度的实施,并没有在很大程度上改变因地域和出身不同而造成的教育的不公平的现象,进一步采取措施加快贫困地区薄弱学校的发展势在必行。

(二)"教育优先区"政策

20世纪70年代以来,受经济危机的影响,法国的社会矛盾进一步凸显出来,失业和社会不平等问题加剧,在教育方面主要表现为学生的学业失败具有明显的地域和阶层色彩,贫困地区和社会中下层学生的学业失败比例远远超过全国平均水平,大部分学生义务教育结束后进入了职业学校和技术学校学习,而且呈现出日益扩大的趋势(见表3.1)。法国政府这一时期尽管出台了相关的教育政策和法规,但是,效果并不明显。[②] 面对日益严峻的两极分化现象,如何尽快提高贫困地区薄弱学校的教育质量,减少学生的学业失败,缩小地区教育差距,就成为法国政府必须面对的一大难题。基于此,法国政府于1981年制定并实施了"教育优先区"政策。

表3.1 法国初中毕业生升入高中的不同比例[③]　　　　　单位:%

	有利社会职业层	中等社会职业层	不利社会职业层
普通高中或技术高中	40.3	32.6	27.1
职业教育高中	14.3	34.7	51.0

---

① 张丽.二十世纪50—80年代法国初中等教育体制改革述论[J].史学月刊,1996(6):95.
② 邢克超.战后法国教育研究[M].南昌:江西教育出版社,1993:138.
③ 邢克超.战后法国教育研究[M].南昌:江西教育出版社,1993:138.

"教育优先区"政策遵循"给予最匮乏者更多、更好"的原则,对依据一定标准确定的、学生学业失败率较高的区域,实施特殊的教育政策,以提高教育质量、减少学生学业失败、缩小地区教育差距、促进基础教育均衡发展。教育优先区在确立时主要依据学校外部环境和内部环境两部分,其中学校的外部环境涉及学校的地理位置、社会环境、学校所在地区的经济水平、学生家长的职业等;学校的内部环境涉及学前教育入学率、小学与初中入学率、辍学率、外籍学生的比重、学校的教育质量等。对确定为教育优先区的地方,政府通常会采取增拨教育经费、增派教师、强化早期教育、加强学校与家长的联系等措施予以特别支持,以减少学业失败。其具体措施有:第一,降低教育优先区内每一个教学班的学生人数,为教育优先区内的学校配备更多的教师以实现对学生的个别辅导。第二,为了提高小学生学业成功率,降低小学的留级率,在教育优先区内鼓励2岁儿童入母育学校,使处境不利的儿童能够较早地接受正规的学前教育,从而弥补因家庭环境不利所带来的不足。第三,提高教育优先区内任教教师的工资待遇,主要是国家对教育优先区内教师提供特别津贴。[①]

需要说明的是,教育优先区也不是固定的,政府通常每3年评审一次,一旦教育优先区的各项教育指标达到了国家规定的标准,该地区就不再享有各种优惠政策。从1982年法国政府首次设立了363个"教育优先区"(涉及4353所学校,约8.3%的小学生、10.2%的初中生和7.4%的职高生)开始,到2001年,法国的教育优先区为706个,教育优先网为808个,覆盖了8551所中小学,含1260所中学,其中1085所为初中,涉及675000名中学生。[②]

"教育优先区"政策在提高贫困地区的教育质量、减少学业失败现象、促进教育均衡发展等方面起到了积极的作用,但主要体现在教育设施的改善和班级人数的减少上,在解决学业失败上,教育优先区的成效并不明显。诚如法国文教部的评价所指出,"整体而言受访校长中大多数总评'令人满意',在学业成就上有拉近的可能。"然而"教育优先区"政策的实施为人们认识与实践教育均衡发展提供了一种全新的思维方式。即要实现教育均衡发展,不是搞教育的平均分配,也不是"削峰填谷",而是"造峰扬谷",在促进不同类型学校共同发展的同时,把最大的努力放在最需要关心的那部分人上。

---

① 单中惠.外国素质教育政策研究[M].济南:山东教育出版社,2004:195—196.
② 王晓辉.教育优先区:"给匮者更多"——法国探求教育平等的不平之路[J].全球教育展望,2005(1):73—76.

(三)"学区松绑"政策

"学校布局图"制度本是为学生提供平等的教育机会,促进教育公平。但是在实施过程中也暴露出了严重的两极分化问题,即便是法国政府采取了增拨教育经费、师资轮换等特殊政策,但是因家庭背景形成的校际差距仍十分明显。因为只有经济优越的家庭才可能居住在城市中心地带,社会中下层人士往往居住在远郊区,而这些地区内的学校往往成为治安重灾区,优秀教师也想办法利用"教师轮换"远走高飞,进一步加剧了学校之间的不公平。为了让孩子在条件较好的学校学习,很多家长想出种种高招,有的让孩子故意选修希腊文、日文、中文等冷僻科目,以此为借口转到条件较好的学校;有的单亲家庭子女明明跟母亲同住,却每天往返几十公里去父亲所在学区就读;有些家庭甚至将孩子寄养在保姆名下……虽然教师工会的成员们口呼"就近入学制万岁",但私下里却想尽办法把自己子女送到更好的学校……有钱人可以读私校,有门路者可以想办法择校,一般人却只能"就近入学"。由此可见,"学校布局图"制度只是用一种不公平替代了另一种不公平,在一定程度上有助于强化社会阶层的固定化、学生来源的单一化,进而使同一阶层的子女处于同一区域、同一学校,产生教育中的两极分化。

为了有效缓解因"学校布局图"制度带来的新的教育不公平现象,法国教育部部长吉尔·德罗比(Gilles de Robien)早在2002年就主张适当放宽学校分区控制,允许优秀的初中毕业生可以选择学区之外的学校就读。之后,其继任者达尔科(Xavier Darcos)部长坚信,尊重家长选择学校的权利,赋予家庭新的自由,有助于学生机会更加平等,促进社会的多元融合。于是,从2007年起,法国政府进一步放宽了学区限制,并承诺在学校的承受能力之内,每个家庭都有权利可以让他们的孩子跨学区转到他们选择的学校学习。

针对择校中出现的超额问题,法国政府要求按照"优先标准"进行审批。"优先标准"主要涉及残疾学生、优秀奖学金和助学金获得者、需要在学校附近医院医疗的医护者、选修特别科目者、已有兄弟姐妹在所要求学校就读者、居住在要求就读学校附近者等。根据教育部的规定,学区总长负责审查每个申请分区以外学校请求,唯一限制是接收学校的招生能力。地方政府运用一种 AFFEL.net 软件系统来筛选申请,主要依据是报名的学校、家庭住址、家庭状况、是否残疾等指标,自动生成筛选结果。2007年入学时,全国共有13500份申请,其中巴黎地区 2500 份。申请初中学校的批准率为 77%，高中的批准率为 67%。①

"学区松绑"政策是为了改变因就近入学产生的教育不公平现象，赋予了家长重新选择学校的权利，受到了许多学生家长的欢迎，但是有调查表明，该政策在促进教育均衡发展、保障学生受教育机会均等方面的成效不大，处于社会中等阶层的家长，有可能利用学区松绑政策，将子女从该社区中转出，进而重新引起学校之间的竞争，使地区、学校之间的分化现象更加严重。社会学者迪拜(Francois Dubet)和迪露·蓓拉甚至认为，取消学校布局图不足以提出更为公正的政策，取消学校布局图可能是比坏药方更糟的药方。②

三、师资政策：统一的聘任、分配以及流动制度

自法兰西第一共和国开始，法国就逐渐建立了中央集权制的教育管理体制，这种教育管理体制在教师政策中最明显的特征就是教师的统一聘任与分配以及流动制度。这种统一管理的教师政策在很大程度上保障了基础教育阶段师资水平的相对平等，有效促进了基础教育的均衡发展。反之，法国政府长期以来实施的教师统一聘任与分配以及流动制度，是法国政府为促进基础教育均衡发展在师资方面的重要举措。

(一)统一的教师聘任与分配制度

在法国，中央教育管理部门专设有小学处和中学处，负责对基础教育的教师进行统一管理，其职能主要包括教师的培养、教师的聘任与分配等方面。

在确定各学区教师的编制方面，法国中央一级的教育管理机构拥有很大的权限。地方管理机构虽然有权决定本地区中小学学校的增减，但如果涉及教师的编制问题时，则必须经国民教育部审批。国民教育部每年根据全国儿童人数的变化和义务教育的发展状况，对全国中小学教师的需求做出预测，并以此来确定教师的编制数和各学区教师的分配指标，以及教师职前培养的招生名额。③

在教师聘任与分配方面，法国实行严格的教师资格制度。1989 年法国颁布的《教育方向指导法》明确提出招聘教师的计划由国民教育部部长统一公布，并建立了推动教师专业发展的唯一和专门性机构——教师教育学院。已经获得

---

① 王晓辉.学校分区图——法国教育均衡的政策工具[J].比较教育研究，2010(12):56—57.
② 王晓辉.学校分区图——法国教育均衡的政策工具[J].比较教育研究，2010(12):58.
③ 单中惠.外国素质教育政策研究[M].济南：山东教育出版社，2004:186.

学士学位的学生如果想获得教师资格,都要经过严格的教师资格考试(包含预选考试和录取考试两部分)和教育实习评审两个阶段。一般来说,小学教师资格考试由学区组织,预选考试主要是法语和数学两门笔试,录取考试有四门;中学教师资格考试由国家统一组织,预选考试为专业学科考试,录取考试为口试。通过教师资格考试者都要进入学区的教师教育学院进行为期一年的教育实习。两类实习教师都要学习课程与教学方法方面的理论,并亲自授课,最后提交论文。教育实习情况和论文经教师教育学院评审委员会和学区评审委员会审核通过,实习教师才能获得教师资格证书,并由学区或教育部统一分配到各中小学。考虑到社会环境不利地区和散居地区所受到的特殊束缚,《教育方向指导法》明确提出了在教师配额上应制定一项减少各学区之间和各省之间不平等的政策,以解决就学率有差距的问题,并改进各级学校中的师生比率。

(二)统一的教师流动制度

早在20世纪80年代末,法国政府就颁布法律,规定教师为国家公务员。教师作为公务员就意味着教师必须服从国家统一的调配。但是国家统一分配教师的政策在执行过程中往往不透明,许多青年教师都被分配到了城市远郊,教师的意愿得不到关注,教师流动更多局限于学区内的流动。针对教师流动中出现的种种问题,法国政府在21世纪初期就对教师分配体制进行了相应改革,将教师的流动分成学区间流动和学区内流动两个阶段。教育部首先汇总各学区/省上一年的入学率、师生比等信息,然后根据教学大纲将教师岗位编制分配到各学区/省(一般情况政府会考虑适当提高贫困地区或社会问题较为严重地区的学校师生比),此后教师就可以在规定时间内登录网站建立个人档案并递交换学区/省的申请。在学区间配岗完成后,各学区区长与学监再根据本学区的教学需求和预算进行学区内的教师岗位分配。[1]

针对中小学教师的流动,法国教育部设置了专门的评分标准(见表3.2),评分标准主要包含法定特权(与配偶工作地点接近、身体残疾)和个人职业情况(工龄、岗龄)两部分,此外还有个人的申请次数、学区个别学科的特殊需求等加分项目。

---

[1] 刘敏.以教师流动促进教育均衡——法国中小学师资分配制度探析[J].比较教育研究,2012(8):51—55.

表3.2　教师换岗流动评分标准表①

标准	条件及分数	条件及补充说明
靠近配偶	与配偶工作地点接近+150分；有未满20周岁(截至每年9月1日)的孩子需要照顾+15分；从第4个孩子开始每个孩子多+5分；由于工作原因与配偶分开1年的教师可以+50分,2年的可以+275分,3年以上的可以+400分	第一志愿在配偶工作所在省(不包括仍在实习期内的工作)；如配偶的工作地址与家庭地址临近,教师也可选择配偶家庭住址所在的省
工龄	截至每年8月31日工龄段②递增+7分	1、2、3工龄段均+21分
岗龄	在岗时间每1年+10分,在岗时间超过4年的,每4年多+25分	通过职称考试后岗位得到晋升的教师,即使转变学科仍可计算连续岗龄；借调时间(包括借调到其他部委工作)可计入岗龄
在加权岗位供职	在提出调动申请时,已在当前学校和岗位连续供职5年以上(含5年)+300分	该评分标准只适用于省际间教师流动,省内教师流动评分标准则由各省负责人制定；另外,长期病假、参加教师培训、服兵役和休产假的时间不计入工作时间
完成实习的教师	完成实习后第一次提出流动申请时+50分	第一次申请应在实习结束3年内提出,该加分只能使用一次
申请到海外省	+1000分	
一级运动员	+50分	申请的职位与其从事的体育项目相关

此外,法国教师作为公务员虽然实行单一的工资制,但是政府对愿意到边远地区工作的教师提供了额外的岗位津贴。从1994年起,对于初次分配到"教育优先区"的教师,政府每年为每人提供12594法郎特殊补贴,连续补贴三年；对于愿意流动到"教育优先区"任教的教师,每年政府为每人提供6741法郎的

---

① 刘敏.以教师流动促进教育均衡——法国中小学师资分配制度探析[J].比较教育研究,2012(8):51—55.
② 法国国家规定基础教育阶段教师工龄共分为11段；工作3个月之内为第1工龄段,满3个月为第2工龄段,满9个月为第3工龄段,满1年为第4工龄段,满2年为第5工龄段。

特殊补贴。

四、课程与教学政策:共同基石与额外辅导相结合

课程改革是教育改革的核心。通过课程改革提高教育质量,促进教育公平最能体现教育的民主化思想。因此,法国政府在历次教育改革中都非常注重课程改革,尝试通过课程改革最大限度地消除因家庭背景和社会出身等产生的教育过程的不平等,在确保每个儿童都接受共同教育的基础上,加强对学生学业的方向指导,促使学生按照其兴趣、能力与性向的不同实现个性化的发展。

(一)共同基石:确保每个学生都接受共同文化的教育

早在1793年雷佩尔提出的"国民教育之家"计划之中就主张"儿童们穿着一样,膳食相同,享受同样的教养,得到同样的关怀和爱护。"从20世纪30年代的"统一学校法案"到70年代的"哈比教育改革",法国的教育政策主要集中在统一学校方面,具体体现为确保每一个儿童都接受共同的教育,为此,义务教育阶段的学校都遵循了统一的教学计划,提供共同的教育,以促进教育机会均等。可见,人们已经将能否提供共同的教育看作是促进教育公平的重要组成部分。1989年法国通过的《教育法》再次肯定了教学计划作为一个国家教育实施框架在确保每一个学生掌握基本知识和基本技能,以及促进教育公平中的重要作用。1994年,法国课程委员会在《初中学习什么》的报告中提出了"共同基石"的概念,之后政府颁布的新的教学大纲都是围绕如何让学生掌握"知识和能力的共同基石"来进行的。

"共同基石"主要是指义务教育阶段的学校应确保所有学生掌握共同的知识与文化,使他们成为合格的公民,而初中课程应立足于"共同基石"的概念。即在尊重各个学科逻辑的前提下,考虑到学生作为个体,这些学科应该在其身上获得统一,共同基石应该尽可能集中在各学科最基本的方面,并尽可能保持各个学科间的和谐。2005年颁布的《学校未来的导向与纲要法》中将"共同基石"看作是追求更为公正的学校的重要条件,明确提出了每一个学生都必须具备"必不可少的共同基石","必不可少的共同基石"是知识、能力和行为准则的整体,它不等同于学校课程的全部内容,而应当包含着21世纪生活所必需的要素[①],也就是说,为了全体学生成功,并不是要求每个学生都能达到最高的学历水平,但是每一个人在法语与数学的掌握、外语与信息技术的掌握、作为公民所

---

① 王晓辉.法国新世纪教育改革目标:为了全体学生成功[J].比较教育研究,2006(5):32-37.

需要的人文与科学素养等方面应具备必要的知识、技能和生存态度。

法国政府尝试通过在基础教育阶段让学生掌握"共同基石"来实现课程的统一，使所有学生都掌握必要的知识和能力，减少学生的学业失败现象，以消除家庭背景等因素对学生就学产生的影响，保证每一个儿童受到更好的教育，获得更好的发展，进而促进教育公平，实现教育均衡发展。

(二)方向指导：促进每个学生个性化发展的教育

亚里士多德认为，以同等的方式对待不平等的事物，是更糟糕的不平等。"共同基石"的提出并不是要求以同等的方式对待每一个学生。如果把"共同基石"看作是通过实施共同教育、扩大教育的文化基础来促进教育的均衡发展，那么"方向指导"则是通过实施差别教育、发展学生的个性来促进教育的均衡发展。因为均衡发展不是平均发展，不是要求每一位学生具有相同的知识、能力与性向而实施的无差别的教育，而是依据学生的个性与发展需要，在使每一个学生具备了一个合格公民所具有的基本知识、基本能力和基本素养的基础上，根据学生的志趣、个性与能力发展实施的差别化教育，促进其个性发展。在这一过程中，对学生加强方向指导，使其了解到、认识到自己的兴趣与性向之所在，就成为影响和制约教育民主的关键之所在。诚如"郎之万—瓦隆计划"所指出的，由教育民主化带来的"学校公正"，将会使每一个人都能谋得与其能力相应的位子，最大限度地各得其所。①

法国早在1938年通过《职业方向指导和职业义务教育法》就正式建立了方向指导的有关制度，之后，在1947年的"郎之万—瓦隆计划"中明确提出所有的儿童不论其家庭、种族和社会出身如何，都享有平等的权利，使个性得到最大限度的发展。② 为此，计划提出了先学业定向后职业定向的基本原则，其中学业定向主要指的是对11—15岁的儿童进行的方向指导教育。1959年戴高乐政府的教育改革在初中阶段设立了为期两年的"观察阶段"，在确保学生学习共同知识的同时，为学生的进一步学习提供方向指导。1975年的《教育法案》明确提出，为了促进机会均等，应采取适当的措施，尽可能使每个儿童按照其能力接受不同类型和不同水平的学校教育，首次以法律的形式体现了根据学生能力的不同实施不同类型、不同水平的教育是促进教育公平的重要举措。之后，1989年法国教育部颁布了《教育方向指导法》，其中指出，应使每个人的受教育权利得到

---

① 瞿葆奎.法国教育改革[M].北京：人民教育出版社，1994：74.
② 瞿葆奎.法国教育改革[M].北京：人民教育出版社，1994：74.

保证,以便使他们的个性得到发展,使他们的起始教育和继续教育的程度有所提高,使他们能够进入社会生活和职业生活,并使他们能够体现其公民资格……各级各类学生均可根据自己的意愿和能力,并在家长、教师以及能胜任工作的学业与职业方向指导人员帮助下,确定自己在中等和高等教育阶段的学业方向及职业方向打算。① 20世纪90年代以来,许多学校将学生的分流由"观察阶段"与"方向指导阶段"的两阶段改变为三阶段式结构,即第一年为"观察阶段",第二、三年为"加深阶段",第四年为"方向指导阶段",高中阶段也推迟了分科时间。这种改革有助于学生在达到共同基石的同时,更好地促进其个性的发展,实现教育的民主。

尽管在法国学校之外有国家教育与职业信息处、信息和定位指导中心,在学校内部设有定向机构、心理咨询员等专门机构和人员对学生进行方向指导,但是学生盲目定向、定向后少有机会改变等现象仍然较为突出,与《学校未来的导向与纲要法》提出的为了全体学生成功、保证每个人在其专业方向上获得成功的教育追求还相距甚远。在"面向2010年的新高中"方案中,政府将如何更好地定向、赋予学生更多选择机会作为其改革的三大目标之一。新的改革方案试图在定向前给予学生更加完备的信息和更加个性化的咨询。除此之外,它还在不同年级课程设置方面、学生的补习方面为学生转换专业提供便利。②

进行方向指导的目的不再强调学生的分流,而是根据学生在教育中的表现,向学生与家长表达学校对学生未来发展方向的建议,最终的决定权归家长及学生所有。③ 方向指导,旨在减少学生在升学与就业中的盲目性,使学生充分认识自己的兴趣、能力与个性特点,创造适合学生的教育,以确保每个学生在接受共同文化教育的基础上,最大限度地促进学生个性化的发展,体现教育过程和教育结果中的机会均等,实现教育民主。

(三)辅导制度:加强贫困地区学生发展的补偿教育

法国义务教育的普及和学制改革的完成,从理论上为所有学生接受相同的教育提供了制度保障,但是学生的学业失败现象依然严峻,更为重要的是学生的学业失败与其居住地、家庭出身等存在着必然联系。为了减少边远地区和贫困家庭出身学生的学业失败,法国政府早在"哈比改革"中就明确提出要对起点

---

① 瞿葆奎.法国教育改革[M].北京:人民教育出版社,1994:651.
② 张萌."面向2010年的新高中"——法国新一轮高中教育改革[J].外国中小学教育,2010(7):15.
③ 孙启林.世界主要发达国家义务教育均衡发展比较研究[M].长春:东北师范大学出版社,2009:58.

低的学生采取重点帮助措施,并第一次在学校系统中规定了"辅助活动",即对困难学生采取专门讲解和复习以及临时适当减轻课程等方式,以防止因一时的失利而造成终身的落后和障碍。1977年,法国教育部要求各初中与小学设置补习课与加深课。补习课面对学习有困难的学生。小学阶段,学校要通过补习课的形式为在数学与法语方面学习受阻的学生补课,初中的补习课内容包括数学、法语和外语。通过补习课,力求使落后的学生能克服学习障碍,赶上正常的教学进度。① 然而,当时由于缺乏经费支持,补习课的实施效果并不理想。

1981年《教育方针法》中教育部重新规定所有小学必须对在法语和数学学习方面遇到困难的学生进行补课或个别辅导,所有初中必须对在法语、数学和现代外语学习上有困难的学生进行补课……政府通过拨专款的方式予以支持,专款主要用于支付辅导教师的工作报酬。② 这是法国政府为了克服学业失败,向更多的学生提供教育做出的硬性规定。1989年的《教育方向指导法》附加报告提出家长要与学校重新合作,结合学生的情况给予具体辅导。《学校未来的导向与纲要法》的附加报告提出通过设置教育成功个人项目,对学习有困难的学生,给予特殊帮助。实施这一项目,首先要由小学生家长或中学生本人,与校长和班主任共同签署一份文件。这份文件具体说明校内外的辅导措施,学生评估过程和家长监督的责任。项目的实施通常由学校教师负责,但学区督学将安排经过特殊培训的教师参与辅导,必要时也会请医生和心理顾问共同参与。为此,国家在2006—2008年间,每年为小学增拨1.07亿欧元,为初中增拨1.32亿欧元的专项经费。③ 2008年法国小学教育改革中将设置辅导课与假期补习班作为其重要举措,辅导课是在确保所有学生周课时为24小时的前提下,为有学习困难的学生单独开设的2小时辅导课,由教师对学生进行个别或小组辅导;假期补习班是为四、五年级贫困学生免费开设的,由志愿者教师对学生补习数学和法语。"面向2010年的新高中"改革方案中也提出了旨在促进学生个性发展的个人陪伴、监护制度和补习三种教育方式。

随着教育均衡发展呼声的日益提高,针对边远地区和贫困学生学业失败严重的现象,法国政府逐渐形成了一套由政府组织的、制度化的辅导制度,尝试通过建立补偿机制,减少因社会背景和家庭出身产生的教育的不公平现象,更好

---

① 孙启林.世界主要发达国家义务教育均衡发展比较研究[M].长春:东北师范大学出版社,2009:55.
② 邢克超.战后法国教育研究[M].南昌:江西教育出版社,1993:151.
③ 王晓辉.法国新世纪教育改革目标:为了全体学生成功[J].比较教育研究,2006(5):26.

地保障每一个学生学习机会的均等。

除了上述几方面的政策以外,法国政府还通过创建优质寄宿学校、增加对"教育优先区"的额外拨款等措施来促进基础教育的均衡发展。实践证明,法国在基础教育均衡发展中已经取得了显著成效,例如,1980年法国只有34%的同龄人口获得高中毕业会考文凭,2002年为69%,增长了35%。

通过上面的分析我们不难发现,法国基础教育以追求平等为经,以自由为纬,绘制了一幅以人为本的和谐画面。从教育立法、政策制定、管理体制、物质保障等方面确立了教育机会均等和教育过程公平的和谐框架,学校运行中公正、平等的管理理念和以人为本的自由主义教育理念与教学方法,使平等、自由的精神镶嵌入教育的内核,成为政府政策制定者、学校教学人员和管理者以及学生家长等所有人的基本信仰和行为底线。这种建立在尊重人性基础上的平等与自由,是最大程度地发挥潜能,培养具有创造精神、全面发展的个人素养的基石,同时也是构建和谐社会的前提。①

第四节 法国促进基础教育均衡发展的经费政策

法国是典型的中央集权国家,学校的建立、教师的聘任、课程的制定等均由教育部负责。早在1882年,法国就实施了免费义务教育,时至今日义务教育年限为6—16岁,实行10年的义务教育,包括除学前教育外的整个小学和中学的基础教育阶段。中央政府负担了义务教育公共支出的70%以上,主要用于义务教育教师工资,地方政府只需要负担份额较小的基建和行政经费。法国这种集中模式的做法充分体现了基础教育由政府承办、经费由政府公共经费承担的原则②。政府公共经费承担基础教育的重要意义就在于通过政府对公共资源的再分配,排除各种因素对实行基础教育的制约和干扰,切实保证一国范围内基础教育的实际需要与均衡发展,并为每个适龄儿童接受基础教育创造较为平等的机会,实现儿童的均衡发展。

一、法国促进基础教育均衡发展投资理念——兼顾平等与补偿

在西方发达国家中乃至于在国际上,法国的经济发达程度都是位居前列的。可即便如此,法国也存在着因为区域经济、政治、文化等因素而造成的教育

---

① 朱华山.传统与变革的抉择:细读法国教育[M].沈阳:辽宁人民出版社,2011:88.
② 高如峰.义务教育投资的国际比较与政策建议[J].教育研究,2001(5):3—10.

发展不平衡现象,基础教育不可避免地也存在着不均衡的现象。从自然条件来看,法国境内多山,地形复杂,这势必会造成法国各区域之间发展的不平衡性。从政治和文化因素来看,法国在政治体制上属于典型的中央集权制国家,同时社会传统历来等级分明,也导致了法国社会各阶层之间在政治、经济和社会地位上存在很大差距。从教育方面来看,法国早期实行典型的"双轨制"教育,它直接导致弱势阶层的子女难以受到平等的教育[①]。二战后,法国虽然在这些方面做出了努力,颁布了不少教育法案,使得越来越多的青少年在接受教育方面得到了平等的入学机会,但他们未能获得平等的学业成功机会,特别是那些出身不利家庭的孩子,由于受到社会、文化、心理、环境、经济等因素的影响,他们学业失败情况更为严重。因此,区域教育差异和社会阶层教育差异在法国是一种历史存在,并且成为困扰法国基础教育均衡发展的难题。

为解决这一难题,就基础教育投资而言,法国坚持平等与补偿兼顾的教育投资理念。法国在教育资源配置方面,保障每个受教育者的权利平等和机会平等,坚持教育的任何阶段都保持平等性,基础教育当然包括其中。受教育权平等是实现社会公平和正义的内在要求,一切权利主体都享有相同或者相等的权利,对部分社会成员的"偏袒性"和对另外一部分社会成员的"歧视性"是教育平等观所坚决反对的。除了追求受教育权平等外,社会还必须保障教育机会和教育资源配置的平等。一般认为,教育不能保证每个人成功,但必须保证每个人拥有平等的成功机会。平等是法国教育的追求,但由于存在区域教育与社会阶层教育差异,若对每个区域都采用相同的投入比例,教育的平等也无法实现。因此,补偿性原则是对平等教育的保证。补偿性原则所关注的正是处境不利的人群,它强调对社会经济地位处境不利的受教育者在教育资源配置上予以补偿。罗尔斯(John Rawls)认为为了平等地对待所有人,提高真正的同等的机会,社会必须更多地注意那些天赋较低和出身较不利的人们。这个观念就是要按平等的方向补偿由偶然因素造成的倾斜。遵循这一原则,较多的资源可能要花费在智力较差而非较高的人们身上,至少在某一阶段,比如说早期学校教育期间就是这样。也就是说,在满足了一部分人接受良好教育需求的同时,还应该及时向处于不利地位者、向"最少受惠者"进行必要的补偿。弱势补偿原则的实质不是平等分配教育资源,而是向着有利于弱势群体的方向去倾斜,以此来减少弱势群体或不利群体在接受教育方面的不公正,进而减少社会的不公正。[②]

[①] 朱华山.传统与变革的抉择:细读法国教育[M].沈阳:辽宁人民出版社,2011:50.
[②] 孔凡琴.基础教育师资配置均衡化的国际比较研究[D].吉林:东北师范大学,2008:7.

遵循平等与补偿兼顾的教育投资理念,法国在对弱势群体的教育扶持上,出台一系列政策,切实可行地帮助家庭有困难的学生接受教育。

二、法国促进基础教育经费投入机制——中央与地方共同负担

法国对教育经费的投入,目前采取中央与地方政府共同分担的形式,但以中央的财政投入为主,其中包括小学教师和初中教师在内的义务教育教师的工资。义务教育的校舍建设与学校行政经费,由地方政府分级负担,其中市镇政府和省级政府分别负担小学和初中的相应经费。法国的义务教育投资体制是在长达一个多世纪的时间里逐渐形成的,并且经历了一个由市镇投资为主,到以中央投资为主的历史演变过程。

法国对初等教育的投资体制,最早形成于 19 世纪中叶。从 1833 年的《基佐法》到 1881 年《费里法》的近 50 年里,法国初等教育虽然还未具有强制性,但已得到较快发展。当时颁布的法律,已经对市镇政府在发展初等教育中的责任以及投资办法做出较明确规定。法国初等义务教育投资体制的重大变革发生在 19 世纪末。1889 年 7 月 19 日法国颁布法律,规定全体小学教师为国家公务员,工资由国家财政负担。该法的颁行导致了初等教育投资体制的巨大变化。从此,市镇政府只负担小学校舍、设备以及行政运转经费,教师工资则改由中央财政负担。当然,这样一来,法国中央政府在初等义务教育投资中的地位和作用得到了明显强化,以往以市镇为主的投资体制改变成了以国家为主的投资体制。这一体制一直沿袭至今。二战以后,法国的中等教育得到很大发展。1959 年 1 月 6 日,法国颁布法律将义务教育延长为 10 年,从而使得小学教育和初中教育成为全体国民必须接受的基础教育。在对义务教育的投资方面,逐渐形成了当前的体制,即实行由中央与地方政府共同分担、又以中央为主的投资体制。具体地讲,即由中央财政分担全体小学教师和初中教师的工资支出,地方政府则负担学校校舍建设与行政运转经费。其中,小学由市镇财政负担,初中则由省级财政负担[①]。

法国义务教育投资体制的另一特点是实行中央补助制度。法国的财政体制分为中央、大区、省和市镇四级。由于历史传统的原因,法国的财政集中在中央,在全国各级政府财政预算收入总额中,中央预算收入所占比重最大,占 60% 以上。中央财政每年均通过转移支付办法对地方财政给予补助,补助金主要用于地方公益事业,其中包括支持市镇开办小学和省开办初中。

---

① 高如峰.法国义务教育投资研究[J].教育研究,1999(12):67.

三、法国促进基础教育均衡发展的经费投入水平

若教育经费的投资理念,反映出法国对教育的追求,那教育经费的投入水平,就切实反映出法国对基础教育的态度。国际上常用教育投资指标,即全社会教育投资总量占 GNP 的比例来衡量一国的教育投入水平。从相关资料来看,最近 20 年来,法国无论在全社会教育投入总量上,还是在中央和地方各级政府公共教育的投入比例上,均处于不断增长之中;在各个不同的时间段中也处在较高水平,且与其人文发展指数世界排名第 7 的地位大致相符。从法国对教育投入的数据中可以看出,法国在教育投资总量中,中央和地方各级政府的公共教育投资占有绝对优势,历年均达到 80% 以上,这体现了教育经费由国家承担的原则。根据相关统计,2006 年法国教育财政来源中,中央占 61%,地方占 22%,企业占 6%,家庭占 11%。[①]

法国有效的教育投入与管理体制,保证了教育经费的充足。充足的教育经费,又有效保证了法国基础教育的均衡发展。以法国义务教育投资体制的特点之一,中央补助制度为例。法国的财政体制分为中央、大区、省和市镇四级。由于法国的财政集中在中央,因此,中央财政每年均通过转移支付的办法对地方财政给予补助。补助金主要用于地方公益事业,其中包括支持市镇开办小学和省开办初中。这是法国为促进地区之间的教育均衡发展而进行的一种教育补助形式。

法国对教育经费的完善管理和投资,在很大程度上保障了法国基础教育的均衡发展,尤其是中央财政补助和教师特别补助等补助措施,为贫困、处境不利人群带来了平等接受教育的机会。

四、法国促进基础教育均衡发展的投资分配

法国自逐步完善教育经费投入制度以来,经过一百多年的努力,其学校布局、规划和建设已基本实现了现代化,学校的基础设施建设已达到了一定的规模和水平,在一定程度上实现了基础教育的均衡发展。在较好的经济环境下,国家对教育更加重视,投入也逐年增长,以确保教育优先发展的需要。近年来,教育支出占国内生产总值的比例一直保持在 GDP 的 6% 左右,教育投入居世界各发达国家的前列。庞大的教育预算,在法国基础教育均衡发展方面发挥了巨大作用,它保障了法国教师工资制度,为贫困学生提供国家助学金制度及特别

---

① 汪淋,刘成富.法国的教育经费投入及其思考[J].高等理科教育,2010(5):80.

扶持计划的顺利施行,为法国每个适龄儿童都提供了受教育的机会。具体而言,法国为促进基础教育均衡发展在经费投入上所做的努力主要表现在师资向"教育优先区"倾斜、学生教育补助保障、特别帮扶制度等方面。

(一)师资配置向"教育优先区"倾斜

20世纪七八十年代,法国的失业现象和移民问题致使法国社会两极分化加剧,失业者、非熟练工人、移民等处境不利群体聚居的社区学校的教学条件、师资质量和教师待遇都要落后于发达地区的学校,加之学生家庭教育较差,对学校的发展造成极大的阻碍,学校校风差、教育质量低,甚至还存在校园暴力。为了解决当时存在的现实问题,缩小不同社区之间教育发展不平衡的问题,1981年,法国政府颁布了"教育优先区"政策,以便为处境不利社区的学校给予扶持。到1995年,法国已建立了558个教育优先区,主要集中在大中城市的郊区。

在这个政策中,关于师资配置主要有三个方面的规定。其一,规定对"教育优先区"的师资配置给予特别支持,要求为其配置高质量的、合适的教师队伍;其二,规定增加"教育优先区"的教师数量配置,以便加强对处境不利和学习困难儿童进行个别辅导;其三,规定提高"教育优先区"任教教师的工资待遇。政府对"教育优先区"内教师给予特别津贴,1997年,该津贴额为6741法郎。凡在教育优先区内任教的中小学教师均能享受该项津贴。该项津贴计入教师工资,由国民教育部支付。可见,该项政策的实施使"教育区"的教师质量和数量都得到了改善和提高,大大缩小了法国不同社区之间的师资差异,使整个基础教育师资配置趋向均衡。同时,提高"教育优先区"的教师待遇的规定也有利于吸引教师资源向"教育优先区"流动,为教师资源的动态均衡配置创造了便利条件[①]。

(二)学生教育补助保障

在法国,学生家庭之间的差距,也是阻碍法国基础教育均衡发展的障碍之一。为了解决这样的问题,法国开始对学生实行适当的教育补助。具体来讲,从1948年起,法国逐渐建立了较为健全的由国家财政负担的助学金制度,以此帮助家境贫苦的中学生。法国国家助学金完全是根据学生家庭经济情况发放的。享受国家助学金的学生人数占有相当的比例。据统计,1996—1997学年享受国家助学金的初中生为102.8万人,约占初中学生总数的33%,其金额分每人341法郎和1093法郎两个档次。享受国家助学金的学生的父母主要是工

---

① 孔凡琴,邓涛.日、美、法三国基础教育师资配置均衡化的实践与经验[J].外国教育研究,2007(10):26—27.

人、农业工人、失业者、服务人员和外籍移民。① 随后,法国逐步完善了对贫困学生的财政补助政策,具体而言,可以包含以下方面。

1. 开学补贴制度

每年秋季开学都会增加学生家长的开支。这些开支对于多子女的贫困家庭来说,无疑是沉重的负担。为了帮助这些贫困家庭,国家建立了开学补贴制度,对家庭收入较低的学生家庭进行资助。但要求接受补助的家庭至少有一个6—18岁在读孩子,提供的资助金额取决于孩子的年龄。② 具体补助金额见表3.3。

表3.3 不同年龄阶段开学补助金额表

年龄	金额
6—10岁	362.63法郎
11—14岁	382.64法郎
15—18岁	395.90法郎

2. 入学交通补贴制度

入学交通补贴制度是为了解决义务教育阶段离校较远学生的上学交通问题,是由法国中央和地方政府共同向学生提供部分或全部交通费用。从历年情况看,中央财政负担学生交通补贴费的60%左右,其余40%由省级财政负担。享受这一补贴的学生约占中小学生总数的20%。90年代,法国本土96个省中有40个省已实行了学生上学交通费用全部由政府负担的作法。而补助金额取决于家庭距离学校的远近程度。③

3. 社会基金补助

该基金旨在帮助处境困难的人们支付学费和学校生活费。这种援助可以采取直接的财政援助或实物津贴(白天供餐或膳宿、杂项用品等)。援助分配的决定属于行政首长委员会的意见,该委员会是由教育机构的成员、代表学生和家长所组成的。

4. 午餐补贴制度

在法国,如学生在学校食堂用午餐,均可得到由国家资助的午餐补贴。班

---

① 高如峰.法国义务教育特别扶持制度[J].外国教育研究,1999(6):34.
② 高如峰.法国义务教育特别扶持制度[J].外国教育研究,1999(6):33.
③ 高如峰.法国义务教育特别扶持制度[J].外国教育研究,1999(6):35.

主任老师在学年期间征求董事会的补贴标准和方法,以便进行分配。

5.教科书免费提供制度

对于贫困家庭来讲,为其接受义务教育的子女购买上学所用的课本无疑也是一种负担。为了减轻学生家庭的这一负担,法国的做法是向义务教育阶段全体学生免费提供课本。在小学,学生课本由市镇财政购买,然后免费分配给小学生使用。当学生升级时,应将课本还给学校,以便分发给下届学生使用。由于小学生课本用纸精良,装订考究,一般可以循环使用3—4年。在初中,自1974年起,由中央和省财政首先根据初中一年级学生人数向学校提供课本购买补贴。

(三)特别帮扶制度

1.弱势地区特别帮扶政策

为了改善不同社区之间教育发展不平衡的状况,帮助解决处境不利社区中学校教育质量差与学业失败的问题,法国政府于1981年制定了一项被称作"教育优先区"的政策,以便对处境不利社区的学校给予特别支持。教育优先区依据学校的地理位置、社会环境、学生家长的社会职业状况、学前教育入学率、小学和初中的留级率、外籍学生比例等具体指标来确定。它们从1982年初建,至今已有了一定的规模。1995年,全国本土共建有教育优先区558个,主要集中在大中城市的郊区,其中巴黎三个学区共68个,里尔学区64个,马赛学区31个,波尔多学区34个等。这些教育优先区几乎涵盖了法国境内所有处境不利的社区。558个教育优先区共包括小学5200所、初中679所,另有职业高中或普通高中127所。每个教育优先区内一般包括1所初中、数所小学,有时也包括1所职业高中或普通高中。在教育优先区内就学的小学生和初中生,分别约占全国同类学生总数的11%和14%,高中生约占3.7%。政府对教育优先区在教学、师资等方面给予特别经费支持,提高在教育优先区任教教师的工资待遇。政府对教育优先区内教师给予特别津贴,1997年,该津贴额为一年6741法郎。凡在教育优先区内小学和初中任教的教师均能享受该项津贴。该津贴计入教师工资,由国民教育部支付。①

2.弱势人群特别帮扶政策

免费是法国实施义务教育的基本原则之一。从1881—1882年颁布《费里法》起,学生在公立小学接受教育一律免交一切费用,这一制度为全体儿童,特

---

① 高如峰.法国义务教育的特别扶持制度[J].外国教育研究,1999(6):33.

别是为家境贫苦儿童到公立小学接受初等教育创造了基本条件。1933年,法国通过颁布法律,进一步实现了初中四个年级的免费教育。不过即使如此,学生上学仍然为家庭增加了许多经费支出,如课本费、学习用具费、上学交通费、学校午餐费等。而这些支出费用对于处境不利家庭来说,更是沉重的负担,由此也可能导致部分学生失学或辍学。为了切实帮助法国社会中处境不利群体中每个适龄儿童均能入学接受义务教育,政府在一个多世纪的普及义务教育实践中,针对学生家庭的具体困难,制定了一系列特别扶持的政策与措施。二战之后,这些政策和措施日趋完善与健全。当前而言,主要包括国家助学金、开学补贴、上学交通补贴、教科书免费补贴、午餐补贴这几种形式。①

3. 偏远教师财政补助政策

对农村或城市薄弱地区学校教师实施特殊津补贴政策是许多国家吸引和鼓励优秀人才到艰苦边远或薄弱地区学校任教的普遍做法。法国在1981年提出设立教育优先区,依据学校的地理位置、社会环境、学生家长的社会职业状况、学前教育入学率、小学和初中的留级率、外籍学生比例等具体指标来确定。1982—1983年共设立了362个教育优先区,政府和民间团体对其进行各项改革。为鼓励教师到条件艰苦的地区任教,政府还采取颁发奖金、提高工资级别等措施。为了确保教师的待遇,教师工资由国家财政预算安排。在发放程序上,由银行直接存入教师个人的账户,没有什么中间环节,地方和学校无法截留或挪用,这样就保证了教师工资按时足额发放,有利于教师队伍稳定。在其他待遇方面,将教师纳入国家公务员序列管理,从根本上保障了教师的权利。②

五、法国基础教育经费投资体制的借鉴与启示

法国实现基础教育的均衡发展并不是一蹴而就的,经历了一个多世纪的漫长历程。就教育经费投资而言,法国在长期的实践中,坚持平等与补偿兼顾的投资理念、建立适合本国国情的教育投资体制,积累了较为成熟的经验,值得我国进行研究和借鉴。

(一)坚持平等与补偿兼顾原则,实现教育均衡

法国在教育经费的投入上坚持平等与补偿兼顾的理念。平等是法国长期遵循的教育原则,1975年《哈比法》第一条规定,所有儿童都有享受学校教育的

---

① 高如峰.法国义务教育的特别扶持制度[J].外国教育研究,1999(6):33.
② 袁苓.法国的教育体制与资源配置[J].江西社会科学,1999(6):108.

权利。1989年《教育指导法》第一条开宗明义指出，法律保证所有儿童和青年，不论其社会地位、文化或地域背景如何，都能获得教育与培训的权利。在众多法案中，法国都将平等教育写入其中，可见其对教育平等的重视。但法国政府也认识到平等不是绝对的，对处境不利地区和人群采取特别财政补助，才是实现教育均衡发展的保证。

(二)为不利地区或人群采取了特别财政扶持

即使是经济发达的国家，各地区之间的发展也不可能是完全平衡的。在实施义务教育的过程中，也总会遇到特殊的地区和特殊的人群。对于这些问题，我们必须予以特别关注，并采取特别的办法解决，否则，就不可能实现真正的教育均衡。法国政府较好地解决了这些问题。其扶持学校和教师的做法，中央财政对地方给予适当补贴的政策，设立教育优先区，对低收入家庭的学生发放各种补助，对在不利地区工作的教师确立不同的岗位津贴等一系列措施，均被实践证明是十分成功的，值得我们认真研究和借鉴。

第五节　法国城乡教育均衡发展的特点与启示

一、法国城乡教育均衡发展的基本特点

"自由、平等、博爱"一直是法国追求和谐社会的基本理念，也深深地影响着法国政治、经济、文化、教育等领域的变革。教育公平是社会公平的基础，也是社会公平在教育领域的体现。因此，法国历届政府都高度重视教育公平在促进社会公平中的重要作用，采取了诸如在制度上保障受教育者的机会均等、在政策上保障贫困地区教育优先发展与教育资源的合理配置、在课程上加强方向指导、在教学上建立辅导制度等措施来促进教育公平、实现基础教育均衡发展。纵观法国政府在基础教育均衡发展中的主要举措，可以看出，法国在实现基础教育均衡发展中呈现出三大特点，即从追求教育形式公平到追求教育实质公平的变革、从追求教育起点公平到追求教育过程和教育结果公平的变革、从注重地域公平到注重个体发展的变革。

(一)从追求教育形式公平到追求教育实质公平的变革

从19世纪末期法国实施免费义务教育政策到1975年的哈比教育改革，法国政府先后通过统一课程内容、延长义务教育年限、重新调整中等教育结构等

措施解决了"统一学校"的问题,从而加强了初等教育和中等教育之间的衔接,在义务教育阶段实行了单轨制,在制度上确保了不同种族、不同阶层学生受教育机会的均等,教育民主化程度显著提高,但是基础教育的质量问题始终没有得以有效解决,贫困地区和中下阶层学生学业失败现象最为突出。因此,随着义务教育阶段学校的统一,20世纪80年代以后,法国基础教育改革的重点开始由学校外部的学制改革转向学校内部的课程与教学改革,尤其是侧重于学校教育内容和教学方法的改革,尝试通过内容与方法的改革,真正使每一个学生在受教育过程中获得良好的教育,取得学业上的成功,以期从教育质量上缩小教育差距,促进教育均衡发展,实现教育的民主化与现代化。为此,法国政府先后颁布了新的小学和初中教学大纲,实施了新的高中改革计划等一系列政策措施,不仅在课程内容上更加注重与现代生活的联系,增加了信息技术教育的内容;加强了基础教育各阶段教学的连贯性,确保学生能顺利地完成各阶段的学习;还通过减少学习时间、加强方向指导,赋予了学生较大的自由发展的空间,构建了一个相对灵活的教育体系。

由此可见,法国政府在促进基础教育均衡发展中采取了从学校外部到学校内部、先教育体制改革后学校课程改革的基本模式,即首先在制度层面确保了学生受教育机会的均等,实行了教育形式上的公平,再通过课程与教学改革,减少学业失败,提高学校教育质量,促进学校教育均衡发展,追求教育的实质公平。

(二)从追求教育起点公平到追求教育过程和教育结果公平的变革

自19世纪末法国在初等教育改革中确立了教育的"免费性、世俗性和义务性"以来,法国就实行了免费初等教育的政策。20世纪初期,随着义务教育年限的逐渐延长,免费教育的范围也得到进一步的推广。到20世纪70年代末,法国既完成了学制改革,也完成了义务教育的免费和普及,所有学生一律就近入学,有效避免了因家庭贫困而上不起学的可能,也避免了因社会文化与家庭背景不同而接受不同类型教育的可能,保证了所有学生入学机会的均等。尽管法国的中小学没有重点与非重点之分,然而,由于受各种因素的影响,城市中心学校与贫困地区学校的教育差距很大。因此,入学机会的均等并不意味着学生接受教育过程的机会均等,不同地区、不同阶层的学生在优质教育资源的享受上存在着明显差别,法国政府为了减少学业失败,先后采取了诸多措施促进贫困地区基础教育的快速发展,尤其是法国政府近年来在基础教育改革中不仅提出和强调了"共同基石"的概念,也注重加强对学生发展方向的指导,倡导赋予学生更多选择的自由,给予学生更多个性化的帮助。不仅要求每一个学生都要掌握必备的基础知识和能力,也要保证每个学生在其专业方向上获得成功。这些改革都是法国政府在促进学生受教育机会均等上的重要举措。

教育机会均等是教育均衡发展的本质要求,不仅要求为每位学生提供均等的入学机会,也要保障每位学生受教育过程的机会均等和教育结果的均等,而赋予学生更多选择的自由,给予贫困学生更多个性化的帮助,要求每一个学生都拥有共同基石,是使每一个学生成功的前提。由此可见,法国在基础教育均衡发展上已由最初的保障每一个学生入学机会均等转向保障每一个学生都获得成功,由教育起点的公平转向教育过程和结果的公平。

(三)从注重地域公平到注重个体发展的变革

法国虽然是世界主要发达国家,但是东西部之间、城市中心与边缘地带之间以及社会各阶层之间教育发展不均衡,学生择校现象严重。早在1963年,法国政府就建立了"学校布局图"制度,重新调整了学校的布局分布,规定学校划片招生,学生就近入学。"学校布局图"制度虽然解决了城市边缘地带社会中下层家庭学生上学难的问题,但是无法缩小长期以来形成的东西部之间、城市中心与边缘地带之间以及各学校之间的教育差距,甚至在一定程度上加快了社会阶层和教育中的两极分化。为了缩小地区之间、学校之间的教育差距,20世纪80年代,法国实施了"教育优先区"政策,政府对那些落后地区与薄弱学校在经费与师资方面给予特别优惠,以缩小教育差距,促进教育公平。"教育优先区"政策虽然在改善学校教学设施和减少班级人数上取得了明显效果,但是在解决学生的学业失败上收效甚微。针对上述现象,法国政府一方面采取了"学区松绑",另一方面,通过建立辅导制度等措施,确保每个学生都能成功。尤其是2008年小学教育改革为学习困难学生每周单独开设2小时的辅导课,"面向2010年的新高中"改革方案提出了个人陪伴、监护制度和补习三种更有针对性的教育途径,这些举措都是针对学生发展的需要,提供更具针对性的个性化服务。

如果说20世纪以前法国在促进教育公平上的重要举措是政府采取特殊政策促进地区教育均衡发展,那么进入新世纪,法国政府在促进教育公平上的政策则侧重于给予贫困地区和薄弱学校的学生更个性化的帮助,尝试减少学业失败,提高教育质量,促进教育公平。

二、法国城乡教育均衡发展对我国基础教育发展的启示

中法两国尽管在社会意识形态、政治、经济、历史文化、教育传统等方面相差较大,但是两国在教育管理体制方面都是中央集权式管理,国家制定统一的课程标准;在义务教育阶段实行就近入学的基本政策。因此,参考和借鉴法国在基础教育均衡发展方面的主要举措,对于缩小我国教育差距,促进教育均衡发展有重要的参考价值。

(一)建立以县为主,以省统筹的基础教育管理新体制

基础教育管理体制在我国基础教育事业发展中起着领导、组织、协调、保障等重要作用,是保障基础教育均衡发展的基石。法国在教育管理体制方面实行的是高度的中央集权制,教育部和各大学区利用集权管理之便利,建立了较为均等的教育体系,保障了学生受教育权利的均等。我国长期以来实行"地方负责、分级管理、以县为主"的基础教育管理体制。随着社会的发展,县域之间在经济、教育等方面的差距不断拉大,严重影响和制约了我国基础教育的发展。"以县为主、以省统筹"基础教育管理新体制的建立,一方面,有助于明确省级政府在促进基础教育均衡发展中的责任,在教育投入、教师编制等方面加大对贫困县、贫困学校的扶持力度,有效缓解贫困县在教育投入方面严重不足、在教师编制方面师资紧缺的现象,缩小县域之间、校际之间的教育差距,促进基础教育均衡发展。另一方面,《国家中长期教育改革和发展规划纲要(2010—2020年)》提出要在确保在县域内实现教育均衡的同时,逐步向更大范围推进。而教育管理体制的上移,也有利于省级教育行政部门在更大范围内统筹全省的基础教育工作,制定全省基础教育发展规划,组织所辖县具体实施,并进行监督评估,大力推进县域基础教育的均衡发展,促进教育公平和社会和谐。

(二)设立教育优先区

教育优先区最早出现在1967年英国《普劳顿报告》(*Plowden Report*)中,20世纪60—70年代,美国、英国、加拿大、澳大利亚等国家均实施了该类政策,法国也于1981年制定了"教育优先区"政策,"教育优先区"政策的实施在很大程度上缩小了法国东西部之间、城市中心与边远地区之间的教育差距,为所有学生提供了尽可能相等的教育机会。该政策被看作是世界主要发达国家为确保所有学生在教育过程中均有相等的教育机会而采取的最重要、最有效的举措。

由于历史、政治、文化等的原因,我国东中西部之间、城乡之间存在着严重的教育不均衡现象。而政府长期以来实施的"重点学校"政策,进一步加大了城乡之间、校际之间教育的失衡,是造成我国基础教育非均衡发展的制度性因素。如何实现教育公平、促进基础教育均衡发展已成为我国当前基础教育发展迫切需要解决的问题。《国家中长期教育改革和发展规划纲要(2010—2020年)》也提出,要把促进教育公平作为国家基本教育政策,而教育公平的重点是促进义务教育均衡发展和扶持困难群体,尤其是加大对革命老区、民族地区、边疆地区、贫困地区的教育扶持。我国政府虽然采取了诸如"西部地区'两基'攻坚计划(2004—2007年)""农村中小学现代远程教育工程""希望工程"等诸多措施,但由于投资力度不够,而且缺乏统一规划,投资效益不高。鉴于此,国家可以考虑通过政府行为,优先在革命老区、民族地区、边疆地区和贫困地区设立教育优先区,制定严格的入选条件指标和评审程序,对已经确立的优先区,在专家指导、财政拨款、学校建设、教师配置、师资培训等方面予以倾斜,切实提高薄弱地区和薄弱学校的教育质量,缩小教育差距,确保所有学生教育机会的均等。

(三)实施教师公务员制度

教师资源是教育的第一资源,建立合理、规范的教师流动制度,是实现教育公平、促进教育均衡发展的重要条件。法国的教师是公务员编制,不仅享有统一的工资标准和医疗保险,而且工资收入和职业地位相对都比较高。更为重要的是,法国不仅要求每一位新教师必须服从工作岗位的分配,而且还建立了一套较为成熟的中小学教师配岗流动制度,对在"教育优先区"工作的教师发放特殊津贴,并且工作满一定年限的教师提出转岗申请时还可获得额外加分。法国教师的公务员制度、中小学教师的分配模式及其流动制度,在促进法国教育均衡发展中起到了重要作用。

我国目前对教师的法律身份规定还不太明确,虽然《教师法》和《义务教育法》都指出,教师的平均工资水平应当不低于或者高于国家公务员的平均工资水平。但是在执行过程中,存在各种问题。不仅影响了教师的个人利益和教师的社会地位,也影响了教师资源的合理分布,使得"农村教师进城""城市教师'东南飞'"等问题日益严峻,造成了贫困地区、薄弱学校大量优秀教师的流失,严重地影响着教师队伍的稳定性和教师队伍的合理流动。教师公务员制度的实施,不仅能使教师的身份在法律上得到认可,保障教师的各种权与利,更为重要的是,教师公务员制度的实施,能有效地配合我国目前正在实施的免费师范生政策,极大地提高教师职业的社会地位,吸引优秀人才选教、从教,更重要的是,有助于政府制定教师分配政策和定期轮换政策,从宏观上调配师资,避免由于教师的非合理流动而造成的优秀教师过于集中的现象,保证基础教育阶段教师资源分配的合理性,促进基础教育的均衡发展。

(四)建立学生发展指导制度,为学生的多次选择创造机会

法国早在1938年就建立了方向指导的有关制度,迄今为止,已经形成了由国家教育与职业信息局、信息与方向指导中心、学校班级委员会等组成的组织与管理机构,不仅在国家层面有信息与方向指导中心派来的专职指导顾问,在学校层面还为每一个班级选择一位主任教师来担任这个班级的日常指导工作。通过对学生发展方向的指导,既为每个学生提供了多次选择的机会,也使每个学生的受教育权得到保证,使他们的个性得到发展,并使他们获得成功。法国学生发展指导制度的建立,为满足学生的个性发展,提高教育质量,起到了很重要的作用。

我国基础教育阶段并没有对学生发展进行指导的专门机构和专职教师,对学生的指导主要以管理为主,零散于教学活动和班主任工作之中,在对学生发展的指导上具有随意性、不专业性,为此,《国家中长期教育改革和发展规划纲要(2010—2020年)》明确提出,要建立学生发展指导制度,加强对学生的理想、心理、学业等多方面指导。建立学生发展指导制度,为学生提供多种选择的可能,有助于使学生在了解自己的兴趣、性向、能力与个性特点的同时,依据自己的知识结构、能力特点与发展需求,选择适合自己的教育,最大限度地促进学生个性的发展,从而打破我国长期以来形成的受"考试文化"影响的"唯升学取向",在确保学生学习连贯性的同时,满足学生发展的多样性,真正体现并且保障教育过程的机会均等,实现教育民主。

(五)建立贫困学生学业辅导制度

为了加快贫困地区、薄弱学校的发展,法国政府在20世纪70年代就实行了专门针对学习困难学生的辅导制度,近年来,法国政府将单独开设辅导课和假期补习班作为避免贫困地区学生学业失败的重要举措。法国审计法院的审计报告甚至指出,通过教育经费的增加来缩小教育差距实质是治标不治本的做法,缩小教育差距的根本在于教育制度本身的改变,即为成绩差的学生提供辅导,对不同的学校使用不同的教学方法,重新调整教学节奏等。通过补课、个别辅导、调整教学节奏等形式,使贫困地区的学生克服学习上的障碍,以减少因社会背景和家庭出身产生的教育不公平,更好地保障每一个学生学习的机会均等。

我国政府长期以来高度重视基础教育的均衡发展,并且采取了诸多措施来缩小地域之间、城乡之间、校际之间的教育差距,取得了显著的成效,尤其是随着农村义务教育经费保障机制的改革,将农村义务教育全面纳入公共财政保障范围,全面实施了免费义务教育。在此基础上,中央政府还通过国家贫困地区义务教育工程、农村中小学危房改造工程、标准化学校建设等项目的实施,使中西部贫困地区学校的教学设施、教师队伍和教学环境等都有了极大的改善,大力促进了基础教育的健康发展。然而调查表明,我国重点大学农村学生所占比例从1990年开始不断下滑,以北大为例,20世纪80年代,农村学生在30%以上,90年代中期以后农村新生比例开始下降,2000年以后,农村户籍新生的比例在10%—15%之间[1]。杨东平的研究也表明,农村学生主要集中在普通地方院校与专科院校。以湖北省为例,2002—2007年5年间,考取专科的农村生源比例从39%提高到62%,以军事、师范等方向为主的提前批次录取的比例亦从33%升至57%。而在重点高校,中产家庭、官员、公务员子女则是城乡无业、失业人员子女的17倍。由此可见,随着教育现代化和民主化步伐的加快,在确保所有学生"有学上"的前提下,如何保障每一个学生"上好学",实现教育过程和结果中的机会均等是我国基础教育均衡发展面临的最大问题。

鉴于教育机会均等实现过程的复杂性和长远性,我们可借鉴法国在教育制度方面的改革,打破教育管理体制过于统一的模式,在革命老区、民族地区、边疆地区和贫困地区建立由政府主导的、制度化的学生学业辅导制度,利用周末、寒暑假等时间,组织当地教师、志愿者对学生进行个别或小组辅导,以切实提高贫困地区薄弱学校的教育质量,促进基础教育均衡发展。

---

[1] 刘云杉,王志明,杨晓芳.精英的选拔:身份、地域与资本的视角——跨入北京大学的农家子弟(1978—2005)[J].清华大学教育研究,2009(5):42—59.

第四章　英国统筹城乡教育均衡发展的研究

英国全称是大不列颠及北爱尔兰联合王国,由苏格兰、英格兰、威尔士和北爱尔兰及附属的岛屿构成,国土面积为24.41万平方公里。作为最早进行资产阶级革命和工业革命的国家,英国教育的发展却滞后于经济和政治的发展。虽然英国目前是世界上基础教育最为发达的国家之一,但也存在着基础教育发展不均衡的问题。中世纪时期形成的双轨制教育体制以及19世纪中期以前教育自由的积习,既违背了教育公平的理念,也成为阻碍其教育均衡发展的最大障碍。1833年英国政府出资2万英镑用于发展教育事业,首开政府通过拨款形式间接干预教育的先河。从此,英国政府逐步加强对教育的管理和控制,将教育权收归国家,加大政府对教育的投入,改革教育体制,加强薄弱学校改造力度,为处境不利群体提供均等的教育机会,以提升教育质量,促进教育的均衡发展。

第一节　英国城乡基础教育均衡发展的历史进程

历史上,英国城乡基础教育均衡发展的起步较晚,发展缓慢。长期以来形成的教育自由的积习、频繁的国内外战争和教育自身存在的缺陷等,使得英国政府无暇也不愿意管理和发展公共教育事业,教育权基本上为宗教团体掌握。早期的英国基础教育发展滞后,教育对象狭窄、教育内容简单、教学方法单一、教育质量较差。随着社会的发展和教育的进步,政府逐渐认识到教育的重要性以及教育公平对社会发展的促进作用,开始收回教育权,确定教育目标,制定教育政策,改革教育体制,健全教育法规,保障儿童的受教育权,旨在实现教育公平,促进教育均衡发展,力图为所有的社会成员提供均等的教育机会,让每一个人都能接受适合的教育。

英国是世界上城乡间差距最小的国家之一,也正因如此,与其他国家相比,英国城乡间的教育差距相对较小,英国政府并未特意强调城市教育与乡村教育间的差距,而是更为关注优质学校和薄弱学校间的差距。鉴于此,本章在介绍英国基础教育均衡发展状况时,并不特意强调英国城乡间的教育差距,而更多关注英国政府在照顾处境不利群体受教育权中的举措。

一、英国基础教育发展历史概述

英国政府统筹城乡基础教育均衡发展的历史可以追溯到18世纪中期。但是一直到20世纪上半期,偏远乡村的基础教育发展仍相对缓慢。二战以后,随着世界政治经济的发展,尤其是冷战思维形成后,教育成为提升国家竞争力的关键,受到前所未有的重视,成为各国政府进行改革的主要着力点。英国政府审时度势,牢牢抓住教育发展机遇,将教育放在优先发展的战略地位,以实现教育公平、保障教育机会均等为目标,对教育进行大刀阔斧的改革,使英国的基础教育迅速发展起来,英国很快进入基础教育最为发达的国家行列,不利处境学生的基本受教育权得到保障,教育公平取得阶段性的胜利。

(一)国民初等教育制度的形成和发展

20世纪以前,受工业革命影响,大量无地或少地的农民纷纷涌入城市,为英国城市的发展做出了突出贡献,加速了英国的城市化进程。这一时期,英国的优质学校主要集中在城市地区,而薄弱学校主要在农村地区,城乡基础教育的差距非常明显。而且,英国基础教育权大都被教会、宗教团体和社会组织所占有,政府基本上不干预教育事务,基础教育发展非常缓慢,教育质量较差。这一时期的基础教育具有明显的双轨制特征:一轨是为不利处境的下层阶级的孩子提供的教育,直接为未来的就业做准备,主要位于广大的农村地区。该类学校的教学条件较差,教学内容主要是宗教知识和简单的读写算,教学方式是学徒制或者是导生制,学生通过死记硬背学习知识,教师也多由手工业者、教堂人员、老年人、退伍军人等担任。这些学校不仅教育质量较差,而且学校数量和入学学生数量都非常少。另一轨是为富人阶层及贵族子弟准备的,为升入高等学府做准备,这类学校大都位于城区。富人和贵族聘请家庭教师对孩子进行启蒙教育或初等教育,之后在文法学校或公学接受中等教育。这类学校教学设施齐全,环境优雅,师资水平高,教学质量好。差不多到19世纪末,英国的公共教育是作为一种阶级制度发展起来的,初等教育是贫民的教育,中等教育是富人的教育。初等和中等教育的划分不是建立在教育因素之上,而是建立在社会和经济因素之上的。教育分化不是始于小学之后,而是始于小学之前,这与家长的地位有关。① 这种沿着社会阶级划分而发展起来的组织结构是英国教育遗传的恶疾,②严重阻碍了基础教育的均衡发展,教育的两极分化非常严重。

第一次工业革命的发展,为英国带来了历史性的巨变,大大提高了生产效率,也改变了人们的生活方式,工人阶级的力量日益壮大,无论是从社会生产的需要的角度,还是从工人阶级争取权利的角度,教育都成为人们关注的焦点。为了缓和阶级矛盾,同时也为了促进生产力的发展,1833年英国国会颁布了《工厂法》,规定9—13岁的童工每天应在工作时间内接受两小时的义务教育。③ 该法案虽未真正的付诸实施,却是基础教育的雏形,为国民初等教育制度的确立奠定了基础。1870年,英国政府颁布了《初等教育法》(也称《福斯特法案》),规定对5—12岁的儿童实施强迫的初等教育;在缺少学校地区设立公立学校,每周学费不得超过9便士。④ 该法案是英国教育史上一部具有重要影响的法案,赋予下层民众子女接受初等教育的权利,扩大了教育对象,标志着国民初等教育制度的正式确立。此后,为了保证基础教育的有效实施,英国政府不断修正教育法案,如1876年教育法规定,家长有义务送子女入学;1891年教育法规定实施免费初等教育;1918年《费舍教育法》规定5—14岁为基础教育阶段,小学一律实行免费,禁止雇佣不满12岁的儿童工作等。在英国政府和社会各界的大力支持下,到20世纪初期,英国已基本普及初等教育,在教育公平上迈进了一大步。

虽然基础教育制度的形成历经了很多的坎坷,经历了较长的时间考验,但是其意义重大。基础教育体系的形成,保障了下层民众的受教育权,不利处境学生也可以享受初等教育,基本实现了人人都能接受初等教育的目标。从某种程度上讲,也实现了入学机会的均等,人人都有权利而且有条件接受初等教育。但是,有权利接受初等教育并不意味着人人都可以享有优质的教育资源,更不意味着教育过程和结果的平等。学生入何种学校,与家长的社会地位、财富、受教育状况和对教育的重视程度等密切相关,教育的双轨制依旧难以打破,教育的两极分化状况愈演愈烈。

(二)中等教育普及化时期的基础教育

在20世纪以前,英国的中等教育为上层社会子弟所垄断,教育质量较好,

---

① 瞿葆奎.英国教育改革[M].北京:人民教育出版社,1993:24—33.
② R. H. Tawney. Equality[M]. London:Mllenand Vnwin,1931:142.
③ 吴式颖.外国教育史教程[M].北京:人民教育出版社,1999:380.
④ 吴式颖.外国教育史教程[M].北京:人民教育出版社,1999:380.

学费昂贵,下层民众子女基本没有接受中等教育的权利,而且中等教育与初等教育分离的现象十分严重。19世纪末20世纪初,在实现初等教育普及之后,英国政府逐渐将教育改革的重心转向中等教育。1907年自由党政府实施"免费学额制",即由政府拨款的中等学校要将25%的名额留给学习成绩优异的学生(一般根据11岁考试成绩),这在一定程度上为出生寒门的优秀学生提供了进入中等学校学习的机会,但是名额极少,只有少数非常优异者才能享受免费学额待遇,绝大多数不利处境学生仍旧被排除在中等教育之外。1924年,英国工党政府明确提出"人人有权接受中等教育"的口号,希望改变为90%的儿童提供初等教育和为少数人提供中等教育的状况,建立一个包括16岁以前儿童和少年统一发展的教育,以新的普通中等教育来推动社会的发展。[①] 在工党政府的推动下,1926年的《哈多报告》提出,在11岁时举行选择性考试,学生根据自身的特点,选择进入文法学校、选择性现代中学、非选择性现代中学、公立小学高级班或高级小学,以满足各自的不同需要。1938年的《斯宾斯报告》增加了技术中学,形成了中等教育由文法中学、现代中学和技术中学构成的局面,并提出设立一种兼有三类中学的多科性中学的设想,旨在给予儿童更多的选择权,扩大教育对象,增加教育机会。而后教育大臣巴特勒于1944年提出并获得通过的《1944年教育法》(也称《巴特勒法案》),规定所有学生均可免费享受中等教育,设立由初等教育、中等教育和继续教育组成的公共教育系统;小学毕业后根据11岁时的考试,按成绩、能力和性向选择进入文法学校、现代中学和技术中学;实施5—15岁的基础教育。该法案形成了初等教育、中等教育和继续教育相互衔接的国民教育制度,扩大了国民受教育的机会,法案决定了英国战后教育发展的基本方针和政策。[②] 由此,双轨制基本废除,"人人有权接受中等教育"的目标基本实现,现代国民教育制度正式确立。

根据11岁考试,按成绩、能力和性向决定学生进入中学的类型,并对中等教育免费,这在一定程度上保障了下层民众子女享受中等教育的权利;中等教育类型的多样化,也扩大了学生的选择面,使学生可以根据自己的实际情况选择适合的学校,这就提高了教育资源的利用率,也基本实现了中等教育入学机会的均等。但是,文法学校、现代中学和技术中学间的差距非常大,它们的教育目的、教育方式、教育内容、师资力量、教育设施及教育质量等都存在很大的差距,而且,学生的成绩和能力受家长的社会地位、家庭收入、父母的教育方式和

---

① 瞿葆奎.英国教育改革[M].北京:人民教育出版社,1993:24.
② 吴式颖.外国教育史教程[M].北京:人民教育出版社,1999:541.

家长的受教育状况等因素的影响,以成绩、能力和性向为依据选择中学类型,并没有真正做到教育公平。因此,工党政府主张建立综合中学,在同一学校设置三类中学,各类中学间可以相互流通,增加学生的选择权,保障学生享有均等的入学机会,却遭到保守党政府的反对。20 世纪六七十年代,两党轮流执政,综合中学经历着废除、设立、再废除、再设立的曲折过程,直到 20 世纪 80 年代,保守党才转变政策,默许综合中学的存在。综合中学迅速发展,成为中学的主要存在形式。

此外,为了促进教育公平,扩大家长的教育选择权,英国政府颁布了《1988 年教育改革法》,规定实施全国统一课程;分别在 7、11、14、16 岁时,举行全国统一考试,再辅以教师的考评,将其作为对学生进行甄别和选拔的依据;赋予家长自由择校的权利,并规定实施"摆脱选择"政策,即地方教育当局管理下的所有中学和人数在 300 名以上的小学,经过家长秘密投票,可以摆脱地方教育当局的控制,直接由中央教育机构统一领导。《1988 年教育改革法》从课程设置、入学依据、自由择校等方面保障教育公平,尽可能地为学生提供均等的教育机会,使所有学生都能接受优质教育,为教育均衡的实现提供了法律保障。

进入 20 世纪 90 年代以后,英国政府不满足于已取得的成就,调整教育目标,将实现"每所学校都成功、每个孩子都优秀"的全纳教育以及使英国成为全球教育领域的领头羊作为英国政府的教育追求。为此,作为执政党的工党将教育放在优先发展的战略地位,把增加教育投入、改革教育体制、打造优秀师资队伍、提升基础教育质量等作为其发展教育的主要任务,并将教育改革的重心放在对薄弱学校的改造,实施了"教育行动区"计划、"教育优先区"计划、"国家挑战"计划等,这些措施都取得了良好的成效。

二、英国城乡基础教育均衡发展政策的历史沿革

英国在追求基础教育公平的道路上经历了四个阶段:19 世纪 80 年代以前追求基于阶级分析的教育公平,其基本特征是向特权阶层提出挑战,倡导中等教育的入学机会平等思想,后又转向教育过程中资源的平等分享;20 世纪 20 年代到 50 年代,追求基于智力理论的教育公平,基于心理学研究成果,试图以建立在心理学基础之上的智力取代血统(阶级出生)决定入学机会;20 世纪 50 年代兴起基于社会分层和社会流动分析的教育公平研究,其暗含的假设是人人有权利更公平地重新选择所属阶层,基于此,英国研究者认为通过高速率的社会流动尤其是通过教育的社会流动,将能促进工人阶级儿童才能的发挥,且能提

高经济、社会和政治等方面的活动效率;20世纪90年代后,基于教育消费权批判的教育公平受到广泛关注,其基本特征是批判教育选择权、消费权造成的教育不平等,试图以社群力量限制市场和政府的力量,加强市民社会的民主参与程度,并对公民权进行重新解读,即承认人的差异性的存在,认为通过提供同一水平的多样化教育,能够实现消费权和公民权的平衡。[1]

(一)政府履行教育管理的主体职责,统筹基础教育均衡发展

19世纪30年代以前,英国政府很少干预教育,教育权一般掌握在教会和宗教团体的手中。1807年,惠特布雷特提出《教区学校议案》,建议政府在每个教区建立由国家管理的学校。该议案在下院获得通过,但在上院被否决。此后,越来越多的人认识到国家干预教育的重要性,他们纷纷提出建议,要求将教育权收归国家,建立正规的教育制度。迫于舆论的压力,也为了顺应形势发展需要,1833年,英国政府决定,每年从国库中拨出2万英镑的教育拨款,用于发展基础教育事业,首开政府通过拨款形式间接干预教育的先河。

随着生产力水平的不断提高,社会生产对劳动者的素质提出了更高要求。培养具备一定文化素养的劳动者,不仅能够提高生产效率,还能依靠杰出人才创造新的产品,增加社会效益,获得更多的剩余价值,而这正符合资产阶级寻求利益最大化的需要,人力资源的优势得到凸显。另一方面,工人运动风起云涌,工人阶级开始觉醒,主动争取自己应该享受到的权利。在他们看来,接受教育是实现社会流动的主要途径,是每一个人都应享有的权利,旧有的教育体制不能满足工人阶级受教育的需求,必须建立新的教育体制,让下层民众也能接受到好的教育。因此,工人阶级强烈要求政府保障国民受教育的权利。此外,一些政治家、思想家、教育家等也主张国家干预教育,将教育权收归政府,建立完善的国民教育体系。德国、法国教育的发展,也使英国政府感受到国家干预教育的必要性。

在此背景下,英国政府通过制定法律、设置教育管理机构、加强督导管理等,不断加强对教育的管理和控制。1870年《福斯特法案》规定,国家对教育有补助权和监督权;《费舍教育法》提出加强地方当局管理教育的权力和国家教育委员会制约地方当局的权力;1944年《巴特勒法案》规定加强国家对教育的控制和领导;《1988年教育改革法》更是加大对教育的管理,实行国家统一课程,分别

---

[1] 倪小敏.向有差异的平等迈进——20世纪英国基础教育公平理念的嬗变[J].清华大学教育研究,2010(5):89—94.

在 7、11、14、16 岁时举行全国统一考试,设立直接拨款学校等。

国家加强对基础教育的管理和控制,有利于政府立足全局,统筹规划,合理分配教育资源,兼顾教育的均衡发展。英国在教育管理体制上,实行地方管理为主,中央统筹规划为辅,中央与地方形成合作伙伴关系。这样,既发挥了地方办教育的积极性,根据本地实际,因地制宜,建立有地区特色的教育体系,也可以发挥中央统领全局的作用。随着国家管理教育权限的逐渐扩大,英国政府开始关注地区间、学校间、群体间教育发展的不均衡问题。特别是 20 世纪末至 21 世纪初,英国政府通过制定各种专项计划、增加教育拨款、为学校间的合作创造机会等方式,大力扶持薄弱学校的发展,减少学校间的差距,并取得了较大的成效,使英国成为世界上城乡教育差距最小的国家之一。

(二)改革入学政策,提供均等的入学机会

瑞典教育家胡森(Torsten Husen)提出,教育公平应该包含入学机会平等、教育过程平等和教育结果平等这几个方面,这一观点受到广泛认同。英国基础教育入学政策的发展可以分为两个阶段:追求入学机会均等阶段(1870—1987年)和追求所有学生均能享受到优质教育阶段(1988年至今)。

1.追求入学机会均等阶段(1870—1987年)

19 世纪 70 年代以前,受经济条件、社会地位、家庭背景、文化传统等因素影响,下层民众的子女被剥夺了基本的受教育权,即使部分孩子能够接受教育,也只是在慈善学校、教会学校等接受宗教教育。工业革命的迅速发展,对劳动者素质提出了一定的要求,为了提高工人的文化水平,同时也为了满足工人阶级对受教育权的诉求,1870 年,英国政府颁布了《初等教育法》(The Elemental Education Act)又称《福斯特法案》,规定对 5—12 岁的儿童实施强迫的初等教育。[1] 该法案还规定,小学生就学距离为 3 英里,超过 3 英里家长有权以距离远为由拒绝送子女上学。[2] 1870 年《初等教育法》的核心是实施强迫的初等教育,并且推行就近入学政策。这一政策的制定,表明英国向教育公平迈进了坚实的一步,扩大了教育对象,在法律上保障了下层民众的受教育权,使不利处境的人群享有了受教育的权利。就近入学政策也使部分下层民众有机会接受优质的基础教育。但是,政策的制定是一回事,而政策的实施则是另外一回事。从当时的社会条件来看,阶级观念浓厚、经济条件较差、生活环境不利等限制了中下

---

[1] 吴式颖.外国教育史教程[M].北京:人民教育出版社,1999:380—381.
[2] 刘熙.英国中小学入学政策改革——以家长权利保障为核心[J].基础教育参考,2009(9):42—44.

层民众接受平等教育的机会。

1918年,英国政府接受了教育大臣费舍提出的有关初等教育的议案,该法案被称为《费舍教育法》,将基础教育的最高年限提高到14岁,规定小学一律免费,地方教育当局要为11—16岁的年轻人免费提供适当的继续教育。该法案实施以后,增加了儿童的入学机会,大量儿童进入学校接受初等教育,极大促进了英国初等教育的发展,基本保证了适龄儿童的受教育权。

1944年的《巴特勒法案》接受中等教育三分法,主张设立三类中学,即文法学校、现代中学和技术中学,根据11岁考试结果按成绩、能力和性向决定学生进入何种类型的中学,"人人有权接受中等教育"的理念基本实现。但是,看似公平的中等教育制度,实际上却对中下层阶级不利。11岁考试的理论基础是智商决定论,认为人天生是有差别的,根据学生的不同特征进入不同的学校,是符合智商发展规律的。智商决定论对不利处境的学生是不公平的,成绩的好坏除了与智商有关外,还受家庭背景、经济条件、学生态度、家长对教育的重视程度等因素的影响,一味地强调11岁考试,限制了学生的发展,导致下层阶级子女进入文法学校的概率依旧很小,大部分的不利处境儿童只能进入现代中学和技术中学。

二战以前,英国政府关于基础教育入学政策的改革,其重点在于为尽可能多的学生提供公平的入学机会,使绝大多数人都能享受到初等教育和中等教育,实现基础教育的普及化。这一时期的入学政策,具有明显的追求数量化的特征,即尽可能让更多学生能够接受基础教育,保证学生享有公平的入学机会,而对学校的办学质量相对要求较低。

第一次和第二次工业革命,不仅使英国成为世界强国,也壮大了无产阶级的队伍,工人阶级登上了政治舞台。这时的工人阶级已不再满足仅仅接受初等教育,开始追求教育的平等,主张一切正常儿童都应接受中等教育;随着社会的发展,上层社会和处境不利群体的矛盾日益激化,在教育上则表现为下层民众不满足于接受质量低下的教育,希望能享受到更多更好的教育资源;1918年《费舍教育法》规定5—14岁为义务教育阶段,小学一律实行免费[①],赋予处境不利儿童平等的接受基础教育的机会;初等教育得到迅速发展,大量儿童进入学校,但是由于中等教育的贵族性,使得绝大部分不利处境儿童小学毕业后直接就业,无法享受中等教育;1926年的《哈多报告》和1938年的《斯宾斯报告》均提出针对不同类型学生,设立文法学校、现代中学和技术中学的设想,但受当时的社

---

① 吴式颖.外国教育史教程[M].北京:人民教育出版社,1999:536—537.

会条件的限制,并未付诸实施,下层民众依旧难以享受到中等教育;代表广大劳动阶层利益的部分英国政府人士认为,为促进本国社会发展,有必要赋予下层民众一定的接受中等教育的机会;美国、德国、法国等基础教育的发展,促使英国政府感受到发展中等教育的重要性。正如澳大利亚教育史学家康纳尔评论道,这个民族正在使自己失去可以在将来成为工商业发展基石的人才来源;它不适当地限制了专业人才的培养;它把网撒得太小,无法发现和培养最有才能的人来为社会服务,结果只从一小部分中来培养领导人物。因此,这个民族正在走向失败。[①] 因此,中等教育改革变得迫切而紧要。

20世纪中期,教育社会学家、心理学家提出智力遗传论,认为儿童存在三种智力类型且具有恒常性。因此,"能进行连贯推理"的儿童应该进入文法中学,"在应用科学或实用工艺领域具有明显兴趣与能力"的儿童应进入技术中学,其余的儿童进入现代中学学习。智力遗传论为文法中学、现代中学和技术中学的存在提供了心理学基础。1944年《巴特勒法案》提出为所有学生提供免费中等教育,使初等教育、中等教育和继续教育或高等教育相互衔接,成为一个完整的教育体系,这就为中等教育的三轨制提供了法律和政策保障。该法案规定小学毕业后举行11岁考试,学生按成绩、能力和性向分别进入文法中学、现代中学和技术中学。[②] 由此,中等教育由双轨制发展为三轨制,这不仅使下层民众的子女享有接受中等教育的权利,还增加了他们进入文法学校的机会。一定程度上,体现了"成绩面前,人人平等"的思想。由此,依据社会地位、经济条件等进入优质的中等教育的选拔方式受到挑战,成为20世纪50年代以后中等教育改革的主要着眼点。

三轨制在20世纪40年代到50年代得到很大的发展,成为中等教育的主要类型。即使是主张建立综合中学的工党,也热衷于发展三轨制,而对综合中学持冷漠态度。但是,在文法学校和公学中,富人及贵族子弟仍旧占很大比重,为升大学做准备;而不利处境群体的孩子只能在现代中学和技术中学接受教育,毕业后主要从事技工、护理等技术含量较低的工作,很少有人能接受高等教育。中等教育的多轨并行,实际上体现了教育的不公平,剥夺了处境不利学生享受优质中等教育的机会。

---

① (澳)W.F.康纳尔.二十世纪世界教育史[M].孟湘砥,胡若恩,译.长沙:湖南教育出版社,1991:314.
② 姚会军.英国综合中学发展研究(1944—1980)——追求教育机会均等的视角[D].保定:河北大学,2006.

20世纪50年代的两次竞选失败,使工党政府重新反思自己的施政纲领,改变教育政策,决定发展综合中学,实现"人人有权接受中等教育"的目标。1965年7月,教育国务大臣克罗斯兰(Anthony crosland)发布第10号通告,提供六种中等教育改革方案,要求地方教育当局根据本地实际,选择适合自己的方案对本地区的综合中学进行改造。在这六种方案中,政府较为青睐的是建立一种包含文法中学、技术中学和现代中学的一贯制中等学校的方案。一贯制学校不仅简便易行,管理方便,还扩大了学生的选择权,学生可以根据自己的需要选择适合的学校。如果学生认为自己不适合学习某类中学的课程,还可以通过简单的考试进入本校的其他类型中学。第10号通告拉开了综合中学改革的序幕,综合中学运动由此开始。

保守党认为综合中学入学门槛较低,不利于培养社会精英,且损害了社会上层阶级的利益,因此,极力反对综合中学的建立。20世纪60年代到70年代,保守党和工党围绕综合中学改革展开了激烈的斗争,综合中学也经历了废除、开展、再废除、再开展的过程。到了20世纪80年代以后,由于综合中学的优势渐渐凸显,受到社会大众的广泛关注,保守党才改变态度,默许综合中学的存在,综合中学得到迅猛的发展。如表4.1所示:

表4.1 公立中等学校学生在综合中学就读的比例

年份	1965	1966	1967	1968	1969	1970	1971	1972	1973	1974	1975	1976	1977	1978	1979	1980
比例%	8.5	11.1	14.4	20.9	26.2	32.0	37.7	43.4	50.7	62.0	69.7	75.6	79.7	86.0	86.0	88.0

表格来源:AlanWeeks. Comprehensive schools: Past, Present and future[M]. London, Methuen and CoLtd,1986:48.

综合中学运动有力地冲击了当时的教育体制,不再以门第、金钱、智力测验等为依据招收学生,而是根据学生和家长的意愿、教师的建议、学校的生源情况等招收学生,在一定程度上,扩大了教育对象,照顾到了处境不利群体的利益,保证了中等教育的公平,也为高等教育的公平奠定了基础。

2.追求所有学生均能享受到优质的基础教育阶段(1988年至今)

1988年以撒切尔夫人为首的保守党,根据国内外形势的变化,颁布并实施了《1988年教育改革法》,被视为英国20世纪的又一座里程碑。该法案对入学政策进行调整,倡导开放入学政策,赋予家长自由择校的权利,扩大家长的教育选择权。法案还规定了学生的标准数量,规定每一所中小学每一年级招生人数的最高限额(以 1979 年为基准),在没有达到限额时学校不能拒绝家长的入学申请。开放入学政策的实施,使得各个学校的招生不再受到地方教育当局计划的保护,家长可以根据自己的需要为孩子自由选择学校,除非招生已满,学校不能拒绝家长的要求。① 开放入学政策也强化了学校间的竞争,各个学校为了抢夺生源,纷纷采取措施改善教学条件,提升教育质量,使优质学校的数量不断增加。优质学校的增加,更增加了学生接受优质教育的机会,形成良性循环。

为了保证自由入学政策得以有效实施,使绝大多数的学生均能享受到优质教育资源,《1993 年教育法》规定,地方教育当局必须向家长提供尽可能多的有关学校的信息。1998 年出台的《学校标准和组织法》要求学校要保证招生过程的公开和透明,充分尊重家长的选择意愿,逐渐减少以学生的能力选择学生的比例。2007 年实施的《入学操作规章》和《学校录取申诉规章》明确规定,禁止学校根据家长的经济条件、社会地位和对学校的经济赞助等录取学生,提倡采用随机抽签的方式录取学生,为所有学生提供均等的进入优质学校的机会。② 2010 年 11 月,英国教育部发布《教学的重要性:学校白皮书 2010》,提出"在全国范围内建立新的'教学学校'联盟,③以促进区域间教育的协调发展。

从就近入学到按能力、成绩、性向等入学,再到开放入学,英国基础教育入学政策的改革可谓一波三折,但总体上来说,改革的趋向在于为尽可能多的学生提供公平的入学机会,保障大多数学生的受教育权利,促进学生的健康成长。英国政府为实现教育的起点公平,做了不懈的努力,基本保证了人人接受免费基础教育的目标,并逐步向为所有人提供均等的优质教育的目标迈进。

(三)制定教育法案,保障基础教育均衡发展的办学经费

教育公平的实现,离不开法律的保障。自国家干预教育以来,英国政府颁布了多部旨在保护适龄儿童受教育权的法律。其中,比较重要的几部法律有 1870 年的《初等教育法》,规定对 5—12 岁的儿童实施强迫的初等教育,在缺少学校的地方设立公立学校,每周学费不得超过 9 便士,国家对教育有补助权和监督权;1918 年的《费舍教育法》将基础教育年限提高到 14 岁,小学一律实行免费,禁止雇用不满 12 岁的儿童做童工;1944 年的《巴特勒法案》提出小学毕业后根据 11 岁考试结果,按成绩、能力和性向选择进入文法中学、技术中学和现代

---

① 姚艳杰.英国义务教育入学政策研究[D].福州:福建师范大学,2008:18.
② 王琴.英国中小学入学政策研究[J].基础教育参考,2007(11):39—42.
③ U. K. Department for Education. The Importance of Teaching:The Schools White Paper 2010 [C]. London,2010:13—97.

中学,并规定实施5—15岁的基础教育,父母有保证子女接受基础教育和保证在册生正常上学的职责;《1988年教育改革法》最为重要的规定是在7、11、14、16岁时举行全国统一考试,作为对学生进行甄别和选拔以及对学校教学质量进行测定的依据,且实施自由入学政策,赋予家长自由选择学校的权利。这些法律的颁布,不同程度上保障了不利处境学生受教育的权利,使他们享有了较为平等的受教育机会,为英国基础教育均衡发展提供了保障。

发展教育事业,财政保障是前提。1833年以前,英国政府几乎没有用于发展教育事业的专项拨款,办学经费主要来自社会捐助、学生的学费和学校筹措的办学经费等,除文法学校和公学经费较为充足外,其他学校均面临经费短缺的困境,难以保证学校的正常运转。1833年,英国政府拿出2万英镑的教育拨款,用于发展教育事业,首开政府通过拨款形式间接干预教育的先河。此后,政府每年都会根据社会经济发展情况和教育的需求,从财政收入中拨出一部分教育经费,用于支持教育事业的发展。到1839年,教育拨款已达到30万英镑。[①]为了保证政府拨款能够落到实处,1870年《初等教育法》规定国家对教育有补助权和监督权,初等教育费用由中央补助、地方税和学费构成,将政府补助教育上升到法律层面。随着社会的发展和教育的进步,英国政府逐渐增加教育投入,教育经费在国民收入中占据着较大的比重,充足的经费来源为教育的发展打下了坚实的基础。

双轨制教育体制的长期存在,不仅阻碍了英国基础教育的发展,也违背了教育的公平原则。人为地将教育划分为为上层阶级服务的贵族学校和为中下层阶级提供以就业为导向的学校,侵犯了中下层阶级受教育的权利,不利于社会的安定和团结,也不利于提高国民素质和促进经济社会的发展。英国政府意识到教育的不公平以后,通过颁布法律、改革教育体制、增加教育经费等措施,逐渐加强对教育的干预,客观上加快了基础教育普及的进程,促进了基础教育的均衡发展。

三、英国城乡基础教育非均衡发展的表现及原因

(一)英国城乡基础教育非均衡发展的表现

18世纪60年代,工业革命将英国带入了工业社会。这一时期,英国的生产力发展迅速,工业化水平快步增长。大量无地或少地的农民,迫于生计进入工

[①] 吴式颖.外国教育史教程[M].北京:人民教育出版社,1999:379.

厂,成为早期的工人,英国也由此产生了历史上一次规模比较大的人口迁移运动。人口的大量集中,基础设施的不断完善,在工厂集中的地方逐渐产生了城市,英国也开始了自己的城市化进程。19 世纪时,英国城镇人口已占总人口的 33%。2001 年,英国城市化率为 89%,2005 年达到 90% 以上。然而,城市化发展到一定阶段,其消极作用也日渐凸显,如交通堵塞、犯罪增长、污染严重、生活质量降低等。针对这一情况,英国政府在 20 世纪初提出"田园城市"的构想,即将城市问题和乡村问题放在一起解决,在发展城市的同时,大力发展乡村,完善乡村的基础设施,重点扶持乡村的住宅、交通、医疗卫生建设等,逐步缩小城乡差距。二战后,涌现出大量的田园城市和新城镇。为进一步促进这些地区的发展,英国政府将政府部门或其下属机构迁往小城镇,以带动小城镇和田园城市的快速发展。田园城市和小城镇的迅速发展,吸引了中上层阶级,他们纷纷举家迁往这些地区,享受更高质量的生活,逆城市化开始出现并快速发展。从某种程度上看,可以说英国是全球城乡差距最小的国家之一。

近年来,英国的城市和乡村的差别越来越小,关于城市和乡村的确切定义也很模糊,很难仅从基础设施、房屋建筑等来区别城乡。虽然城乡差距不断缩小,呈现和谐发展的态势,但就教育的发展程度而言,城市的教育和乡村的教育仍存在较大的差距。

1. 城乡学校基础设施的差异

17 世纪产生的文法学校和公学,是英国精英教育的摇篮。它们从产生之日起,就引领着英国教育的潮流,是培养新贵族和上层人士的基地。文法学校和公学都是私立学校,收费高昂,仅有少数富人和贵族阶层子弟才有资格进入。据统计,1981 年,伊顿、哈罗、温彻斯特等九大公学平均学费高达 4000 英镑。到 1991 年,公学寄宿生学费已上升到 10000－12000 英镑,走读生的年学费上升到 7000－9000 英镑。位于伦敦市中心的威斯特敏斯特私立学校,仅学费一项,非住读生每年为 12267 英镑,而住读生则为 17712 英镑。而英国大学教授的年平均工资也不过 8 万英镑左右。[①] 私立学校的经费主要来自学生的高昂学费,充足的经费来源为文法学校和公学提供了很大的自由空间,这些私立学校不仅拥有先进的教学设施,还拥有丰富的图书资料,宽敞的教室、体育场、宿舍楼、娱乐室,先进的计算机设备等,同时优厚的待遇和广阔的发展前景也吸引着大批的

---

① 杨光富. 从布莱尔首相"家教风波"看英国中小学教育现存问题[J]. 外国中小学教育,2003(1):22－26.

优秀教师在此任教。由于其教学质量很高,教学设施完备,师资力量雄厚,吸引了大批富人及贵族阶层,他们纷纷将子女送入文法学校或公学学习,接受优质的教育。虽然工党政府一直追求教育公平和教育的均衡发展,力求实现全纳教育思想,采取多种措施试图解散文法学校和公学,却因反对势力的阻挠而失败。与此同时,文法学校和公学为了抵制工党的解散政策,励精图治,锐意改革,以更好地适应现代化发展的需求。

20世纪以后,英国开始出现逆城市化的现象,富人阶层纷纷向风景旖旎的郊外和乡村搬迁,一部分私立学校也顺应潮流,迁往富人集中的地区,即使没有搬迁的学校,也大都是原本就位于乡村地区。城市或是大城市的内城区,由于环境污染严重,生活质量低下,成为工人、贫民等下层阶级以及少数民族群体聚居的地方。受经济水平、教育观念、社会地位等因素的影响,不利处境人群并不热衷于教育,对教育的投入较少。英国政府为了推行5—16岁的免费基础教育,保障下层民众的受教育权,在缺少学校的地方或是教学质量低下的地区设置公立学校,城市或大城市的内城区便成为公立学校集中的地方。虽然英国政府每年都会拨巨资用于发展教育事业,但具体到每所学校、每个学生就变得很少了。而且公立学校的办学经费主要来自政府拨款,社会捐助很少,再加上免学费,住宿费甚至提供免费早餐等,公立学校的资金运转异常困难,捉襟见肘。很多公立学校基本上都是薄弱学校,学校的教学设施陈旧,教学资源缺乏,师资力量薄弱,教师的教学受到多种因素的制约,只能保障基本教学活动的开展。

2. 城乡基础教育师资力量的差异

教师队伍的数量与质量是影响城乡学校教育教学质量的关键因素。但是,英国城市和乡村的师资力量,无论是在数量上还是在质量上,均存在很大的差距。英国的乡村和城郊以私立学校为主,公立学校较少。私立学校优厚的待遇、先进的教学理念、完善的教学设备、巨大的职业发展空间、良好的社会声誉等,吸引着大批的优秀教师在此任教。他们大都是教师队伍中的佼佼者,有着独特的教育方式、丰富的教学经验、极强的责任心,热爱教育事业,关爱学生。优秀教师加入优质学校,成为一种双赢的选择。相比之下,城市学校的师资队伍显得单薄。首先,教师年龄结构不合理,老年教师占较大比重,中青年教师所占比例较小;其次,教师缺乏,很多学校的教师数量没有达到国家标准,教师教学任务繁重;最后,受学校的教学条件、学生水平及教师自身条件等的影响,教师的教学水平不是很高。此外,由于英国地方教育当局管理教育事业,负责一部分教育经费的投入,但是各个地方经济发展水平不同,对教育的投入也会千差万别,因此,教师的待遇也存在很大的差距。不仅不同地域的师资水平存在差距,而且同一地区不同学校间也存在很大的差距。教师是教学成败的关键,对学生的影响非常深远,师资力量难以保证,学校教育质量可想而知。

3. 城乡学校学生学业成就的差异

在英国,无论是政策制定者、学校督察员还是学生家长,都认为城区学校学生的学业成就低于乡村学校。来自中下层阶级的学生,由于家长对教育不够重视、学校教学水平有限、学生努力程度不够等,其学业成就没有乡村同类学校的学生优秀。有资料显示,城区学校学生的逃学率、辍学率、转学率等都高于乡村学校。在中学阶段的 GCSE(普通中等教育证书)考试中,乡村学校学生通过5门及以上的数量大大高于城市地区。此外,城市学校的学生和乡村学校的学生升入大学的比例也存在很大差距,乡村学校学生大都集中于高端的大学学习,而城市学校的学生除极少数成绩优异的学生外,大都在教育质量较低的大学学习,甚至没有大学可上。

4. 城乡学生入读优质学校机会的差异

英国早期的教育具有浓厚的双轨制特征,学生入学受家长的社会地位、家庭收入、受教育状况和对教育的重视程度等因素的影响,下层阶级的子女很少有接受教育的机会。虽然1870年《初等教育法》赋予学生享受初等教育的权利,提出就近入学的政策,但是缺少有效的保障条件,学生依旧难以入学。1944年的《巴特勒法案》提出根据11岁考试,按成绩、能力和性向决定学生进入中等学校的类型。这种看似公平的入学政策,实际上仍旧是不公平的。因为学生的成绩、能力受家庭背景、社会地位等因素的影响,一方面学生不在"同一起跑线",不利处境学生在进入小学前就已和上层社会学生存在差距,在接受教育的过程中,这种差距有可能越来越大;另一方面,不利处境学生即使很优秀,但出于对家庭背景的考虑,更多会选择尽早就业,进入技术中学或是现代中学,而不是为高等教育做准备。《1988年教育改革法》提倡家长自由择校,并实施"摆脱选择"政策,意在尊重家长的选择权,为更多的学生进入优质学校创造机会。其出发点是好的,但是优质教育资源的有限性与家长对优质学校的需求间的矛盾异常突出,很多富裕阶层的家长为了上好学校,不惜成本地在学校周围买房子,将家安在离学校最近的地方,方便孩子上下学。更有些家长以捐赠的名义向学校捐钱,试图获得特权,为孩子进入该校做准备。高昂的租金,过高的消费水平,工作条件的限制,让很多处于下层阶级的家长望尘莫及,难以为子女选择好的学校,只能一再节约成本,保障孩子有学上就可以了。入学政策的屡次变更,似乎都是朝着教育公平的方向发展,但是上层社会的有意抢夺,使得下层民众享受优质教育资源的权利一再被挤占,始终难以真正地享受优质教育。其结果依旧是上层社会子女在乡村或郊区享受高质量的教育资源,而不利处境学生则在城市学校接受薄弱学校的教育,满足基本的教育需求。

(二)英国城乡基础教育非均衡发展的原因

英国城乡基础教育发展不均衡,是多方面因素相互作用的结果。梳理英国基础教育发展的历史,可以发现其主要原因有以下几方面。

第一,英国传统教育中双轨制的办学体制限制了城乡基础教育的均衡发展。英国的基础教育主要是由教会兴办,教育权由教会掌管,国家对教育采取不干涉的政策。在这一时期,富人或贵族一般聘请家庭教师对子女进行教育,到了12岁以后,进入文法学校或是公学学习,接受中等教育,以后还可以根据需要,接受高等教育。而处于下层阶级的穷人子弟却只能进入办学条件低劣、教育质量低下的慈善学校接受初等教育,学习内容主要为基本的读、写、算及宗教教育,为未来的工作做准备。这种双轨制的教育体制,在英国教育史上存在了几百年,直到近代才逐渐被废除,但具有明显等级性的教育在英国依然存在。虽然英国政府进行了大刀阔斧的改革,采取种种措施,试图缩小学校教学质量差距,促进教育公平,但双轨制已根深蒂固,在短期内很难彻底根除。

第二,自由放任的教育管理体制加大了城乡基础教育的差距。18世纪以前,受频繁的国内外战争、教育自由的积习、教育自身的缺陷等影响,英国政府对教育采取自由放任的政策,不愿意管理教育事业。这就使得教育的发展基本依靠自身力量,学生受不受教育、受教育的程度如何、学校教育质量怎样等完全依靠教育市场的调控,难以借助外力特别是政府的宏观指导,导致教育发展水平参差不齐,甚至学生的受教育权都难以得到保障。直到19世纪中期以后,在一些有识之士的呼吁下,英国政府才逐渐干预教育,制定相关教育法律,改革教育体制,增加教育投入,提升教育质量等,保障学生的受教育权,将发展教育事业纳入政府的职责范围之内。但是,近代以来形成的教育管理体制是中央宏观调控与地方管理相结合,以地方管理为主。在赋予地方教育管理自主权的同时,不可避免地加大了各个地区间的差距。由于各个地区的历史文化传统、经济发展水平、对教育的重视程度、教育的发展状况等各有差异,各个地区间的教育发展水平势必存在一定的差距。不同地区的学校、同一地区的不同学校都存在较大的差距。而且城市和乡村本身就存在较大的差距,地方政府实施不同的管理制度,也会不经意间增大两者间的差距。

第三，社会阶层分化导致城乡教育的两极化。经济基础决定上层建筑，教育作为上层建筑的一个子系统，也受到社会阶层的影响。富人和贵族阶级可以利用手中的特权和金钱，为子女提供良好的条件，为以后继承爵位和家产做准备。中下层阶级则很少有接受正规教育的机会，统治者认为他们天生是下等人，不能享有受教育权。进入近代社会以后，英国率先完成资产阶级革命，建立起资本主义制度，形成君主立宪制政体。18世纪英国成为世界上第一个进行工业革命的国家。生产力水平的迅速提升，大大增加了资本的原始积累，再加上"圈地运动"的影响，绝大部分的社会财富集中在少数资产阶级和贵族势力的手中，而下层民众则过着饥寒交迫的生活，穷困潦倒，毫无尊严。"仓廪实而知礼节"，生活问题没解决，又怎会想到教育呢？虽然生产力水平的不断提高，对劳动者的素质提出了一定的要求，下层民众的受教育权有所改善，但是，不利处境群体所接受的教育与富人阶层所接受的教育是没法比的，两者之间有天壤之别。可以说，社会阶层的分化，是教育不公的根源。

第四，城区基础教育发展的教育经费投入不足也是导致城区相对缺乏优质教育资源的一个主要原因。英国基础教育的经费来源主要有三种途径：中央的转移支付和中央教育行政部门的一些专项拨款，地方政府的教育投入和社会捐赠、房屋出租等。中央政府每年会根据对各地公共服务开支额的估计和各地政府收入能力的大小等，确定对地方的转移支付额度。地方根据中央的公式补助情况，在国家允许的范围内确定地方税收制度，再根据本地的实际情况，从地方税收中抽取一部分，用于发展教育事业。这种看似相对平等的教育拨款机制，实际上却隐含着教育的不平等。虽然中央和地方都以学生人数为标准，确定对教育的经费投入，但由于各个地方的经济发展水平、消费水平、教育费用的支出情况、对教育的重视程度等不同，在教育的投入上势必会有很大的差别。地方对教育经费投入的差距，进而会影响到地方政府对城市和乡村的教育投入，表现形式之一就是政府偏向于将教育经费向优质学校多投些，因为优质学校教育质量较高，收效快，而对于薄弱学校则不够重视。这就形成了好学校越来越好，而差学校越来越差的两极分化局面。

第二节 英国城乡教育均衡发展的现状与问题

一、"第三条道路"理念的提出背景

20世纪中东战争引发了西方世界严重的经济危机，英国在这次危机中受到

重创,企业大批倒闭,失业人数猛涨,市场冷淡,经济萧条。为应对这场经济危机,政府不得不一再缩减财政开支。作为公共事业的教育,由于其收效缓慢,受到冲击,教育经费占 GDP 的比重不断下降,教育拨款不断减少。1979 年,撒切尔夫人上台执政后,在凯恩斯主义的推动下,更是严格控制教育经费,鼓励教育的市场化发展。撒切尔政府认为,教育的福利主义加重了国家的经济负担,造成了国民的依赖性,不利于国家的发展,而将教育视为一种消费品,让家长根据自己的能力选择适当的教育,把教育推向市场,能够增强学校间的竞争,提高学校的办学效率和教学质量。基于这一理念,1980 年以后,保守党先后推行了"辅助学额"计划,扩大家长选择权,加大学校自主权,设置中央直接拨款学校和改革督导体制等,将教育逐渐推向市场,接受市场的筛选。

撒切尔政府推行的教育市场化政策,在提高学校教育质量、改善学校办学条件的同时,不可避免地加剧了教育的不公平。基础教育属于公共事业,基础教育的公平是社会公平的重要体现,也是社会和谐的重要保障。在基础教育阶段,鼓励学校间的竞争,推行优胜劣汰的政策,虽可以促使各个学校为提高教学质量、抢夺更多的生源而进行改革,不断提升本校的竞争力,但加大了各个学校间的差距,使得优质的学校获得更多的教育资源,而办学条件差一些的学校,会因为缺少生源,无法吸引学生而面临倒闭的困境。此外,优质学校的资源毕竟是有限的,其所能招收的学生的数额也是一定的。有限资源的竞争也就转化为学生家长的竞争,为使孩子接受良好的教育,家长们使出浑身解数,选择所谓的"好学校"。受经济条件、社会阶层、地理位置等多因素影响,只有家庭经济条件好的学生或是成绩特别优秀的贫困学生才有资格进入优质学校,而绝大多数处于不利处境的学生却被排除在好学校之外,只能接受差一些的教育,有些学生甚至连这样的机会都没有。这种精英化的教育,不仅不利于实现教育的均衡发展,也不利于社会公平的实现。

1997 年,工党领袖布莱尔当选为英国首相,结束了保守党连续执政 18 年的历史。工党政府非常重视教育的作用,将教育政策置于与经济政策同等重要的地位。1998 年 9 月,布莱尔出版了《第三条道路:新世纪的新政治》(*The Third Way, New Politics of The New Century*)一书,详细阐明了自己的政治主张。

所谓"第三条道路",是指一套适应当代科技、经济、社会、阶级、环境等在知识经济时代全球性变化的"中间偏左"的民主社会主义政治哲学,主张建立既强调市场功能又强调政府作用的混合型经济模式,走介于自由放任资本主义和福利国家之间的中间道路,试图在国家与市场、个人与政府、竞争与合作、权利与义务、公平与效率、人类与自然之间寻求新的平衡点,以实现再现代化、再民主化和经济全球化。① "第三条道路"的核心价值理念是个人价值平等、机会均等、责任和社会意识,通过扩大教育机会来实现教育过程与教育结果的平等,在教育优异和教育公平之间寻求平衡。②

在教育目标上,工党极力提倡全纳教育,将实现每所学校都成功,每个孩子都优秀,建立世界一流的教育体系,使英国跻身于教育强国行列作为其教育目标;在政策制定上,颁布许多针对弱势群体和薄弱学校的教育法规和政策,如《确保开端计划》(Sure Start)、《教育行动区计划》(Education Action Zone)、《学院内学校计划》(The Academies Programme)等;在经费保障上,每一项针对弱势群体和薄弱学校的教育政策均配有专项拨款,旨在使教育法规和政策得以顺利实施,改善薄弱学校的基础设施和教学质量,满足绝大多数学生的需要;变革督导制度,加大对薄弱学校的监督和指导,对于在限定时间内未达到整改效果的教育质量极为低下的学校,将责令其关闭,建立新的学校或者鼓励学校间的合并。此外,工党政府也鼓励社会力量集资办学,倡导学校(尤其是薄弱学校)与企业、社会团体、慈善机构等的合作,利用多种资源,提高学校的办学水平,满足学生的不同需要,促进全体学生的健康发展。

工党政府始终以"第三条道路"为指导,以实现多数人的发展为目标,把教育置于特别优先的位置,通过不断地增加教育投入,改革教育体制,制定专项计划等,力求提高教育质量,缩小城乡间、校际间的差距,实现教育的公平,使每所学校都成功,每个孩子都优秀,为每个学生的发展创造优越的条件,促进本国基础教育的均衡发展。

二、基于"第三条道路"理念下的城乡基础教育均衡发展

自1997年工党提出"第三条道路"以来,英国政府对教育均衡发展的认识有了很大转变,由过去仅从社会公平的角度阐述教育均衡到将教育均衡发展作为英国在实现全球化进程中的优势和社会重建与和谐社区建设的工具。③ 英国政府为实现教育的均衡发展,首先转变教育理念,将实现教育均衡发展的观念渗入到社会、学校及社区,其目的在于引起社会各界的重视,为教育均衡发展创造条件。

---

① 杨军.英国促进基础教育均衡发展的政策综述[J].外国教育研究,2005(12):6.
② 吴雪萍.新世纪英国教育发展的目标与策略述评[J].全球教育展望,2002(4):204—205.
③ 杨军.英国促进基础教育均衡发展的政策综述[J].外国教育研究,2005(12):6.

(一)"全纳教育"(Inclusive Education)理念关注每位学生的发展

全纳教育是 1994 年 6 月在西班牙萨拉曼卡召开的《世界特殊需要教育大会》上由联合国教科文组织提出的一种新的教育理念和教育过程。其宗旨是追求民主、平等、公正的教育,赋予每一个人公正的受教育权,即为每一个人提供平等的入学机会,平等对待每个学生,满足他们的不同需求。全纳教育思想提出以后,受到世界许多国家的推崇。教育比较发达的英国,更是将其作为基础教育的核心理念,提出"所有学生、每所学校都成功"的教育理念和发展目标。

英国将全纳教育理念付诸实施的表现之一是 2003 年颁布的《每个孩子都重要》(Every Child Matters)绿皮书,绿皮书从家庭背景、行为、特殊需要、身体和智力状况等方面来判定弱势和处境不利儿童,并制订了改善不利处境儿童的专项计划。如针对贫困家庭儿童的"确保开端计划"(Sure Start),针对家庭状况不利所导致的儿童成长问题的计划,针对残障、智障、心理障碍、特殊需要儿童的政策和计划,针对行为问题包括逃学、吸毒和不良性行为青少年犯罪的政策与计划。

教育公平是社会公平的重要体现,是实现教育均衡发展的基石。一般来讲,教育公平包括三个层次:确保人人都享有平等的受教育权利;提供相对平等的受教育机会和条件;教育成功机会和教育效果的相对均等。其中,确保人人都享有平等的受教育机会是前提和基础,并为后两个层次的均等创造条件。1998 年,为了改变处境不利地区和家庭的教育状况,英国政府发起了"确保开端计划",旨在确保每一个儿童都有一个良好的开端,为以后的教育奠定基础。该项计划规定,从母亲怀孕、儿童零岁开始,将健康养护、家庭支持、儿童关怀与教育均等结合起来,对处境不利家庭儿童给予全方位关怀与支持,使所有儿童在生命最初的关键时期获得最好的开端。进入 21 世纪以后,"确保开端计划"资助的范围不断扩大,覆盖英国所有儿童。

(二)"积极的福利社会"政策助推教育均衡发展

1997 年工党上台执政以后,坚决贯彻执行"第三条道路"的施政方针,在教育上将教育目标定位于把所有人培养成才。为了实现这一目标,政府转变均衡发展的理念,既不赞成"从摇篮到坟墓"的福利政策,也不主张完全削减福利的政策,而是要寻求权利与责任之间的平衡,以"社会投资国家"来取代旧的福利国家。通过向工人提供教育和培训来减少失业和贫困,使中下层阶级提高自己的适应能力。在这种教育发展理念的指导下,工党将提升国家在全球化经济中的竞争力和建立繁荣的全纳社会作为其努力的目标,提倡每个人提升自己的能力,增强企业的国际竞争力,并在控制福利总体开支的前提下,把大量投资转入教育和卫生保健领域,坚持教育优先发展,提高国民素质,增强人才的竞争力。

(三)多元文化教育价值观的推行关注不同族裔教育均衡

在20世纪80年代以前,英国政府推行大一统的文化政策,鼓励少数民族加入到社会主流文化中,成为主流文化的一部分。但是到20世纪90年代以后,经济全球化的不断发展,世界各国交流的加强,"地球村"概念的普及等,多元文化得到广泛传播,受到各民族的欢迎。英国政府也开始改变传统的观念,放弃早期试图通过消除多元文化来促进民族融合的做法,提倡文化的多元,鼓励各民族保存本民族的特色,将主流文化与少数民族文化结合,促进民族融合,共建多元社会。2000年,为了改善民族关系,减少种族歧视,工党政府颁布了《2000年种族关系法修订案》,要求各地方当局要制定"促进种族平等计划",所有的学校要制定促进种族平等的政策。[①] 此外,在国家课程中增设公民课为中小学的必修课,目的在于扩大多元文化的影响,培养学生对多元文化和多元价值的理解和尊重,使学生树立正确的世界观、人生观和价值观。

第三节 英国促进城乡基础教育均衡发展的举措

教育是民族振兴的基石,是社会进步的保障。近年来,随着经济全球化的持续发展和知识经济的兴起,各国都加大了对教育的投入,采取种种措施,缩小教育差距,努力实现本国教育的均衡发展。英国作为发达国家,更是不甘落后,为建立世界优质教育体系而不懈努力。针对本国教育发展不均衡的状况,英国政府制定种种政策,努力缩小差距,追求每所学校都成功,每个孩子都能达到优秀,将全纳教育理念贯穿于教育的方方面面。

一、持续关注薄弱学校的改造

英国在城市化和逆城市化的进程中,城市和乡村都得到了高质量、高速度的发展,二者间的差距不断缩小。但是,相比之下,乡村的发展前景优于城市。第二次工业革命至今,私立学校大都位于风景旖旎的郊外和乡村地区,拥有丰富的教育资源和高质量的教育,其教育对象主要是贵族和富家子弟,是英国高

---

① 王璐,孙明.英国教育均衡发展政策理念探析[J].比较教育研究,2009(3):7—11.

水平教育的集中地。而公立学校大多数位于工人、贫民等下层阶级以及少数民族聚居的城市或大城市的内城区,师资、教学以及学生的学业成就等方面都存在严重的问题,因此城市里的公立学校往往被视为薄弱学校,城市教育也成为教育质量低下的代名词。①

改造薄弱学校的前提是确定薄弱学校的标准和评价指标。2003年英国教育标准局发布《教育行动区和城市教育优异计划:管理与影响》(Education Action Zone and Excellence In Cities Programme:Management and Effect)评价报告,将薄弱学校界定为:学生具有高度流动性,大约20%的学校中有1/3的学生母语为非英语,生源短缺,师资匮乏;部分学生对学校不满,学习态度恶劣,具有强烈的厌学情绪;教师短缺,教育水平低下等。大多数学校在一般性测试和中等教育普通证书考试(GCSE)的成绩低于国家平均水平。②薄弱学校的长期大量存在,严重降低了英国的整体教育质量,影响了教育公平的实现,不利于促进教育的均衡发展。针对这一情况,英国政府先后采取多种措施,加强对薄弱学校的改造。

(一)教育行动区计划(Education Action Zone)

20世纪80年代是发展的关键时期,世界各国紧紧抓住发展机遇,希望在这场变革中提升本国的国际竞争力,成为世界强国。经济全球化的迅速发展带来了综合国力的激烈竞争,科技作为第一生产力的作用日益凸显,而教育是科技发展的基石,其重要性可想而知。因此,许多国家将改革的重心放在教育事业上,对教育进行大刀阔斧的改革。与此同时,联合国也颁布实施了多项计划,旨在提升教育质量,促进教育公平。1989年11月第44届联合国大会通过了《儿童权利公约》(The Convention on the Rights of the Child),赋予儿童享受优质教育的权利;1990年世界全民教育大会通过《全民教育宣言》,提倡各国政府创造条件,满足人们的教育需求;2000年召开的世界全民教育论坛,制订了2015年《全民教育行动纲领》,提出了争取到2015年使所有儿童都能获得高质量的初等教育的目标。③ 同年,《达喀尔行动纲领》(The Dakar Framework for Action)提出全民教育六大目标,即扫盲、发展幼儿教育、普及初等教育、促进男女

---

① 阚阅.促进教育均衡发展的新举措——英国"追求卓越的城市教育"计划评析[J].全球教育展望,2004(9):72-75.
② Office for standards in education. Access & Achievement in Urban Education. A report from the Office of Her Majesty's Chief Inspector of Schools[R]. London:HMSO,1993.
③ 李春霞.英国"城市教育优异计划"(Eic)研究[D].重庆:西南大学,2011:15.

教育机会平等、生活技能培训、全面提高教育质量,联合国从扫盲、普及初等教育、男女教育机会平等三方面提出千年发展目标。2015 年 11 月 4 日,联合国教科文组织正式发布《教育 2030:仁川宣言和行动框架》(Education 2030: Incheon Declaration and Framework for Action),提出世界各国要实现"确保全纳、公平、有质量的教育,使人人都能获得终身学习的机会"(Ensure inclusive and equitable quality education and promote lifelong learning opportunities for all)。①可见,追求全纳、公平而有质量的教育,是世界各国的共同目标,也是未来教育教学改革的方向。

1979 年以撒切尔夫人为首的保守党政府,实施"教育自由化"的政策,在教育领域大力推行"市场理论",极力主张将学校推向市场,接受市场优胜劣汰的选择。由此导致大量薄弱学校因招收不到学生而倒闭,并加剧了学校间发展的不均衡。面对国内外教育变革的形势,1997 年,上台的布莱尔政府发表了《学校中的卓越》教育白皮书,提出到 2002 年之前,建成教育行动区,为各学校提供支持并协助其发展。

教育行动区一般设在因学生学业成绩低下而需要特别支持的城镇和乡村地区,将 15—25 所左右的学校聚合在一起,通常包括 2—3 所中学以及为它们输送生源的小学,由地方教育当局、家长、地方团体、志愿性组织、商业组织以及其他组织和学校的代表组成一个社会群体,成立教育行动论坛,共同管理、监督这些加盟学校。每个行动区要制定一个为期三到五年的行动计划,向中央教育主管大臣申请,通过审核后即成为教育行动区。为了保证"教育行动区"计划能够顺利有效实施,政府赋予教育行动区一定的"特权",如自主设计和实施课程;自由招聘教师和校长;在日常预算之外每年追加 25 万英镑的教育拨款,并鼓励行动区每年从工商界筹集数目相等的配套资金;各个行动区可以资源共享等。②

"教育行动区"计划实施以来,英国先后成立了 70 多个行动区,大多都位于英国最贫困的城乡地区。该计划立足于落后的城乡地区,以包容为核心,以薄弱学校改造为突破口,以教育行动论坛为阵地,以实现教育的均衡发展为目标,体现了英国政府从本国的实际出发,为薄弱学校向优质学校转化而做出的努力。该计划提升了学校的教育质量,改善了学生的学习态度,提高了教师的专

---

① United Nations. Transforming Our World: the 2030 Agenda for Sustainable Development[EB/OL]. https://sustainabledevelopment.un.org/sdg4,2018—7—9.
② 易红郡.追求平等与提高质量:二战后英国中等教育改革的基本理念[J].外国教育研究,2005(1):21—25.

业化水平。2002年,学校质量司出版了陛下督学处首席督导员的年度报告,该报告显示:在普通中等教育证书(GCSE)和普通国家职业文凭(GNVQ)考试中,第一批教育行动区学生5门以上学科达到G等以上的比例上升了4.8个百分点,第二批教育行动区上升了0.7个百分点,全国则分别上升了0.5和0.4个百分点。[①] 但是该计划也存在一定的缺陷,如学生第三学段的成绩没有较大的改善;许多教育行动区计划缺乏针对性,改革措施缺少有效的监督和评价;各行动区"各自为政",缺乏有效沟通;家长的作用被忽视等。

(二)追求卓越的城市教育计划(Excellence in Cities 简称 EiC 计划)

英国的公立学校大多位于工人、贫民等下层阶级以及少数民族聚居的城市和大都市的内城区,师资、教学以及学生的学业成绩等方面都存在严重的问题。[②] 为了挽救城市教育,给学生提供均等的教育机会,提高学生的学业水平,增进教育公平和社会正义,1999年3月,英国政府出台了追求卓越的城市教育计划。

EiC计划通过地方伙伴关系组织(Local Partnership)来加强学校间、学校与地方教育当局间的合作,其主要职责在于实施对学校的管理,促进区域教育的整合等。该计划通过构建学校网络系统、建立多样化的学校等措施,赋予每个学生较高的期望值,把成功的机会扩展到每个学校。它由六个子计划组成:学习辅导员计划,主要用于解决校内外影响学生有效学习的各种障碍,为在学习上有特别需要的学生提供帮助;学习支持单元计划,为受排斥和问题学生提供帮助,实施个别指导,帮助他们树立正确的自我价值观;城市学习中心计划,通常设在某所学校,为伙伴学校的教师和学生以及更为广阔的社区提供广泛而多样的活动;天才计划,该计划主要面向每一所中学5%—10%的天才学生,为进一步提高他们的学业标准而进行校外学习支持;[③]专门学校或示范学校计划,即为满足不同学生的兴趣和学习需要,各个中学可以根据本校实际,选择一门学科作为本校的特色科目,形成"特色学校"或"专门学校";[④]城市优异行动区计划,主要设在社会条件较差及学校教育质量低下的地区,旨在提升参与学校的

---

① 王艳玲."教育行动区"计划——英国改造薄弱学校的有效尝试[J].全球教育展望,2004(9):67.
② 杨军.英国促进基础教育均衡发展的政策综述[J].外国教育研究,2005(12):8.
③ 秦素粉,朱宛霞.促进城市基础教育均衡发展的政策选择——英国"城市教育优异"计划(EiC)述评[J].上海教育科研,2007(1):15.
④ 孙启林.世界主要发达国家基础教育均衡发展比较研究[M].长春:东北师范大学出版社,2009:25—26.

标准,集中解决学区中的各种问题。每一个子计划针对不同的学习主体,因材施教,力求使每一个学生都能得到发展。EiC 计划以三年为一个周期,第一阶段主要对城市地区的中学进行改革。21 世纪以后,逐渐扩展到一些地区的小学,并以追求卓越的群体(Excellence Clusters)和追求卓越挑战(Excellence Challenge)向城市外围的贫困群体和 16 岁以后的特殊学生延伸。

EiC 计划的重要意义在于强调社会公正,重视大多数学生的发展,而不是以牺牲多数人为代价而为少数人服务。工党政府改革的目的在于提高教育质量,让每一所学校都成功,每一个孩子都优秀。虽然学生学业不良的原因很多,如学习动机、学习态度、学习期望等,但 EiC 计划的实施为学生的发展创造了良好的外部支持条件,有利于学生的健康成长。此外,该项计划重视多方合作,强调地方教育当局、学校、社区以及其他机构的交流沟通,有利于调动各方面的力量,共同为教育事业的发展创造条件。其实施效果如下表所示。

表 4.2 2002 年和 2006 年第四关键学段学生的平均成绩变化

	英语 GCSE 考试平均成绩	数学 GCSE 考试平均成绩	5 门以上 GCSE 考试成绩达到 A−C 等级的学生百分比	包括英语和数学在内 5 门以上考试达到 A−C 等级的学生百分比
2002 年 EIC 计划学校的学生	4.38	3.95	43.6%	33.5%
2006 年 EIC 计划学校的学生	4.55	4.21	53.2%	38.8%
变化	0.17	0.26	9.6%	5.3%
2002 年非 EIC 计划学校的学生	4.53	4.17	47.9%	37.7%
2006 年非 EIC 计划学校的学生	4.61	4.31	52.6%	40.2%
变化	0.08	0.14	4.7%	2.5%

数据来源:NFER. National Evaluation of Excellence in Cities 2002−2006[R]. National Foundation for Education Research,2007:4.

(三)教育优先区计划(Education Priority Area)

虽然 1944 年的《巴特勒法案》提出均等教育机会,但是受各种因素制约,教育机会不均的现象仍然非常严重,下层民众的受教育权依旧很难获得保障,优质学校与薄弱学校的差距异常突出。1967年的《普劳顿报告书》(*The Plowden Report*)指出:处于最低劣的贫穷与不利状态的环境中,直接而明显影响到学校和学生的学业成就。教育机会均等理念的实现,广大劳工阶层子女的未来已迫使我们不得不思考教育改革的方案。① 为了缩小差距,给不利处境的学生提供均等的教育机会,该报告提出建立"教育优先区"的设想。教育优先区是指被政府列为物质或经济极为贫乏和不利、须优先予以改善以利于教育机会均等理念之实现的地区。

《普劳顿报告书》还提出了进入教育优先区的具体指标:父母的职业;接受政府经济补贴的情况;居住的拥挤状况;住宅中欠缺生活基础设施的情况;学生逃学、缺课情况;学习障碍学生所占的比例;移民儿童的比率;教师流动率;学生辍学率等。根据评价指标将符合条件的学校确定为教育优先区学校,对其进行资助,使其在校舍、教学设施、图书资料、师资水平等方面尽快达到全国平均水平。教育优先区计划以补偿的方式,对处境不利地区和群体进行资助,通过"积极差别待遇"的方式,为不利处境学生创造与其他群体均等的教育机会,实现教育的均衡发展。该计划有利于国家整体教育质量的提升。

(四)国家挑战计划(Country Challenge Programme)

2007年布朗当选为英国首相,继续坚持"第三条道路"的理念,对教育事业进行大刀阔斧的改革。布朗认为,英国的抱负是要建立世界级的教育体系,成为全球教育联盟的领头羊。世界级教育体系不能容忍失败,任何儿童掉队或使儿童失败的学校都是不能被接受的。因此,布朗政府决定将教育改革的重心继续放在对薄弱学校的改造上,于2008年6月颁布实施了"国家挑战计划"。

"国家挑战计划"是"伦敦计划"在全国的推广,也是2007年的"儿童计划"的组成部分。该计划认为每个儿童都有获得成功的潜能,教育的目标在于提升学校的教育质量,使每个儿童都能获得成功。为实现这一目标,政府采取了多种措施,如提供专项拨款,计划在三年内投入4亿英镑给该项计划内的学校;为学生提供英语和数学辅导;设置"国家挑战"顾问团,顾问和学校合作,共同解决学校的困境;用优厚的待遇吸引优秀教师到"国家挑战"学校任教;在教育资源不足或学校不达标的地区,建立国立综合中学,也可以将运行不佳的学校改造

---

① 杨军.英国促进基础教育均衡发展政策综述[J].外国教育研究,2005(12):10.

成"国家挑战信托学校"等。①

"国家挑战计划"作为改造薄弱学校的一项政策,产生了良好的效果。该计划除了扶持薄弱学校的发展外,对不能提高学生学业成绩的学校,将强令其关闭。这种软硬兼施的政策,势必使薄弱学校努力进行整改,将教育质量作为学校发展的生命线,这就增强了学校相关责任人的危机意识、责任意识和改革意识,为学校教育质量提升提供了良好的条件。然而,有人认为,"国家挑战计划"过于强调学校的作用,将学校作为儿童成长的中心,加重了学校和校长的负担,忽视了家长和儿童自身的作用;也有人认为,整个计划缺少有效的监督机制,改造的进度、效度、程度难以及时获得,具有一定的盲目性。总之,"国家挑战计划"在实施的过程中,虽存在一定的问题,难免会产生一些疏漏。但是,其作用也是不可小觑的,该项计划提升了薄弱学校的竞争力,增强了学校的生存意识,有利于学校教育教学质量的提升,为国家教育目标的实现奠定了坚实的基础。

（五）特色学校计划（Specialist Schools Programme, SSP）

英国是世界上第一个实施特色学校计划的国家,早在20世纪80年代撒切尔夫人执政时期就已提出并实施了特色学校计划,旨在为企业提供专门的技术人才。这一时期的特色学校,由于资金不足,发展缓慢。1994年教育与技能部正式提出特色学校计划。1997年工党上台执政以后,扩大特色学校的范围,鼓励更多的中等学校成为特色学校。

特色学校是由城市技术学院发展而来的,学校可以在艺术、贸易与企业、工程、语言、数学与计算、科学、运动、技术等科目中,选择一门作为本校特色,优先发展特色科目,进而提高本校的教育标准。起初的特色学校计划是帮助中等学校与私营部门赞助者结成伙伴关系,学校可以获得政府的额外资助,也可以满足不同学生的不同需求。同年政府宣布将特色学校发展到1000所,至2005年增加到1500所。② 英格兰的任何中学都可以申请成为特色学校,申请条件为:制定四年的学校发展及其对社区发展应做贡献的规划;提出可测量的学校及社区发展的成就标准和成就目标;承诺对其他学校的帮助;必须获得私人或私人单位提供的10万英镑（2000年9月降低到5万英镑）的资助;与资助商或资助人建立长久的联系。凡申报学校需经过教育标准局的督导评估,符合条件者由

---

① 张济洲."国家挑战"计划——英国政府改造薄弱学校的新举措[J].外国中小学教育,2008(10):22—23.
② 张羽寰,孟伟,李玲.从"特色学校"到"自由学校"——英国多路径改进薄弱学校政策述评[J].上海教育科研,2012(6):31.

教育部宣布认可。英国政府将特色学校计划与教育行动区计划相结合,规定每个教育行动区至少应有一所特色学校,使其成为改良薄弱学校的重要途径。据统计到2004年1月,英格兰已有54%的中学成为特色学校,到2006年这一比例升至75%,且还在不断上升。①

特色学校计划实施以来取得了重要的成就,不仅提高了学生的学习成绩,改变了学生的学习态度,提升了教师的教学水平和学校的教学质量,而且丰富了课程类型,调动了学生的学习积极性,发展了学生的个性,也加强了学校与社区、私营部门等的合作。有资料显示,在2005年普通中等教育证书考试中,特色学校有58%的学生取得了C级以上的成绩,而非特色学校则为46.7%。②

(六)学院内学校计划(The Academies Programme)

为进一步提高薄弱学校的教育质量,缩小差距,促进基础教育的均衡发展,英国工党政府于2000年提出了学院内学校计划。该计划的最初目标是通过提升学生成就水平以提高学校标准,打破学校长期以来的低成就、低期望的不良处境,增加教育的选择性和多样性。③学院是包容的,对处于不利地位的学生、少数民族学生、低成就学生、问题学生提供特殊帮助。

学院内学校是公共资助(由赞助者和地方当局共同承担,地方当局为其提供与公立学校相同的生均经费)的独立学校,其与特色学校的区别在于:在自由度上,学院内学校脱离地方当局的控制,可以自主决定员工的薪酬、工作条件,有权改变学期长短、教学日程、课程设计;在赞助者上,成功的企业、大学、学校、慈善机构、宗教团体等赞助合作者共同负责对学校的改造;在管理上,拥有更大的自主权,同时要求管理人员中至少有两位家长理事。④

学院内学校在短短的几年时间里,便迅速发展起来。首批学院内学校开办于2002年9月,到2012年3月已开办了1635所。2006年,《教育与督导法》(*Education and Inspection Act* 2006)规定实施一种新的学院内学校——信托

---

① Frances Castle,Jennifer Evans. Specialist Schools:What do We Know? [R/OL]. 22RISE:http://www.risetrust.org.uk/specialist.html,[2009-03].
② Jesson,Crossley. Educational Outcomes and Value Added by Specialist Schools:2005 Analysis [R/OL]. The Specialist Schools and Academies Trust. 2006:19.
③ The Academies Programme :Progress,Problems and Possibilities[EB/OL]. (2011-12-25) [2013-12-25]. http//thegovernor.org.uk/freedownloads/acadamies/Sutton%20Trust%20on%20Acade mies.pdf.
④ Aboutacademies[EB/OL]. (2011-12-25)[2013-12-25]. http://www.education.gov.uk/schools/leadershiptypesofschools/academies/a0061252/about-academie.

基金学校。该学校需要与企业、大学、慈善组织、志愿团体和其他学校等建立的慈善基金会合作,并与他们建立长期稳定的关系,接受伙伴们的监督和指导,信托基金学校与其合作方是一种明确的信托关系,信托机构需要为学校提供帮助和支持。

学院内学校计划作为改造薄弱学校的重大举措,其影响是深远的。它立足于对薄弱学校的改造,将处境不利学生作为重点扶持对象,从本校的实际出发,充分利用校内校外两种资源,以提高学生的学习成绩,改善学校的教育质量为目标。实践证明,该项计划是成功的,也是值得其他国家借鉴的。但是,学院内学校计划也存在一些不足,很多人认为给学校更大的自治权,有可能导致教育机会不均,学校的招生存在"猫腻",也会使学校私营化。特别是信托基金学校,更是受到多数人的批判,英国公共服务行业工会公开倡导抵制信托基金学校,指出信托基金学校是没有必要的,不仅不会成功,还会导致其向独立学校和学院靠拢。[1]

(七)自由学校计划(Free Schools Programme)

2010年5月,执政多年的工党政府在大选中失败,而保守党争取到自民党的支持后,经过协商谈判,两党决定成立联合政府。联合政府本着自由、公平、责任的理念,制订了自由学校计划。一方面为了使不利处境的孩子也能接受良好的教育,另一方面为了鼓励教师、家长、慈善机构等参与教育事业,为教育领域注入新鲜血液。

英国教育部将自由学校定义为由国家资助的、为了改善当地教育、满足人们对优质教育资源的需求而开设的学校。[2] 自由学校为有才干的教师、慈善机构、家长开设学校创造了条件,这就让为所有背景的孩子提供高质量的教育成为可能。为调动教师、家长、慈善机构的办学积极性,联合政府制订了一系列的优惠政策,扩大办学主体的范围,简化办学程序,拨付专项资金,自主管理学校等。此外,政府鼓励自由学校为最贫困的学生提供帮助,给有学习困难和残障的特殊学生提供宽泛的个性化课程,使不同背景的学生都能获得发展。[3]

---

[1] 索磊.从"特色学校"到"信托学校"——英国提高薄弱学校办学质量政策解析[J].教育发展研究,2009(15):111-114.

[2] FreeSchool[EB/OL].(2012-01-06)[2014-08-10]. http://www.education.gov.uk/schools/leadership/typesofschools/free schools.

[3] 张羽寰,孟伟,李玲.从"特色学校"到"自由学校"——英国多路径改进薄弱学校政策述评[J].上海教育科研,2012(6):32-33.

自由学校计划照顾到了绝大多数学生的利益,能为学生制定周详的学习计划,帮助每一个学生完成学习任务,提高学业成绩。同时,家长、教师等自己设立学校,增加了教育的类型,扩大了教育的选择权,也激发了社会各界办教育的积极性。但是,该项计划却是一个备受争议的项目。有些批评者认为,让家长、教师、慈善机构开办学校,办学条件又很宽泛且缺乏一定的监督机制,受办学者自身水平的局限,教学质量难以得到保证,办学者与学生间的权利基础关系不明确,学生的合法权益难以得到保证。一些公立学校害怕自由学校与自己抢夺生源,从而影响自己的生存,也不支持自由学校计划。英国教师联合会(National Union of Teachers)秘书长克里斯廷·布罗尔(Christine Blower)甚至认为自由学校计划将会在地方制造混乱,而不是为所有家长提供机会,它只会牺牲多数人的利益而让少数人得益。[1]

(8)国家教学服务计划(National Teaching Service)

如果教育改革不具备最重要的因素——伟大的教师,那么正确的政策、正确的学校结构、合适的课程,甚至正确的期望值也毫无用处。教师正在鼓励并改变着青少年的生活,是教育改革的先锋。[2] 英国政府认为,教师在教育改革中具有作用,城镇和乡村地区教育问题的主要原因是难以招聘和留住优秀教师,英国政府制定了"国家教学服务计划",到2020年,将派遣1500名优秀教师和中层管理者到一些薄弱学校任教三年,以提升这些学校的教学质量,给予每名学生平等的、高质量的受教育机会,同时吸引和挽留优秀教师。参与这一计划的优秀教师将享有政府给予的优惠待遇以及在今后职业发展、职务晋升等方面的保障。[3] 2016年9月,第一批100名优秀教师和校长被派往英格兰西北地区的教学质量较低的中小学。英国教育大臣尼基·摩根认为,该项政策是一项有价值的、鼓舞人心的政策。

二、推进区域基础教育协调发展

2010年11月,英国教育部发布《教学的重要性:学校白皮书2010》,提出在全国范围内建立新的教学学校联盟。所谓教学学校联盟是指符合认定标准的

---

[1] 杨光富.卡梅伦政府教育新政:创建"自由学校",确保教育公平[J].外国教育研究,2011(2):42—43.

[2] 匡建江,沈阳.提高质量标准 提升教育公平——英国教育大臣尼基·摩根谈基础教育改革[J].世界教育信息,2016(3):47.

[3] 匡建江,沈阳.提高质量标准 提升教育公平——英国教育大臣尼基·摩根谈基础教育改革[J].世界教育信息,2016(3):49.

卓越学校在保持自身优势的同时,与其他教学学校、若干所致力于成为新一轮教学学校的战略伙伴学校、区域中的大学或学院等结成联盟,致力于职前教师培训(Initial Teacher Training)、持续专业发展(Continuing Professional Development)、继任规划和人才管理(Succession Planning and Talent Management)、支持其他学校(Supporting other Schools)、教育专业领导者的指定和代理(Designate and Broker Specialist Leaders of Education)、参与研究和发展(Engaging in Research and Development)等,以提升区域总体教育质量,缩小区域内各学校间的差距。[①] 据统计,截至 2012 年 8 月,英国基础教育领域已有 20％的学校参与该项计划。[②] 而且,教学学校也赢得英国教育研究界的高度认可,认为它有可能是将各地学校改进成功经验融为一体的理论分析框架。[③]

第四节　英国城乡基础教育均衡发展的特点与启示

实现城乡基础教育的均衡发展,是各国政府的教育追求,特别是 2001 年联合国教科文组织召开的以教育均衡发展为主题的大会,明确提出教育的均衡发展是当前教育发展的趋势后,各国都把教育均衡发展作为本国教育发展的重中之重。英国作为发达国家,雄厚的经济实力、悠久的办学历史和底蕴、稳定的政治环境等,使得其有能力且有必要更加重视教育的发展。"第三条道路"理念的提出,更是将教育置于特别重要的地位,将教育改革的重心放在关注每一所学校的发展,争取每一个学生的成功。英国在实现教育均衡发展的道路上,做出了许多的努力,也取得了很大的成绩,为我国城乡基础教育的均衡发展提供了一定的借鉴。

一、推行宽松的基础教育管理体制,赋予地方教育行政部门充分的办学自主权

在教育管理体制上,英国实行地方分权制,地方教育局负责当地教育的发展,包括学校的设置、经费的拨付、教师的任用、资源的配置等。20 世纪 80 年代

---

① U. K. Department for Education. The Importance of Teaching:The Schools White Paper 2010 [C]. London,2010:13－97.
② Matthews P,Berwick G. Teaching schools:First among Equals? [C]. Nottingham:National College for Teaching and Leadership,2013:23－42.
③ 方光宝.英国基础教育"教学学校"政策及其启示[J].教师教育学报,2015(5):111.

以后,英国中央政府加强对教育的管理和控制。《1988 年教育改革法》的出台,充分体现了英国政府希望中央与地方共同管理教育的愿望。中央与地方伙伴关系的建立,既有利于中央立足全局、整体规划,又赋予了地方较大的办学自主权,根据自身实际,因地制宜,找到适合自身发展的道路。也正因如此,中央政府和地方政府均把城乡基础教育均衡发展作为教育发展的重点,追求每一所学校都成功,每一个孩子都优秀,采取多种措施推进城乡基础教育的发展,尤其是关注城市薄弱学校的发展,创造多种条件助力城市学校的发展。

我国基础教育实行地方负责、分级管理的教育体制,给予地方一定的办学自主权。但是,由于各地的经济发展水平、消费水平、对教育的关注程度、教育政策等各异,地方办教育的积极性并不高,尤其是一些边远山区、少数民族聚居的地区、贫穷地区等,基础教育发展相当落后。这就要求我们在教育管理体制上,不仅赋予地方一定的教育自主权,而且要为其自主权的实现提供一定的保障条件,如资金支持、政策指导、专家帮助等,使地方教育部门能够充分发挥办学积极性,因地制宜,从当地实际出发,大力发展基础教育,使每一个儿童不仅有学上,而且能上好学,实现办好人民满意的教育的目标。

二、鼓励办学主体多元化,扩大优质教育资源的覆盖面

英国基础教育的一个重要特征是重视多方合作,强调学校与社区、家长、企业、慈善机构以及其他社会机构的合作。"教育行动区计划""追求卓越的城市教育计划""特色学校计划""自由学校计划"等都明确规定受资助学校要与多方力量合作,充分发挥社会力量办学的优势,包括资金支持、先进的管理理念和经验、群体智慧等,以激活受资助学校的办学体制机制,推进受资助学校的高质量发展。英国的学校大都实行董事会负责制,董事会成员包括校长、教师代表、家长代表、社区代表等,由他们从成员中选出一人任董事长,董事长对学校的重大事务负责。通过学校与社会力量的合作,一方面,学校可以引进资金、管理经验、技术、设备等,增强自身办学水平,提高学校的办学质量,满足学生和社会的多元化需求;另一方面,企业等社会机构可以培养自己需要的人才,减少资源的浪费,也可以通过与学校的合作,获得政府的帮助和支持。多元化的办学主体在城区薄弱学校改造中发挥着重要作用,不仅充实了城区薄弱学校的办学经费,而且能够借助多元主体的智慧丰富学校的办学形式,完善学校的办学体制,激活学校的办学机制,为学校教育质量的提升注入新的动力。

虽然我国也倡导学校与家长、企业、社区等的合作,但现状并不乐观。相比

而言,家长与学校的联系略多,而企业、社区等参与学校教育的积极性难以调动起来,尤其是在农村地区,基本仍旧是学校自己"关起门来办教育"。农村留守儿童的长期大量存在、教师队伍的相对薄弱、学校办学理念的相对滞后等,严重制约了农村基础教育的发展,城乡基础教育间的差距越来越大。鼓励办学主体的多元化,不仅倡导社会力量开办学校,以丰富学校办学形式,还积极引导学生家长、企业、社区及其他社会力量参与学校管理,有利于调动多方参与农村教育的积极性,有效缓解农村学校资源匮乏的现状,为农村学校教育的发展注入新的活力。

三、倡导校际间的合作,鼓励优质学校带动薄弱学校的发展

英国虽是发达的资本主义国家,但也存在教育发展不均衡的现象,城乡之间、区域之间、学校之间、群体之间等,都存在较大的差异,特别是优质学校与薄弱学校之间的差距异常明显。为解决这一问题,英国政府除了采取措施扶持薄弱学校的发展外,也出台了相关的政策文件,鼓励优质学校与薄弱学校合作,以优质学校来带动薄弱学校的发展,并让一所优质学校的校长兼管几所薄弱学校,将丰富的办学经验、先进的办学理念、高水平的领导力等运用于城市薄弱学校,推进薄弱学校向优质学校的发展。除了优质学校与薄弱学校的联合外,英国政府也鼓励优质学校间的联合。强强联合,可以使优质学校间互相学习,取长补短,增强实力,也可以给其他学校树立榜样,督促其他学校的发展。英国的"连锁学校"计划,自其实施以来,取得了显著成效,提高了学校的教育标准和教育质量,受到家长和学生的欢迎。这说明了学校间的合作不仅是可能的,也是必要的。

近年来,我国部分地区(如上海、浙江等地)开始试行名校集团化办学战略,以组建教育集团和教育联盟为主要举措,通过多项联合("名校+新校"模式、"名校+弱校"模式、"名校+普通学校"模式、"名校+名校模式"),将若干个办学条件、师资队伍、发展水平相对接近的学校或处于不同层次的学校,组建为教育集团,积极探索集团化办学的"一体化发展模式"与"联盟发展模式",促进集团内各分部的有机融合和优质教育资源的高度共享。从目前来看,名校集团化办学是一种较为可行的扩大优质教育资源覆盖面的措施,能够在短期内满足人们对优质教育资源的需求,有助于促进教育的均衡发展。因此,校际合作、集团化办学、以强带弱的办学理念,为我国统筹城乡基础教育均衡发展提供了新的思路。

四、提供充足的教育经费,保障基础教育的均衡发展

教育拨款是教育资源分配的源头,均衡拨款是基础教育服务均等化的前提。在 OECD 成员国中,英国基础教育的财政投入和教育水平都具有领先优势。① 英国的教育经费主要来自国家拨款和地方政府拨款。中央和地方主要以学生人数为标准划拨教育经费,在特殊情况下也会考虑其他因素,如地区经济发展和消费水平、弱势群体和有特殊需求的学生等。为保证教育经费的专款专用,2003—2004 年度,英国政府规定划拨给地方教育经费的 88% 用于学校教育支出,12% 用于地方教育局的办公及非学校教育支出。2006—2007 年度,英国政府再度出台相关政策,规定教育和技能部要将划拨给学校的教育经费以专用资金的形式划拨给地方,且必须全部用于学校预算支出。

近年来,英国政府不断增加教育经费,教育经费占财政支出的比例不断上升。据统计,2010 年英国是拥有 5—14 岁适龄儿童入学率最高的 OECD 成员国之一,其小学阶段的年生均拨款为 9088 英镑,中学阶段的年生均拨款为 10013 英镑。②

而且,为了推进教育拨款的公平性,2010 年英国政府实施基础教育公式拨款。所谓教育公式拨款是指按照年级、学校分布、贫困等指标的数学公式进行拨款。③ 此外,英国政府连续发布了多项教育拨款改革的咨询报告。2010 年 11 月,英国在发布的《教育拨款改革:理论与原则》咨询报告中明确提出理想的教育拨款体系应具备五个基本特征,即能够按照公平和符合逻辑的方式进行拨款、可以将新增资源分配给最需要的学生、教育拨款是透明的、能够反映教育拨款的价值;④ 2011 年 7 月,英国发布《教育拨款:为更公平体系的建议》咨询报

---

① 杜莉.英国基础教育公式拨款的改革路径与启示[J].财政研究,2017(9):59.
② OECD. Education at a Glance 2012:OECD Indicators (United Kingdom) [EB/OL]. [2018-07-11]. OECD Publishing. http://www.oecd.org/edu/education-at-a-glance-2012/United-Kingdom.
③ Office for Official Publications of the European Communities. Key Topics in Education,Vol. 2:The Financing and Management of Resources in Compulsory Education in Europe-Trends in National Policies[EB/OL]. [2018-07-11]. http://bookshop.europa.eu/en/key-topics-in-education-in-europe-pb C22399605.
④ UK Department of Education. A consultation on School Funding Reform:Rationale and Principles [EB/OL]. [2018-07-11]. http://www.nationalarchives.gov.uk/doc/open-government-licence/.

告,将教育公式拨款作为教育拨款改革的方向;[1]2012年3月英国发布《教育拨款改革:向更公平体系后续步骤》咨询报告,提出拨款应尽可能直接到达学校,学校间的拨款基准应该一致,对学生的多样性需求予以支持等;[2] 2016年,英国发布《国家拨款的公平性分析》《面向学校的国家教育拨款公式(第一阶段)》《高需求拨款和其他拨款改革(第一阶段)》等咨询报告,提出将以学生和学校特征为基础,建立基于学校层面的国家教育拨款公式,并提出后续改革的重心应放在为所有学生提供接受公平教育的机会,每个学校获得的拨款直接与学生特征相关,进行与学校需求匹配的有效拨款,增加拨款透明度等方面。[3]此外,除了有与其他学校同样的教育经费拨款外,英国政府还为城市薄弱学校提供了专项拨款,以保障城市薄弱学校的办学经费,激发城市薄弱学校的办学活力。

充足的经费来源,不仅保证了优质学校向更高水平的教育目标迈进,也保证了城市薄弱学校的发展,为基础教育的均衡发展奠定了基础。新中国成立以来,我国不断改革教育经费保障机制,逐步增加教育投入。《中华人民共和国教育法》明确提出国家建立以财政拨款为主、其他多种渠道筹措教育经费为辅的体制,逐步增加对教育的投入,保证国家举办的学校教育经费的稳定来源,国家财政性教育经费支出占国民生产总值的比例应当随着国民经济的发展和财政收入的增长逐步提高,全国各级财政支出总额中教育经费所占比例应当随着国民经济的发展逐步提高,各级人民政府教育财政拨款的增长应当高于财政经常性收入的增长,并使按在校学生人数平均的教育费用逐步增长,保证教师工资和学生人均公用经费逐步增长。2010年,我国经济总量跃居世界第二,综合国力不断增强,但我国人口多、底子薄、发展不平衡的基本国情决定了我国依然是一个发展中国家,教育发展经费仍相对不足,尤其是对农村及边远贫困地区的教育投入不足,城乡之间、区域之间、学校之间的教育差距十分明显,且呈现不断扩大的趋势。我国为实现教育的均衡发展,正在做出种种努力,2012年,已基

---

[1] UK Department of Education. Consultation on School Funding Reform: Proposals for a Fairer System [EB/OL]. [2018－07－11]. https://www.education.gov.uk/consultations/downloadable Docs.

[2] UK Department of Education. School Funding Reform: Next Steps towards a Fairer System [EB/OL]. [2018－07－11]. https://www.gov.uk/government/publications/school－funding－reform－next－steps－towards－a－fairer－system.

[3] UK Department of Education. Schools National Funding Formula: Government Consultation (Stage One) [EB/OL]. [2018－07－11]. https://consult.education.gov.uk/funding－policy－unit/schools－national－funding－formula.

本实现教育经费支出占国内生产总值的4%的目标,并提出将教育经费重点向农村、边远、贫困和民族地区倾斜,向农村基础教育、职业教育和学前教育倾斜,向家庭经济困难学生倾斜。这些举措,将对促进城乡基础教育均衡发展产生重要影响。

五、制定转向扶持计划,借助"差额补偿"促进城乡基础教育均衡发展

虽然英国城乡差距不是很大,但城乡基础教育间的差距仍较大。因此,英国政府将教育改革的重点转向对城市薄弱学校的改造上,致力于提升城市薄弱学校的办学质量,力争实现每一所学校都成功,每一个孩子都优秀的全纳教育。尤其是"第三条道路"理念提出以来,不论是工党政府还是联合政府,均把教育放在特别突出的位置,始终以全纳教育思想为指导,以实现英国在全球教育中的领导地位,建立一流的教育体系为目标。针对本国的教育状况,英国政府制定并实施了一系列的专项计划,如针对处境不利地区和群体的"教育优先区计划",针对城市地区的"追求卓越的城市教育计划",改造薄弱学校的"教育行动区计划""国家挑战计划""学院内学校计划"等。这些专项计划的制定,为教育的均衡发展提供了政策保障和资金支持,是提高城市薄弱学校教育质量、实现教育目标的重要途径。

近年来,实现教育的均衡发展是世界各国的共同追求,许多国家为此而做出不懈的努力,我国也不例外。不论是发达国家还是发展中国家,城市和乡村作为两大主体,在教育发展水平上都存在较大的差距。这些差距不仅表现在硬件方面(校舍、操场、图书资料、计算机设备等),在软件方面(师资配备、学生学业水平、学校管理理念和方式等)也有一定的差距。长期以来,我国农村地区受自然环境、历史背景、生产力水平等的限制,与城市学校相比,农村学校的办学质量差强人意,尤其是近年来城市化进程快速推进,农村学校面临较为严重的生源危机,教学点、小规模学校呈现快速增长趋势,甚至有些农村、学校因生源过少而被迫关闭。在推进教育均衡优质发展、办人民满意的教育的背景下,如何激发农村学校的办学活动、促进农村教育的高质量发展,是我国发展教育的重中之中。

第五章 德国统筹城乡教育均衡发展的研究

德国作为世界上最早实行义务教育制度的国家,在近代教育的发展上,无论是在教育制度的创建还是在教育理论的构建方面,都对世界教育的发展产生了很深远的影响。在 20 世纪之后,德国的基础教育经历了三次较大的改革,每一次改革都是对上一次改革的扬弃和发展[①]。但在其教育发展的历史进程中,存在着教育发展不均衡的状况。德国全国包括 16 个州,其中 8 个较大的州细分为 36 个行政区,所有 36 个行政区和余下的 8 个州再下分为 438 个县,县又分为乡村县和城市县两种,县以下即是乡镇。作为一个从 1949 年起采用议会民主的联邦制国家,各州在文化教育领域享有高度的自主权,各州有权进行立法与管理,联邦政府对联邦内具有共性的教育问题可以适当进行协调与管理。德国各州的教育体制虽然存在一些差异,但总的方向是相同的。德国的基础教育均衡问题在 20 世纪 60 年代之前主要表现为城乡差异,在 20 世纪 90 年代之后主要表现为东西差异。东西德在统一后,德国政府通过出台一系列的政策,已经极大地缓解了德国基础教育不均衡的问题。

第一节 德国基础教育均衡发展的历史进程

德国基础教育发展的改革历史主要分为以下几个阶段:第二次世界大战前国家主义教育政策的形成、第二次世界大战后民主主义教育政策的产生和 20 世纪 90 年代德国统一后的在国际化背景下的教育政策形成这三个主要阶段。

一、国家主义基础教育政策形成——实现四年制初等教育普及

德国基础教育可追溯至中世纪的带有宗教性质的教会学校教育,在 1885 年全面实行免费义务教育之后,尤其是 1946 年开始实行九年义务教育以来,德

---

① 李爱萍,杨梅.20 世纪德国基础教育改革政策的演进与启示[J].外国教育研究,2004(11):26—31.

国青少年接受基础教育的普及率逐年提高。但是在 20 世纪 60 年代之前,德国基础教育的城乡差异表现较为突出。

首先,教育供给主体和对象单一。德国长期被教会统治,带有宗教性质的教会学校虽然能够为德国人民提供一些基础教育,但教育对象十分单一,只局限于富家子弟或教会成员,授课的内容也大多为传授宗教知识。之后逐渐发展起来的私立学校也对入学者的家庭背景有所要求,因此不能算是完全的基础教育普及。

其次,教育资源分配不均。从德国城市化发展的进程来看,19 世纪中叶开始的城市化进程对德国的城乡划分有着巨大的影响。19 世纪 20 年代,城市化兴起,农村人口多于城市居民,农村剩余劳动力尤其是东部农业区的人口逐渐向城市转移,柏林、汉堡、科隆和慕尼黑等城市已初具规模,文化和商业设施较为完备并且手工业发达,大中城市的基础教育与经济发展相辅相成,政府有较多经费投入到城市的基础教育中,包括校园建设、教师培训等。大中城市的教师要接受预备机构或大学的学习并获得国家教师资格才能进入学校教书,小城市及乡镇主要依靠私立学校普及基础教育,对教师素质并没有具体的要求。19 世纪末城市化进程加快,大中城市的人口迅速增加,外来农村人口数量激增,城市基础教育更是得到了极大的发展,但是小城市及乡村的基础教育资源仍然缺乏。

在 20 世纪前半期,国家主义的教育政策是德国近现代基础教育政策明显区别于世界其他国家基础教育政策最为显著的特点。所谓国家主义指国家对国民教育有着不可推卸的责任,国民教育应是由国家统一控制并管理。其历史可以追溯到 16 世纪德国的宗教改革至 19 世纪洪堡的教育改革,最终确立于 20 世纪初魏玛共和国和德意志帝国的教育改革,在一战与二战之间达到顶峰,集中表现为法西斯主义教育政策。一战后,德国建立了魏玛共和国,出于社会稳定及新政权巩固的需要,基础教育致力于政治发展的需求。依据 1920 年的《基础学校法》和《魏玛宪法》的规定,德国的义务教育分为两段,前四年为一段,是四年制的基础教育学校;后四年为另一段,是四年制的高等国民学校。值得说明的是,前四年的基础教育学校是为全体国民设立,但是在基础教育学校毕业后,除了小部分学生升入各类中学外,大部分学生都进入了国民高等学校,之后进入职业学校接受职业义务教育。国民学校是产生于 16 世纪的初等教育机构,由城镇主办,教授实用知识及新教教义,国民高等学校是在国民学校的基础上为接受了基础教育的学生提供更高层次教育的机构,学生在接受国民高等教育之后进入职业学校接受职业义务教育。故而,在此时期,德国建立起了统一的初等教育制度,四年制基础教育制度的统一基本上保证了国民可以接受相对均衡的初等教育。但是在初等教育之后,由于双轨制教学的实行,学生进入国民高等学校或中等中学学习,接受的教育有所不同。在这一时期,根据《魏玛宪法》规定,国家监督所有的教育事业,明确了国家对教育的管理和监督权力[1]。

德国1920年通过了《基础学校法》,随即在1924年通过的《学制改革方案》中又再次明确了德国的教育制度,提出在四年制的基础学校上设立九年制的德意志中学和在高等国民学校之上设立六年制的上层中学,其主要目的是培养德国文化和民族的继承者,以及为了升入高等学校做准备。随即,1933年德国进入纳粹统治时期后,中小学基础教育在一定程度上演变为控制学生思想、为战争服务的工具。

综上,在20世纪前半期,德国的基础教育表现出强烈的国家化的特点,国家教育政策的制定和改变是为了政权的稳固和社会的稳定。但不可否认的是,这时期国家对统一的初等教学学制的规定,基本上实现了四年制基础教育的民主化,保障了国民在接受基础教育上的相对均衡。

二、民主主义基础教育政策产生——延长义务教育年限,完善"双轨制"

二战后,德国作为战败国,根据《波茨坦宣言》的规定,德国的教育必须在盟军的领导下,彻底清除纳粹和军国主义的思想,向着民主化的方向发展[2]。在此时期,德国分裂为德意志联邦共和国(即"西德")和德意志民主共和国(即"东德"),虽然两个共和国基础教育改造政策的制定与实施是围绕同一个目标开展的,但由于社会基本制度和政策的不同,产生了不同的结果。

1960年德国教师协会在不来梅提出了《不来梅计划》和《革新德意志学校计划》,指出了教育机会均等对教育现状的重要性及建立统一的学校制度的必要性。1964年在《汉堡协定》中明确规定:各州的普通义务教育至少延长到九年。在四年制的基础学校之后,升入中学的选拔方式将不以考试作为标准,在此期间利用两年的时间作为"观察期",即所有儿童从基础学校毕业后,通过两年的"观察期",再进入三类不同的中学学习。这个政策克服了由于过早分流而导致教育不平等的弊端,让更多的儿童在经历"观察期"后得到了更佳的选择机会,

---

[1] 瞿葆奎.联邦德国教育改革[M].北京:人民教育出版社,1991:26.
[2] H. -J. Hahn. Education and Society in Germany [M]. Oxford;New York,1988:96.

同时满足了社会的需求和儿童心理发展的需要。这对德国的基础教育改革来说是一个里程碑式的发展。

针对不同家庭背景、生长环境、学习基础的学生接受基础教育机会不均衡的问题，在1970年，德国教育审议会讨论并颁布了《教育结构计划》，随后三年内又颁布了《综合教育计划》，将德国的基础教育年限由9年提升到10年。中等教育开始分为三类学校进行：与初级中学性质类似的主要学校、偏重实科的六年制实科学校和强调学术教育的九年制完全中学。直到1969年，西柏林建立了第一所将以上三种学校全部包括在内的综合学校，标志着西德综合学校实验的开始。基础学校教育领域改称为初等教育领域，包括入门阶段和基础阶段，提供共同的基础教育；基础学校之后的中等教育学校分为两段：第一段即5—10年级，包括主要学校、实科学校和完全中学三种，向所有学生提供相同的基础教育；第二段即11—13年级，包括全日制职业学校、职业专科学校、高等专科学校等几种，向部分学生提供职业教育，向另一部分学生提供普通学业教育。但是各校学习内容之间具有一定的渗透性和互通性，方便学生在需要时转学。这一政策带来了三个积极的影响：学制的延长给了学生更多的时间和机会选择合适的学习道路；基础教育的分流推迟到了高中阶段，保障了学生在基础教育阶段可以得到平等的教育机会；在高中阶段虽然需要分流，但是学生能在接受教育的过程中再次反思自己，转学较为容易。

在东西德统一之前，西德遭受的破坏更为严重，各项事业百废待兴。但是，由于西德的技术力量雄厚，更有大批训练有素的技术人员从东欧流入，因此在最初并未将教育的复兴作为首要任务，政府教育投入降低，居民人均得到的教育投入远远低于战前最高水平。在此之后，西德各党派为了得到更多普通民众的支持，在竞职演说中将教育问题作为一个重要的部分，标志着西德政府开始重新重视教育问题。国家的教育投资在1965年重新达到战前的最高水平，在19世纪70年代，教育投资在国民生产总值中一度达到5%。西德大多数州从1959年起实行公立小学免费制度，在实施这个制度的州内，学生的书本、作业本及文具均是由政府统一提供，不需要收取任何费用，即使在没有实行免费政策州的公立学校，家长也可以申请补助或申请借用。这一政策为城镇中的公立学校提供了极大的便利。政府虽然对私立学校提供相应的教育补助，但私立学校的运营资金来源依然是家族或私人，私立学校若想获得州政府的补助，必须被认定为能起到与公立学校一样的教育作用才可。城镇中私立与公立学校的差距不甚明显，但是在较为落后的乡村中，私立学校的条件和教学质量则较低，能够升入高一层次教育的学生人数很少,校舍的建设及维修、教学设备的添置和修理都是阻碍乡村教育前进的因素。为了解决这一问题,各州将对私立学校的补助方法写进法律,非营利性且能承担与公立学校相同教学任务的私立学校可以向联邦申请资助,资助标准稍低于公立学校但是国家资助与实际开支之间的差额由学费或社会组织捐款补足。例如在西柏林,对于已被国家承认与公立学校具有相同职能的私立学校,国家完全承担教师及工作人员的工资,在巴伐利亚州,对私立学校的资助占到每年财政预算的15%左右,数量可观。

总体来说,西德的教育在德国解体期间发展得较好,因此在20世纪90年代东西德统一之后,德国的基础教育改革便以西德为导向,东德放弃原有的教育政策与制度。根据联邦政府颁布的基本法,在联邦内,教育事务由各州自行管理,但是设立各州文化教育部长联席会议,负责讨论和解决全国性的教育问题,并且再次肯定了四年制基础教育学校的存在。这个政策标志着德国基础教育民主化的开始,并且在一定程度上解决了联邦内各州教育不均衡的问题。

综上,在"二战"后至东西德统一前,德国的基础教育制度(主要是西德的基础教育制度)推进了教育均衡的完善,推迟了"双轨制"下学生分流的时间,延长了全面义务教育的年限,让更多的学生得到了平等的基础教育,各州在根据自身情况发展基础教育的基础上,追求全国基础教育的统一。这是该时期内教育政策民主化的体现。

三、国际化背景下基础教育政策萌芽——注重学生个性发展的均衡政策

在20世纪90年代后,德国重新统一,德国的教育体制(主要以西德为主)需要适应社会的变革和经济的发展,德国此时期的基础教育政策改革在欧洲共同体背景下展开,德国的教育不仅只专注于自己国家的利益,更考量了欧盟乃至世界经济教育发展的情况,教育改革同时具有"国际化"和"欧盟化"的特点[①]。

此前设立的文化教育部长联席会议在1991年讨论并通过了《霍恩海姆备忘录》,致力于将德国文化和教育统一起来,其中最迫切和核心的问题是,需要将东西德的教育统一起来。由此做出的积极响应体现在:1993年各州文化教育部长联席会议讨论并通过的《关于中等初级中学学校类型和课程设置的协议》及1994年颁布的《关于小学工作和关于促进特殊教育的教育》等规章制度,重

---

① (德)克里斯托弗·福尔.1945年以来的德国教育:概览与问题[M].肖辉英,陈德兴,戴继强,译.北京:人民教育出版社,2002:3.

新评估并平衡了东西德各州的基础教育事业,最终将两者的教育体制统一起来。

在此时期,德国的基础教育经历了从内外两个方向同时着手的改变,不仅在内部得到了统一,同时也适应欧洲共同体的框架。随着20世纪90年代后高科技产业的兴起和发展,基础教育更是应该与国际社会相接轨。此时德国中小学课程教育通用性增加,在学习内容中加强了有关欧洲的教育,例如对外语教学的要求有所提高,加强德国与欧洲邻国的交往合作;在教学中允许学生选择特长课程、兴趣课程和倾向课程,对基础性的关键技能的培养加强,促进学生的个性化发展。这样的教学改革在城乡表现的有所不同,在大中城市的基础教育中,学校更重视学生语言、思维及理论能力的培养,为学生进入高级的中等学校做准备。而在乡镇学校中,基础教育更多的关注学生的职业教育,为农村学生毕业后的就业提供了充分的锻炼机会。这个做法一方面能够保护学生的兴趣爱好,另一方面能够为国家的发展培养专业型人才,以适应经济全球化、信息化的新格局。在联邦政府与州政府的共同努力下,学生的辍学率逐渐降低,升入更高一级学校深造的人数逐渐增多,在偏远、农村、贫困地区毕业生的就业情况也有所好转。

20世纪以来,德国基础教育政策改革具有连续性和阶段性的特点,注重解决教育公平和均衡化的问题,形成了一体化的综合学校制度。强调学生的基础学业教育的重要性,也给学生提供了多种选择机会。此外,在地方和中央政府之间也有所协调,各州虽然具有独立的在教育事务方面的管辖权,但是也会通过各州文化教育部长联席会议和德国学校教育委员会等中介与中央联邦政府之间进行相互联系,达到了多样性和共同性并存的结果。

第二节 德国城乡教育均衡发展的现状与问题

一般认为,狭义的教育均衡发展指在教育公平和社会公正原则的指导下,政府通过政策和法律等手段,在不同地区、学校和社会群体之间均衡地配置教育资源[①]。由此保证受教育者在教育起点(机会)、教育过程和教育结果(成就)

---

① 姚继军,张新平.新中国教育均衡发展的测度[J].华东师范大学学报(教育科学版),2010(2):33—42.

上得到公平的待遇[①]。

在20世纪60年代,德国面临着严重的教育不均衡问题,主要表现为社会群体中教育机会和教育结果的不均衡。社会群体教育机会不均衡主要表现为不同社会阶级、家庭背景、性别以及特殊儿童接受教育机会不均;教育结果不均衡主要表现为不同地域、不同水平的学校培养出来的学生的成就有所差异。这一问题引起了政府的高度关注,此后采取的一系列政策都致力于促进教育的均衡发展,例如教育扩张、开放文法中学、制定《联邦教育促进法》等,在一定程度上缓解了教育不公平的问题。但是近年来的调查研究显示,虽然前期的政策促使学生在教育起点上得到了相对的公平待遇,但是在教育过程和结果上依然存在不均衡的问题。以下将从教育资源分配和社会群体差异等方面进行分析和讨论。

一、教育资源分配差异——不同地区和学校的比较

作为一个联邦国家,德国的《基本法》规定各州在联邦内为居民提供均等的教育机会和条件[②],德国联邦各州在教育事务上具有自主权。但是由于各州的经济发展水平不一,所以不能完全保证教育投入的均等。根据2007年的调查发现,人均教育投入最高的州和投入最低的州之间的差距高达1600欧元[③],但是值得说明的是,随着时间的推移,东西德之间的差距在逐渐缩小,东德的增长幅度较大,这也是政府在促进教育均衡方面做出一定努力的结果。各州不仅是在教育投入上存在差异,学生的教育结果上也存在一定的差异。2006年国际学生评价项目(PISA)研究发现,德国各州学生的能力水平有很大差异[④],不同学科之间的差异水平不同。在自然科学方面,成绩最好的州和最坏的州之间有56分的差异,相当于1.5学年的差距;在数学方面,成绩最低的州有约90%的学生不能达到最低能力水平,而在其他州只有70%或更低。从整体上来看,德国东南部的学生在各科成绩上普遍高于西北部,东南部各州的教育质量较好。

作为一个实行"双轨制"教育制度的国家,在同一阶段,德国为学生提供了

---

① 孙进.教育均衡发展政策的"结果困境"——德国义务教育均衡发展的现状、问题与启示[J].复旦教育论坛,2012(5):81—87.
② Isabell van Ackeren, Klausklemm, Entstehung, Struktur and Steuerung des deutschen Schulsystems[M]. Wiesbaden:Vsverlagfur Sozialwissenschaften,2009:47—48.
③ Statistisches Bundesamt. Bildungsfinanzierungsbericht 2010 [R]. Wiesbaden:Statistisches bundesamt,2010.
④ Prenzel Mua(Hrsg). PISA 06 in Deutschland. Die Kompetenzen der Jugendlichen im dritten Landerverleich[R]. Munster. Waxmann,2008.

多种不同的学校类型供学生选择。虽然各州对学校的命名不一,但是基本上可以归纳为四类学校:主体中学、实科中学、文法中学和综合中学。一般来说,文法中学是教育质量高和社会声望好的代表。与其相对的是主体中学,代表着教育质量低和社会声望差,处于两者之间的是实科中学和综合中学。根据学生们在基础教育阶段成绩的不同,会被家长和教师推荐进入不同的学校学习,成绩最好的学生进入文法中学,处于中等的学生进入实科中学或综合中学,成绩最不理想的学生较多进入了主体中学[1]。由于学生在进入中学时就按照成绩进行了分类,所以四类学校的学生在中学的学习也存在明显的差异,文法中学的学生成绩最好,而主体中学的学生成绩远远低于德国学生的平均成绩。在各科学习中,文法中学的学生往往比主体中学的学生高出三四个层次[2]。

二、社会群体差异——不同阶层、性别和背景的比较

德国的《基本法》规定,任何人不许因为其性别、出身、种族、语言、出生地、信仰、宗教或政治观点而受到歧视,不许因为残障而受到歧视。但是根据近年的调查,这一规定并没有得到完全落实,社会出身对学生的成绩和择校具有很大的影响。在成绩上体现为,出身于社会上层家庭的学生成绩要优于出身于社会下层家庭的学生[3]。在择校上,德国有明确的法律规定小学必须是就近入学,所有的儿童必须接受义务教育,这个阶段暂时是相对公平的。但是进入了中学阶段,由于学校类型的多样化带来统一入学考试制度的缺失,导致了一定的不均衡现象,大部分州是由父母根据教师的建议最终决定儿童进入哪类中学学习。在相同的成绩条件下,来自上层家庭的学生被教师推荐进入文法中学的比例要远高于来自下层家庭的学生,文法中学逐渐变成了社会中上层家庭子女聚集的学校,而下层家庭的子女主要聚集在主体中学。PISA 连续多年的调查结果都证明了这一现象的存在。

在 20 世纪 60 年代,女性在教育领域处于明显的劣势。但是经过半个世纪的演变,如今女生在很多方面都超越了男生。例如在教育质量最好的文法中

---

[1] KMK(Hrsg),Das Bildungswesen in der Bundesrepublik Deutschland 2009[R]. Bonn:KMK,2010:108-110.

[2] Klieme E,et al(Hrsg). PISA 2009. Bilanz nach einem Jahezehnt [R]. Munster,Waxmann,2010.

[3] Maaz K,Banmert J,Cartina K S. Soziale and reguinale Ungleichheit im deutschen Bildungssystem [G] Cortina K S,et al. (Hrsg). Das Bildungswesen in der Bundesrepublik Dentschland . Reinbek bei Hamburg:Rowohlt,2008.

学,超过半数的学生都是女性①,并且在各科成绩上女生远高于男生,辍学率也更低,拿到毕业证书的比率也超过50%。但是值得注意的是,在校阶段女生的确比男生更优秀,当义务教育结束之后,女生明显处于劣势地位,男生比女生更容易获得好的岗位,薪酬和升职方面男生的优势也更大。

德国作为一个多元化的国家,其移民数量占到了全体国民数量的五分之一,具有移民背景的儿童在德国接受教育时也受到了不公平的对待。在小学升初中时,在相同学习成绩的情况下,德国本土学生比具有移民背景的学生更容易获得去高级文法中学的推荐②。和德国本土学生相比,大约31%的具有移民背景的学生进入了最差的主体中学,这一数字远高于德国本土学生的16%;其余大部分(约45%)都进入了实科中学或综合中学,大约24%的学生进入了社会声望最好的文法中学学习,这一数字也低于德国本土学生的33%。不仅是在择校上,在成绩上,具有移民背景的学生也不如德国本土学生成绩好。PISA 在2009年的调查显示,德国本土学生和移民背景学生之间的阅读成绩差距为44分。虽然这一现象在多数欧洲移民国家都存在,但是德国在移民融合方面的确做得不太成功。并且具有移民背景的学生辍学率为德国本土学生的两倍,获得毕业证书的比率仅为德国本土学生的三分之一③。所以,在德国,具有移民背景的学生和德国本土学生之间的基础教育存在着严重的不均衡现象。

三、特殊儿童面临融合教育难题

德国不仅是世界上第一个开始义务教育的国家,其特殊教育也有着悠久的历史。德国的特殊教育始于200多年前第一所聋校和盲校的建立。1960年,联邦政府教育部长会议上各州讨论并通过了《关于特殊教育时刻规章的意见》,这是联邦内各州特殊教育同步发展的指导性文件。20世纪初,德国特殊儿童在校人数增长迅速,在1960年达到了总在校学生人数的2.1%。国家为不同情况的儿童建立了十多种不同类型的学校,形成了当时世界上最为分化的特殊学校系

---

① Solga H,Dombrowski R. Soziale Ungleichheiten in schulischer und wuBerschulischer Bildung [R]. Dusseldorf:Hans-Bickler-Stiftung. 2009.
② Banmert J,Cortina K S,Leschinsky A. Grundlegende Entwicklung und Strukturprobleme im allgemeinbildenden Schulwesen [G] Cortina K S, et al. (Hrsg) Das Bildungswesen in der Bundesrepublik Dentschland . Reinbek bei Hamburg:Rowohlt,2008:92.
③ Autorengruppe Bildungsberichterstattung. Bildung in Deutschland 2010[R]. Bielefeld:wbv, 2010.

统之一①。20世纪末至21世纪初,特殊学生的比例升至5%,特殊学校的数量也在1999年达到了顶峰,有3442所。随后,融合运动兴起,联邦政府和州政府早在20世纪70年代早期就提供了一定的资金进行融合教育试点计划。在小学建立起了第一批融合班级,特殊儿童的家长有权利决定儿童是否就读融合学校,在政策实施的近40年里,减少了对特殊儿童的隔离。

虽然德国的特殊教育体系完善,但是依然具有一定的选择性和隔离性。德国的特殊儿童可以选择直接进入普通学校就读或经由特殊学校训练后进入普通学校继续就读,但是在普通学校他们属于弱势群体。学生在学校内的地位取决于所在学校的类型和学生的成绩,往往特殊学生的成绩并不理想。当学校发现学生具有显著的学习困难时,首先考虑的是能否可以将其安置到教育水平较低的学校或特殊学校就读,而不是为其提供教育帮助。作为欧洲地区特殊儿童隔离率(特殊学生被安置在特殊学校或大部分时间在特殊教学班的比例)最高的国家之一,其隔离率一度高达87%。

目前,德国特殊儿童的融合教育面临着巨大的挑战。由于隔离率较高,德国社会对融合教育的呼声也是此起彼伏。但是在近十年内,有调查显示,接受过融合教育的特殊学生数量不超过特殊学生总量的15%。各州的特殊教育体系虽然受到联邦统一政策的约束,但是由于各州在学校法律、管理和财政方面具有高度的自主权,因此并不能完全达到统一。许多州充分尊重特殊儿童及其家长的意愿,给予他们自主选择学校的权利,但是有些州特殊儿童的家长很少有机会让孩子在普通学校学习,融合教育发展的不均衡也造成了特殊儿童不能享受到平等的特殊教育。

另外,融合教育中的普通学校虽然在一定程度上得到了特殊学校的支持和帮助,但是大多数融合班级的教师反映,他们并没有接受过系统的特殊教育的方法和技能培训,有时候在面对特殊学生时有一定困难;并且特殊学校派来融合班级指导教学的教师也认为,他们的工作流动性太大、不固定,不能长期和一个群体保持联系,不利于突发情况的及时解决和反馈。

在20世纪70年代,最初的融合教育出现在小学阶段,而在中学阶段却没有融合教育。从小学毕业后,特殊儿童就和普通儿童一样要根据学习成绩进行分流,除了极小部分中学实行融合教育以外,德国大部分中学都没有实行融合教育,造成了融合教育的断层,目前依然存在这样的情况。

---

① 赵梅菊,雷江华.德国特殊教育发展的特点[J].现代特殊教育,2012(1):58-61.

综上,德国的特殊儿童教育历史悠久,教育体系虽然完善,但是依然存在很强的选择性和隔离性。并且融合教育在从小学过渡到中学的过程中出现了断层现象,这一点值得政府高度关注。

在过去的一个多世纪中,德国虽然颁布了多个政策致力于促进教育均衡发展,但在实践上依然有所局限,并没能完全达到制定政策的初衷,依然存在教育机会、教育过程和教育结果的不公平、不均衡现象。

第三节 德国促进城乡教育均衡发展的举措

德国历任政府都十分重视教育平等和公正的实现,促进教育公平被视为德国民主政治的核心内容之一。德国政府认为,教育公平关系到社会潜力的挖掘,是与社会每个个体息息相关的工作,教育公平作为社会公平的基础,理应得到重点关注。由于不同时期的社会背景有所差异,政府对教育公平关注的侧重点有所不同,但是每个政策最终都是为了实现联邦内教育公平服务的。从 20 世纪初至今,德国政府在不断进行着教育公平的探索,先后通过管理政策改革、财政政策完善和教师政策补充等措施来促进基础教育的均衡发展。

一、管理政策改革——弱化社会阶层差距,监管教育质量

在 20 世纪 60 年代,德国面临着教育发展不均衡的问题,教育机会在不同地区、城乡和不同社会群体之间的不均衡引起了政府和社会的高度关注。德国学界和民众普遍使用"农村地区信仰天主教的工人家庭女童"这一虚构的形象来说明德国教育体制中存在的城乡教育不平等现象。此后,德国政府采取了一系列措施,如颁布《联邦教育促进法》、设立文法中学和综合中学等,尝试解决教育的不均衡问题。经过近半个世纪的努力,在很大程度上缓解了城乡、不同宗教信仰、不同性别之间的教育不均衡问题。但是进入 21 世纪以来,PISA 的调查显示,在不同社会阶层之间依然存在着教育不均衡的现象,尤其是移民子女作为新的弱势群体在教育中受到不平等对待,这就促使政府进行新一轮的教育均衡改革。

德国基础教育学制复杂,所有儿童在经过同样的小学教育之后,需要选择进入何种中学进行学习,此时择校问题便凸现出来。针对不同社会阶层家庭出身的儿童受到不公平推荐的问题,政府强化了父母在择校问题上的权利。一般来说,父母会听从教师或学校的意见为孩子择校,教师往往推荐社会中上层家

庭出身的孩子进入声望较高的文法中学,而推荐社会下层家庭出身的孩子进入社会声望最低的主体中学。但是当父母的选择权利得到强化后,教师和学校的意见只是参考,例如学校推荐孩子去上主体中学,但是父母希望孩子去文法中学。在成绩条件合格的情况下,父母可以不理会学校的意见,将孩子送到文法中学学习,这便是"父母权优先于学校权"①。这一政策保障了父母和孩子对学校选择的权利。

来自社会下层家庭和移民家庭的子女在教育中处于弱势地位,针对这一现象,政府给他们提供了学习援助,帮助他们提高学业成绩②。例如,以小班为单位,对学习困难的学生进行课外辅导;具有移民背景、在语言方面存在不足的学生,可以获得语言上的帮助;针对移民学生比例较高的学校,政府提供资金在学校内开设双语课程,培养德国本土教师的跨文化交流能力,让移民学生更好地融入教学。

长期以来,德国的教育政策与规划是由其体制所决定的。各州在教育事务上具有充分的自主权,中等教育及高等教育均由各州自行管理。由于各州经济水平和社会发展的差异,造成联邦内各州之间的教育质量水平不一。1948年,成立了各州文教部长联席会议,致力于协调各州之间教育发展和合作,制定协调相关的全国性政策。多年来,该组织为推动各州之间的教学交流及合作做出了巨大贡献,实现了各州之间高中学分、成绩或文凭的互认。德国为了保证各地、各类学校教育水准的可比性,于2003年引入了"国家教育标准",覆盖从小学到高中整个基础教育阶段,包含全部核心课程科目③。统一的国家教育标准保证了不同地区、不同学校和不同家庭背景的学生达到同样的标准要求,便于联邦对教育体系的监管,推动各州的教育质量趋向一致。

德国文教部长联席会议在2006年讨论通过了实施全面教育监测的决定,称为"文教部长联席会议关于教育监测的总策略"。德国的教育监测体系包括:(1)参加国际学生学业成就调查;(2)就是否达到国家教育标准进行全州范围内的统一测验;(3)结合国家教育标准在州际和校际之间进行比较考核;(4)中央政府和各州文教部共同负责发布教育质量报告,面向社会公众说明教育发展的

---

① 孙进.德国促进基础教育均衡发展的政策分析[J].教育发展研究,2012(7):68—74.
② KMK(Hrsg).Das Bildungswesen in der Bundesrepublik Deutschland 2009 [R]. Bonn:KMK,2010.125.
③ Isabellvan Ackeren, kaus Klemm.Entstehung,Struktur and Steuerung des deutschen Schulsystems[M]. Wiesbaden:VS verlag fur Sozialwissenschaften,2011.157.

现状。这有利于将各地区各校的教育结果均质化,实现教育均衡与公平。

二、财政政策完善——扶持基础教育,优化资源配置

德国针对教育而进行的财政投入是使各项教育均衡政策得以实施的关键。为了提高教育质量,实现教育均衡,德国对教育的投入逐年增长。德国教育投资的来源是多样化的,但绝大部分是依靠联邦、州及地方政府的公共教育支出。其中州政府和地方政府的拨款经费主要用于初等和中等学校,其实行的一系列财政政策保障了基础教育阶段受教育者享有平等的受教育权,在需要接受教育的时期得到均等的教育机会。

德国实行了基础教育免费的政策。各州的公立中小学教育费用由州和办学机构共同承担,即从1年级至13年级,均为免费教育,注册和毕业证书也不收取任何费用①。联邦中多数州都有关于学习用品补助或免费的规定,学生完全不需要或者仅仅需要承担学习用品的成本费用,学校根据学生父母的收入和家庭子女的数量来确定支付成本费用的高低,这保证了收入低或子女较多家庭的孩子受教育的平等权。对于私立学校来说,非营利性的、可以承担与公立学校相同教学任务的私立学校可以向国家申请补助。实际上各州对私立学校的补贴经费相当可观,保证了私立学校与公立学校能够对教育起到相当的作用。

德国各州文教部长会议负责保障各州合理的学校布局。各州的《学校法》明确规定了在一定的发展时期内,各州必须对学校的需求有明确规划,在主要生活区域内的公立学校必须是均衡分布的,保证学生能就近入学②。在普通义务教育阶段,大部分州的规定是,学生的住所和学校之间的距离一旦需要用到交通工具(大于两公里),政府承担所有的交通费用,部分州政府是否承担及承担多少交通费用需要结合父母的需求及收入状况决定。

作为一个联邦制国家,各州在教育方面具有自主权。州政府负责教育体制的规划,如决定学校形式、制定学制计划,统一全州的教学课程目标及内容,统一负责教师招聘、培训和薪酬发放。地方政府从州政府处得到相应的资助,在州政府统一标准之内,资助学生教材费用、交通费用等。两者分工明确,州政府占主体地位,地方政府和联邦政府是辅助地位,保证了州内各类学校、各类教学资源的均衡分布,加上各州文教部长联席会议的协调,联邦境内的教育资源分

---

① 闫瑾.德国促进教育公平的方针政策[J].世界教育信息,2006(10):7—10.
② 王定华.德国基础教育质量提高问题的考察与分析[J].中国教育学刊,2008(1):10—17.

配基本达到均衡。

三、教师政策补充——统一教师标准,关注学生个性

教师的质量在一定程度上决定了教学的质量。统一各州对教师及教师教育的要求,保障了教师及教师教育质量的一致性,是促进各州教育均衡发展的关键。德国文教部长联席会议于2004年通过的《教师教育标准》规定了教师专业学习、见习和培训的标准。2008年又通过了《各州通用的对于教师教育的专业学科和专业教法方面的内容要求》[①]。在教育科学、学科专业和学科教学法方面对教师的理论及能力水平有明确的评价指标,具有明显的科学性及全面性,为各州的教师教育提供了统一的参考标准,并且将师范阶段的理论学习,见习阶段的经验学习和入职后的继续学习三个阶段紧密衔接,保证了教师质量,让教师培训更为系统。在德国,州教育部负责教师的录用、安置、工资及督导,对教师的培养和进修承担主要责任,各州内的教师在通过学历认证和证书考核之后,由州教育部统一安排任命,这就在一定程度上保证了乡村教师的质量。在教师职后培训中,州级、地区级、县乡级和学校四级组织可以将教师的继续教育逐层输送到辖区内每一所学校,城市教师可以在州级教师培训机构统一学习。例如在黑森州、莱茵兰—普法尔茨州等的州立教师进修学院,这些培训学院不仅在德国具有较高声誉,在世界范围内也有一定影响;在县乡的教师可以选择地区性的教师职后培训机构参与课余进修,例如在巴伐利亚州,地区性的教师职后培训由行政区内的教师进修学校和下属的教育局组织,培训次数多且受到监督,质量得到保障。在进入信息化社会之后,远程教师培训也是提升教师素质的重要手段,远程教师教育在德国获得了很大成功,基本覆盖联邦内每一个地区。

德国学校的学生往往具有不同的文化和家庭背景,学生的异质性较强,统一的教师教育标准还规定了教师必须根据学生自身性质的不同,为学生提供个性化的学习方案[②],减少辍学和留级的概率,避免了教师的歧视行为,促进了学校内教育的公平。德国政府认为,教育公平绝不意味着绝对的平均发展,而是应该给每个人提供与其能力相适应的教育机会,教师应发现每个人的长处,给予帮助

---

① 程莹,程东平.德国基础教育的改革策略[J].教育理论与实践,2004(7):19—22.
② KMK(Hrsg).Das Bildungswesen in der Bundesrepublik Deutschland 2009 [R].Bonn:KMK,2010,252.

和鼓励。在任何教育阶段,只要是能在某一领域展现出天赋的人,联邦政府和州政府都会给予积极的鼓励,给予资助或奖励。这一政策保障了不同文化和家庭背景的学生的教育均衡,给予了具有特殊天赋的学生充分发挥才能的机会。

第四节 德国城乡教育均衡发展的特点与启示

纵观历史,德国的基础教育自20世纪初至今,一直在致力于解决教育不均衡的问题,为解决这个问题不断地颁布新的法令以适应不断变化的经济和社会发展。目前来看,德国的基础教育均衡问题已经得到了改善,教育资源的分配较为科学,州际、校际间的差距相对较小,类似移民或女性群体已经不再是教育中的弱势群体,其解决不均衡问题的措施值得我们学习与借鉴。

一、落实政府主体,实行多元协作

基础教育应是面向全民的教育,它的复杂性与基础性决定了要实现均衡发展,必须有一个强有力的依靠和支撑,政府则是这个支撑的不二之选。政府在基础教育发展中的主体地位是不可动摇的,作为基础教育的主要办学主体和顶层设计者,政府需要在较高层次上把握基础教育发展的大局和方向。德国主要政府层级为联邦、州和地区三级,根据德国《基本法》的规定,文化和教育事务的主导权在州政府,各州的文教部有权管理该州的中小学教育。在《基本法》的框架内,各州的文教部需要因地制宜制定本州的教育政策,指导地区中小学建设与发展。

保证政府的主体地位并不意味着独断专行而忽视社会各界对基础教育均衡发展做出的贡献,事实上单独依靠政府的力量难以完全实现基础教育的均衡发展。在这个背景下,多元协作的办学形式已成为世界主要发达国家促进基础教育均衡发展的新选择。例如美国引入了市场机制,调动社会各界的力量尤其是家庭的力量,形成了地方教育当局、学校、社区及其他机构多方合作的机制[1],催生出了"家庭学校""特许学校"等有特色的办学形式,英国也通过"教育行动区计划"吸引社会各界关注薄弱地区学校的管理与运作。[2] 德国也可以借鉴这

---

[1] 陈武林.公平与优质:英美两国基础教育均衡发展政策评介[J].外国中小学教育,2010(10):6—11.
[2] 马德益.英国基础教育薄弱学校改革的市场化特征[J].外国教育研究,2005(4):48—52.

样的办学模式,在保证政府办学主体地位的基础上,通过招标、合作等形式推动商业团体、社会个人参与到基础教育的发展中,提高薄弱地区、弱势群体的教育公平性。

我国城乡教育均衡发展近年来取得了较大成就,部分薄弱、偏远区域(地区)的教育均衡问题已经得到了较好的解决,但是对于整个国家的教育体系来说,尚有较多的问题需解决。对除政府公办学校之外的办学模式是否应当给予鼓励,给予何种形式的鼓励,这样的模式是否值得推广,都是值得思考的问题。德国基础教育在均衡发展的过程中,国家、政府起着重要作用,并且在保证政府办学主体地位的基础上,鼓励多种办学模式。我国幅员辽阔、地形复杂,经济发展区域间不平衡的现象依然存在。政府应当从政策角度出发,鼓励充分利用资源发展教育,对私立学校的监管制度应更为明确和细化,进一步拓展办学渠道,鼓励多元主体参与教育投资,鼓励各级政府在中央政策的框架下结合本区域实际制定学校管理方案,形成梯形管理制度,有效调动资源开展教育工作。

二、完善主要法律,保障经费投入

有学者指出,通过立法形式将基础教育均衡发展的政策固定,是实现基础教育均衡发展的有力措施之一。[①] 自20世纪以来,德国基础教育经历了四次较大的改革,每一次改革的指导政策均以法律的形式得以公布和保证实施。从"一战"后的《魏玛宪法》和《基础学校法》,到"二战"后联邦政府颁布的波恩《基本法》《汉堡协定》《综合教育计划》,至东、西德统一后出台的一系列法案和协议,均在一定程度上保证了当时基础教育的均衡性。在欧美发达国家及部分发展中国家,政府也是注重运用法律手段来解决基础教育发展的不均衡问题。由此可见,将主要教育法律加以完善和细化,制定适宜的考评标准条例,对基础教育的均衡发展能起到很好的促进作用。

经费保障机制是使得基础教育法律、政策得以落实的有效保证。国际经验表明,配套的专项经费及其分配方法是保障教育法律落实的有力支持[②],尤其是对处于不利地位的弱势群体和弱势地区而言。德国目前实行教育财政分级负担制度,在基础教育财政上,以州和地方负担为主,联邦政府进行专项补贴,地方需要根据实际情况不断调整支付政策,鼓励私立学校的发展,并使用法律形

---

① 沈卫华.兼顾公平与效率:英国基础教育拨款政策的调整[J].教育科学,2007(4):93—97.
② 李昆泰.基础教育均衡发展的国际趋势[J].中国城市经济,2012(1):163—164.

式将对私立学校的扶持固定,来实现教育的均衡化发展。

由此可见,法律保障和经费投入是促使教育均衡发展的推进器,是确保教育发展理念在实践中得以落细落小落实的基石。我国现有的教育政策,对偏远、薄弱地区有所倾斜,从现阶段城乡基础教育发展的现状来看,在硬件设施上,多数乡村教学点已经按照政策配置了相应的多媒体教室、实验室、活动室等场地和设备;在软件上,一批优秀支教教师深入偏远地区开展教学、特岗教师驻扎乡村教学点等带动了教学经验的流动和教育水平的提升,这是国家投入大量教育经费获得的结果。在面对日益复杂的教学环境和教学要求下,如何将政策和法律结合,确保政策的实施效果,依然值得探讨。

三、规范管理制度,实现资源共享

为实现基础教育均衡发展,需要建立有效的管理体系,一些国家使用专门的管理机构对基础教育进行了系统化、立体化的管理。如美国和英国在应对薄弱地区学校发展问题时采用了多方共同管理的制度,将州政府、主管教育部门、学校联合起来。除此之外,规范教师的准入、管理和退出制度也是保障教育均衡得以实现的关键,尤其是针对欠发达地区、农村地区的教师要实施优惠政策,保障教师资源配置的均衡,教师的管理培养应由联邦教育部统一规定,目前的《各州通用的对于教师教育的专业学科和专业教学法方面的内容要求》及《教师教育标准》为各州的教师教育提供了统一的参照基础。在教学上,重视薄弱地区教育条件落后的情况,推动校园的标准化建设,适当调整学校布局,鼓励校际之间的合并;在教学形式上需要有所创新,可以采取一对一的形式加以扶持,有必要时建立校际联盟,为优质学校提供新的发展思路,带动薄弱学校走出困境,同时促进教师、学校管理人员的流动,提高教学效益,实现资源共享。

对于我国来说,资源共享包含着相关支持资源的共享。首先,教师流动虽已是老话题,但在教育实践中的表现依然欠佳,教师作为教育教学工作中的重要主体,优秀教师资源的流动在很大程度上能够带动教育水平的改变。要真正在教育领域做到"一碗水端平",从政策角度鼓励教师流动是一条重要路径,亦可在一定程度上减轻"择校热"。其次,教育资源的均衡,在现阶段可以通过"大数据""互联网+"等新途径解决,实现教育资源在网络上的共享,而在教育实际中,提倡集团化办学的模式亦是教育资源共享的重要通道,并且也可以在各项待遇条件均衡的前提下,实现优秀教师在集团下属各学校之间的流动。

第六章 芬兰统筹城乡教育均衡发展的研究

芬兰共和国位于北欧,其中1/3国土位于北极圈内,是最靠近极地的北欧国家。芬兰与挪威、瑞典、俄罗斯等接壤,西部紧挨着波的尼亚海湾,南临芬兰湾。全国总人口为552万。芬兰是世界上著名的"森林王国"之一,全国大约70%的土地被森林覆盖,因此又有"欧洲绿色之肺"的美称。

芬兰海岸线长达1100多公里,占国界线的1/3,且非常曲折,在整个芬兰境内,任何地方距离大海都不超过300公里,沿海岛屿众多,约20万个。芬兰还有约18.8万个湖泊,因此又被冠以"千湖之国"的美誉。

总之,从自然条件上看,芬兰虽然自然环境优美,但并不是一个资源丰富的国家,除了林业资源和渔业资源外,发展现代化工业的关键能源煤和石油都非常缺乏。芬兰在20世纪70年代初期已经具有了一定的工业基础,但是芬兰人民敏锐地察觉到单靠自身有限的农林资源并不足以使国家获得长久发展。作为一个资源匮乏的小国,加上国内市场狭小,需求不足,无法像美国那样拥有庞大的甚至可以独立运行的市场经济环境作为后盾,芬兰要想走出困境,就必须依靠知识创新,卓有远见的芬兰人早在20世纪60年代初就确立了"教育兴国"的目标。

第一节 芬兰基础教育均衡发展的历史进程

芬兰基础教育均衡发展和芬兰历史上政府进行的大刀阔斧的改革是密不可分的,芬兰从1917年独立开始,尽管国内局势动荡,党派林立,不稳定因素大量存在,但是芬兰国会仍采取一系列措施,维护社会稳定。通过土地改革、学校体制改革、信息化建设、加大对教育的经费投入等一系列措施,逐步使芬兰走上了教育均衡发展的轨道。

一、独立之初,利益的不平等阻碍着社会的发展

芬兰在1917年12月6日获得独立,至此结束了长达700多年被侵略的惨

痛命运。独立之初的芬兰百废待兴,人民处于贫困之中。农业仍然在芬兰占据着主要的地位,但是土地资源的分配不公造成了芬兰农村贫富悬殊。为了从根本上解决这一社会不稳定因素,芬兰政府于 1918 年颁布了土地改革的法案,该法案规定,由政府先垫付资金向土地所有者买下土地交给耕种的佃农,再由佃农分年偿还。土地改革法的实行改变了芬兰大多数农民的贫困面貌,为后来芬兰经济的崛起创造了条件。

农业上利益的重新分配取得了显著的效果,在随后的几年,政府将目光转向了工业。政府出台 8 小时工作制的规定,并且相继确立了一系列基本的社会福利,诸如工伤事故、年老者和残疾者的保障、孕妇的补助、贫困儿童的帮扶及失业救济,并通过颁布退休金制度、社会保障制度等一系列法案来增强社会的福利。

工农业的稳定发展为芬兰教育改革铺平了道路。1926 年,芬兰政府颁布基础义务教育法案,这一法案的颁布使得芬兰人民受教育水平大大提高,为后续的人才培养做好了充实的储备。

二战后,战败的芬兰一方面努力对苏联进行战争赔偿,另一方面也加快了由农业国向工业国的转向。由于芬兰森林资源丰富,一直以来,芬兰的经济主导是传统的木材加工业,战后,金属工业成为经济发展最强大的动力。虽然当时芬兰的贸易伙伴主要是苏联,但是芬兰的政策制定者和立法者认识到仅仅靠和苏联的贸易合作仍然面临着市场狭小的困境,芬兰经济的发展需要扩大对外贸易,需要通过和更多西方富裕国家做生意来增强经济实力。1961 年,芬兰加入了欧洲自由贸易联盟(EFTA),这给芬兰带来了新的市场机遇,加入欧洲自由贸易联盟也使芬兰认识到机遇与竞争并存,要想保持强劲的竞争力,就必须大力提升教育和科研水平。

二、20 世纪 60 年代起,学校体制改革成为国家政策调整的重心

从 1960 年起,芬兰对教育体系和制度进行了大规模的改革。首先开始了对学校的大规模建设。由于战争导致经济受损,政府无力大规模统一办学,这时学校的建立主要是依靠私人投资,因此,出现了多元体制并行的学校系统。这一时期学校呈现明显的等级化特点,适龄儿童在当地学校完成四年制初等学习后,通过考试,学生开始分流。一部分成绩优秀的学生进入文法学校继续深造,大部分学生只能进入市民学校接受 3—5 年的基础技能训练之后走上工作岗位。而且,此时期的受教育层次取决于家庭背景,处于社会中上层家庭的学生有更多的机会进入文法学校,在就业方面,文法学校毕业的学生能够获得更

好的工作,而市民学校的毕业生只能在初级劳动力市场寻找合适的工作。这种双轨制的学校虽然在二战结束初期对于提高芬兰整体国民素质起到了积极作用,但是这种体制造成社会阶层的分化,不能长久适应芬兰的发展。

随着工业化水平的提高及双轨制学校弊病的日益凸显,综合学校的建立成为芬兰民众共同的呼声。1968年,芬兰颁布《基础教育改革法案》(Act on Basic Education Reform)[①],以法律的形式为学校改革的推行铺平了道路。经过局部地区试行,芬兰综合学校改革走上了正轨。综合学校使得原有的层级分流体制被废除,政府将综合学校纳入公共财政范围。所有的适龄儿童,无论年龄、住所、经济条件、性别状况如何,均可以在芬兰的任何一所综合学校平等地接受九年制基础教育。综合学校的改革延后了分流年龄,学生有了更多机会选择就业还是继续深造学习。在阶层流动性上,综合学校弱化了家庭背景对儿童受教育水平的影响,促进了阶层的流动,有利于实现社会的公平。

三、20世纪70年代,信息技术助推芬兰再次崛起

20世纪70年代末,此时的芬兰已经是工业福利国家。限于国家自身资源的有限,芬兰人民一致认为只有依靠科技才能提高芬兰的国际竞争力。芬兰政府提倡所有人都要学习新科技知识。80年代,芬兰的经济继续保持平稳增长趋势,但是90年代主要贸易伙伴苏联的解体和欧美的经济危机,使得芬兰经济出现了"二战"之后的首次严重倒退。GDP在三年时间里下降10%,失业率攀升到18%,银行金融系统也几近崩溃,公共债务超过GDP的60%。[②] 全国性的经济衰退必然影响芬兰各个系统的正常运行,教育系统也难逃此劫,教育的生均支出减少了15%—20%。但是80年代兴起的电子工业,使得这个福利国家虽然财政削减但是仍能继续维持下去。

为了转危机为机会,芬兰政府跟上信息产业高速发展的步伐,快速制定了增强国家竞争力的新政策,支持私营部门创新,尤其是以信息化带动工业化,重点发展电信部门,众所周知的诺基亚公司就是在此时得到了快速发展。芬兰在信息化上的措施不仅使芬兰在一个很短的时间内摆脱了经济危机造成的影响,而且进一步认识到工业强国的重要性,从而将自身的经济增长方式转变成一种

---

① 乔雪峰.断裂还是承接?——芬兰基础教育改革的路径选择及其启示[J].外国教育研究,2012(1):3—9.
② 洪健峰.芬兰基础教育改革研究——从兼顾公平和卓越的视角[D].金华:浙江师范大学,2012:15.

基于信息和知识的发展模式,这种长远的战略观成为日后芬兰经济快速增长的助推器。意识到信息技术已经成为国家和民族振兴的重要手段,芬兰率先开始了信息通信技术(Information and Communication Technology,简称 ICT)的开发与运用,并且将 ICT 充分整合到教育活动中。为了普及 ICT,建立能使教育者和学习者广泛受益的计算机及网络环境,基础设施建设成了必不可少的条件,因此芬兰大力发展网络城乡的全面覆盖,保障网络基础设施的公平。另一方面,教师在信息技术教育中是最主要的能动性因素,因此,芬兰高度重视中小学教师 ICT 技能的培训,教师接受计算机培训和网络培训的比例也远高于欧盟平均水平。

四、20 世纪 90 年代,新自由主义吹来新的公平理念

20 世纪 80 年代末 90 年代初,经济的繁荣扩大了中产阶级的比重。这些人提倡个性,持利己主义观,更加注重个人的自我选择。这使芬兰在进入后工业社会后,由生产方式、社会结构、社会观念的变化进而带来了教育发展与改革的变化,普通学校逐渐不被认可,综合学校体制被指责没有足够的弹性。[1]"公平"虽依然是这一时期的主题词,却具有了不同的内涵。同 70 年代保证社会整体意义上的公平不同的是,这一时期芬兰更加注重每一个孩子个性的发展,侧重于个人公平发展的最大实现。

新自由主义提倡产学结合,工业家们探讨教育,刊发大量教育手册,他们一致认为:每一个学校都有自己的优势——自由竞争可以保障教育质量的提高。[2]这样,工业家们对于"公平"进行了重新定义。新自由主义者对于公平的理解是一个人接受教育的权利要以自己的才能为依据,公平是"每个人得到实现自身潜力和能力的机会平等。

新自由主义的观点很快得到政府认可并被应用于学校行政管理中。在 20 世纪 90 年代,学校的市场化被提上日程,有人建议把综合学校学生毕业年龄延长到 16 岁,也有人建议实施分权管理,父母有权为学生自由择校,学校也可以实行体制的私有化。新自由主义的法案在此时期诞生,1991 年法案规定,州要依据地方学校招生数量拨款,父母也可以自由为孩子择校。这样一来,学校在

---

[1] 洪健峰.芬兰基础教育改革研究——从兼顾公平和卓越的视角[D].金华:浙江师范大学,2012:20.
[2] Erkki Aho, Kari Pitkanen and Pasi Sahlberg. Policy development and reform principles of basic and secondary education in Finland since 1968[M]. Washington, DC: World Bank. 2006:44

市场的运作下就要通过竞争得到学生,学生数量的减少必然也将导致学校从政府处所获得的资源减少。① 最终学校很快出现两极分化趋向。1992年芬兰国会再次颁布法案取消了对学生入学距离的限制,实行校车制,学生择校更为自由。② 这一举措更加大了芬兰学校等级分化。新自由主义的主张一度进入低迷阶段,它所推行的措施由于加剧了等级化也受到重挫。

鉴于所面临的教育问题,20世纪90年代中期,芬兰国会在深刻反思后重新肯定了20世纪60年代综合化学校的积极作用,要求恢复政府对学校的调控职能,同时否定了教育立法议程中的关于初等学校私有化的提案。芬兰学校的等级化得以缓和,但是人民对于追求个人本位的教育公平观延续了下来。

五、进入21世纪,芬兰持续加大教育经费的投入力度

芬兰是世界上为数不多的实行免费教育的国家之一。在芬兰,学生只要接受教育就可以得到政府提供的补贴。据统计,1995—1999年,国家GDP增长率保持在4.8%左右,2000年仍持续增加,达到5.7%。而其公共教育事业经费占GDP的6.6%,高于欧盟平均5.1%的比例。在2000年,其教育支出为46.95亿欧元,比1999年增长了4.77%。数据显示,芬兰在全球经济中的竞争力排名一直名列前茅(如表6.1所示)。凭借科教兴国理念崛起的芬兰,在历年的财政预算中,对教育经费的投入仅仅少于占21.6%的社会福利而名列第二。以2003年为例,教育部的预算为55亿欧元,在国家预算总额中占了14%,其中拨给基础教育的经费超过了30%。③ 在基础学校中,拨给每个学生每年的人均费用达2100欧元,用以确保学生能够享受免费的教育、午餐、医疗服务、意外事故或疾病医疗保险等。④ 为了保障各地区财政投入的基本均衡,芬兰中央政府根据各地区经济发展和财政收入的不同情况,把全国按照地区的人均GDP水平划分成10个等级,不同等级给予不同比例的资助,实行"贫困地区多助,富裕地区寡助"的原则。中央政府通过建立一个专门账户,下发教育补贴,这种教育补贴随人口流动而流动,其余部分强制地方政府承担。这一举措有利于缩小各地区的经济差异。

---

① 洪健峰.芬兰基础教育改革研究——从兼顾公平和卓越的视角[D].金华:浙江师范大学,2012:20.
② 赵俊峰,李英歌.芬兰教育改革与发展中公平观的演变[J].外国教育研究,2008(1):40—45.
③ 石春玉.芬兰的教育成功之路及对我国教育改革的启示[D].济南:山东师范大学,2005:22—23.
④ 李忠东.全面和均衡发展的芬兰教育[J].世界文化,2006(9):40—42.

表 6.1　2000—2010 年芬兰全球经济竞争力排名

2000—2001	2001—2002	2002—2003	2003—2004	2004—2005	2005—2006	2006—2007	2007—2008	2008—2009	2009—2010
1	2	2	1	1	1	2	6	6	6

近几年来,芬兰政府对教育科研投资的增长率远远高于其他发达国家,目前已居世界首位。芬兰政府真正把教育的兴盛放在优先发展的战略地位,在 GDP 增长缓慢时期仍然保证教育、科研投入的不断增加,这为芬兰社会发展培养了大批人才,最终使芬兰成为全球最具有竞争力的国家之一。

第二节　芬兰基础教育均衡发展的现状与问题

一、政府重视是基础教育均衡发展的重要保障

"重视教育,百年如一日",这是芬兰人由来已久的优良传统。多年来,芬兰的教育投入占 GDP 的比重都在 6% 以上,教育开支在政府预算中位列第二,仅次于社会福利的支出。以 2008 年为例,芬兰教育部的预算达到 69 亿欧元,占政府总预算的 16%。大致而言,中央政府对各类教育的投资比例为:基础教育占 40%,职业教育占 20%,高等教育占 15%,成人教育和其他教育占 25%。为了实现教育的均衡发展和合理布局,中央政府根据各地经济发展和财政收入情况,对全国各个地区按照"贫困地区多助,富裕地区寡助"的原则予以资助。

20 世纪 50 年代末,芬兰教育改革委员会在其纲领中申明,为所有公民提供相同的受教育机会以满足其教育需求是民主社会的根本原则。继而在 20 世纪 80 年代末,其教育公平更偏重于保证"每个人充分发展其能力,实现其愿望的平等的机会。"为此,他们不仅建立了水准一致的学校,而且在国民基础教育阶段,除了学费全免,政府还为那些偏僻学校免费提供计程车接送学生上下学,从而为偏僻学校的生源提供了保障。

二、无优劣的初级学校是基础教育均衡的重要体现

依据 2007 年的统计数据,芬兰全国中小学共 3263 所,其中规模最小的学校大约只有 10 位学生,最大型的学校则有近 1000 位学生。但是,不管学校所处的位置如何、规模大小,所有的基础教育皆由地方政府主掌及提供支持。中央政府教育部计算出每位学生的基本平均学习经费支出,学校在中央的统一领导下,与地方既分工又合作,共同担负宪法所规定的义务,致力于通过行政手段

维护芬兰所有基础学校均衡发展,促进基础教育的公平。

芬兰 PISA 测试的瞩目成绩是基础教育均衡发展的指示器。直至 20 世纪 90 年代初期,芬兰教育与国际教育相比较一直平平无奇,很少引起外界的关注。然而十年后,芬兰在教育方面异军突起,一跃成为国际教育竞争中的一匹黑马,突出反映在 2000 年、2003 年、2006 年在 OECD 举办的 PISA 项目中遥遥领先(见表 6.2)①。从 2000 年到 2006 年,芬兰学生不仅在阅读、科学、数学方面取得了引人瞩目的成绩,而且优、劣两类学校之间的差距在所有参评国家中也是最小的。在芬兰,优秀学校似乎均衡地分布在全国各地,这说明芬兰一直以来坚持的"创设面向全体公民的平等教育体系"这一长远计划是卓有成效的。

表 6.2　2000 年、2003 年和 2006 年芬兰的 PISA 成绩排名

年份	科目			
	阅读	科学	数学	总分
2000(32 国家)	1	3	4	1
2003(41 国家)	1	1	2	1
2006(57 国家)	2	1	2	1

三、芬兰基础教育均衡发展面临的问题

进入 21 世纪以来,芬兰的国内外形势有了新的变化,作为北欧的高福利国家,芬兰教育面临着诸多挑战。首先芬兰必须面对的是社会快速发展下的人口老龄化问题。北欧各国人口一直呈负增长趋势,芬兰也不例外,新生人口不足,老龄化严重,就业人数急剧下降,劳动力严重短缺。由于人口结构的老龄化趋势加速,政府不得不将大量资金投入到医疗和养老金的开支上,造成公共财政的巨大压力。此外,教师群体和学生群体的不断扩大使整个芬兰一直以来实行的免费的高质量、高福利的义务教育为国家财政带来了不小压力。

高福利待遇和强大的科技实力,吸引了越来越多的移民。据统计,2005 年,移民人口约为 113852 人,约占全国总人口的 2.2%。由于移民学生学业成绩普遍偏低且参差不齐,这使得芬兰目前教育体制面临的重要挑战就是提高所有人口的教育质量,包括如何对移民子女进行教育,减少社会排斥,让其更好地融入芬兰社会。

---

① 孙德芳.芬兰教师教育课程结构、内容与设计原则[J].世界教育信息,2011(1):46—48.

第三节 芬兰促进基础教育均衡发展的举措

一、经费投入:中央财政支撑地方教育公平

芬兰实行中央与地方分权管理的体制。中央政府根据各地区经济发展和财政收入的不同情况,把全国按照地区的人均 GDP 水平划分成 10 个等级,不同等级给予不同比例的资助,实行"贫困地区多助,富裕地区寡助"的原则。并且中央政府通过建立一个专门账户,下发教育补贴,这种教育补贴随人口的流动而流动,其余部分强制地方政府承担。① 通过资金来调节各个地方经济的差距,使地方教育的发展不因经济条件差而受到限制,努力使各地区教育条件保持均衡发展。而如何进行教育,教育进度如何,如何选择课程均由地方政府负责。芬兰反对将学校教育纳入市场机制,政府尽可能通过一系列规章制度来提高学校教育条件。比如,为学校提供大量的经费进行硬件设施的建设和进行高质量教师的培养,以此来改善教育质量并促进教育资源的均衡分布。②

二、办学体制:综合学校助力学生入学机会均等

20 世纪 60 年代之前,芬兰学校还是双轨制,所有儿童 7 岁进入小学接受为期四年的初等教育,到了 11 岁开始分流,一部分学生再通过两年的初等教育的学习后直接走上工作岗位,一部分学生通过考试进入文法学校。但是文法学校收费很高,经济条件较差的学生很难有机会进入。③ 显然这种双轨制的教育体制造成了学生入学机会的不平等,且这种分流制也造成部分学生失去继续上学的机会,双轨制的弊病愈发突出,改革学校教育办学体制迫在眉睫。

20 世纪 50 年代,芬兰的全国小学教师联盟率先提出了教育体制的改革方案,建议政府取消双轨制,建立综合学校,提供免费九年义务教育。这一改革方案的提出得到众多组织的积极支持,在 20 世纪 60 年代,芬兰开始了综合学校改革的议程。经过一系列的努力,1980 年芬兰实现了学费、书本费等全免的九年义务教育,综合学校的改革颇有成效。义务性和免费性使得学校把所有时间都用在了促进学生个人发展上,而不是对教育资源的大肆争夺。④ 九年制的综

---

① 池蕾.芬兰教育的理念及特色[J].特区实践与理论,2010(3):71-73.
② 皮拥军.OECD 国家推进教育公平的典范——韩国和芬兰[J].比较教育研究,2007(2):6-10.
③ 赵俊峰,李英歌.芬兰教育改革与发展中公平观的演变[J].外国教育研究,2008(1):40-45.
④ 王悦芳.芬兰基础教育改革的逻辑与理念[J].外国中小学教育,2009(6):7-10.

合学校也使得整个国家的教育具有一致的标准和内容,从而实现教育效果的公平。免费的综合学校加大了对弱势群体的照顾,让所有学生入学机会均等,从而推动了芬兰学生受教育机会的平等。20世纪90年代,芬兰再次围绕"公平"进行改革,此次的改革主要着眼于个人本位的公平观,旨在强调学校间、学生间竞争的公平性。① 无论是20世纪60年代强调的教育机会公平,教育资源分布的均衡还是20世纪90年代个人本位的公平观,都各有所长,丰富了"公平"的含义,为芬兰义务教育的均衡发展做出了重要贡献。

三、办学条件:教育信息化的全面普及推进基础教育均衡

第二次世界大战结束时,作为战败国的芬兰仍然是一个以农业为主的国家,经济还相当落后,为了支付巨额的战争赔款,振兴经济,芬兰经过40年的发展最终完成了工业化进程。此后,又花费近20年的时间逐步步入了信息化社会。21世纪的今天,芬兰的信息通信技术早已走在了世界的前列,数字化信号处理、软件构建和工程化技术也取得长足发展,网络化及模糊逻辑控制应用也处于世界领先水平。② 信息化社会的到来以及信息产业的高度发达为芬兰教育的信息化创造了前提条件。

(一)通信网络的全面覆盖

据相关调查,在2002年芬兰家庭的互联网连接率为44%,在2003年上升了3个百分点,到了2004年升为51%,2005年为54%,2006年大幅度上升到65%。在家庭宽带连通率上,2003年仅有12%的芬兰家庭连通了宽带网络;随后2年上升到36%;到了2006年,迅速增长,上升为53%;到了2010年,芬兰的宽带网基本实现了全民普及。③ 芬兰实施一项叫作"万家信息化"的项目,为了配合"万家信息化"项目的有效实施,芬兰还制定了"ICT校校通工程",目的在于进一步推进芬兰通信网络的普及,促进芬兰网络的全面覆盖。除了以此来保证网络的覆盖率以外,芬兰还将"享受1M宽带"定为每个公民的法定权利。芬兰的所有学校都已开发学生管理系统,管理学生的各种信息,以便全面了解学生,根据学生的需要调整安排课时教学计划,促进每一位学生的发展。

---

① 赵俊峰,李英歌.芬兰教育改革与发展中公平观的演变[J].外国教育研究,2008(35):40—45.
② 冯瑄,董建龙,汤世刚,等.创新——芬兰科教兴国的启示[J].中国软科学,1999(6):12—19.
③ 闫慧,杨志维,黄鹏.芬兰社区信息化建设的经验[J].中国信息界,2008(6):70—73.

(二)学校信息化建设相对均衡

为了使芬兰发达的信息技术走入学校,芬兰政府对学校也进行了信息化基础设施的普及。如表6.3所示：

表6.3 芬兰小学计算机生机比(每一百个学生中占有电脑的数量) 单位:%

类型	生机比(所有学校)	小学生机比
芬兰	16	13.6
欧盟平均水平	10.2	8.2

数据来源:Euro barometer Flash 118 Headteachers ,Flash 101 ,2002.

从表6.3看出,芬兰的计算机生机比远高于欧盟的平均水平,小学生的生均占有率也相当高,这说明信息社会的推进以及网络的全面覆盖都有助于芬兰学校教育的信息化,计算机的教学与运用在基础学校的普及率较高。与此同时,学校的联网和教学中使用网络的情况如表6.4所示：

表6.4 小学的联网和教学中使用网络的情况

类型	联网的小学	教学中使用网络的小学
芬兰	98%	99%
欧盟平均水平	90%	79%

数据来源:Euro barometer Flash 118 Headteachers ,Flash 101 ,2002.

从表6.4可以看出,芬兰小学对网络的使用情况都近乎100%,远高于欧盟的平均水平,这都得益于芬兰高速发展的信息化社会。上述两表综合反映,芬兰的小学基本上都走上了信息化的快车道,各个学校的信息化发展水平都比较均衡。

芬兰政府除了加大对整个社会的信息技术投入外,为了最大限度地降低城乡学校之间的信息化差距,促进教育基础设施配置的均衡,政府采取了一些行之有效的措施,如对技术设备的回收与再利用。政府通过从大学或者企业中招募一些志愿者,对回收而来的旧设备进行维修、更新或者升级等处理后,赠送给一些欠发达地区学校,这样做既节约了资源又促进了欠发达地区学校的信息技术的发展。芬兰还实施了"虚拟学校计划",学生在虚拟学校里可以任意选择自己喜欢的课程,这就打破了地域限制,促进优质教育资源的全国共享。

(三)图书馆建设成效显著

芬兰的公共图书馆人均占有比例位居全球首位,平均每5000人就拥有一个。各地的图书馆通过现代化的信息技术紧密相连,可以根据读者的需要,运用强大的图书馆网络系统,从其他图书馆借调图书,读者足不出户就能够通过图书馆的网络服务功能搜索到需要的资料。除此之外,芬兰还在各个地方设有流动图书馆,免费送到农村学校,这就使得大量的信息资源惠及全国的每一个角落,有效地促进了资源的合理流动。芬兰对于公共图书馆的使用还制定了相应的《图书馆法》,该法强调了公共图书馆的免费服务功能,规定用户借阅馆藏资源应免费;中心图书馆及省级图书馆为其他公共图书馆提供馆际互借应免费。[1]《图书馆法》的颁布从法律上保证了无论公民的家庭背景、经济地位、所在区域如何,均平等地享有使用公共图书馆的权利。

虽然芬兰人口仅有552万,但是据2003年的数据统计显示,图书馆阅览人数高达6950万人次,图书的借阅量超过1亿本次,人均借阅量为23册。通过互联网进入电子图书馆的人数也达到了3520万人次。平均每位公民每个月至少光顾图书馆1.15次。[2] 数量众多的图书馆及完善的图书馆网上服务为广大民众提供了便利,学生无论是在学校或是在家,都能够轻松地享受到阅读的乐趣,教育信息资源的普及使得芬兰基础教育的均衡发展成为可能。

四、师资力量:师资队伍建设促进基础教育高质量发展

(一)严格的教师准入制度是基础教育均衡发展的关键

学校教育发展的不均衡主要是因为教育资源的分布不均,而教师作为重要的教育资源,对学校教育质量的高低起着决定性作用,也是实现教育过程公平和保障教育结果公平的关键。芬兰一直以来都有着高度的"崇师"风尚,整个社会都把能够从事教师这一职业作为荣耀,教师在芬兰有着相当高的社会地位。正因为如此,国家对教师准入制度的规定也更加严格。在芬兰,要想成为一名教师,必须通过两个阶段的严格筛选:第一阶段首先要通过联合会考,这是一个整合性测验,主要为了了解师范生的自主阅读能力、常识能力以及是否具有自己的观点想法等,只有通过第一阶段的测试方可进入第二阶段的甄选;第二阶段是心理测验及面试,主要为了了解师范生是否具备作为教师的心理素质,考察师范生的性向、动机、信念等。在如此严格的准入制度下,每年申请大学师范专业课程的学生中只有10%的人会被录取,严格的准入制度不仅有力地保证了

---

[1] 王秀香.芬兰图书馆事业发展掠影[J].新世纪图书馆,2012(10):84−86.
[2] 石春玉.芬兰教育成功之路及对我国教育的启示[D].山东:山东师范大学,2005:26.

芬兰大学中那些师范专业毕业的学生具有扎实的专业知识和专业技能,而且使所选拔出来的教师真正热爱教育事业,保障了即将进入学校的新教师质量的一致性。

另一方面,对学历的高要求也确保了新手型教师起点的公平。早在20世纪80年代,芬兰政府就已经颁布了教育法令,要求在初级中学任教的教师需具备硕士学位,培养的年限也从过去的2—4年改为5—6年。同样,对于小学教师的职前教育在1970年也由以往的3年延长为4—5年。《教育人员资格学位修正案》规定,从1999年起,所有的中小学教师均需具备硕士学位方可任教。[①]芬兰也并没有设置专门的师范院校,对于师资的培养则是由国家11所综合性大学的教育学院来完成。小学教师必须完成3年的本科学习和2年的硕士学习,在这期间每年都会有几个月的教学实习,在第一年进行初始实习,主要是理论和实践的结合,让师范生进入教学现场进行观察了解学生的学习情形,以此熟悉未来的教学情况。第二和第三年是基础实习阶段,这一阶段师范生到合作的学校进行实习,师范生按照以学生为中心的要求进行教学,而且要求师范生做出自我实现目标的规划。在第四或第五年是进阶实习阶段,这一阶段师范生也要求到合作的学校进行实习,师范生在该阶段不仅要学习学科教学,还要学习班级事务管理,通过此三阶段的训练促进师范生理论与实践的结合。经过在学校如此全方位地学习与训练,再层层筛选,芬兰的这一做法最终从源头上保证了教师的高水平、高质量,使得分配到全国各地的教师都站在同一起跑线上,从而保证了各个学校师资投入的公平。

(二)教师的多元化培训是基础教育均衡发展的保障

芬兰的教育理念是不放弃任何一个孩子,这一理念,不仅深入国家的管理者心中,也深入每一个教师心中。在教育方面政府要求教师重视有各种特殊需求的学生,尤其要特别关注学习较差的孩子,不让一个学生因为学业困难而掉队。因此,在对教师的在职培训制度中规定了对教师研究分析能力的培养、研究分析学生的特殊问题或需求的能力训练,使得教师能够因材施教,满足不同学生对学习的需要,让学生能够最大限度地发挥自身优势。

进入21世纪,随着波隆那计划的推行,芬兰对世界的开放程度越来越大。移民的涌入给传统的教师教育带来了挑战。为了适应21世纪社会的需要,使移民在本国获得与本土民族同样优质的教育,芬兰教育部在2001—2005年拟

---

① 张国平.芬兰基础教育中的教育平等归因分析[J].学周刊,2011(1):5—6.

定了师资培育培训计划书,该计划书针对移民提出了相应的措施。在教师培训方面,开始注重对国际教师和移民背景教师的培训,以便教师懂得如何对移民学生进行培育,使他们有能力去思考及规划出适合移民学生的教学。对国际教师和移民背景教师的具体培训计划主要包括两个方面:一方面是将师资培育课程纳入跨文化课程。让学生关心跨文化的知识和社会平等,课程包括语言与沟通、伦理学等。另一方面是雇佣更多不同文化背景的教师。随着移民学生的增多,文化也越来越丰富,加大对具有不同文化背景的未来教师的培养和培训,以便更好地教育移民学生,提升其学习成效。

(三)教师流动性较小是芬兰基础教育均衡发展的重要条件

芬兰作为北欧的高福利国家,高度发达的经济为教育的发展提供了强有力的物质基础,再加上芬兰国民对教育的推崇,使得政府对教育的投入力度很大。高度发达的经济让芬兰的区域之间、城乡之间的差距变得非常小,芬兰致力于将全国的每一所学校都变成最好的学校,芬兰政府用最好的建筑师设计学校,以至于所有的芬兰人都对他们国家拥有如此众多漂亮的学校而感到自豪。通过对学校建筑的精心打造,芬兰政府以此来促进本国基础教育尽可能走向均衡发展的轨道。由于芬兰的每一所学校都是最好的,因此学校的发展相对均衡,这一优势减少了教师的流动性,使得教师在自己的工作岗位上更加努力工作。教师的主动择校性减少,这就有利于许多学校教师实行至少2年的跟班制教学,这样教师能够深入而全面地了解学生,学校发展的相对均衡加之教师的跟班制教学也减少了学生的流动性,从而形成了一种稳定的师生关系,有助于师生双方建立紧密的学习共同体,教师能够更好地了解每一个学生,做到因材施教,促使每一个学生都能够得到最适合自己的教育。[①]

五、非全日制特殊教育增进弱势群体的教育公平

在芬兰,非全日制特殊教育作为芬兰基础教育的一大特色,对芬兰基础教育的均衡发展做出了重要贡献。芬兰最早的非全日制特殊教育被称为业余特殊教育,当基础教育在1968年的《综合学校法案》下得以重组之际,这一业余特殊教育也悄然而生。基于《综合学校法案》,过去旧式的教育体制(初等学校和初级中学相分离)被统一为九年一贯的基础教育体制,这一教育体制包括初等初级的1—6年级和初等中级的7—9年级。虽然这一综合学校整合的方案有

---

① 张国平.芬兰基础教育中的教育平等归因分析[J].学周刊,2011(1):5—6.

利于同一年龄段的所有学生进入统一的学校。但是在20世纪60年代,由于学生的异质化而产生了新的教育问题。为了避免这些即将发生的教育问题,全国范围内的业余特殊教育体制被引入。芬兰2003年,所有基础教育儿童中有将近18%的人被认为有特殊教育需要。然而,在德国,仅仅只有5.3%;在希腊更是只有0.9%。由于芬兰学生对特殊教育的需求还在不断增加,导致芬兰和其他国家的这一差距正在不断拉大,在2002—2003学年,芬兰业余特殊教育的学生数量已经达到了基础教育人数的1/5。[1]

以上各种国际数据表明,芬兰的特殊教育已经遥遥领先于世界其他国家,这也意味着在芬兰相当部分基础教育的学生将被归为有特殊需要的学生。越多的学生参加业余特殊教育,也就意味着越多的学生能够得到个性化的教育支持。尽管这一愿望有一定的局限性,但是在芬兰,在师生数量处于适当比例的良好条件下这将不是梦想。1967—1977年,芬兰的业余特殊教师受雇于基础教育学校的人数增加了20倍。直到20世纪末,特殊教育的教师还在急剧增加,处于基础教育中的特殊教育的教师已经稳定在1500人左右。在2002—2003学年,每10个教师中就有一个是特殊教育教师。在1999年,在基础教育中每382个学生对应一个业余特殊教育的教师,这就保证了在学习上有困难的芬兰学生能得到更好的照顾,缩小了芬兰学生学习水平之间的差距。[2]

在非全日制特殊教育体制下,芬兰成立了四种学生帮助系统:一是教师本人,若教师发现有学生学习落后,就要一对一或者将两到四个学生组织在一起辅导,帮助他们克服学习中的困难。二是教师助手,他们并非全职教师,但他们可以在专职教师的协助下给学生提供帮助。三是特殊需要的教师,他们也是在专职教师的协助下,一对一或是把几个学生组成小组为学生服务。最后是多学科小组,由教师、特殊需要的教师、学校咨询人员、来自校外的心理学家、社会工作者及各社会职能部门的人员组成,目的是帮助学生解决家庭和社会问题。[3]特殊教育体制的日趋完善有利于防止综合体制出现偏差,保障在九年一贯的义务教育中的学生都能够得以均衡的发展,使他们能够拥有平等受教育的机会。

---

[1] Joel Kivirauma, Kari Ruoho. Excellence through Special Education? Lessons from the Finnish School Reform[J]. International Review of Education, 2007(3):283—302.
[2] Joel Kivirauma, Kari Ruoho. Excellence through Special Education? Lessons from the Finnish School Reform[J]. International Review of Education, 2007(3):283—302.
[3] 皮拥军. OECD国家推进教育公平的典范——韩国和芬兰[J]. 比较教育研究, 2007(2):6—10.

六、赋权增能：政府提供多种学习支持模式保障其平等受教育权益

随着移民的增多,芬兰政府对移民子女的教育问题也高度重视。芬兰基础教育法规定,当孩子满 7 岁就要开始接受九年义务教育,而不论他的性别、民族、母语和经济状况如何。基础教育的目的是给予学生必要的知识和技能,使每个人都有平等的受教育权利;支持学生作为人的发展,支持他们成长为有道德的负责任的社会公民,促进学习和社会平等。处于基础教育年龄阶段的移民孩子,只要在芬兰居住一年以上,就与芬兰公民一样享有平等的受教育权利,包括免费的教育、学校午餐、教学资源的使用、学校交通以及其他学生福利。

为了宣传平等的教育政策,芬兰中央政府部门联合地方政府部门建有相关网页,宣传平等教育政策及提供服务。在一些学校,移民父母被邀请到学校参与介绍芬兰教育制度的讲座,让移民父母更好地了解自己在芬兰所享有的相关权益。有移民孩子的学校还指定一些教师作为相关教育政策的咨询员。

鉴于移民子女学业参差不齐且需要更多时间去适应芬兰的教育,芬兰政府为基础教育阶段的移民学生提供了多种学习支持模式,包括预备教学、补救教学和特殊教育。预备教学主要目的是为了让移民子女尽快适应芬兰社会而提供的语言训练和其他技能,学习芬兰社会和学校的有关知识,为进入主流教育系统做准备。预备教学的时间不一,通常 6 到 10 年级学生至少得有 450 小时的学习时间,一般每周两个小时,这个时间是在正常教学实践之外进行。学生一旦获得足够的知识和技能,就可转入正常的班级学习。补救教学主要帮助暂时跟不上学习进度的学生,对他们进行针对性的辅导,学生如若在补救教学中仍不能取得良好学习效果,或者还需要心理辅导及其他特殊需要,便可以申请转入非全日制特殊教育。这些学习支持模式有效地改进了学习困难学生的学习效果,实现了对学习边缘化的早期干预,有效地保障了移民学生的学习权益,使其获得更多成功的机会。

第四节 芬兰基础教育均衡发展的特点与启示

一、芬兰基础教育均衡发展的特点

(一)充分发挥政府的主导作用

多年来,芬兰的教育投入占 GDP 的比重都在 6% 以上,教育开支在政府预

算中位列第二,仅次于社会福利的支出。以 2008 年为例,芬兰教育部的预算达到 69 亿欧元,占政府总预算的 16%。大致而言,中央政府对各类教育的投资比例为:基础教育占 40%,职业教育占 20%,高等教育占 15%,成人教育和其他教育占 25%。为了实现教育的均衡发展和合理布局,中央政府根据各地经济发展和财政收入情况,对全国各个地区按照"贫困地区多助,富裕地区寡助"的原则予以资助。"每个人充分发展其能力,实现其愿望的平等的机会"。为此,他们不仅建立了水准一致的学校,而且在国民基础教育阶段,除了学费全免,政府还为那些偏僻学校免费提供计程车接送学生上下学,从而为偏僻学校的生源提供了保障[①]。

(二)坚持"均衡发展"的教育理念

芬兰的《基础教育法》保证每一名居住在芬兰的人都享有免费接受基础教育的权利。基础教育阶段是完全免费的,学生可以免费获得学习材料、温热的午餐、牙齿护理以及其他福利和服务。如果必要,还可以享受免费的住宿和交通。此外,芬兰的课程设置相当灵活,学校为学生制定个人学习计划,学生根据自己的能力和对知识的掌握情况选择需要学习的课程。芬兰不仅有多种课程供学生选择,还施行不分年级制高中,学生学完一个年级的课程可以直接进入下一个年级学习。如果学生学习出现了困难,学校为其提供各种教育支持和教育咨询,以及时发现问题并解决问题,这样每个学生都可以最大限度地实现自身发展,真正做到公平[②]。

(三)赋予教师较高的社会地位及充分的自主权

《芬兰教育法》规定,所有学前教育、义务教育、高等教育、成人教育的教师,都必须具备硕士及以上学历,并通过教师资格考试,才能申请教师职位,多科性技术学院毕业的学生可在职业高中任教。自 1990 年起,芬兰政府还规定:小学教师如果获取中学教师资格,月薪可以提升 100—150 欧元。由于国家重视教育,教师的工作得到社会的广泛尊重和普遍认同。教师享有相当于国家公务员的工资待遇。为不断提高教师专业素质和更新知识,各教育机构鼓励教师开展积极的自主学习和研究,免费为他们提供在职或脱产培训以及攻读学位的机

---

① 洪健峰.芬兰基础教育改革研究——从兼顾公平和卓越的视角[D].金华:浙江师范大学,2012:41—42.
② 洪健峰.芬兰基础教育改革研究——从兼顾公平和卓越的视角[D].金华:浙江师范大学,2012:42.

会。芬兰10所综合性大学均有教育学院,这些学院除开设常规课程外,还根据教育改革需要,增设了教育咨询专业。大学和其他机构还为教师提供终身培训[1]。

除此之外,芬兰教师得到教育制度的最大信任,他们取消督学与教师绩效考评,教师自主权至上,用芬兰教育官员的话说:"我们的教师都一样好!"[2]。在芬兰,教师具有较高的社会地位,并且拥有较好的发展未来,整个社会对教师都非常尊重。在学校教育中,师范教育的辍学率通常是最低的。在过去的几年里,芬兰教育部采取了许多举措,比如扩大师范教育以防止教师短缺现象的出现。对于教师学历的提高方面,教师可以在大学教育基础上,通过教育部提供的研究生课程学习获得硕士学位,这有利于教师整体素质的提高。由于新教师在教育事业刚刚起步时可能会遇到一些与教学相关的实际困难,因而芬兰教育部为新教师提供各种各样的帮助,比如为新教师提供参加各种培训与深造的机会等[3]。

(四)积极参与国际教育研究

芬兰参与了提高学校领导素质的国际教育研究。研究的主要议题包括如何培养良好的领导素质以及如何定位学校领导的责任和新角色。该研究显示,教学虽然是重要的,不过必须同时给予学校领导足够的发展空间,因为教学质量的提高需要良好的管理才能顺利实现。如果没有学校领导的高效管理,学校将成为一盘散沙,即使有再优秀的教师,也难确保教学的整体质量。学校的核心力量来自校长,校长的领导素质以及领导力的成功培养是学校获得较好发展的重要条件之一。另外,芬兰善于从其他国家学习教育教学经验。芬兰考察德国不分年级制的教学模式后,明确规定了所有高中都应实行该教学模式。在不分年级制中,学生可以自主设立学习计划。应当说,芬兰尊重学生的意愿、满足学生个性发展的教育理念对我国有着巨大的启发意义。目前我国的教育还存在着许多问题,比如教育系统中充斥着"重共性、轻个性"的教育价值观,而这导致了我国的教育系统中"千校一面、千人一面"的现象比较突出,这正是我国教

---

[1] 李水山.芬兰优质基础教育的特点与启示[J].世界教育信息,2010(7):87—89.
[2] 连伟锋,陈玥.芬兰基础教育均衡发展的特色及其启示[J].教育与教学研究,2011(10):40—42.
[3] 张俊洪,陈铿,杨文萍.以罗尔斯公平与正义理论的视角谈芬兰教育对我国教育的启示[J].现代中小学教育,2013(12):85—89.

育需要从芬兰优质的教育中学习和借鉴的地方①。

二、芬兰基础教育均衡发展对中国的启示

芬兰基础教育的成功与它的全纳教育体系和高水平的师资是分不开的。具体来说,首先为所有学生提供平等的入学机会。让不同学习基础的学生都达到同样的学习目标确实不容易,所以芬兰试图建立一个灵活的教学体系,比如灵活高效的课程设置,学生学完一个年级的课程可以直接进入下一个年级学习。除此之外,还为学生提供各种学习咨询服务,各种教育支持计划,以便于及时发现学生学习过程中的问题并帮助其及时解决。芬兰式的教育公平就意味着让每个学生最大限度地实现自身的发展,所以这种灵活的教育体系是实现教育公平的有效途径②。同时,芬兰建立了一支高水平的教师队伍来保障这一切的顺利实施。教师队伍是实施教育的基础保障,为此芬兰不断地提升对教师的入职要求,保证优中选优,并且不断提高教师的能力,让教师有足够的能力应对不同学生的发展需要。芬兰推进基础教育均衡发展的经验为我国基础教育的均衡发展提供了一定的借鉴。

(一)政府加大教育经费投入,着力建好每所学校

芬兰教育政策的落实旨在提高每一个学校的教育质量,因为芬兰的国家竞争力在很大程度上依赖于其较高水平的教育。另外,芬兰教育成功的重要因素还在于其对教育的深刻变革。芬兰的识字率在经济合作与发展组织中是最高的。数据显示,截至2012年9月底,芬兰人口总数只有542万人左右,仅占世界人口的千分之一,但其出版的科学出版物在世界上占了大约百分之一的份额。考虑到芬兰人口的规模,这可以说是一个非常不错的成绩③。芬兰取得如此成绩,与国家对于教育的大规模财政投入是密不可分的。

随着改革开放的发展,我国的经济实力明显提升,政府对基础教育的经费投入也呈现出逐年上升的趋势,教育投入状况已有明显的改善。然而,大力发展基础教育与教育经费不足的矛盾依然十分突出,严重阻碍了基础教育的发

---

① 张俊洪,陈铿,杨文萍.以罗尔斯公平与正义理论的视角谈芬兰教育对我国教育的启示[J].现代中小学教育,2013(12):85-89.
② 洪健峰.芬兰基础教育改革研究——从兼顾公平和卓越的视角[D].金华:浙江师范大学,2012:42.
③ 张俊洪,陈铿,杨文萍.以罗尔斯公平与正义理论的视角谈芬兰教育对我国教育的启示[J].现代中小学教育,2013(12):85-89.

展。一方面,在相当长的时期内,基础教育投资不足的问题仅靠政府是无法完全解决的,因而政府应当积极结合财政拨款、金融机构小额贷款等,进一步拓宽和完善基础教育的投资渠道,加快实现投资主体的多元化,从而推动整个基础教育事业有序、健康发展。另一方面,需要进一步加强对经费使用效益的研究,完善教育经费的使用方式,从而更大程度地调动各级部门与办学实体的积极性,达到合理配置基础教育经费、提高使用效益的目的[1]。

(二)加强教师队伍建设,合理配置师资

芬兰对教师的要求很高。芬兰《教育法》规定,所有学前教育、义务教育的教师须具备硕士及以上学历,且通过教师资格考试后才能申请成为教师。芬兰的师范教育定位很高,旨在培养"教育教学的专家"。芬兰师范教育的基本要求是:培养能够了解人的发展过程,具备扎实的教育科学理论,掌握学生学习与发展的规律,具备将理论应用于实践的能力,在教育教学中做到有效师生互动的教育教学专家[2]。相比较而言,目前我国基础教育的教师队伍主要存在数量不足、质量亟待提高、骨干教师不稳定等问题。如果不解决这些问题,提高教育质量的目的就不能达到,教育的均衡发展就不能实现。

我国要想实现教育的均衡发展需要在以下几方面进行努力:第一,加大对农村教师的培训力度,提升教师专业性,从而提高农村教师质量。在充分认识到教师培训重要性的同时,还应当转变以往的重理念培训的做法,应当以问题解决为导向。因地制宜和因人制宜地选择培训内容,增强培训的实用性和针对性,提高培训质量。努力做到教师培训上的均衡,为边远地区和薄弱学校的教师开展教师培训计划,让农村教师参与培训。第二,要均衡配置教师资源,落实城乡教师轮岗互换制度。《国家中长期教育改革和发展规划纲要(2010—2020年)》中就明确指出,率先在县(区)域内实行教师与校长交流制度,逐步使学校师资配备基本均衡[3]。第三,要加强对贫困地区教师的补助。贫困地区的教师待遇较之城市教师而言较低。因此,出于吸引优秀人才到贫困地区从教或补助贫困地区教师的目的,国家应特别关注贫困地区教师群体。

(三)加强社会舆论引导,转变家长的"择校观"

在我国许多大中城市里,"择校热"现象一直都困扰着许多家长,而且还有

---

[1] 连伟锋,陈玥.芬兰基础教育均衡发展的特色及其启示[J].教育与教学研究,2011(10):40—42.
[2] 杨治平.芬兰基本公共教育服务均衡化发展探析[J].基础教育,2014:45—49.
[3] 连伟锋,陈玥.芬兰基础教育均衡发展的色及其启示[J].教育与教学研究,2011(10):40—42.

愈演愈烈的态势。一方面由于近年来"择校热"现象的产生使优质教育资源供需矛盾凸显,另一方面由于"重点校"的存在,它在推动部分学校教育质量提高的同时,也扩大了城乡间、学校间在资源配置和教育质量上的差距,导致了教育公平的缺失①。目前,我国各地纷纷出台政策,明令禁止义务教育阶段公办中学设立重点学校、重点班和实验班,并且禁止公办小学、初中学校进行"小升初"选拔性考试与"择校"行为,这些政策有利于让每个孩子拥有平等享受教育资源的权利。然而,在这种政策背景下,个别地区依然出现了一些"不和谐"的情况。个别地区的学校领导与教育主管部门在"择校"行为背后丰厚利益的驱动下,纷纷通过评选"名校""示范学校""示范班"等其他名义和手段重新设立本质上和原来一样的重点学校、重点班和实验班。个别地区以奥数成绩作为小升初选拔性招生中的基本条件,使得家庭贫困的学生因无力支付高昂的奥数培训费用而在竞争中处于绝对的劣势地位,因而产生了新的不公平现象。教育公平是教育一直追求的目标,然而,在我国,对于这样的教育理念似乎还未能做到深入人心,对于它的理解大部分人只是停留在了口号上。要改变这一现象,可从以下两点出发。

第一,加大舆论引导力度。让家长树立正确的教育观念,营造解决义务教育阶段择校问题的良好社会环境和舆论氛围。

第二,帮助家长树立合理的"择校观"。诚然,教育资源的不均衡现象短期内是无法解决的,但选择与孩子自身能力和需求相适合的学校应当是家长首先考虑的,适合的学校就是最好的学校,而不要一味攀比、盲从。

(四)加强薄弱学校建设,共享优质教育资源

现阶段我国义务教育优质资源短缺,并在区域之间、城乡之间、学校之间存在明显差异,难以满足公众对优质教育资源的需求。首先,各级政府在规划教育资源配置时,要坚决杜绝偏重"重点校"的倾向。要优先保证教育资源向"标准化"学校建设倾斜,从而缩小薄弱学校与优质学校的差距。其次,在择校还暂时无法消除的背景下,对于优秀中小学的"择校费"应当透明化,并且纳入财政预算,有关部门可以将这些费用统筹起来,用于扶持薄弱学校的发展,聘请更高素质的教师,缩小学校之间的差距。最后,共享教育资源。通过探索实行学区化管理、集团化办学、结对帮扶等多种模式,发挥优质学校的示范引领作用。此

---

① 连伟锋,陈玥.芬兰基础教育均衡发展的特色及其启示[J].教育与教学研究,2011(10):40—42.

外,通过不断提高教育的信息化水平,在有条件的区域实现优质资源共享①。

除此之外,我国的基础教育还应当树立正确的价值观,在现阶段遵从"发展与功利、自主与服从、个性与共性、创新与继承"这些教育理念的同时,应当保证每一个学生的学习机会。这既体现了教育公平,又是通向教育卓越的路径。为此,保证所有学生都有接受教育的机会,在此基础上设置灵活的课程体系、及时的学习支持和配备高素质的教师,推进教育公平。21世纪中国基础教育改革既要及时总结本国的成功经验,又要积极吸收像芬兰这样的成功国家的经验,只有这样才能尽快实现基础教育公平而卓越这一理想。

---

① 连伟锋,陈玥.芬兰基础教育均衡发展的特色及其启示[J].教育与教学研究,2011(10):40—42.

第七章 我国统筹城乡教育均衡发展的现实思考

第一节 我国城乡教育均衡发展的历程与现状

一、城乡基础教育均衡发展的地位及意义

(一)城乡基础教育非均衡发展的背景

我国基础教育的非均衡发展有着深刻的历史原因。新中国成立以后至改革开放,我国的基础教育得到了迅速的发展,无论是在学校数量还是入学人数上都达到了前所未有的规模。但是,长期以来,经济总量有限、经济发展水平低下的基本国情,制约了普及教育的推进。我国基础教育的发展经历了在曲折中缓慢前进的阶段,多方面的历史原因导致了基础教育事业发展的基础比较薄弱,也就是所谓的"先天不足"。加上新中国成立后实施的城乡二元户籍制度以及几次大规模的发展重点学校的政策倾斜,进一步拉大了城乡基础教育的差距,造成了城乡基础教育发展的"后天营养不良"。综上所述,在"先天"和"后天"因素的综合影响下,我国的城乡基础教育在起始阶段就出现了发展不公平的状况。

不过,改革开放以来,我国基础教育迎来了新的春天,在党和国家的高度重视下,普及九年义务教育取得显著成效,在20世纪末我国顺利实现了"普九"梦。改革开放顺应了时代潮流,提高了我国的整体实力,也改善了人民的生活水平。随着市场机制的引入,竞争和效率带动了经济活跃,"效率优先"成为当时社会的共识。但是,教育产业化、教育市场化的呼声却掩盖了城乡基础教育发展差距越来越大的事实,盲目地追求"效率",一方面推动了基础教育"量"的提高,另一方面也忽视了基础教育"质"的均衡,我国基础教育在取得巨大成就的同时也隐藏着非均衡发展的问题。

(二)城乡基础教育均衡发展的意义

我国基础教育均衡发展应包括四个方面:区域均衡发展、城乡均衡发展、校际均衡发展和群体均衡发展。其中区域均衡发展主要是从宏观上论述,城乡均衡发展是中观上的表现,而校际和群体均衡发展则是微观上的体现。这四个方面构成了我国基础教育均衡发展的四个维度,它们之间联系紧密、相互配合,是促进基础教育整体均衡发展不可缺失的有机体,是推动基础教育向更高水平、更高质量发展的关键因素。因此,只有处理好这四者的关系,才能最终实现基础教育均衡发展的目标。矛盾分析理论指出,主要矛盾影响事物的性质,解决问题也要首先抓住主要矛盾,只有抓住了主要矛盾、解决了主要矛盾才能最终扭转事物的性质。那么,影响基础教育均衡发展的主要矛盾是什么呢?毋庸置疑,就是城乡基础教育的非均衡发展。因为无论宏观的区域层面,还是微观的校际层面,其基础教育发展不均衡都是城乡基础教育发展不均衡所致。东部、中部、西部之间发展的不均衡是因为东部城市比中西部城市发达,区域内部的不均衡也主要体现在城乡之间的差异;学校之间的差距本质上反映的也是城乡学校的发展不均衡,重点学校一般都是位于城市和县镇之中,薄弱学校多分布在农村地区。所以,城乡基础教育均衡发展在整个基础教育均衡发展中十分重要,从某种意义上说,解决了城乡基础教育非均衡发展的难题,也就等于实现了基础教育均衡发展的目标。可见,城乡基础教育均衡发展是实现基础教育均衡发展任务中最关键的一环,发挥着承上启下的作用,对促进我国基础教育健康发展有着决定性的影响力。

(三)城乡基础教育非均衡发展的影响

1.导致农村儿童在发展中处于不利地位

城乡基础教育非均衡发展所带来的不利影响,最明显的体现就是不利于农村儿童的健康成长。"好"的学校多分布在城市,薄弱学校大多位于乡村。农村学校无论在经费投入、办学条件还是师资力量上都和城市学校有着显著的差距。虽然在入学机会上,城乡之间已没有明显的差别,但是在教育过程和教育结果上,城乡学校之间依然有着较大的差距。农村儿童在教育的起跑线上就已经输给了城市儿童。

2.阻碍基础教育质量的提高

基础教育质量的提高,需要其内部实现均衡发展。城乡基础教育均衡发展又在基础教育整体均衡发展中扮演着关键的角色,城乡之间基础教育发展的不均衡,必然会制约基础教育整体水平的提高,影响高质量基础教育愿景的实现。以义务教育为例,我国大中城市与城镇已于1995年完成九年制义务教育普及工作,但同一时期农村至少有四分之一的小学毕业生未能进入初中学习,仅在1987—2002年间农村学生初中阶段的失学人数达到3067.6万人。据估计,在1988—2002年的15年间未能接受九年制义务教育的农村少年儿童高达1.5亿人。① 因此,城乡间基础教育发展的不均衡,就意味着基础教育内部的问题并没有很好地解决,从整体和局部的关系理论可知,事物的关键部分会影响其整体的发展,因此,如果不处理好城乡基础教育均衡发展问题,提高基础教育整体质量的目标也就无法实现。

3. 不利于我国教育事业的整体发展

基础教育是整个教育链条中最为基础的一环,承担着培养国民基本素质、向社会输送合格劳动力以及为高等教育提供优质生源的重任,对我国整体教育事业的发展起着举足轻重的作用。城乡基础教育非均衡发展所引起的基础教育整体水平不高的现实,也将影响到整个教育事业的健康发展。城乡基础教育失衡的主要原因是农村基础教育发展相对滞后,和城市学校之间的差距逐步拉大。统计资料显示:我国80%以上的小学、64%以上的初中设置在农村,基础教育城乡之间、区域之间、省份及省内县域之间的差距较大并有扩大的趋势,我国农村教育面临严重困难。② 可见,我国基础教育发展的"大头"还是在农村地区,农村基础教育发展不好,整个基础教育健康协调发展的目标就很难达成。

4. 不利于和谐社会的构建

进入21世纪,中国共产党明确提出了"构建社会主义和谐社会"。其基本特征包括民主法治、公平正义、诚信友爱、充满活力、安定有序、人与自然和谐相处六个方面。另外,"五个统筹"中也提出统筹城乡发展、统筹区域发展、统筹经济社会发展、统筹人与自然和谐发展、统筹国内发展和对外开放。教育是社会大系统中的子系统,也是构建和谐社会的有机组成部分,因此城乡基础教育均衡发展也是和谐社会的应然追求,同时也是在落实党中央"五个统筹"的战略思想。因此,城乡基础教育的不均衡发展势必会阻碍和谐社会的建设。

5. 不利于教育公平的实现

教育公平的主要内涵,在法律上,是人人享受平等的受教育权;在教育政策

---

① 袁振国.中国教育政策评论[M].北京:教育科学出版社,2000:101.
② 白韶红.我国农村义务教育财政转移支付问题研究[D].重庆:重庆大学,2007:1-10.

领域,是人人平等地享有公共教育资源;在教育活动中,是人人受到平等的教育对待,人人具有同等的取得学业成就和就业前景的机会。为了真正体现和维护教育公平所蕴含的平等精神,在实际教育活动中,教育公平还必须包括:在客观上存在着社会发展不平等的历史时期,公共教育资源配置向社会弱势群体倾斜(对"不平等"的矫正);在现实层面上,反对和遏制旨在破坏教育权利平等和机会均等的教育特权(对"平等"的维护)。① 城乡基础教育非均衡发展必然导致农村基础教育发展的滞后,致使农村儿童无法自由平等地享受优质教育服务,从而不利于社会公平正义目标的达成。根据公平理念所适用的社会领域,可以将社会公平区分为政治公平、经济公平、文化公平、法律公平和教育公平等。社会公平是影响教育公平的重要条件,教育公平是一种基础性的社会公平。教育公平的缺失或受到损害,将极大影响到其他领域的社会公平,使其他领域的社会不平等得到延续并进一步放大。②

二、我国基础教育非均衡发展的表现

教育是一种复杂的社会行为,也是在群体约束下的个体行为。从个体看,教育均衡指受教育者的权利和机会的均等;从学校看,教育均衡指区域间、城乡间、学校间以及各类教育间教育资源配置均衡;从社会看,教育均衡指教育所培养的劳动力在总量和结构上与经济、社会的发展需求达到相对的均衡。③ 然而,由于历史和现实的多方面因素的共同作用,我国的基础教育发展存在着严重的不均衡现象。本章所指的东部地区包括北京、天津、河北、辽宁、上海、江苏、浙江、福建、山东、广东、海南,中部地区包括山西、吉林、黑龙江、安徽、江西、河南、湖北、湖南,西部地区包括内蒙古、广西、四川、重庆、贵州、云南、西藏、陕西、甘肃、宁夏、青海、新疆。

(一)区域之间发展不均衡

1. 教育经费投入的差距

教育经费投入的多少可以明显反映出一个地区的办学水平,因此经费投入成为衡量基础教育是否均衡发展的重要指标。以2011年为例,初中生均公共财政预算教育经费支出全国最高的是北京市(24203.46元),最低的是贵州省

---

① 石中英.教育公平的主要内涵与社会意义[J].中国教育学刊,2008(3):1—6.
② 石中英.教育公平的主要内涵与社会意义[J].中国教育学刊,2008(3):1—6.
③ 翟博.教育均衡发展:理论、指标及测算方法[J].教育研究,2006(3):16—29.

(3279.70元)。2011年的教育统计数据显示,有14个省(市)未达到全国生均公共财政预算教育经费支出的平均水平,其中:东部地区有2个,约占未达到平均水平总数的14.29%;中部地区有6个,约占未达到平均水平总数的42.86%;西部地区有6个,约占未达到平均水平总数的42.86%。可见,未达到全国初中生均公共财政预算教育经费支出的平均水平地区主要集中在中西部。①

表7.1　2011年分区域普通小学生均公共财政预算教育经费支出②　　单位:元

项目	东部	中部	西部	全国
生均经费	7710.00	3778.63	4707.42	4097.62
生均事业费	7532.46	3727.75	4498.83	4011.77
生均公用经费	1795.46	917.75	1151.17	929.46
生均基建经费	172.18	50.63	205.00	85.85

表7.2　2011年分区域普通初中生均公共财政预算教育经费支出③　　单位:元

项目	东部	中部	西部	全国
生均经费	10098.93	4796.50	5843.58	5415.41
生均事业费	9563.27	4669.13	5479.67	5213.95
生均公用经费	2541.46	1374.88	1736.17	1414.43
生均基建经费	534.73	127.00	363.77	201.46

从表7.1和表7.2的数据可以看出,2011年我国基础教育阶段中小学生均公共财政预算教育经费支出呈现出明显的地区差异。在生均经费、生均事业费、生均公用经费和生均基建经费上,东部地区几乎都具有显著的优势,西部地区达到全国平均水平。经费投入上最为薄弱的为中部地区,无论在生均经费、生均事业费、生均公用经费还是生均基建经费上都没有达到全国平均水平。由于西部地区借助于西部大开发等中央政府的优惠政策,在教育经费投入上获得了比较大的增长;中部地区因为区域上的"尴尬"境遇而无法获得更多的中央财

---

① 教育部财务司,国家统计局社会科技和文化产业统计司.中国教育经费统计年鉴(2011)[M].北京:中国统计出版社,2012:623.
② 教育部财务司,国家统计局社会科技和文化产业统计司.中国教育经费统计年鉴(2011)[M].北京:中国统计出版社,2012:623.
③ 教育部财务司,国家统计局社会科技和文化产业统计司.中国教育经费统计年鉴(2011)[M].北京:中国统计出版社,2012:623.

政支持,加之社会经济发展水平不高,致使地方政府未能有足够的财力投入到基础教育领域,有学者形象地称之为"中部塌陷"现象。

2. 办学条件的差距

我国东部、中部、西部基础教育学校办学条件存在一定差距,本章选取生均校舍建筑面积、每千人计算机拥有量、生均图书藏量、生均固定资产总值、生均教学仪器设备总值、生均危房面积六个指标来进行比较(如表7.3、7.4)。

表7.3 2013年我国东、中、西小学办学条件一览表

项目	全国	东部	中部	西部
生均校舍建筑面积(m^2)	6.63	6.87	6.32	6.67
每千人计算机拥有量(台)	78.17	115.24	52.44	59.67
生均图书藏量(册)	18.92	22.85	16.81	16.27
生均固定资产总值(万元)	0.64	0.80	0.48	0.62
生均教学仪器设备总值(万元)	0.08	0.11	0.05	0.06
生均危房面积(m^2)	0.048	0.004	0.044	0.108

中华人民共和国教育部官网公布的2013年教育统计数据。

表7.4 2013年我国东、中、西初中办学条件一览表

项目	全国	东部	中部	西部
生均校舍建筑面积(m^2)	11.28	12.56	11.23	9.86
每千人计算机拥有量(台)	122.61	169.02	97.66	94.36
生均图书藏量(册)	28.23	33.59	26.58	23.75
生均固定资产总值(万元)	1.15	1.47	0.99	0.97
生均教学仪器设备总值(万元)	0.13	0.19	0.10	0.10
生均危房面积(m^2)	0.033	0.003	0.033	0.076

中华人民共和国教育部官网公布的2013年教育统计数据。

从表7.3和表7.4的数据我们可以看到,我国基础教育阶段中小学办学条件表现出"东高西低"的总体趋势。在生均校舍面积、每千人计算机拥有量、生均图书藏量、生均固定资产总值、生均教学仪器设备总值上东部地区明显高于中西部地区。其中,每千人计算机拥有量中,中部小学、西部小学分别比东部小学少62.8台和55.57台,中部中学、西部中学比东部中学分别少71.36台和

74.66 台。生均危房面积,中部小学是东部小学的 11 倍,西部小学是东部小学的 27 倍;中部中学是东部中学的 11 倍,西部中学是东部中学的约 25.33 倍。从表 7.4 中我们可以清晰地看出,中、西部地区初中办学条件无一项达到了全国平均水平,区域之间的办学条件差异可见一斑。

3.师资队伍的差距

不同区域之间的基础教育教师质量存在一定程度的差距,反映教师队伍水平的指标比较多,本章主要从教师学历和职称两方面进行比较(如表 7.5、7.6)。

表7.5 2013 年我国东、中、西部初中专任教师学历情况

项目	全国	东部	中部	西部
研究生毕业	1%	2%	1%	1%
本科毕业	74%	80%	68%	72%
专科毕业	24%	18%	30%	26%
高中阶段毕业	0.7%	0.5%	0.9%	0.7%
高中阶段以下	0.2%	0.01%	0.02%	0.03%

中华人民共和国教育部官网公布的 2013 年教育统计数据,数据四舍五入。

表7.6 2013 年我国东、中、西部初中专任教师职称情况

项目	全国	东部	中部	西部
中学高级	16%	18%	16%	14%
中学一级	43%	47%	44%	38%
中学二级	32%	32%	28%	39%
中学三级	2%	1%	2%	2%
未评职称	6%	6%	7%	7%

中华人民共和国教育部官网公布的 2013 年教育统计数据,数据四舍五入。

教师是教育的第一资源,教师的水平对提高教育质量有着举足轻重的作用。教师资源的配置在区域之间呈现出明显的差别,东部地区高学历、高职称的教师比例相对更高。一言以蔽之,无论是学历还是职称,东部地区的教师都具有显著优势,教师队伍的整体素质明显高于中、西部地区。在教师学历方面,东部初中拥有研究生学历的教师分别是中、西部地区的两倍,东部初中教师拥有本科学历的教师分别比中、西部高出 12 个百分点和 8 个百分点;在教师职称

方面,东部中学一级职称的教师分别比中、西部高出3个百分点和9个百分点。

(二)城乡之间发展不均衡

农村基础教育在构建社会主义和谐社会中具有基础性、先导性和全局性作用。《国务院关于进一步加强农村教育工作的决定》,指出落实在国务院领导下,由地方政府负责,分级管理,以县为主的农村基础教育管理体制。各级政府也加大了对农村基础教育的投入力度,特别是温家宝在十一届全国人大五次会议上做政府工作报告时提出,2012年中央财政已按全国财政性教育经费支出占国内生产总值的4%编制预算,这在教育经费的总量上保障了我国教育的发展,尤其是促进了农村基础教育办学条件的改善。但是,由于历史欠账过多,我国城乡基础教育之间的差距依然十分明显。

1. 教育经费投入的差距

据官方统计数据显示,最近几年,由于我国经济总量的持续快速增加和国家对城乡基础教育均衡发展的重视,我国对基础教育的投入在逐年增加,财政预算内教育经费投入在城乡间的分配逐渐趋于平衡。虽然差距在缩小,但是在生均经费、生均事业费、生均公用经费、生均基建经费上,城镇仍然高于农村,差距依然存在(如表7.7、7.8)。

表7.7　2011年我国城乡普通小学生均公共财政预算教育经费支出[①]　单位:元

项目	城镇	农村	全国
生均经费	4316.00	3879.24	4097.62
生均事业费	4220.62	3802.92	4011.77
生均公用经费	996.87	862.08	929.46
生均基建经费	98.38	73.32	85.85

注:城镇包括城市和县镇。

[①] 教育部财务司,国家统计局社会科技和文化产业统计司.中国教育经费统计年鉴(2011)[M].北京:中国统计出版社,2012:623—625.

表 7.8　2011 年我国城乡普通初中生均公共财政预算教育经费支出①　单位:元

项目	城镇	农村	全国
生均经费	5229.49	5061.33	5415.41
生均事业费	5531.50	4896.40	5213.95
生均公用经费	1480.44	1348.42	1414.43
生均基建经费	237.99	164.93	201.46

注:城镇包括城市和县镇。

以 2011 年基础教育阶段生均公共财政预算教育经费支出统计为例,生均经费方面:城镇小学比农村小学高 436.76 元,约是农村小学的 1.11 倍;城镇初中比农村初中高 168.16 元,约是农村初中的 1.03 倍。生均事业费方面:城镇小学比农村小学高 417.7 元,约是农村小学的 1.11 倍;城镇初中比农村初中高 635.1 元,约是农村初中的 1.13 倍。生均公用经费方面:城镇小学比农村小学高 134.79 元,约是农村小学的 1.16 倍;城镇初中比农村初中高 132.02 元,约是农村初中的 1.1 倍。生均基建经费方面:城镇小学比农村小学高 25.06 元,约是农村小学的 1.34 倍;城镇初中比农村初中高 73.06 元,约是农村初中的 1.44 倍。另外,从表 7.7 和表 7.8 中可以看出,农村基础教育阶段学校在生均经费、生均事业费、生均公用经费以及生均基建经费上皆未能达到全国平均水平,且和城镇地区相比尚存较大差距。综上可知,我国基础教育经费投入的城乡差距十分明显,农村地区基础教育经费投入严重不足。

2.学校办学条件的差距

基础教育阶段城乡学校在办学条件上的差距主要表现在生均校舍建筑面积、生均危房面积、每千人计算机拥有量、生均图书藏量、生均固定资产总值、生均教学仪器设备总值六个方面(如表 7.9、7.10)。

---

① 教育部财务司,国家统计局社会科技和文化产业统计司.中国教育经费统计年鉴(2011)[M].北京:中国统计出版社,2012:627,629.

表7.9 2013年我国城乡小学办学条件情况

项目	全国	城市	县镇	农村
生均校舍建筑面积（m²）	6.63	5.70	5.88	8.22
生均危房面积（m²）	0.32	0.09	0.63	0.62
每千人计算机拥有量（台）	78.17	105.20	69.82	63.63
生均图书藏量（册）	18.92	19.82	18.67	19.30
生均固定资产总值（万元）	0.64	0.76	0.58	0.61
生均教学仪器设备总值（万元）	0.08	0.12	0.06	0.05

注：城市包括城区和城乡结合区，县镇包括镇区和镇乡结合区。

中国教育部官网2013年教育统计数据整理而得。

表7.10 2013年我国城乡中学办学条件情况

项目	全国	城市	县镇	农村
生均校舍建筑面积（m²）	11.28	9.86	11.14	14.15
生均危房面积（m²）	0.38	0.12	0.38	0.83
每千人计算机拥有量（台）	122.61	140.03	107.75	132.09
生均图书藏量（册）	28.23	25.61	27.05	36.02
生均固定资产总值（万元）	1.15	1.29	1.07	1.14
生均教学仪器设备总值（万元）	0.13	0.17	0.11	0.12

注：城市包括城区和城乡结合区，县镇包括镇区和镇乡结合区。

中国教育部官网2013年教育统计数据整理而得。

从表7.9和表7.10的数据可以看出，虽然农村中小学生均校舍建筑面积高于城市和县镇的学校，但是在生均危房面积上，农村小学为0.62m²，高出全国平均水平0.3m²，比城市小学高0.53m²，农村中学生均危房面积为0.83m²，高出全国平均水平0.45m²，比城市高0.71m²，比县镇高0.45m²。在每千人计算机拥有量上，城市小学比县镇小学多35.38台，比农村小学多41.57台。在生均固定资产总值方面，城市小学比县镇小学多0.18万元，比农村小学多0.15万元；城市中学比县镇中学多0.22万元，比农村中学多0.15万元。除生均校舍建筑面积、生均危房面积、生均图书藏量外，农村小学的其他三项指标全部低于全国平均水平，且与城市小学存有较大差距。可见，城市中小学的办学条件在各方面都有明显的优势。

3.师资队伍的差距

受制于城乡二元的社会经济体制,以及20世纪80年代普遍推行的"重点学校"政策累积效应,我国基础教育非均衡发展集中表现为城乡教育差距过大,而城乡基础教育的差距集中体现在优质师资的配置失衡方面,即优秀教师资源过度富集于城市学校,农村学校的骨干教师大量外流,农村学校师资力量十分薄弱。许多中西部农村学校,目前尚有为数不少的代课教师,教师的职称和学历以及教学能力都明显落后于城市地区。因此,在教师资源配置上,我国城乡之间呈现出不均衡的分布状态,农村地区的师资力量和城市地区的差距非常显著。

(三)学校之间发展不均衡

基础教育非均衡发展在微观层面上主要体现在校际的差距,校际不均衡产生的根本原因主要是新中国成立以来我国推行的"重点学校"政策。该政策一定程度上推动了当时教育质量的提高和发展。但是,随着经济文化的不断向前发展,以及九年义务教育的普及,20世纪80年代以后,重点学校政策逐渐淡出中小学教育的实践。然而,校际的差距并没有因为政策的淡出而消失,某种程度上这种差距反而越拉越大。较之普通学校,这些重点学校无论在"硬件"还是"软件"上都有着无可比拟的优势。虽然,政府不再提倡重点学校政策,但是长期以来形成的校际差距依然是基础教育均衡发展的"绊脚石"。重点学校与非重点学校的差距在经费投入、办学条件和师资力量等方面表现得较为突出。据《瞭望新闻周刊》报道:南京第46中每年仅依靠收取全校学生共约10万元的杂费,捉襟见肘地维持日常的教学开支,而在同一城市的南京第13中学为使教学信息化,已将筹到的500万元用于设备改造。[①] 此处以西部某省会城市某区的城市小学和农村小学各一所为例,来探讨我国城乡基础教育校际发展的差距。

1.校际教育经费投入差距

同在蓝天下,但不同学校之间的教育经费却出现了"天壤之别"。没有充足的经费保障,办学条件、教师队伍建设必然受到影响。

---

① 朱家存.教育均衡发展政策研究[M].北京:中国社会科学出版社,2003:37—38.

表7.11 城乡小学经费统计情况　　　　　　　　单位:元①

学校类别	生均教育经费	生均预算内教育事业费	生均公用经费	生均预算内教育经费
城市小学	1199.31	777.78	528.19	106.67
农村小学	691.44	618.44	166.11	93.30

注:表中数据为西部某省会城市某区一所城市小学和一所农村小学的统计情况。

从表7.11中西部某省会城市某区一所城市小学和一所农村小学的统计情况来看,城乡小学教育经费上存在的差距较大,其中城市小学生均教育经费是农村小学的约1.73倍,城市小学的生均公用经费约是农村小学的3.18倍。可见,农村小学的教育经费远没有城市小学充足。2003年南京市教育局对南京市中小学生年均教育成本情况进行调查。采取抽样调查法,按抽样学校类别和数量,从各类学校中抽出示范初中38所,普通初中36所,省实验小学34所,普通小学25所。结果显示,南京市中小学生年均教育培养成本分别是:示范初中3853元,普通初中3482元,省实验小学2326元,普通小学1887元。② 由此可知,中小学校之间的经费差距比较大,一般来说重点学校的经费比较充裕,普通学校的办学经费相对短缺,重点学校和普通学校之间的发展差距愈拉愈大。

2. 校际办学条件差距

在办学条件上,校际的差距也比较明显。有些城市中小学校不仅人手一部iPad,坐在多功能教室接受现代化的"云课堂"教学,还拥有室内游泳馆、高尔夫球场等高端设施;与此同时,一些中西部农村学校的学生食堂配备尚无着落,见下表,生均电脑数较城市多现代学校必备的基本设施缺口甚大。

表7.12 城乡小学办学条件统计情况③

学校类别	生均校舍面积(m^2)	生均操场面积(m^2)	生均计算机数(台)	生均图数量(册)	师生比
城市小学	3.30	3.30	0.03	31.00	1:25
农村小学	3.26	2.20	0.04	16.00	1:37

注:表中数据为西部某省会城市某区一所城市小学和一所农村小学的统计情况。

---

① 杨令平.城乡义务教育校际均衡发展现状的调查与思考[J].教学与管理,2009(25):29—32.
② 张琳.南京市教育局调查显示:一个高中生年需五千元[N].扬子晚报,2003—3—21(2).
③ 杨令平.城乡义务教育校际均衡发展现状的调查与思考[J].教学与管理,2009(25):29—32.

从表 7.12 中可以看出,城市小学的办学条件优于农村小学,特别是生均图书数量,城市小学是农村小学的近 2 倍;另外,从师生比可以看出城市小学的教师明显比农村小学的充足。近年来,国家教育发展研究中心"基础教育热点问题研究"课题组对北京、天津、上海及部分城市的不同层次的中小学进行了抽样调查。结果显示:优质小学的平均固定资产大于一般小学,而一般小学大于薄弱小学;在同一地区,重点学校的办学规模和设施都要好于一般学校和薄弱学校;在专业教室(调查涉及了物理实验室、化学实验室、生物实验室、音乐教室、美术教室、体育场馆、语音教室、劳动技术教室和多功能教室)的拥有量上,重点学校专业教室多于一般学校、一般学校多于薄弱学校;学校藏书总量呈现出重点学校平均藏书总量大于一般学校、一般学校平均藏书总量大于薄弱学校的特点;在医疗卫生设施和生活设施上的差异是,重点学校拥有医疗设施和生活设施的数量明显高于薄弱学校。

3.校际师资力量差距

城乡基础教育发展差距最终体现在校际之间的失调上,如表 7.13。

表 7.13　城乡小学师资队伍情况[①]

学校类别	专科学历以上教师比例	市级以上骨干教师比例	中级以上职称教师比例	2005 年教师人均培训经费
城市小学	98%	25.0%	45.0%	150 元
农村小学	69%	10.3%	44.8%	15 元

注:表中数据为西部某省会城市某区一所城市小学和一所农村小学的统计情况。

表 7.13 中的统计数据显示:城市小学教师专科以上学历的比例较之农村小学的高出 29 个百分点,说明城市教师学历水平明显高于农村小学教师的学历水平;虽然在中级以上职称教师比例方面农村学校和城市学校没有太大差别,但是在市级以上骨干教师比例方面,城市小学却是农村小学的将近 2.5 倍,城市小学的优秀教师显然比农村小学的要多。同时在教师人均培训经费上,城市小学是农村小学的 10 倍,表明农村小学教师在职培训机会以及专业发展环境方面都和城市小学的差距较大。概而言之,城市小学教师队伍质量明显优于农村小学。

---

① 杨令平.城乡义务教育校际均衡发展现状的调查与思考[J].教学与管理,2009(25):29-32.

(四)群体之间发展不均衡

基础教育均衡发展的微观层面所关注的就是群体之间的均衡发展,无论是宏观的区域之间均衡发展,还是中观的城乡之间均衡发展,其最终目标都是促进不同群体之间的学生得到平等的发展。不同群体受教育机会不均的现象,具体表现在:第一,不同阶层人群的子女享受教育资源是不平衡的。譬如,随着我国城市化进程的不断推进,大量农村劳动力涌向城镇。他们子女的教育一直是大家很关注的问题。实际情况是他们的子女或留守在农村,或跟随父母来到城镇。前者大多数跟随祖父母生活,我们称其为农村留守儿童。而后者虽跟随父母来到城镇,但绝大部分孩子都只能因陋就简,或就近入学。就基础教育资源配置而言,这两个类型孩子的教育相对来说处在明显的弱势,应成为我们关注的对象。第二,个体接受教育的差异性。譬如说,在同一学校内教育资源配置不均衡。一些学校有重点班与非重点班之分,教师配置强弱差别较大,存在一部分学习暂时处于不利境地的学生,我们一般称其为学困生。大量的研究表明:在基础教育群体中,学习困难的学生是学校教育中最大的弱势群体。有的学生甚至会因为学习困难而丧失信心,影响其良好行为习惯和思想品德的形成。还有部分城镇下岗职工和农村贫困家庭,因为经济的暂时困难,对子女的学习、成长产生负面影响。在基础教育中,他们同样应成为我们要关注的对象。[1] 全国妇联 2013 年发布的《我国农村留守儿童、城乡流动儿童状况研究报告》指出:《中国 2010 年人口普查资料》样本数据推算,全国有农村留守儿童 6102.55 万,占农村儿童的 37.7%,占全国儿童的 21.88%。目前,全国 14 岁及以下的流动儿童规模达到 1834 万人,进城农民工随迁子女数量达到 1403 万人。[2] 可见,弱势群体的教育问题,既关系到未来的人口素质和劳动力的培养,也关系到社会的稳定和可持续发展。推动基础教育均衡发展,需要关注每一个学生,通过教育给社会上的弱势群体提供一个向上流通的渠道。

第二节 我国城乡教育非均衡发展的原因分析

2000 年联合国教科文组织在达喀尔会议上通过的《全民教育行动纲领》中指出,世界教育的发展目标应从全民教育向全民优质教育转变,优质教育不是

---

[1] 夏扉.基础教育均衡发展中弱势群体的教育[J].现代教育论丛,2010(8):41—45.
[2] 员旋.进城农民工子女的义务教育问题与对策分析[J].东方企业文化,2013(4):189.

精英教育,不是追求少数人可以享受的高质量教育的权利和机会,而是追求教育的整体优化。改革开放以后,我国基础教育发展大致经历了效率优先取向和均衡发展取向两个阶段。效率优先取向的表现形式是"效率优先,兼顾公平";而均衡发展取向追求的则是效率和公平的和谐统一,进一步缩小区域间、城乡间、学校间和群体间的基础教育发展差距。公平是基础教育发展的价值追求,是构建社会主义和谐社会的基石;效率是基础教育事业发展的保障,没有"效率"也就无所谓公平,而盲目追求高效率只会导致社会公平正义的缺失,并最终阻碍基础教育的健康发展;均衡发展是在遵循教育发展规律的前提下,以教育公平为目标,合理分配基础教育资源,保持其在有序的轨道上运转,使教育的个体功能和社会功能得到合理而充分的发挥。可见,在效率、公平和均衡发展的三者关系中,效率是保障,公平是目标,均衡发展则是途径。

我国城乡基础教育非均衡发展的根源是没有妥善处理好公平与效率的关系,致使基础教育普及的同时,偏离了正常的运行轨道,城乡基础教育发展的差距也就越拉越大。而造成这一现象的原因是二元化的城乡教育制度、社会经济发展的不均衡、基础教育经费保障机制的不健全、城乡师资资源配置的不均衡和城乡之间的社会文化差异等。

一、城乡经济发展水平的差异

1978年十一届三中全会以后,随着改革的不断推进,我国的经济发展水平也在高速提升,经济总量不断攀升,现在一跃成为全球第二大经济体。但是我国的发展存在不均衡的问题,如果处理不好农村和城市的关系,从长远角度看具有很大的风险性。根据地理位置和经济发展水平,从宏观上可以把我国分为东、中、西三个部分,这三个部分在经济社会发展水平上具有比较大的差距,中观层次上主要体现为城乡之间的发展差距,而且东、中、西部经济发展不平衡突出表现在区域内城乡之间的差别。随着改革步伐的加快,城乡居民收入差距也在不断扩大,1978年,我国城乡居民收入比是2.57∶1;1993年,这个比为2.54∶1;1999年,该比达到2.65∶1,而世界绝大部分国家该比都小于1.6∶1。[①] 城乡居民收入差距的拉大反映出城乡之间的经济发展水平不均衡。而农村地区由于经济发展滞后,有限的资源分配到教育领域时已所剩无几,捉襟见肘的经费投入也就难以保证农村基础教育的高质量发展。因此,城乡基础教育在这种"马太效应"中逐渐拉开距离。

---

① 王兰芳.中国居民的收入分配:现状分析与理论探索[J].经济评论,2002(4):55—58.

二、城乡二元体制的制度障碍

1958年1月由全国人大通过的《中华人民共和国户口登记条例》,标志着城乡户籍制度开始形成,"非农业人口""农业人口"开始出现,城乡之间形成户籍壁垒,随后城乡经济也出现分割治理局面。在1958—1978年期间,城乡二元结构逐步发展深化,从1979年开始直至进入2000年以后,城乡二元结构又呈现出许多新情况、新特点,但我国经济社会始终没有从根本上摆脱城乡二元结构发展的现状。[①] 正是这种以户籍制度为基础进行城乡分离的"二元结构",在一定程度上影响了流动人口子女在城镇的就学,很多从农村进入城市谋生的人,长期在城市打工,积极纳税,但由于是农业户口,就享受不到国家赋予城市居民的各种福利待遇,户籍制度生硬地把农村人口控制在城市体制之外,市民所拥有的住房、医疗、教育、养老等一系列福利制度大多数流动人口无缘享受。[②]

城乡二元经济结构衍生出了二元教育结构,也衍生出了农村教育与城市教育的概念。尽管我们也一直在努力发展农村教育,改善农村教育的落后局面,但农村教育的发展客观上仍然处于滞后状态。[③] 根植于城乡二元户籍制度基础之上的二元化城乡教育制度,使得城乡之间基础教育阶段的学校在经费投入、办学条件和师资力量上逐渐拉开距离。1978年,教育部颁布的《关于办好一批重点中小学的试行方案》指出,切实办好一批重点中小学,以提高中小学质量,总结经验,推动整个中小学教育的发展。1980年10月,教育部出台了《关于分期分批办好重点中学的决定》,为后来的教育失衡埋下了伏笔。各级政府也在大力倡导兴办重点学校,集中有限的人力、物力和财力重点建设一批所谓的"示范校""重点校""试验学校",致使办学条件和师资配备上的校际差距越来越大。随着基础教育普及程度的提高,以及人民群众对教育公平的呼声日益高涨,教育部三令五申地要求地方不准上马"重点学校"项目。但是受种种因素影响,优质教育资源集中分布于城市(城市和县镇)的现实依然没有改变。基于城乡二元结构下所形成的城乡教育资源分配产生了很大差别,农村税费改革之前,农村基础设施建设、基础教育发展等公益性事业的经费主要由农民负担,而城市的社会公共事业投入主要由政府买单。在1995—1999年我国农村基础教育总

---

① 冯学军.中国义务教育财政投入不均衡问题研究[D].沈阳:辽宁大学,2013:88.
② 杨建平.新时期我国基础教育均衡发展的对策研究[D].成都:电子科技大学,2008:27.
③ 张乐天.城乡教育差别的制度归因与缩小差别的政策建议[J].南京师大学报(社会科学版),2004(3):71—75.

投入的 6944 亿元中,各级政府投入为 3713 亿元,占 53%,农民集资仍占农村基础教育经费的近一半。① 即使在税费改革之后,农民的税务负担减轻了,但是与户籍制度相捆绑的社会福利待遇差距依旧没有消除。城市中小学在经费投入、办学条件和师资力量上仍然比农村学校有较强的优势,短时间内优质教育资源富集于城市的局面很难打破。因此,从城乡二元结构的角度出发,如今社会上上演的一幕幕"择校热"现象就不难理解了。

三、基础教育经费保障机制的不健全

(一)财政投入总量不足

教育经费总量投入的多少无疑会对教育事业的发展产生重大影响,特别是具有基础性的基础教育更需要充足的经费支持。我国在 1993 年《中国教育改革和发展纲要》中提出,逐步提高国家财政性教育经费支出(包括:各级财政对教育的拨款,城乡教育费附加,企业用于举办中小学的经费,校办产业减免税部分)占国民生产总值的比例,20 世纪末达到 4%。1995 年颁布的《中华人民共和国教育法》规定,国家建立以财政拨款为主、其他多种渠道筹措教育经费为辅的体制,逐步增加对教育的投入,保证国家举办的学校教育经费的稳定来源,国家财政性教育经费支出占国民生产总值的比例应当随着国民经济的发展和财政收入的增长逐步提高,全国各级财政支出总额中教育经费所占比例应当随着国民经济的发展逐步提高,各级人民政府教育财政拨款的增长应当高于财政经常性收入的增长,并使在校学生人数平均的教育费用逐步增长,保证教师工资和学生人均公用经费逐步增长。但是,财政性教育经费支出占国民生产总值的 4% 的承诺,并没有在 20 世纪末兑现。直到 2012 年,我国财政性教育经费占 GDP 的比例才达到了 4%。但是,具体分析,我国实际仍面临继续提高"4%"这一比例的压力。从国际比较的角度来看,很多处于中上收入水平的国家财政性教育经费支出都高于 4%。

(二)教育经费分配不合理

在教育经费总量有限的前提下,对教育经费的分配也呈现出不合理的现象。首先,教育经费投入高等教育领域较多。我国对高等教育投入资金所占比例比较高,达到了预算内教育经费的 20%。而从教育产品公共属性上来分析,级次越低,教育公共性越强,社会的收益率越高,越需要政府的投入。对高等教

---

① 丁国光.城乡二元结构的形成与突破[J].中国财政,2008(16):27.

育投入的教育经费相对较多,让本来就已经有限的教育公共经费没有完全用到最需要投入资金的基础教育上面,进一步加深了基础教育阶段政府公共投入不到位的状况。[1] 其次,投往农村基础教育经费所占比例较小。据调查:2001年,人口占全国绝大多数的农村,只享有约二分之一的基础教育经费和不到40%的基建投资。2000年农村初中及小学基建支出仅占全部财政预算内教育基建支出的1.9%和3.6%。

(三)中央与地方的基础教育经费分担机制不完善

20世纪80年代中期以后,我国基础教育主要由地方政府负责,基础教育财政管理体制大致可以分为以下三个阶段。但是,总体上说中央和地方的基础教育经费分担机制并不健全,导致了事权和财权的不对称,加大了城乡基础教育的差距,尤其是加剧了农村基础教育发展的不平衡。

1. 地方负责、分级管理、以乡为主的财政管理阶段(1986—2000年)

基础教育经费主要由基层的乡镇政府负责筹措,农村基础教育经费很大部分是由农民来承担,形成了"人民教育人民办"的局面。1994年分税制财政体制改革以后,中央政府掌握着主要的财政收入,地方政府可支配的财力明显削弱。据国家统计局2001年的统计数据显示,2000年全国财政收入1.34万亿元,其中中央占51%,省级占10%,地市占17%,县乡两级共计约2096亿元。中央政府控制着大部分的财政收入,可是基础教育又主要由地方政府来承办,这种事权与财权的不对称,势必会影响到地方政府办基础教育的积极性和办学能力。[2]同时,地方政府又把有限的教育资源优先用来保障城镇基础教育的发展,农村地区的中小学则受到了"冷落",城乡基础教育的差距愈拉愈大。

2. 地方负责、分级管理、以县为主的财政管理阶段(2001—2005年)

税费改革以后,党和政府立足基础教育发展实际提出了新的管理体制,进一步明确了中央、省、县各级政府的责任,实际上确立了以县为主的农村基础教育管理体制。但是,由于我国区域经济发展不均衡,各县经济发展水平差异较大,对基础教育的投入和管理也各有差异。教育部曾经测算过2003年全国农村基础教育经费的缺口,其中解决教职工工资新欠和陈欠需要144亿元,维持学校正常运转每年323亿元(取消附加、集资和非规费收入的减少,以及贫困地区实行"一费制"后形成的收费收入缺口),危房改造每年160亿元,家庭经济困

---

[1] 李迎.我国财政投入对义务教育均衡发展的影响分析研究[D].长沙:长沙理工大学,2012:35.
[2] 中华人民共和国国家统计局.中国统计年鉴(2008)[M].北京:中国统计出版社,2008.

难学生补助经费缺口每年68亿元,发展经费(尚未"普九"的431个县实现"普九"目标,以及中小学信息化建设)缺口124亿元。① 同样一组调查数据也可反映出城乡基础教育经费投入的差距,根据《国家教育督导报告2005》的调查,以生均教育经费为例,2004年我国城乡小学、初中生均预算内事业费的城乡之比为1.2∶1。在生均预算内公用经费上,城乡差距也很明显,2004年小学、初中生均预算内公用经费之比分别为1.4∶1和1.3∶1。在此时期,城乡基础教育经费的投入差距进一步扩大。

3. 免费义务教育阶段(2006年至今)

2006年6月29日第十届全国人民代表大会常务委员会第二十二次会议修订的《中华人民共和国义务教育法》(以下简称《义务教育法》)将免费义务教育以法律的形式确定下来,至此,免费义务教育在全国范围内逐步推广。《义务教育法》明确提出义务教育实行国务院领导,省、自治区、直辖市人民政府统筹规划实施,县级人民政府为主管理的体制,义务教育经费投入实行国务院和地方各级人民政府根据职责共同负担,省、自治区、直辖市人民政府负责统筹落实的体制。农村义务教育所需经费,由各级人民政府根据国务院的规定分项目、按比例分担,进一步明确了省级政府的责任。根据农村义务教育经费支出的不同内容,建立中央、省、市、县(区)分项目、按比例分担,经费省级统筹、管理以县为主的农村义务教育经费保障新机制。除教职工工资在现行体制下加大保障力度外,公用经费、校舍维修改造经费、资助贫困家庭学生经费等义务教育经费支出由中央根据各地经济社会发展及财力状况,对西部、中部、东部地区按不同的分担比例予以保障。② 由于我国农村义务教育发展的历史欠账过多,即使在实行免费义务教育之后,农村义务教育发展依旧面临很多问题。2006年新修订的《义务教育法》进一步要求义务教育经费投入实行中央和地方依据职责共同负担,省级政府单位负责落实的体制。与以前相比,筹措资金责任划分越来越具体,但实际上只是对中央和地方的筹措资金责任进行了简单划分,省级以下筹措资金责任的划分依旧非常模糊,省级政府的责任主要表现为对上级拨款的重新分配,省级政府未能积极主动利用自身财力推进全省区域内义务教育的均衡发展。③

---

① 孙霄兵,孟庆瑜.教育的公正与利益:中外教育经济政策研究[M].上海:华东师范大学出版社,2005:96.
② 白韶红.我国农村义务教育财政转移支付问题研究[D].重庆:重庆大学,2007:15.
③ 李迎.我国财政投入对义务教育均衡发展的影响分析研究[D].长沙:长沙理工大学,2012:36.

(四)基础教育财政转移支付制度不健全

基础教育财政转移支付制度是在农村税费改革之后出现农村基础教育经费捉襟见肘,甚至无法维持农村基础教育正常运转的状况下提出来的。具体来说,基础教育资金转移支付是指由中央和省级政府按照一定的条件,对基础教育资金有缺口的市县进行专项转移支付。① 中央和省级政府的财政转移支付对均衡区域间、城乡间的基础教育发展起到了非常重大的作用。但是,转移支付制度在实施中也出现了许多问题,并没有从根本上解决农村基础教育经费不足的问题。

1. 中央政府的转移支付的总量较小

中央政府对基础教育的财政转移支付呈现出规模小、总量少的特点。以1998年的数据进行测算,中央用于各省基础教育的补助专款占当年中央对地方专项补助总额的1.17%(当年中央所拨专款总额为616亿元),占当年各省财政预算内基础教育支出(不含成人和中央直属中小学)总额和基础教育总经费的比例分别为0.94%、0.47%。截至2002年9月底,中央财政转移支付的比重仍然很小,只有地方财政的40%左右,而且只占全国基础教育总支出的1%左右。② 2005年中央政府负担基础教育的经费仅占到总量的5%,到2008年以后,这一比重达到8%。转移支付的覆盖面较小,难以发挥出均衡区域及统一城乡基础教育经费配置的作用。从转移支付规模和实际需求之间的缺口来看,实施"新机制"后,许多的学校公用经费依然非常紧张,学校运转困难,教育债务问题不仅没有得到化解,反而变得更加严重。③

2. 转移支付的结构不合理

转移支付制度包括一般性转移支付和专项转移支付两种。一般性转移支付也叫无指定用途的转移支付,不规定使用方向,也不附加任何条件,其作用主要是平衡地区间的差别,④包括税收返还和结算补助等形式。专项转移支付也叫特殊目的转移支付,一般用于特定项目的补助,资金使用有明确规定,下级政府无权变动。通常这类转移支付还要附加一些条件,使其具有很强的政策

---

① 马国贤.中国义务教育资金转移支付制度研究[J].财经研究,2002(6):46—52.
② 白韶红.我国农村义务教育财政转移支付问题研究[D].重庆:重庆大学,2007:29.
③ 李迎.我国财政投入对义务教育均衡发展的影响分析研究[D].长沙:长沙理工大学,2012:37.
④ 赵颖.我国农村义务教育财政转移支付制度的运行绩效研究——以公平和效率为视角[D].北京:首都师范大学,2008:24.

性,是中央政府宏观调控的重要手段之一。专项转移支付包括中央对各省的基础教育财政专项补助和省对县的基础教育财政专项转移支付。① 如"九五"期间推行的"国家贫困地区基础教育工程款"就属于专项转移支付。在当前的教育体制下,财政资金越是充裕的地方,从上级政府获得的转移支付就越多;相反,越是困难的地方从上级政府获得的转移支付就越少。据统计,中央对地方的转移支付(包括税收返还、专项拨款、体制补助等)每年近 5000 亿元,且相当比例的转移支付资金被分配到了县乡财政,但由于作为其中主要部分的税收返还是基于地方上缴税收水平而定的,因而仍然是富者多得,贫者少得,平衡的目标难以实现。② 可见,一般性转移支付比较有益于经济发达地区,经济较为落后的广大中西部农村地区在税收返还中所占的比例较小,某种意义上讲一般性转移支付并没有缩小区域及城乡基础教育经费的差距,也没有从根本上解决农村基础教育经费短缺的困境。另外,专项转移支付规模过大,很有可能对均衡性转移支付造成挤占,非常不利于均衡化目标的实现。同时我们国家目前基础教育财政转移支付采取分项和专项转移支付方式,具有非经常性和非规范化特征。专项转移支付在项目与项目间缺乏资金比例的统一协调性,影响专项资金使用效率。不但如此,许多项目属于配套性转移支付,对财政实力较雄厚地区是较为有利的,而对经济发展落后地区是非常不利的,难以保证专项经费得到合理有效的利用。迫于财力限制,或者从谋求自身政治利益的方面考虑,地方政府在实际操作中"一女二嫁"和虚假配套的情况非常普遍。此外,专项转移支付在项目的设计和分配上,通常是上级政府根据基础教育发展目标来确定的,在决策中缺乏对地方实际需求的考虑,并且在补助分配中受基数的因素和人为的因素影响很大,影响了项目实施的效果。③

四、城乡教师资源配置的不均衡

近年来,各地出现的"择校热"现象,与其说是择校,毋宁说是择师,因为好的学校里有"名师",正是这些名师吸引着家长们选择该学校。可见,教师资源合理配置是影响城乡基础教育均衡发展的重要因素。教师资源配置合理了,就

---

① 赵颖.我国农村义务教育财政转移支付制度的运行绩效研究——以公平和效率为视角[D].北京:首都师范大学,2008:24.
② 杜育红.中国义务教育转移支付制度研究[J].北京师范大学学报(人文社会科学版),2000(1):23—31.
③ 李迎.我国财政投入对义务教育均衡发展的影响分析研究[D].长沙:长沙理工大学,2012:37.

会推动城乡基础教育的均衡发展;反之,就会引起并加大校际的差距,最终也会阻碍城乡基础教育的健康发展。

(一)城乡教师资源初次配置不均衡

改革开放以来,我国教师队伍取得较好的成绩,支撑起了世界最为庞大的基础教育体系。但是由于我国长期处于城乡二元结构下,城乡之间无论在经济发展还是科教文卫上都有着显著的差异,城乡割裂的现象比较严重。城乡基础教育的发展也呈现出不协调现象,尤其是城乡教师资源配置不均衡状态较为突出,成为阻碍基础教育均衡发展的重要因素。20世纪80年代推行的重点中小学建设运动,为改革开放事业提供了大批人才,可随着基础教育普及程度的提高,这些当初依靠国家政策发展起来的重点中小学成为家长千方百计争夺的优质教育资源。国家对重点中小学有各项照顾政策,尤其是在师资队伍建设上对重点中小学有所倾斜,重点中小学的教职编制可适当放宽。重点中小学教师在工资调整、晋级、评选先进等方面,比例应大于一般学校,[1]甚至以农村优秀教师填充重点中小学校。这些照顾政策,加剧了重点中小学与薄弱学校之间的差距,也为当下城乡基础教育的均衡发展埋下了极大的隐患,因为重点中小学大都位于城市,农村学校基本没有享受到这些政策的照顾。

随着社会主义市场经济的发展,我国师范教育也逐渐打破了以往单一的封闭式格局,师范生毕业不再实行包分配政策,同时国家推行教师资格证书制度,鼓励综合性大学参与师资培养,使教师来源更趋于多元化,逐步建立起开放型的教师教育体系。但是,虽然改变了计划经济时单一定向的教师资源分配局面,教师资源配置依旧掌握在地方教育行政部门手里,城乡教师资源初次配置仍然存在不均衡的现象,政府在分配教师资源时,把学历较高、能力较强或者占有一定社会关系的新教师配置到城市中小学,而学历相对较低、教育教学能力相对较弱的、难以拿到城市教师编制的教师则被分到农村学校,而且农村学校办学条件较差、生存条件较差、交通不便等,大大降低了农村学校对教师的吸引力,很多教师只要能留在城市,就不会主动选择农村学校,大部分农村学校教师也不愿意留在农村,只要有机会,就会调离农村学校。农村学校面临着严重的教师"下不来""留不住""教不好"的问题。我国在教师编制上也同样存在城乡区别对待的现象,不同的编制标准对教师数量以及教师职称评定都有非常大的影响,这些城乡教师编制标准明显不利于农村学校教师。面对我国农村中小学

---

[1] 朱家存.教育均衡发展政策研究[M].北京:中国社会科学出版社,2003:88—94.

教师结构不合理、质量不高的现实，中央政府先后推行了"三支一扶""特岗教师计划""免费师范生""硕师计划"等政策，运用政策杠杆调整城乡教师资源配置，吸引优秀大学生到农村中小学从教，以提高农村中小学教师整体质量。这些举措一定程度上有利于提高我国农村基础教育师资水平，为农村中小学教师队伍注入新鲜血液。

　　同时，我们也应该看到，这些政策的出台并没有从根本上解决农村学校教师队伍薄弱的困境。"三支一扶"和"特岗教师计划"一般规定三年以内的服务期，服务期结束之后可以自主谋业，而专业教师的成长历程一般至少需要五年以上，这就导致了教师刚适应岗位就要离职，不符合教师专业成长的规律，也不利于学校正常教学秩序的开展。据调查，特岗计划在实施中存在许多不良现象，比如：有些地方多要名额却不愿掏钱，地方财政配套资金不到位，按政策应该给予的相关补贴津贴难以兑现；有的地方特岗教师服务期满编制得不到落实；有的地方特岗教师服务期满参加教师招考受到不公正对待；有些特岗教师专业不对口，工作量超负荷；很多特岗教师觉得培训学习机会太少；有人利用"特岗计划"做交易走过场；等等。2007年5月，《国务院办公厅转发教育部等部门关于教育部直属师范大学师范生免费教育实施办法（试行）的通知》（国办发〔2007〕34号）明确提出，免费师范生入学前与学校和生源所在地省级教育行政部门签订协议，承诺毕业后从事中小学教育十年以上。到城镇学校工作的免费师范毕业生，应先到农村义务教育学校任教服务两年。而且，免费教育师范生在校学习期间免除学费，免缴住宿费，并补助生活费，以进一步形成尊师重教的浓厚氛围，让教育成为全社会最受尊重的事业；就是要培养大批优秀的教师；就是要提倡教育家办学，鼓励更多的优秀青年终身做教育工作者。免费师范生政策于2007年秋开始在教育部直属六所师范大学（北京师范大学、华东师范大学、东北师范大学、华中师范大学、陕西师范大学和西南大学）试行，此后部分地方师范院校也开始试行"免费师范生"政策。但是，免费师范生政策在实施的过程中也出现了很多的问题：一方面免费师范生数量较少，难以满足基础教育学校对免费师范生的大规模的需求；另一方面，从免费师范毕业生的就业去向来看，他们基本都去了城镇优质的基础教育学校，而去农村学校从教的几乎为零。虽然《国务院办公厅转发教育部等部门关于教育部直属师范大学师范生免费教育实施办法（试行）的通知》（国办发〔2007〕34号）明确提出，到城镇工作的免费师范毕业生，需先到农村义务教育学校任教服务两年，但该规定并未得到很好落实。

(二)城乡教师流动不合理

据 2004 年中国教育发展报告统计,2003 年我国中小学教师流动人数占教师总数的 2.6%,其中骨干教师占流动教师的比例达 87.3%。从流动意愿来看,据北京师范大学教育学院"中国教育发展报告——变革中的教师和教师教育"课题组的调查显示:农村教师比城镇教师的流动愿望更强,10.49%的县城教师、17.56%的乡镇教师和 22.92%农村教师有"打算调到其他学校"的意向。[①] 可见,我国当时的教师流动呈现出从农村学校向城市学校的单向上位流动的特征。合理的人力资源流动是实现社会结构优化的有效途径,也是激发个体奋发向上、施展才华的保障。正常的教师流动能够促进城乡教师资源的优化配置,激发教师个体才能的充分施展,推动城乡基础教育均衡发展。但是,我国当时的教师流动呈现出无序、不合理的状态,城乡教师流动意愿没能被充分地调动出来。教师流动的主要特点表现为逆向流动。中小学教师流动呈现整体上升趋势与逆向流动的现状,即:中小学教师流动大多是从落后地区流向发达地区,从较低一级的学校流向高一级的学校,从教育行业转向其他待遇高、发展前景好的行业。中小学教师流动一般沿着这样的路径:农村学校—乡镇学校—县城学校—城市学校;普通学校—一般学校—优质示范学校。同时高学历、高职称教师,年轻教师和主学科教师流动比例大。[②] 单向上位的畸形教师流动带来城乡教师资源配置的异化,进一步拉大城乡基础教育的差距。城乡教师流动呈现出单向化的态势,即由农村学校流向城市学校、由薄弱学校流向重点学校,且流出去的教师多为学校里的骨干教师、中青年教师和男教师,农村学校的教师却得不到有效的补充。农村中小学优秀教师资源的外流,进一步加剧了学校教育质量的下滑,拉大了农村学校和城市学校之间的差距,形成了强校越强、弱校越弱的恶性循环局面。

五、城乡居民之间拥有文化资本的差异

文化资本理论最先由社会学家皮埃尔·布尔迪厄(Pierre Bourdieu)提出,他把文化资本分为身体化形态、客观化形态和制度化形态三种基本形式。文化资本的身体化形态是指行动者通过家庭环境及学校教育获得并成为精神与身

[①] 麻跃辉.中小学教师流动中权益保障的对策分析[J].内蒙古师范大学学报(教育科学版),2007(6):27-29.
[②] 吴松元.中小学教师流动制度建立的理性思考[J].教师教育研究,2008(4):35-39.

体一部分的知识、教养、技能、趣味及感性等文化产物。客观化形态是文化资本的第二种形态,即物化状态。具体地说,就是书籍、绘画、古董、道具、工具及机械等物质性文化财富。与身体化形态不同的是,这一类型的文化资本是看得见、摸得着的,所以它通常被认为是一种显而易见的分类。文化资本的制度化形态就是将行动者掌握的知识与技能以某种形式(通常以考试的形式)正式予以承认,并通过授予合格者文凭和资格认定证书等社会公认的方式将其制度化。这无疑是一种将个体层面的身体化文化资本转换成集体层面的客观化形态文化资本的方式。从这一意义上讲,制度化文化资本是一种介于身体化文化资本与客观化形态文化资本之间的中间状态。① 城乡居民在三种文化资本的拥有程度上有着明显差异,并通过家庭"遗传"的方式传递给青少年学生,间接地影响学生在学校中的学业成绩,农村学生总体上学业不良也和其本身拥有的文化资本稀缺有明显关系。如果不充分关注农村学生的家庭背景与家庭文化资本,那么农村教育财政投入的增加、师资力量的改善、硬件设施的更新对于提高农村学生的学业成绩、实现教育公平而言可能是收效甚微的。文化资本不仅仅体现在与学业成就与学术表现的高度相关性上,更表现在师生互动、同学交往、家校合作等方面,而目前这些方面的相关研究并没有引进文化资本视角。②

城市和农村之间有着不同的文化形态,不同的文化心理反映的是市民和农民之间的不同的文化心理特征,都市文化和乡村文化对教育的影响势必也会不同。祝影认为:所谓城乡文化距离,也就是由于社会经济的历史发展进程不同而存在的城市与乡村的文化差异。进入现代社会后,中国城乡文化差异在很大程度上表现为现代文化和传统文化的差异,正是这种文化的时代差距,造成了中国现代城市与传统乡村的文化距离。③

(一)城乡居民文化资本的差异

城乡居民在对待子女教育的问题上有明显的差异。城乡居民文化水平差异势必会影响到其对事物的认识,一般而言,文化水平高的家长能为其子女提供更好的教育环境,而文化水平较低的家长为其子女提供的文化资本就相对较少。具体来说,农村家庭相对缺乏身体化文化资本和制度化的文化资本。在学校教育场域中,身体化文化资本的回报表现为:那些彬彬有礼、落落大方、自信、

---

① 高政,邓莉.教育公平的文化视角[J].清华大学教育研究,2010(4):8—14.
② 高政,邓莉.教育公平的文化视角[J].清华大学教育研究,2010(4):8—14.
③ 祝影.中国城乡经济发展差异的文化探析[J].探索,2003(3):115—117.

敢于表现自己、衣着整洁、气质优雅的学生更容易受到老师和同学的青睐,更容易获得周围人的肯定与赞美,因而在学校的学习生活中更容易获得成功。而那些来自社会底层家庭的学生可能更多是腼腆和自卑的,这状态很难使身体化文化资本较差的学生获得老师的青睐与同学欢迎,因而在学校的学习生活中更易处于不利的地位。制度化的文化资本能够有效地帮助家长和学校互动与合作,拥有更高学历的家长在与教师交往时表现出更多的自然与自信。而学历较低的家长在与学校教师沟通交流的过程中则存在各种各样的障碍。① 在子女入学择校或需要推荐的时候,制度化的文化资本较为丰富的家长能拥有更多的关于学校的信息与相关的社会资本,制度化的文化资本较低的家长则很难做到。据上官子木 1997 年对北京市 1500 名家长的调查,87.42%的家长希望孩子具备本科及以上学历,全部调查者中有近三分之一的家长希望孩子的学历超过大学本科,20.7%的家长还希望孩子能取得博士学位。对孩子未来状况的期望排名中,"有显著的工作成就"被排在第一位。② 农村家长由于自身文化水平的限制,对子女教育的重视程度相对较低,仍有部分家长认为农家孩子只要能认字写字就行了,完成九年义务教育之后就可以外出打工,还可以补贴家用。有的农村孩子甚至还没有读完初中就辍学回家务农或外出打工,这些都反映出因城乡居民文化资本不同而对教育问题产生的不同的价值观念。俎媛媛指出:布尔迪厄认为,一个人的文化水平和修养可以被视为具体状态的文化资本,……而被社会认可的学历和文凭则成为制度化状态的文化资本。这两种形式的文化资本虽然不可以直接传递,但可以通过家庭生活的耳濡目染让子女在无形的熏陶中得到继承,并通过学校教育使其转化为教育资本。我国农村儿童的低文化水平一定程度上反映了整体居民的文化发展状况,并通过家庭文化氛围影响到下一代子女的发展。父母的文化修养除了为子女创造一个良好的文化氛围以外,还直接影响对子女的教育水平、教养态度和教育期望。③

(二)城乡之间文化教育设施的差异

在文化设施上,城乡之间的差距表现得比较明显。据统计,2004 年国家对农村文化经费投入为 30.11 亿元人民币,仅占全国文化事业费用的 26.5%,低

---

① 高政,邓莉.教育公平的文化视角[J].清华大学教育研究,2010(4):8—14.
② 戈玲.试析当代青年价值观念变化对其政治倾向形成的影响[J].中国青年政治学院学报,2000(2):10—15.
③ 俎媛媛.我国教育的城乡差异研究——一种文化再生产的视角[J].教育理论与实践,2006(10):22—25.

于对城市文化事业经费投入47个百分点。① 从国家对城乡文化经费投入的比例中,可以明显看出是重城市轻农村。城市的文化设施较为全面,文化宫、博物馆、纪念馆等主要集中在城区,城市地区的电视、网络等媒体设施齐全。而农村地区的文化设施则非常落后,相关的配套设施更是跟不上,无法满足农民正常的文化需要。文化设施为直观性教学、情境性教学、体验式教学等创造了非常好的条件,而城市儿童相比农村儿童更容易获取这些资源。

另外,城乡居民家庭平均拥有的客观化形态文化资本也有较大的差异,总体来说城市居民生活水平较高,拥有的客观化形态文化资本也相对丰富,为城市学生提供了更多的学习资源;而农村由于经济发展比较落后等原因,村民平均占有的客观化形态文化资本相对稀缺,从而导致农村青少年学生很难通过客观化形态文化资本获得学习资源。客观化形态文化资本丰富的家庭能够给学生提供丰富的学习材料与资源,这对拓宽其知识面和培养良好的学习习惯来说是必需的,并且许多身体化文化资本的形成需要以客观化的文化资本为物质前提。缺乏必需的客观化文化资本,很多身体化的文化资本是无法形成的,比如藏书匮乏的家庭的孩子很难形成宽阔的知识面;缺少音乐演奏与视听设备的家庭就很难培养出对音乐感兴趣与具备音乐欣赏能力的孩子;此外,像钢琴、高级音响和电脑等工具性、娱乐类文化用品,尽管在发达国家早已普及,已不再具备特殊的象征价值,但在目前中国,它们仍然作为一种卓越的分类标准具有较高的文化象征价值。②

第三节 我国统筹城乡基础教育均衡发展的政策审视

一、我国城乡基础教育统筹发展的政策回顾

统筹城乡基础教育发展就是要合理配置教育资源,推进城乡一体化,缩小城乡差距,促进教育均衡,实现教育公平。我国城乡基础教育的统筹政策是一个动态的演进过程,在新的时代背景下,当前的政策是以原有的政策为基础,为适应新的社会需求而进行修正和发展的,回顾我国多年的城乡基础教育政策发展,重点是要研究我国基础教育政策在城乡基础教育管理体制、经费投入机制、

---

① 刘曙东.中国近代城乡的文化差异及启示[J].湖南文理学院学报(社会科学版),2007(1):75—77.
② 高政,邓莉.教育公平的文化视角[J].清华大学教育研究,2010(4):8—14.

教师资源配置等方面的演变过程及其阶段性特征。与此同时,也根据城乡基础教育的发展轨迹,对我国统筹城乡基础教育发展的政策问题进行反思。

(一)城乡基础教育统筹发展奠基期(1985年—1993年)

新中国成立初期,国家可谓百废待兴,教育领域的恢复和发展也成为国家关注的重点。20世纪五六十年代,我国实行高度计划经济体制,在教育领域采取的是集权管理模式,国家统一调度教育经费,政府包办国民教育,在农村建立起了从小学到初中再到高中的统一学校教育模式,广大农民从此有了接受系统规范的学校教育的机会。1956年全国人民代表大会通过的《1956年到1967年全国农业发展纲要》等一系列政策的出台,促进了我国农村基础教育的快速发展,尤其是初等教育的普及。然而,"文革"给中国教育带来了深重的影响,发展起来的教育新格局遭到了极大的破坏。当时教育内容、教育目标、教育方法、学校的教育质量、办学条件、学习风气都受到了严重影响,违背了教育教学规律,教育质量也急转直下,导致国民文化素质水平急速下滑。[1]

"文革"之后几年时间里政府尽管出台了许多旨在促进农村基础教育发展的政策措施,但基本的教育投资体制还没有确立。就整个教育领域来看,此时政府教育投资的重点放在了高等教育上,并不是农村基础教育上,导致农村基础教育政策资源短缺,政府投资管理体制缺位。在教育资源分配上,重高等教育轻基础教育、重城市教育轻农村教育,导致教育结构发展上的不平衡和城乡教育的"二元"发展。

为了促进我国经济社会的全面改革,1984年10月,党的十二届三中全会通过了《中共中央关于经济体制改革的决定》(以下简称《决定》),《决定》对科技和教育体制改革提出了要求:科学技术和教育对国民经济的发展有极其重要的作用。随着经济体制的改革,科技体制和教育体制的改革越来越成为迫切需要解决的战略性任务。所以,这一时期教育体制改革是教育发展的主旋律。经济体制必然要求财政体制方面也做出调整。1985年,为充分调动地方政府办教育的积极性,增加基层政府的财政收入,开始"划分税种,核定收支,分级包干",重新划分中央与地方的财权和税权,因而,地方政府有更充裕的资金用于发展基础教育事业。

经济体制改革的背景下,国家加大对农村基础教育的投入力度,建立起了农村基础教育的投资管理体制,1985年5月,《中共中央关于教育体制改革的决

---

[1] 王怀兴.中国农村基础教育政策研究——基于人力资本投资的视角[D].长春:吉林大学,2009:62.

定》提出实行九年制义务教育,把发展基础教育的责任和管理权限下放给地方,实行基础教育由地方负责,分级管理的原则,并规定在今后一定时期内,中央和地方政府的教育拨款的增长要高于财政经常性收入的增长,并使按在校学生人数平均的教育费用逐步增长,为了保障地方发展教育事业,除了国家拨款以外,地方机动财力中应有适当比例用于教育,乡财政收入应主要用于教育。地方可以征收教育费附加,此项收入首先用于改善基础教育的教学设施,不得挪作他用。地方要鼓励和指导国有企业、社会团体和个人办学,并在自愿的基础上,鼓励单位、集体和个人捐资助学,但不得强迫摊派。同时严格控制各方面向学校征收费用,减轻学校的经济负担。这充分体现了"人民教育人民办"的办学理念。

国家一方面根据各地区不同经济文化发展水平提出不同的义务教育发展要求,另一方面鼓励各地区在发展教育的同时注重地区之间的均衡,避免使之差距过大,这一政策导向为"文革"之后我国农村基础教育的发展提供了新的方向。

1986年《中华人民共和国义务教育法》正式出台,提出义务教育在国务院领导下,实行地方负责,分级管理的体制。地方各级人民政府按照国务院的规定,在城乡征收教育费附加,主要用于实施义务教育。《中华人民共和国义务教育法》的出台,标志着我国义务教育政策的成熟与定型化,为我国农村有步骤地实施义务教育提供了法律支持与保障。1987年6月,国家教委、财政部发布了《关于农村基础教育管理体制改革若干问题的意见》,以县、乡两级职责权限的划分作为工作的重点,尤其强调扩大乡一级管理农村学校的职责权限。同时还要求发挥村组织在解决学校危房、改善办学条件、筹措农村办学经费等方面的作用。

《中国教育改革和发展纲要》指出,要重点大力发展义务教育,明确了2000年基本普及九年义务教育和基本扫除青壮年文盲的重大目标。并提出国家要保证教育经费增长,到2000年使财政性教育经费占国民生产总值比例达到4%的目标。规定了财政性教育经费支出的增长高于财政性经常性收入的增长,按在校生人数平均的教育经费逐步增长,教师工资和生均公用经费逐步增长。

国家在进行农村基础教育体制改革的同时,对全国中小学教师的管理培训和待遇提高等方面也做出了相应的规定,1985年5月《中共中央关于教育体制改革的决定》中指出:建立一支有足够数量的、合格的教师队伍,是实行义务教育、提高基础教育水平的根本大计。为此要采取措施提高中小学教师和幼儿园教师的社会地位和生活待遇,与此同时,必须对现有的教师进行认真的培训和考核,把发展师范教育和培训在职教师作为发展教育事业的战略措施。为了促进教师资源的合理分配,1985年8月国务院工资制度改革小组、劳动人事部《关于高等学校、中等专业学校、中小学教职工工资制度改革问题的通知》中指明,对各类学校毕业生分配到"老、少、山、边、穷"地区和调入上述地区从事中小学教育工作的教职员,待遇从优。1993年10月31日第八届全国人民代表大会常务委员会第四次会议通过了《中华人民共和国教师法》,明确县、乡两级人民政府应当为农村中小学教师解决住房提供方便,教师的平均工资水平应当不低于或者高于国家公务员平均工资水平,并逐步提高。《中华人民共和国教师法》颁布以后,我国教师的管理走上了法制化的轨道。

1985年至1993年间我国保证城市基础教育良好发展的同时,农村基础教育管理体制改革也在稳步推进,它对促进农村基础教育发展产生了积极影响。这一时期的一系列教育政策确定了基础教育"分级管理,乡镇为主"的投资管理体制,明确了各级政府的管理权限和职责任务,特别是乡一级政府在管理农村学校中的作用,在当时地方财政较好的情况下,调动了地方政府和群众兴办教育的积极性,促进了农村基础教育的快速发展,为我国今后城乡基础教育的均衡发展奠定了坚实的基础。

(二)城乡基础教育统筹发展滞缓期(1994年—2000年)

1994年实行分税制财政体制。中央与地方财政收入格局发生了重大变化,在全国财政收入中,中央财政收入从38%提高到55%以上,地方财政收入比重由60%降低到45%以下。在全国财政支出中,中央财政支出占总支出的40%,地方财政支出占60%。"分税制"实行后,地方财政尤其是乡级财力开始萎缩,农村基础教育投入供需矛盾凸显。与此同时,国家正大力推进"普九"任务,在此情况下,地方财力不堪重负,形成了沉重的基础教育负债,资金来源不足导致拖欠农村教师工资,由此引发农村教师的大量流失和教育质量的急速下滑,农村基础教育发展受到了极大的影响。

随着农村基础教育质量的下滑和地方政府财力萎缩,中央政府出台了一系列关于加强农村基础教育经费投入的政策法规,1994年,《国务院关于〈中国教育改革和发展纲要〉的实施意见》,强调县级政府在组织基础教育实施方面负有主要责任,包括筹措教育经费、调配和管理中小学校长、教师、指导中小学教育教学工作等。1995年《中华人民共和国教育法》将教育经费的"三个增长"以法律形式加以明确规定;1995年5月,中共中央、国务院明确提出了实施科教兴国的战略。同年,中央政府开始实施"国家贫困地区义务教育工程",该工程中央政府计划投入39亿元,地方政府配套87亿元,到2000年,主要用于对贫困地区义务教育办学条件的改善。从1997年到2000年,中央政府针对"贫困地区义务教育助学金"项目,总计投资1.3亿元。同一时期,针对全国范围内教育质量普遍降低的问题,"应试教育"已经不能满足社会经济发展需求的问题,为了稳定教师队伍,提高教师素质,1998年《面向21世纪教育振兴行动计划》提出大力提高教师队伍素质,实行教师聘任制和全员聘用制,加强考核、竞争上岗、优化教师队伍等多项措施。1999年《中共中央国务院关于深化教育改革,全面推进素质教育的决定》,提出实施教师群体发展的具体措施,开展以培训全体教师为目标、骨干教师为重点的继续教育,使中小学教师的整体素质明显提高;建立优化教师队伍的有效机制,提高教师队伍的整体素质。全面实施教师资格制度,开展面向社会认定教师资格工作,教师队伍建设从注重"量"过渡到"质",从注重部分"骨干教师"到注重"全体教师",都体现了这一时期国家在为面向21世纪教育发展的挑战所做的准备。

这一时期的教育政策主要是关注中央政府对贫困地区基础教育发展的支持力度,加大了中央财政对这些地区的转移支付力度,但忽视了此时实行的分税制改革对农村基础教育投资造成的严峻挑战。实施分税制改革后,地方财力减弱,为了缓解地方政府经费紧张的现状,乡镇政府开始加大征收教育费附加和教育集资的力度,进一步增加了农民的负担。据统计,有的落后地区农民支付教育附加费和集资的增幅甚至高于当地人均纯收入的增幅。农民在仅仅享受相当于城镇居民60%左右的国家教育经费支持的同时,却在支付着占全国60%左右的义务教育费用。[①] 这样的现实使得农民只能无奈地选择逃避送子女接受义务教育,宁可"以身试法",农村中小学生流失率急剧上升,城乡差距进一步加大。农村基础教育办学经费严重不足,严重制约了农村基础教育的发展,加大了城乡基础教育的差距。

(三)城乡基础教育统筹发展调整期(2001年—2005年)

为了缓解由分税制改革造成的城乡教育发展失衡问题,我国政府从2000年开始,出台了一系列倾向于农村基础教育发展的政策。党的十六大指出要加大对教育的投入和对农村教育的支持。鉴于农村基础教育经费长期不足,教育管理体制改革必须先行,将农村基础教育投资管理主体上移至县级政府,扩大

---

① 荣兆梓,吴春梅.中国三农问题——历史·现状·未来[M].北京:社会科学文献出版社,2005:353.

农村基础教育经费的来源，保障农村办学条件和师资配置等。2001年，《国务院关于基础教育改革与发展的决定》规定，进一步完善农村义务教育管理体制。实行在国务院领导下，由地方政府负责、分级管理、以县为主的体制。

在以县为主的管理体制下，农村基础教育得到了突破性的发展，在农村义务教育已经普及的新形势下，如何巩固农村义务教育普及成果，解决农村弱势群体接受义务教育的问题，提高义务教育质量，统筹城乡教育协调发展，教育部做出了新的部署。如2005年5月，教育部《关于进一步推进义务教育均衡发展的若干意见》规定，要把推进义务教育均衡发展摆上重要位置，加强农村学校和城镇薄弱学校师资队伍建设，逐步缩小学校办学条件的差距，努力提高学校的教育教学质量，切实保障弱势群体学生接受义务教育。2005年12月，国务院发出了《国务院关于深化农村义务教育经费保障机制改革的通知》，明确了从2006年开始要在全国逐步实现义务教育免费的目标，划分了各级政府对义务教育投入的责任，将农村义务教育全面纳入公共财政保障范围，建立中央和地方分项目、按比例分担的农村义务教育经费保障机制，经费省级统筹，管理以县为主，标志着我国新的农村基础教育经费保障机制基本确立。

这一时期的基础教育政策主要是重视农村基础教育的地位，政策制定者将地方基础教育发展不均衡原因归结为分税制所导致的乡镇财力锐减，进而影响了对农村基础教育的经费投入。因此，进入新世纪，开始着力改革农村基础教育的投资管理体制，由"以乡为主"变成"以县为主"。同时致力于缩小城乡基础教育差距，加大对农村基础教育的投入，注重农村师资队伍建设，提升农村基础教育质量，积极推动城乡基础教育的均衡协调发展，农村基础教育逐步步入常态化发展。

(四)城乡基础教育统筹发展推进期(2006年至今)

在建设社会主义新农村的时代背景下，教育经费投入的及时到位是农村基础教育持续良好发展以及实现城乡基础教育均衡发展的保障。只有如此，才能进一步实现办学条件、师资配置的均衡发展，进而才能实现从追求"教育机会"平等到追求"教育结果"平等。因此，2006年《关于实施农村义务教育阶段学校教师特设岗位计划的通知》提出，通过公开招募高校毕业生到西部"两基"攻坚县及其县以下农村义务教育阶段学校任教，引导和鼓励高校毕业生从事农村教育工作，逐步解决农村师资总量不足和结构不合理等问题，提高农村教师队伍的整体素质。

自2010年以来，我国基础教育开始进入初步均衡发展阶段，对于农村基础教育发展中所产生的问题,对农村基础教育经费的分配和管理、农村地区教师编制和培训等的高度重视和政策倾斜,极大地推进了城乡基础教育的均衡发展。例如,2010年教育部发布的《国家中长期教育改革和发展规划纲要(2010—2020年)》(以下简称《纲要》),明确指出依法实施九年义务教育,巩固提高教育水平,重点推进均衡发展,消除辍学现象,夯实教育公平的基础。《纲要》还提出要加强教师队伍建设、保障经费投入、加快教育信息化进程的政策措施。2011年6月29日《国务院关于进一步加大财政教育投入的意见》明确提出,要在新形势下继续增加财政教育投入,实现教育投入占GDP的4%的目标,优化教育投入结构,合理配置教育资源。要统筹城乡、区域之间教育协调发展,重点向农村地区、边远地区、贫困地区和民族地区倾斜,加强省级政府统筹,强化以县为主的管理体制,建立健全义务教育均衡发展责任制。2012年9月5日《国务院关于深入推进义务教育均衡发展的意见》提出,中央财政加大对中西部地区的义务教育投入。省级政府要加强统筹,加大对农村地区、贫困地区以及薄弱环节和重点领域的支持力度。合理配置教师资源,各地逐步实行城乡统一的中小学编制标准,并对村小学和教学点予以倾斜。实行教师资格证有效期制度,加强教师培训,增强培训效果,提升教师师德修养和业务能力。建立和完善鼓励城镇学校校长、教师到农村学校或城市薄弱学校任职任教机制,完善促进县域内校长、教师交流的政策措施,建设农村艰苦边远地区教师周转宿舍,城镇学校教师评聘高级职称原则上要有一年以上在农村学校任教经历。2013年3月5日,第十二届全国人民代表大会第一次会议召开,提出坚持实施科教兴国战略,优先发展教育事业,国家财政性教育经费支出5年累计7.79万亿元,年均增长21.58%;2012年财政性教育经费支出达GDP的4%,教育资源重点向农村、边远、少数民族、贫困地区倾斜,教育公平取得明显进步,全面实现九年免费义务教育,惠及1.6亿学生。

受城乡发展不平衡、交通地理条件不便、学校办学条件欠账多等因素影响,当前乡村教师队伍仍面临职业吸引力不强、补充渠道不畅、优质资源配置不足、结构不尽合理、整体素质不高等突出问题,制约了乡村教育持续健康发展。针对这一现状,2015年6月,《国务院办公厅关于印发乡村教师支持计划(2015—2020年)的通知》(国办发〔2015〕43号)明确提出,实施乡村教师支持计划(2015-2020年),旨在采取切实措施加强老少边穷等边远贫困地区乡村教师队伍建设,明显缩小城乡师资水平差距,让每个乡村孩子都能接受公平、有质量的教育。该计划提出要全面提高乡村教师思想政治素质和师德水平、拓展乡村教师补充渠道、提高乡村教师生活待遇、统一城乡教职工编制标准、职称（职务）评聘向乡村学校倾斜、推动城镇优秀教师向乡村学校流动、全面提升乡村教师能力素质、建立乡村教师荣誉制度等多项举措。2018年1月，《中共中央国务院关于全面深化新时代教师队伍建设改革的意见》明确提出，逐步扩大农村教师特岗计划实施规模，适时提高特岗教师工资性补助标准。鼓励优秀特岗教师攻读教育硕士。鼓励地方政府和相关院校因地制宜采取定向招生、定向培养、定期服务等方式，为乡村学校及教学点培养"一专多能"教师，优先满足老少边穷地区教师补充的需要。实施银龄讲学计划，鼓励支持乐于奉献、身体健康的退休优秀教师到乡村和基层学校支教讲学。将中小学教师到乡村学校、薄弱学校任教1年以上的经历作为申报高级教师职称和特级教师的必要条件，大力提升乡村教师待遇，做好乡村学校从教30年教师荣誉证书颁发工作等多项关注乡村教师发展的举措。2018年2月，《教育部等五部门关于印发〈教师教育振兴行动计划（2018—2022年）〉的通知》，提出要着力培养造就党和人民满意的师德高尚、业务精湛、结构合理、充满活力的教师队伍，实施"乡村教师素质提高行动"，各地要以集中连片特困地区县和国家级贫困县为重点，通过公费定向培养、到岗退费等多种方式，为乡村小学培养补充全科教师，为乡村初中培养补充"一专多能"教师，优先满足老少边穷岛等边远贫困地区教师补充需要。加大紧缺薄弱学科教师和民族地区双语教师培养力度。加强县区乡村教师专业发展支持服务体系建设，强化县级教师发展机构在培训乡村教师方面的作用。培训内容针对教育教学实际需要，注重新课标新教材和教育观念、教学方法培训，赋予乡村教师更多选择权，提升乡村教师的培训实效。推进乡村教师到城镇学校跟岗学习，鼓励引导师范生到乡村学校进行教育实践。"国培计划"集中支持中西部乡村教师校长培训。

这一时期的教育政策无论是从理论层面还是操作层面，都趋向于扶持农村基础教育的发展，缩小城乡基础教育的差距。强化中央尤其是省级政府的投资和管理责任、完善中央的转移支付制度、加大对农村教师队伍建设的支持力度等，都是为了提升农村基础教育质量，扩大优质教育资源覆盖面，让每一个孩子都能享受到优质教育。这些举措，推进了我国基础教育公平的进程，为实现由人力资源大国向人力资源强国迈进奠定了坚实的基础。

二、我国统筹城乡基础教育的政策演变特点

（一）价值理念：从追求"起点公平"向"结果公平"转变

教育公平被称为是保持社会稳定的"平衡器""调节器"。我国古代教育家

孔子主张"有教无类"的教育思想,古希腊的柏拉图提出实施初等义务教育的观点,亚里士多德提出通过法律保障自由民主的教育权利等,都体现了教育公平理念。美国社会学家科尔曼认为,教育公平主要包含四层含义:一是向人们提供达到某一水平的免费教育;二是为所有儿童(不论其社会背景如何)提供普通课程;三是为不同社会背景的儿童提供进入同样学校的机会;四是在同一特点地区范围内教育机会一律平等。① 瑞典学者托尔斯顿·胡森则认为,教育机会均等有三层含义:起点均等论,指入学机会均等,人人都有受教育的权利;过程均等论,指教育条件均等,主张让每个儿童有机会享受同样的教育;结果均等论,强调学业成功机会均等,以便向每个学生提供使其天赋得以充分发展的机会。②

自 1985 年我国教育体制改革以来,我国城乡基础教育均衡发展取得了显著成效,彰显了教育公平的价值理念,经历了从"起点公平"向"结果公平"的发展过程。1986 年的《中华人民共和国义务教育法》提出所有适龄儿童都有接受义务教育的权利,国家、社会、学校和家庭要依法予以保障。1993 年,党中央和国务院印发的《中国教育改革和发展纲要》明确了 2000 年基本普及九年义务教育和基本扫除青壮年文盲的重大目标。20 世纪 80 年代末 90 年代初,由于地方财力充足,群众办学积极性高,农村中小学辍学率明显下降,农村地区九年义务教育的普及取得了可喜的成果。但自 1994 年实施财政分税制改革后,地方财力大幅萎缩,农村办学困难,经费严重不足,拖欠教师工资严重,农民负担加重,农村中小学生流失率略有升高,教育质量也开始下降,出现"城市教育欧美式"和"农村教育非洲式"的趋势,城乡之间基础教育差距非常明显。

2001 年颁布的《国务院关于基础教育改革与发展的决定》标志着党的工作重心开始转向农村教育发展,在教育政策理念上,也由"起点公平"转变为"结果公平"。追求"结果公平"的政策理念主要强调的是,教育政策不受性别、地区、家庭状况、民族差异的影响,在不同受教育者之间,按照均等的原则优化教育资源分配结构(主要包括教育经费、教育硬件设施和人力资源),使每个儿童在义务教育阶段都能够接受相对平等的教育。在"结果平等"的理念指导下,2001 年之后的农村基础教育政策主要是调整农村基础教育的投资管理体制,加大了中央和省级的投入力度,建立了新的农村经费保障机制,实施了教师特岗计划、国培计划等加强农村教师队伍建设的照顾政策,并通过诸如"春蕾计划""希望工

---

① 翁文艳.教育公平与学校选择制度[M].北京:北京师范大学出版社,2003:3—4.
② 刘欣.基础教育政策与公平问题研究[M].武汉:华中师范大学出版社,2008:45.

程"等,建立贫困生救助基金、"一对一帮扶"等多项针对特殊群体的措施,保证农村特困生和已辍学的贫困生也能够继续就学,享有和城市儿童同样质量的教育。

从"教育起点的公平"到"结果的公平",彰显了多年来农村基础教育在政策理念上的转变,也表明了党和国家不仅注重在法律政策上保证农村儿童享有平等的接受基础教育的权利,而且从多方面保障农村学生的受教育权,旨在让每个学生都能享受到优质教育资源,获得充分的发展。

(二)政策改革方式:由被动的"问题推动型"向主动的"目标导向型"转变

以前的教育政策是在教育问题出现以后,相关教育行政部门为解决当前迫切需要解决的问题而制定相关的教育政策,这些教育政策是"问题推动型"的,也是被动形成的。近年来,随着我国基础教育事业的迅速发展及国家对基础教育均衡发展的高度重视,我国基础教育政策逐渐走向"目标引导型",即在经济社会发展客观形势的要求之下,由公共政策主体先提出政策目标,然后围绕实现目标而主动地制定公共政策方案的方式。其特点主要突出特定发展目标和主动的政策行为。① 当前,我国的教育政策在理念、内容、实施路径等方面均具有较强的前瞻性和全面性,围绕实现"立德树人"根本任务,培养具有较强的批判意识、创新精神、实践能力的全面发展的人,由人力资源大国向人力资源强国转变的目标而制定的教育政策,而且,相关教育行政部门逐渐改变了被动式开展教育改革的窘境,逐渐掌握了教育改革的主动权。

从第一节对农村基础教育政策的梳理情况,我们可以发现,一些关键的政策往往是因为问题积累到很严重,甚至到了非改革不可的地步才不得不推出的,或者是作为其他方面改革的配套措施出现的,这些政策充分暴露出政府政策决策滞后的问题。例如,为解决"分税制财政"导致的乡级财政萎缩问题而出台的教育附加费和教育集资政策,为改变税费改革后农村教育经费短缺、教师工资拖欠和农村办学条件差的问题而进行"以县为主"的教育管理体制调整,为解决城乡基础教育差距过大而采取"补偿"政策等,都体现了政府制定教育政策采用"问题推动型"②的政策形成方式,在教育问题出现后,才采取事后"补救"措施等。其实,我们也可以认为这些政策是在特定的外部环境下,为解决重大的

---

① 王学杰.湖南农村公共政策运行机制研究[M].长沙:湖南科学技术出版社,2001:10—20.
② 吴家庆,陈利华.改革开放以来我国农村基础教育政策创新发展的特点[J].湖南师范大学社会科学学报,2008(4):11.

教育实际问题构建的社会支持系统,但是作为社会支持系统的教育政策应该是具有前瞻性、预测性、导向性的,教育政策制定应在遵循教育发展自身的规律和特性的基础上,引导教育朝既定的目标发展,而不应该始终停留在滞后于教育问题的层面,教育政策滞后往往会降低教育政策的时效性和有效性,这样是不能够全面系统地解决教育实际难题的,长此以往,要保障教育稳定持续发展是很难实现的。我国农村基础教育是一种全国性公共产品,具有典型的外溢性和非地域性,在收益和成本相关性很低的情况下,要确保农村基础教育健康发展,需要一套系统稳定的政策保障体系。

随着我国教育政策逐渐走向科学化、常态化,政府在研究和制定政策方案时更多以教育目标的实现为核心,根据教育发展趋势和规律,主动制定政策,重视政策的科学性和系统性。"城乡统筹""基础教育高位均衡""有学上,上好学"等已经成为当前我国农村基础教育政策的理念导向,我们发现,近几年新出台的相关政策已经逐渐体现出由过去的"被动迟缓"向"主动出击"转变的特点,进入系统化的重构阶段。

(三)政策目标:从"目中有物"向"目中有人"转变

一个国家基础教育均衡发展的水平,既是评价一国教育状况的基本标准,也是衡量一国政府公共服务质量的主要判断依据。近年来,我国为促进基础教育均衡发展,缩小城乡基础教育差距,出台了一系列法律政策和扶持计划,实现了义务教育的普及。首先,全国各省(自治区、直辖市)都把加强农村基础教育、城市薄弱学校建设作为促进基础教育均衡发展的关键,农村学校和城市薄弱学校的办学条件因此得到了极大的改善,实现了法律规定的适龄儿童"有学上"的目标。其次《中华人民共和国义务教育法》规定义务教育不仅仅是普及的、强制的,还应该是免费的。建立了农村义务教育保障新机制,义务教育已经在公共财政的保障下实现了全面免费,回归了义务教育的本质属性。但是,当前我国基础教育仍处于低位均衡阶段,城乡之间、东西部之间在办学条件、师资力量、教育教学质量上都存在很大的差距,这种差距甚至呈现愈演愈烈的趋势。《国家中长期教育改革和发展规划纲要(2010—2020年)》(以下简称《纲要》)指出,在实现每个适龄儿童"有学上"基础上,努力让所有的适龄儿童都"上好学"。要办好每所学校、教好每个学生。让每个孩子都均衡地享受教育资源。显然,我国基础教育均衡发展政策目标开始"目中有人",关注每个孩子对教育资源的需求,教育所培养的不仅仅是社会所需要的"人",更要培养完善的"人",这是由基础教育的本质属性所决定的。

教育政策法规把提高质量作为今后一个时期我国教育改革和发展的核心任务，近些年对城乡基础教育均衡发展的主要关注焦点是在加大财政资金投入和改善学校办学条件上。但基础教育均衡发展目标不只是停留在办学条件等学校硬件上的均衡，因为政府的高投入并不能保证学校教学的高质量，学校发展在满足了一定的物质条件之后，物质投入和质量提升之间并不是对等关系。也就是说，高投入的物质均衡并不一定带来高水平的质量均衡。[①] 教育均衡发展的本质要求是要通过以国家教育资源供给为支撑，以学校为主体，尽量满足每一位孩子的发展需求，进而实现以人为本的教育价值诉求。《纲要》规定建立健全教育质量保障体系，改进和完善教育质量评估体制机制，关键是加强教师队伍建设，发展教师专业能力，引导教师日常教育教学工作实践，教育要坚持以人为本，关注人的长远发展，关注人的全面发展。坚持以满足人民群众的需要为本；关注人人接受教育机会的公平性；不断满足每个人接受教育的个性需要和期望。可以说，与以往的教育政策相比较，以教育系统自身的生存和长远发展为基点的教育政策更能促进教育均衡发展。

(四)投资主体："以民为主"向"以公为主"转变

在基础教育阶段，国家和政府有能力、有责任为每一个适龄儿童完成基础教育提供所必需的、平等的、基本的条件保障。也就是说，基础教育应该由政府承担主要的投资责任。就我国的情况来看，1985年《中共中央关于教育体制改革的决定》提出实行九年制义务教育，把发展义务教育的责任和管理权限下放给地方，实行义务教育由地方负责，分级管理的原则。该规定确立了我国农村基础教育"分级管理，以乡为主"的投资管理体制，开始形成"三级办学，两级管理"的农村基础教育机制，也形成了"县办高中，乡办初中，村办小学"的办学模式。农民要为基础教育买单，教育经费来源主要是农村提留、教育费附加、教育集资等。1994年财政分税制改革后，中央和地方财权事权开始不对称，基层政府的财力迅速萎缩，地方教育经费严重不足，农村办学条件不但得不到改善，反而愈加恶化，农村中小学教师工资拖欠严重，有的农村地区甚至拖欠教师工资累计达56个月之久，农村基础教育的发展进入了艰难期。乡镇政府只有通过增加教育费附加和教育集资才能勉强维持学校的日常运转，由于分税制政策低估了乡镇财政对于农村基础教育的重要性，实际上是增加了农民在基础教育上的经济负担，不少农村家庭选择辍学，学生流失率偏高。为了解决以上问题，

---

① 许杰.重心下移：义务教育均衡发展政策走势[J].中国教育学刊,2012(3):6—8.

2000年国家开始农村税费改革,为了减轻农民的经济负担,提高农村儿童上学积极性,国家取消了农村教育费附加、教育集资两项极为重要的教育经费来源。并在农村基础教育投资管理职责上重新做出调整,2001年的《国务院关于基础教育改革与发展的决定》提出将农村基础教育政策的权责主体上移,由原来的"分级管理,以乡为主"变为"分级管理,以县为主"。从此,县级政府成为农村基础教育的主要投资和管理主体。

但由于我国区域间教育发展的不均衡性和各地区具体情况不同,"以县为主"在各地区取得的成效亦不相同,有的农村地区县里财政紧张,尽管投入主体上移至县,但是县却"主"不起来。因此,国家颁布的《国务院关于进一步加强农村教育工作的决定》对"以县为主"的农村基础教育管理体制做了新的解释,"以县为主"强调的是管理以县为主,而投入则应由各级政府合理分担,中央、省和地(市)级政府要通过增加转移支付,增强财政困难县基础教育经费的保障能力。2005年12月,《国务院关于深化农村义务教育经费保障机制改革的通知》指出将农村义务教育全面纳入公共财政保障范围,建立中央和地方分项目、按比例分担的农村义务教育经费保障机制。农村义务教育首次被纳入公共财政保障范围,进一步突显了政府在农村基础教育投入中的主体作用。根据"新机制",自2006年开始,国家免除西部农村义务教育阶段学生学杂费,2007年在全国农村地区免除义务教育阶段学生学杂费。免费教育目标的提出以及新增经费计划的制定使我国农村基础教育投资主体由"农民"向"政府"转变,极大减轻了农民的负担,也促进了农村基础教育的迅速发展,有力地推进了城乡基础教育的均衡发展。

三、我国统筹城乡基础教育政策问题分析

通过前面对政府统筹城乡基础教育发展的相关政策的梳理,我们了解了政府在促进城乡基础教育的协调、均衡发展上所起的重要作用,但是教育政策在制定、执行、调控、评估及监督等环节依然存在问题,而这些问题能否得到有效的解决将会成为制约我国城乡基础教育均衡发展的关键所在。

(一)教育政策的制定相对滞后

教育政策制定从本质上来说是各利益群体分配有限资源的博弈过程,教育政策制定过程主要包括教育政策问题认定、教育政策议题、教育政策选择、教育政策表达及合法化等环节。从教育政策问题认定至教育政策出台这一周期中必然会存在时间差,这种时间差在政策过程中表现为政策的滞后性,它是人们

"问题——策略"思维逻辑的体现,是由于政策主体的主观原因所致。政策制定者主观因素产生的教育政策滞后有两种情况,即无意滞后和有意滞后。无意滞后主要是由于教育问题出现后,政策制定者没有意识到教育问题是由教育政策所致,因而采取不干预的方式,以致出现教育政策滞后;有意滞后是教育政策制定者已经发现教育政策问题,但由于其他因素或者是教育政策问题没有完全显性暴露,教育政策制定者采取观望的态度任由政策问题发展下去,直至教育政策问题完全暴露后才出台相关教育政策予以解决。以我国城乡基础教育投入政策来说,改革开放后的很长一段时期内,我国制定的教育投入政策存在着城乡"双轨制",教育费附加按城乡的具体情况分时期开始征收,农村教育费附加的征收始于1984年,而城市是从1986年开始实施,并且1986年出台的《中华人民共和国义务教育法》规定,省、自治区、直辖市人民政府根据国务院的有关规定,可以征用地方教育费,以此作为教育专用款项。关于农村教育费附加,规定由乡人民政府组织收取,县级人民政府教育行政部门代为管理或者由乡人民政府管理,用于本乡范围乡、村两级教育事业。同时指出经县级人民政府批准,乡、民族乡、镇的人民政府根据自愿、量力的原则,可以在本行政区域内集资办学,用于实施义务教育学校的危房改造和修缮、新建校舍,不得挪作他用,这表明政府在制定政策时就采取"人民教育人民办"的方针。而对于城市教育费附加的规定,1994年出台的《国务院关于〈中国教育改革和发展纲要〉的实施意见》中明确指出,城乡教育费附加按增值税、营业税和消费税的3%征收,农民按人均纯收入的1.5%—2%征收教育费附加,具体比例由各地方从当地实际出发作出规定。显然,城市的教育事业费附加源自企业的三税,城市教育事业费负主要责任的人不是城市居民而是企业。就以上两项政策而言,已经显现出城乡基础教育投入上的"双轨制",其中的一部分政策条款脱离了农村基础教育的实际,忽视了大部分农民群众处于社会的弱势地位的情况。20世纪八九十年代,农民年收入已经开始低于城市居民。然而,农民不但要负担子女的学杂费,还要负担教育事业费附加、教育集资等,这样的城乡基础教育投入政策,是造成后来城乡基础教育二元分化的重要制度性因素。

尽管政策制定者已经觉察城乡基础教育投入政策显现出不均衡性,在2001年《国务院关于基础教育改革与发展的决定》中,规定县级人民政府对本地农村义务教育负有主要责任,将农村基础教育投资主体上移至县,但由于我国地域辽阔,各地区经济、文化、教育呈不均衡发展特征,以县为主的基础教育投入必然会受当地的经济发展水平制约。为解决这一现实问题,2007年《教育部办公厅关于进一步做好农村义务教育经费保障机制改革实施工作的通知》,明确规定加强农村教育经费的保障,落实"两免一补"政策。2011年《国务院关于进一步加大财政教育投入的意见》指出教育经费重点向农村地区、边远地区、贫困地区和民族地区倾斜,加快缩小教育差距,促进基本公共服务的均等化。我们可以看出从教育投入"双轨制"导致城乡基础教育发展失衡至新机制建立历时近20年,教育均衡发展政策制定的滞后性导致中国最大利益群体(农民)的利益受到较大的影响,要实现城乡基础教育的均衡发展,就需要重新审视我们历来的政策制定周期及效果滞后性等特点,对教育政策滞后性问题有科学性和预见性的认识。

(二)教育政策执行失真

教育政策执行失真是指制定教育政策的目的在于通过它的有效执行而实现其政策目标。然而,由于受诸多因素的影响,教育政策在实际执行过程中,往往会出现执行活动及结果偏离政策目标的不良现象,我们这里将这类现象通称为教育政策失真(也有人称之为教育政策走样)。[①] 在影响教育政策失真的众多因素中,教育政策执行主体是关键影响因素,任何政策目标的实现都必须由政策执行主体予以实践,才能从政策文本转化为政策行为。教育政策执行主体在实现政策目标的过程中,采取有意偏离或消极的行为来逃避、干扰、阻滞政策执行,以致教育政策执行结果与政策目标出现严重不相符,教育政策执行低效甚至无效的现象,如国家实施义务教育教师绩效工资政策就存在政策执行失真现象。为保障教师收入,激发广大教师积极投身教书育人事业,吸引和鼓励优秀人才长期从教、终身从教,2008年政府出台政策指出在分配中坚持多劳多得,优绩优酬,重点向一线教师、骨干教师和做出突出成绩的其他工作人员倾斜对农村学校特别是条件艰苦的学校要给予适当倾斜,可见此次教师工资制度改革不仅注重教师工资效率性,也在寻求教师工资均衡性。对于义务教育教师绩效工资经费保障主体责任的划分上,还规定义务教育学校实施绩效工资所需经费,纳入财政预算,按照管理以县为主、经费省级统筹、中央适当支持的原则,确保义务教育学校实施绩效工资所需资金落实到位。我国各地区经济发展水平存在很大的差异性,义务教育绩效工资制度在经济发达地区实施过程中出现"走样"的现象不多,然而在财力不充足区域的农村学校绩效工资的实行不仅没有调动一线教师的积极性,反而导致了相当一部分教师消极怠工,对绩效工资的

---

① 袁振国.教育政策学[M].南京:江苏教育出版社,2001:321.

质疑和反对在一线教师中竟占到大多数。① 由此可见,该政策实施3年之后并没有实现其预期目标,其执行结果偏离了政策初衷。究其原因,一是文件在规定中央、省、地、县四级财政分摊的比例和机制、各级财政投入资金的基线标准等方面存在模糊性。大多数地区在实施方案时将"管理以县为主"曲解为"经费保障以县为主",致使县级财政在财力不足的情况下缺乏对义务教育教师绩效工资投入的积极性,消极对待教师绩效工资改革政策的实施,违背方案实施的最初目的。二是绩效考核主体权被垄断,学校管理者在执行绩效分配时直接忽视绩效考核其他主体包括教师、学生及家长的考核权利。学校领导在政策制定和资源分配中占据垄断地位,制定的考核标准模糊,参考因素不能完全体现教师工作绩效和劳动成果,因而原本是激发教师工作积极性的政策,在执行的过程中偏离了预期目标,结果降低了教师的工作满意度和职业幸福感、获得感,不少农村教师难以接受这种新的评价方式。

由此,我们认为一项"善意"的政策不一定就会结出"美的果实",在具体的政策执行过程中,政策执行环境、政策执行主体素质、政策执行对象等都是政策能否真正实施到位的影响变量,政策预期目标是需要各个变量协调努力才有可能实现的。

(三)教育政策调控低效

所谓政策调控低效指政策在解决教育问题的过程中,未能实现预期的调控目标,使教育政策调控有效性减弱,从而有可能引发新的教育不公平现象。政策调控低效主要是由于政策资源存在短缺或"不到位"的情况,不能针对现实中的教育矛盾及时制定和实施相应的政策,或者虽然及时制定了政策,但因作用有限不能从根本上解决问题。基础教育政策调控低效是教育领域长期存在的现象,以下笔者以城乡中小学教师流动为例来揭示政策调控低效对城乡基础教育均衡发展的制约和影响。

农村中小学教师的流动问题之所以成为当前教育界的焦点,就是因为目前其处于一种无序状态,带有一定的盲目性和不合理性。绝大多数农村教师的流动倾向于流向城市的公立学校或者私立学校,主要原因是教师们认为农村学校条件差、工资低,而且工资数额发放不全,各项福利和保险也存在缺失,而城市学校在这些方面比农村要优越得多,进而出现了农村大量青年骨干教师流失,农村教师队伍质量堪忧的情况。其实,对于城乡教师流动不对称的情况,国家

---

① 罗业委.义务教育教师绩效工资制度实施现状分析[J].知识与经济,2010(2):148-149.

早在1996年颁布的《中共中央国务院关于深化教育改革全面推进素质教育的决定》(以下简称《决定》)中,就规定合理配置教师资源,各地要制定政策,鼓励大中城市骨干教师到薄弱学校任教或兼职,中小城市(镇)学校教师以各种方式到农村缺编学校任教,加强农村与薄弱学校教师队伍建设,城镇中小学教师原则上要有一年以上在薄弱学校或农村学校任教的经历,才可聘为高级教师,采取优惠政策,吸引和鼓励教师到经济不发达地区、边远地区和少数民族地区任教。但这仅停留于政策文本层面,并没有出台一系列具体可操作的配套措施,《决定》的内容在现实中并没有引起学校的足够重视。

随着近年来,基础教育均衡发展理念的推广国家出台了一系列政策规定,以保障基础教育均衡发展,优化城乡师资配置,缓解由于教师的不合理流动导致城乡教师资源结构失衡的问题,推进城乡教育优质均衡发展,夯实教育公平的基础。2006年《关于实施农村义务教育阶段学校教师特设岗位计划的通知》、2010年《国家中长期教育改革和发展规划纲要(2010—2020年)》、2012年《国务院关于深入推进义务教育均衡发展的意见》等文件均强调要逐步解决农村师资总量不足和结构不合理等问题,合理配置教师资源,各地逐步实行城乡统一的中小学编制标准,并对村小学和教学点予以倾斜。然而,我们不难发现,国家出台的这些政策文件并不是直接针对教师流动管理机制的,它只是作为一种事后的"补充机制",来解决城乡教师单向流动所导致的城乡教师结构不合理、农村教师资源总量不足等问题。所以说目前关于教师流动的政策体系尚不完善,因此在教师管理中,没有可执行政策依据,地方政府对于城乡教师的不合理流动也没有采取有效措施弥补。农村教师流失加剧了农村师资队伍薄弱的窘境,这正是由于国家政策法规的"缺位",未能将城乡教师合理流动机制纳入国家教育和改革发展战略之中,于是在相关政策体系的缺失的情况下,城乡之间的教育差距长期以来都难以从根本上得到有效的解决。

(四)教育政策评估弱化

教育政策评估也称教育政策评价,是指政策评估主体以一定的价值标准,对教育政策方案、教育政策决策、教育政策执行及执行结果以及教育政策的其他相关因素所进行的价值判断。[1] 教育政策评估是检验教育政策是否实现预期目标及实现目标的程度和范围如何的重要标尺,是决定教育政策是否继续执行、调整、修改或重新制定的基本依据,也是检测教育政策公平性和效率的重要

---

[1] 孙绵涛.教育政策学[M].武汉:武汉工业大学出版社,1997:204.

手段。我国统筹城乡基础教育均衡发展的政策涉及多个方面,如教育质量政策、教育经费政策、教育体制政策、教师管理政策等。每一项统筹城乡基础教育均衡发展政策的制定,都直接影响着城乡基础教育均衡发展的效率,关系到每一个学生接受基础教育的机会和质量。

长期以来,人们普遍重视教育政策的颁布和执行,而对于政策实施效果评估较为忽视,主要表现在以下方面:首先,我国教育政策评估主体单一,教育政策评估主体是教育督导部门、教育行政部门等"局内人",他们既是政策方案的实施者,同时也是评估者。教育政策评估的"局内人"亦是社会理性人,他们不仅考虑其所处部门的利益,也会考虑其自身利益。因此,在缺乏政策监测和评估的具体程序与实施细则、各部门政策评估工作的协调机制缺失的情况下,由"局内人"给出的教育政策执行评估结论难免缺乏科学性、公正性和客观性。其次,教育政策评估指标体系缺乏实效性,一是现有教育政策评估指标体系多从宏观的角度,只是依据法律法规提出原则性的要求,缺乏细化、明确的标准,无法将其应用到实际的评估工作中;二是评估指标体系多关注存量指标,忽视了增值评估指标,对于教育公平、教育均衡发展、满意度此类指标也少有提及。[①]最后,教育政策评估保障机制缺失,教育政策评估的实施需要专业评估人员、资金、信息资料、制度保障等众多外在因素予以支持。然而纵观现实,我们会发现现有关于教育政策评估的专门保障机制尚不完备。综合目前教育政策评估中存在的这些问题,我们要实事求是、有针对性地提出相应的措施,提高我国教育政策评估工作的实效性,推动教育政策评估工作的顺利开展,促进政策评估结果科学化和民主化,建立符合中国国情的教育政策评估制度。

通过对政策制定、政策执行、政策调控和政策评估四个问题的分析,我们可以得出两点认识。

其一,一项政策体现的是大多数人的利益诉求,而另一部分群体则处在政策的边缘地带,因而在政策实施的过程中,一部分人感到公平和受益的时候,必然会有另一部分人是感到不公平的,在这种政策的"二元导向"下,一部分人成为强势群体,另一部分"被"成为弱势群体。由于我国政府在制定教育政策时通常采取保守的态度,大都是在原有政策的基础上进行小范围的调整,实行渐进式的发展。

其二,基础教育的公共属性决定了政府的教育政策对教育发展起着重要作用,大多数教育问题可以通过教育政策的调节和执行来实现。但如果我们缺乏健全的政策监督机制,即便是再完美的政策,都有可能无法落到实处。

---

① 张茂聪,杜文静.教育政策评估:基本问题与研究反思[J].教育科学研究,2013(10):19-24.

第四节　我国统筹城乡基础教育均衡发展的对策研究

一、加大农村经济发展速度，缩小城乡经济水平差异

我国城乡基础教育发展失衡的原因有很多，归根结底就是城乡经济发展的不平衡。我国农村市场经济发展缓慢，农业生产方式比较粗放，很多农村地区的农业生产依旧停留在靠天吃饭的层面，农民的增收途径狭窄、生活水平相比城市仍有很大差距，社会经济发展水平低下所导致的观念落后及生活所迫等现实困境也是影响农村教育发展的重要因素。正因为城乡社会经济发展的差距，才形成了人类发展史上独特的"农民工"现象，同时也相伴产生了"留守儿童"等社会问题，致使农村基础教育健康发展困难重重。可见，城乡二元经济差异从根本上制约了农村基础教育质量的提高。因此，促进城乡基础教育均衡发展的根本措施是要缩小城乡经济水平发展差距。首先，国家应继续出台惠农政策，加大对"三农"的支持力度，特别是要提高老、少、边、穷等落后地区的扶贫开发力度，确保我国农村经济健康协调发展。其次，大力发展乡镇企业，促进农副产品深加工，千方百计增设创收渠道，促使农民在家附近即可就业，最大限度地减少"留守儿童"数量。再次，稳步推进城镇化，积极引导有经济条件的农民转化为市民，不断提高我国的城市化水平。最后，完善农村的社会保障体系，扩大社会保障在农村地区的覆盖面，提高农民医疗保险和养老保险的发放标准。

二、强化政府在基础教育均衡发展中的主体责任

根据公共产品理论，通常社会产品可划分为三大类，即私人产品、公共产品（包括基础教育、环境保护、科学研究等）和准公共产品（包括高等教育、文化卫生、基础设施等社会公益事业）。其中作为私人产品仅通过市场就能给予有效提供，而公共产品则不能通过市场进行有效提供，必须由政府通过税收和公共财政来提供。判断一个产品是否是公共产品，就是看它是否具有两个特征：即非排他性和非竞争性。从制度安排特征来看，我国基础教育特别是义务教育具有强制性，它是国家通过法律保障对学龄儿童实施的一种具有普及、平等、强迫、无偿的教育制度。从制度上看，对于基础教育，全社会成员都有平等权利享用，而不能将其分割为若干部分，分别归属于某些集团或个人享用，或不能按照"谁付费谁受益"的原则实行排他，因此其消费具有非排他性。无论对于提升国民素质、增强综合国力，或是对于弘扬本民族文化、传播人类科技和文化基础知

识、提高大众的民主意识等,基础教育都是最为重要、直接且无可替代的手段。这种效用,只能被全社会成员共同、平等地享用,而不能将其分割后为个人或一部分人拥有。因此,基础教育的消费在较大范围上不仅具有非排他性,也具有非竞争性。① 从基础教育具有公共产品属性的本质来看,政府承担着为民众提供基础教育并负有推动教育公平的职责,也是实现基础教育均衡发展的主要责任方。基础教育的发展关系着国计民生与社会和谐稳定,政府在推动城乡教育均衡发展中理应扮演主导角色。具体来说,政府首先应向服务型政府转变;其次以公平正义作为基础教育政策的价值取向,更加关注农村基础教育发展的特殊性,以政策为导向缩小城乡教育发展差距;再次推动农村学校的标准化建设,改善农村学校"硬件"设施;最后要大力发展农村公共文化设施,提高农民的科学文化素质。

（一）转化政府服务职能,构建服务型政府

近年来,我国顺应世界发展潮流并结合国内经济社会发展需要提出了转变政府职能,以强化和完善政府公共服务职能。在此背景下,教育公共服务性受到了前所未有的关注。可以说,在当今社会,教育是我国最大的民生,教育领域的一举一动关系着亿万家庭。美国著名学者罗波特·登哈特提出了"新公共服务理论",其基本理念包括:(1)政府的职能是服务,而不是掌舵;(2)公共利益是目标而不是副产品;(3)在思想上要具有战略性,在行动上要具有民主性;(4)为公民服务,而不是为顾客服务;(5)责任并不简单;(6)重视人,而不是重视生产率;(7)公民权和公共服务比企业家精神更重要。新公共服务理论是在对新公共管理理论进行反思和批判的基础上提出和建立的,它提出和建立一种更加关注民主价值和公共利益、更加适合于现代公民社会发展和公共管理实践需要的新的理论选择。当前,包括美国在内的世界各国政府无不在一定程度上重新审视着自己的角色定位和行为方式,而且,我们在对政府公共"服务"的基本内涵和方式的认识上仍然存在着一定的误区,进而影响到我们对政府职能的正确认识和对政府角色的准确定位。如目前我国教育决策的民主化不够,决策主体比较单一,主要是政府及官员,而其他的教育政策利益主体(包括受教育决策影响的广大家长、教师、学生和社会组织等)在决策过程中缺乏应有的地位。这种决策主体的单一性,容易造成教育决策利益主体的价值期望和利益要求得不到充分的表达,使得教育决策结果的代表性和针对性差,难以实现决策的科学化和

---

① 杨建平.新时期我国基础教育均衡发展的对策研究[D].成都:电子科技大学,2008:10.

专业化,从而削弱政策实施的效果,影响教育事业的健康发展。

因此,立足于我国基础教育的长远发展,转变政府职能、构建服务型政府是突出政府在促进城乡教育均衡发展中主体责任的根本策略。只有形成真正执政于民、服务于民的服务型政府,才能发挥教育公共服务的题中之义,树立以学生为本、关注学生权益的理念。具体来说,对政府而言,应该致力于搭建舞台,建立各种行之有效的、与公众的沟通对话机制、社情民意反应机制和公众民主参与的决策机制,建立公民表达诉求的畅通渠道,以确保政府与公民进行无拘无束、真诚的对话,共商教育公共事务应该选择的发展方向。

(二)以公平正义作为制定基础教育政策的价值取向

国家公共政策价值取向中的城乡失衡的根源在于:第一,改革开放以来,由于对"以经济建设为中心"的片面理解,我国的公共政策价值取向一直是"效率优先"。虽说也倡导"兼顾公平",但实际上公平往往被效率取代或被忽视,这导致国家对不能直接创造效率的教育事业长期置于次要位置。在投入结构上,重高等教育,轻基础教育和职业教育;重重点大学,轻普通大学。事实表明,公共政策片面追求效率往往会侵犯社会公众的合法权益。第二,受城乡二元结构的影响,教育政策的价值取向一直是城市取向。政策价值取向的偏差,导致教育政策始终向强势地区、强势学校分配资源,从而使教育的不公平现象愈演愈烈,教育的城乡与地区差距日益扩大。第三,教育公平只注重教育权利平等与教育机会平等的义务教育阶段,忽视幼儿园教育、高中教育和大学教育,忽视过程公平、结果公平和程序公平。[①]

(三)继续推动农村义务教育标准化建设

我国城乡基础教育非均衡发展最明显的表征就是校舍及教学配套设施等物质层面差异大。标准化学校建设有利于缩小校际差距,也是促进城乡基础教育均衡发展和实现教育公平的有效途径。根据《国家中长期教育改革和发展规划纲要(2010—2020年)》(以下简称《纲要》)规定,实施义务教育学校标准化建设工程的首要目标是完善城乡义务教育经费保障机制,科学规划、统筹安排、均衡配置、合理布局,《纲要》进一步阐释了这个重大项目的重点在于中小学校舍安全工程、薄弱学校改造和农村寄宿制学校的改扩建,以尽快使义务教育学校师资、教学仪器设备、图书馆、体育场地基本达标。2010年国家启动了义务教育

---

① 张振芝.教育公平:和谐社会教育政策的基本价值取向[J].辽宁师范大学学报(社会科学版),2011(2):121-122.

学校标准化建设工程,全年投入83亿元用于农村义务教育薄弱学校改造。① 可见,义务教育学校标准化建设工程的对象主要是农村学校。其中生均占地面积、生均绿化面积、生均运动场面积、生师比、生均藏书量等生均水平达标是各省义务教育学校标准化建设的重要目标。② 标准化学校建设的目标可以概括为四个方面:一是教育立法方面,建立区域、城乡、校际之间的办学经费划拨制度;二是教育平等方面,扶持薄弱学校达标,遏制豪华学校的超标行为;三是教育可持续发展方面,构建适时、适地的标准体系动态调控机制;四是学校自身生存方面,突显学校的办学特色,以教学质量求发展。③

义务教育学校标准化建设工程实施以来,有效改善了农村学校的办学条件,缩小了城乡基础教育学校硬件层面的差距。以成都市为例,2004年至2007年间共建成410所标准化学校,建成后的410所农村中小学标准化学校,覆盖214个乡镇,新建校舍面积105万平方米,旧房维修改造79万平方米,受益农村学生近60万。校均规模提高50%以上,全部建设了达标运动场地、配置了现代教学仪器。其中,30个区域中心镇拥有容纳900名学生规模的初中,175个新型社区所在地拥有容纳600名学生规模的小学。通过标准化学校建设,完善了教育功能,美化了校园环境,全面提高了农村义务教育办学水平④。同时,义务教育学校标准化建设也存在许多问题,比如财政投入总量不足,地方政府配套资金缺乏,以及标准化学校建设过程中的监督和验收不到位等。因此,各级政府应继续推动农村义务教育标准化学校建设。首先,增加财政投入总量,以扩大农村学校的覆盖面;其次,要结合农村学龄儿童总数变化趋势、城镇化发展以及新农村建设等因素科学规划,提高农村学校的使用效益;再次,标准化学校要与农村寄宿制学校建设相结合,建成一批高质量的标准化的农村寄宿制学校,改善农村寄宿制学校的办学条件;最后,加强对义务教育学校标准化建设工程的监督和验收,以保障农村地区标准化学校建设的质量。

(四)健全农村公共基础设施

我国农村地区由于经济发展水平低、自然条件复杂等原因,公共基础设施

---

① 李玲,杨舒涵,韩玉梅,等.城乡义务教育学校标准化建设优化研究——基于学龄人口变化趋势预测[J].教育研究与实验,2012(4):20—24.
② 李玲,杨舒涵,韩玉梅,等.城乡义务教育学校标准化建设优化研究——基于学龄人口变化趋势预测[J].教育研究与实验,2012(4):20—24.
③ 董琳娜.农村寄宿制学校设施建设现状研究——以民乐县四所学校为例[D].兰州:西北师范大学,2012:12.
④ 葛红林.从农村标准化学校建设看政府公共服务供给[J].中国行政管理,2010(11):121—122.

十分落后,尤其是交通条件、文化设施以及通信设施等发展比较缓慢。交通不便容易给学生求学增添许多困难,近些年校车安全事故频发就与农村的道路交通有很大关系。因此,政府要加大对农村公共基础设施建设的投入,为农村提供更多更优质的公共服务。首先,大力改善农村地区交通条件,特别是要加强村庄到中小学校之间的道路建设,为学生铺就一条条便捷安全的求学之路。其次,健全农村公共文化基础设施,如修建村民文化广场、农民文化活动中心以及村民图书馆等,以丰富农民的精神文化生活,提高农村的科学文化素养,针对有子女在校读书的村民开展普及基本家庭教育知识的系列活动,协助家长做好家庭教育和未成年学生心理疏导工作。最后,完善农村医疗卫生设施建设,城乡教育均衡发展的目标就是为农村学生提供和城市学生相等或相似的发展机会,而学生的发展不仅仅是学业水平的提高,也包括要拥有健康的体魄,所以优质的医疗服务有利于保障农村学生的身心健康。

三、健全农村基础教育经费投入机制

(一)提高农村基础教育财政投入总量

根据《中国教育统计年鉴》(2011)公布的数据,2011年全国38.7%的初中生和61.3%的小学生在农村学校就读,但是当年的义务教育经费只有36%投往农村地区。我国基础教育经费投入长期不足,而在这些有限的经费中城市学校又拿去了大头,从而导致农村教育经费历史欠账较多。因此,国家理应在年度教育经费预算中向农村基础教育倾斜,为广大农村教育发展提供充裕的经费支持。参照我国各级政府财政收支实际情况,中央政府的财政实力最为雄厚,省级政府次之,县级政府的财政实力最弱,但是县级政府却承担着发展基础教育的主要责任。西方的发达国家在不断探索与实践中摸索出了适合自己国情的义务教育财政转移支付主体责任分担模式,按照不同的责任分担主体,大致分为三种:第一种是以法国为代表的集中模式,主要由中央政府提供义务教育所需经费,由于政体和历史的原因,法国的财权也集中于中央,实力雄厚的中央政府将义务教育教师的工资通过国民教育部,直接分配到教师的个人账户,这样中央政府就承担了约70%以上的义务教育资金的投入,而地方政府仅负担义务教育学校的行政费用与校舍修建的支出。还有一些国家例如意大利、葡萄牙、新西兰等国皆属于集中模式;第二种是地方分担模式,义务教育经费主要由地方政府来提供,以德国为例,德国对义务教育的投资主要包括校舍建设、学校日常行政管理支出以及教师的工资三大部分,前两项与办学条件有关的经费支

出主要由学校的举办者地方乡镇政府承担,州政府则主要负担作为公职人员的教师的工资支出,约占到总支出的四分之三。中央政府只承担一部分资金,多是以专项补助的方式对农村义务教育提供助学金;第三种是由多级政府责任共担的模式。日本是这种模式的典型国家,其明确规定了义务教育经费由中央都道府县以及市町村三级政府共同分担。中央政府承担义务教育经费的一半以上,其中,教师工资的支出由中央与地方政府平均承担,基本建设费用的三分之一到一半由中央政府负担,剩下部分由市町村负担。[1] 从发达国家普及基础教育的经验来看,许多发达国家在义务教育经费投入上,都以财力雄厚的中央政府为义务教育资金拨付的主要力量,德国、美国、加拿大等联邦制国家,中央政府对义务教育的投入相对较少,但也占到了5%—10%的比重;英国、法国、西班牙、澳大利亚等国,60%—80%的义务教育资金投入由中央政府负担;韩国、意大利、新西兰、荷兰等国,其中央政府承担了超过80%的义务教育资金;还有的国家甚至完全由中央政府负担全额义务教育经费。[2] 可见,中央政府应在农村基础教育经费保障上扮演主要角色。虽然,我国目前仍处于发展中国家行列,不可能像有些西方国家全部承担基础教育的所有开支,但在增加农村基础教育经费投入总量上依旧可以适当增加。我国已成为世界第二大经济体,加之税费改革后中央政府财力充足,有能力也有实力支持农村基础教育跨越式发展。因此,国家可加大对农村地区的财政转移支付力度,尤其是要大力支持贫困县的基础教育发展,保障中西部农村地区中小学教师工资的全额发放,增加农村地区一般性财政转移支付总量,为农村地区基础教育发展提供充足的经费支持。

(二)完善基础教育财政转移支付制度

发达国家的有关义务教育财政转移支付形式的经验证明:集中中央与省级政府的财力以后,必须建立一般转移支付和专项转移支付都包括在内的分配程序。一般转移支付是用来保障县级政府的基础财力达到最低公平,也就是解决"吃饭"问题。与政策配套的专项转移支付资金是用来解决县级政府"办事"的资金问题。最后,剩下的资金才用来搞建设。这样的资金分配程序是必要的,因为对于一个连"吃饭"问题都解决不了的政府,无论什么专项补助都会优先用于解决温饱。所以,国外的政府一般都非常注重一般转移支付制度的建设,建

---

[1] 刘洁.我国农村义务教育财政转移支付问题研究[D].青岛:中国海洋大学,2013:37—38.
[2] 刘洁.我国农村义务教育财政转移支付问题研究[D].青岛:中国海洋大学,2013:33.

立补助公式,补助的数量大约占总补助的一半。① 根据我国农村基础教育现状,一般性基础教育财政转移支付与专项基础教育财政转移支付两种模式并用更能促进我国城乡基础教育均衡发展目标的实现。

1. 完善一般性基础教育财政转移支付形式

一般性财政转移支付可以确保农村义务教育拥有所需的资金,是推动农村基础教育发展的最基本、最标准的一种财政转移支付形式,也是实现城乡基础教育均衡发展的有效途径。然而,一般性基础教育财政转移支付在推行过程中暴露出的投入总量小、经费使用透明度不高等问题,严重制约了其在促进农村基础教育发展中应有的作用。因此,要对一般性基础教育财政转移支付做进一步的完善。

首先,落实农村一般性义务教育财政转移支付经费预算单列。目前我国的一般性义务教育财政转移支付与其他转移支付项目混杂在一起,包含于一般性财政转移支付之中,并不是整体财政转移支付的一个独立的部分。这种做法直接导致一般性义务教育财政转移支付在数额的确定上精确性降低,测算粗略,缺乏应有的科学性与精确性。因此,要在农村财政转移支付中将一般性义务教育财政转移支付的份额独立出来,落实义务教育财政经费预算单列,由各级教育部门依据农村义务教育的实际发展状况建立独立的编制,然后提交到同级政府和财政部门进行审议,最后纳入同级财政总预算中,从而保证其更好的管理与测算,发挥其原本的平衡地区义务教育水平的效用。②

其次,实现二次转移支付,保障农村一般性义务教育财政转移支付实施的有效性。从我国农村义务教育的实际情况来看,义务教育财政转移支付不可能一次就满足所有地区的教育资金需求,因此,可以通过两次财政转移支付来完成农村义务教育资金投入工作。初次义务教育财政转移支付为基本财政转移支付,由中央政府负责,在全国范围内建立一个统一的基本标准,同时,充分考虑到城乡义务教育发展不平衡的现状,可以把贫困的农村地区的最低义务教育财政转移支付额度作为初次义务教育财政转移支付的最低标准;一般性义务教育转移支付的二次转移支付,要实现省级及其以下各级政府对再下一级政府的义务教育财政转移支付。要合理地测算农村一般性义务教育转移支付的金额与使用范围,并切实结合当地的经济发展水平,制定与地方政府的财力相当的

---

① 刘洁.我国农村义务教育财政转移支付问题研究[D].青岛:中国海洋大学,2013:35.
② 刘洁.我国农村义务教育财政转移支付问题研究[D].青岛:中国海洋大学,2013:35.

义务教育财政转移支付水平。①

再次,建立农村一般性义务教育财政转移支付的科学测算体系,使其公式化、规范化。我国长期以来,采用基数法测算财政转移支付资金的预算,这种测算方式掩盖了城乡义务教育发展的不平衡,不利于教育资源的合理配置,因此,必须制定更为合理的义务教育财政转移支付测算标准与模式。因素法是发达国家在多年的义务教育发展中探索出来的成功经验,考虑了不同地区影响农村义务教育经费的不同因素,以及各种因素的影响程度,从而确定不同地区义务教育经费的标准支出情况。因素法中的人均财力是测算中必须考虑的重要指标,人均财力高的地方平均财力也相对较强,采用考虑人均财力的因素法可以有效地减少资源浪费,将大部分财政资金投入真正需要的中西部农村地区,满足经济不发达的农村地区的教育需求。②

2. 完善专项基础教育财政转移支付形式

专项财政转移支付对农村基础教育发展具有明显的促进作用,但是现行的专项基础教育财政转移支付制度尚存有一定问题,需要进一步完善。首先,由于各地政府的财力不同,专项基础教育财政转移支付资金的配套要求也应随之调整。因此,对于财政实力较强的地方政府,配套比例可稍高一些,而针对财政困难的农村地区,地方政府的配套比例要相对低一些,以减轻地方政府的财政压力。当然,如何划分地方政府配套比例不能随意决定,需经过科学的测算以最终确定不同财力的地方政府在配套资金比例上的安排。其次,要减少专项经费的流通环节,避免农村地区基础教育专项财政转移支付资金被上级政府截留或者挪作他用。

(三)强化对农村基础教育财政转移支付的监督

农村基础教育的发展既需要大量经费投入以弥补历史性欠账,也要充分使用现有资金,促使农村基础教育经费高效合理利用。那么,这就离不开农村基础教育财政转移支付经费监督体制的构建。也只有形成了健全的监督制度,才能有效避免农村基础教育财政转移支付资金被挪用或者截留。因此,农村基础教育财政转移支付经费监督体制的构建对于保障农村地区教育健康发展有着十分重要的意义。因此,规范各级政府在农村基础教育财政转移支付中的职责,完善财政转移支付经费在使用前、使用中和使用后的监督机制十分重要。

---

① 刘洁.我国农村义务教育财政转移支付问题研究[D].青岛:中国海洋大学,2013:35.
② 刘洁.我国农村义务教育财政转移支付问题研究[D].青岛:中国海洋大学,2013:35-36.

首先,在确定农村基础教育财政转移支付资金之前,要对各地方政府的财政实力进行全面摸底,以明确财政转移支付经费规模,落实农村基础教育财政转移支付单列,增加农村基础教育经费划拨的公开性和透明性,并在年度财政预算中明确各级政府的职责,特别是县级政府实际承担的发展农村基础教育的责任。中央和省级的财政转移支付资金最终是通过县级政府拨付到农村学校,因此,县级政府应做好农村基础教育财政转移支付资金预算的公开工作,让经费在"阳光下"运行。其次,健全农村基础教育财政转移支付经费使用过程的监督机制,保障财政转移支付资金切实投往农村学校,谨防经费使用过程中的挪用和截留现象。我国应借鉴西方发达国家在这方面的成功经验,设立专门机构负责农村基础教育财政转移支付的具体事项,加强经费使用过程的管理,促使经费使用程序化、科学化。例如澳大利亚的"联邦拨款委员会",在实施财政均等化的过程中,负责确定每年度财政转移支付的总规模和各种财政转移支付的比例关系,以及专项补助的分配方案等,建立这种专门的财政转移支付机构,可以对转移支付的形式产生一定的制衡作用,从而确保转移支付的公正性与合理性。[①] 最后,加强对农村基础教育财政转移支付资金使用情况的评估,促进经费的高效利用,以保障农村教育发展,实现城乡基础教育均衡发展的政策目标。不管是一般性财政转移支付还是专项财政转移支付,其最终目标都是保障农村基础教育又好又快发展。因此,强化农村基础教育财政转移支付资金使用情况的评估工作意义重大。对那些资金使用效率不高甚至是违规使用的地方政府要严惩不贷;建立农村基础教育财政转移支付使用情况奖惩机制,引导和规约地方政府正确使用财政转移支付经费。同时,也要加强社会对农村基础教育财政转移支付资金的监督,人大代表、政协委员、教师理论和实践工作者等社会人士应提高公民意识,积极监督农村基础教育财政转移支付经费的运行过程。

四、推动城乡基础教育师资均衡配置

(一)增加农村优秀教师资源供应量

我国自20世纪90年代师范教育改革之后,废除了封闭定向的师范生培养体制,实行自交学费、自主择业的师范生培养方式。一方面,这促进了我国中小学教师来源的多元化,有利于吸收优秀人才加入教师队伍;另一方面,由于教师资格认证制度尚不完善,以及教师待遇等的城乡差异,导致了农村学校很难招

---

① 刘洁.我国农村义务教育财政转移支付问题研究[D].青岛:中国海洋大学,2013:42.

聘到优秀教师。因此,提高农村学校教师质量的关键一步就是增加针对农村基础教育的优秀教师供应量。2006年5月,教育部、财政部、原人事部、中央编办联合启动了"农村义务教育阶段学校教师特设岗位计划",由中央财政支持,通过政府买单的方式公开招聘高校毕业生到西部农村任教。2006年招聘特岗教师16325名,覆盖13个省260个县区的2850所农村中小学。2007年起,在北京师范大学等6所教育部直属大学实施免费师范生计划,面向中西部农村地区每年招生大约1万人,培养中小学教师。以2011年首届免费师范毕业生为例,10597名首届免费师范毕业生就业签约率达100%,其中到中西部地区中小学任教的约占签约人数的91%,到县、镇中小学任教的约占签约人数的39%。[①]但是6所师范院校培养的师范生数量和我国广大农村学校实际需要的优质教师资源相比仍旧属于杯水车薪,同时"免师"政策在具体实行中也遭遇了很多问题,真正扎根农村学校的免费师范生并不多,多数免费师范生去了县城或者乡镇学校工作。同时,国家和地方对免费师范生的政策制定得还不够完善,有不少"盲点"。例如如果学生违约,缴纳多少违约金等都没有具体规定。免费师范生政策应该更细致一些,还要加大宣传力度,防止考生"被免费"。[②] 所以,免费师范生政策的出发点和目标应继续坚持,但是免费师范生培养权应进一步下放到各省级师范院校手中,省级师范院校具有了解本地基础教育发展状况的优势,且主要招收本省生源,有利于保证师范生毕业后回到户籍地农村学校任教。在6所部属院校的带动下,各省市也根据自身情况,因地制宜地开展了师范生免费教育。

增加农村学校优质教师供应量不仅要通过培养免费师范生的方式进行,还应积极引导有志于从教的优秀大学生扎根农村学校。我国高等教育实现了由精英化阶段向大众化阶段的过渡,高等教育招生和毕业人数在逐年递增。

(二)完善城乡教师定期流动机制,促进城乡基础教育师资合理流动

我国中小学教师流动是伴随着改革开放后市场经济发展而产生的人才流动现象,著名劳动经济学家赵履宽教授曾经说过:劳动力归劳动者个人所有,是劳动者最重要的经济权利,是劳动者其他权利的基础,也是人权的重要组成部分。限制劳动者对自身劳动力的所有权,意味着对劳动者的超经济的强制,意

[①] 陈时见,刘义兵,张学斌.师范生免费教育政策的实施状况与发展路径——基于师范生免费教育的现状调查[J].教师教育学报,2015(4):57—65.
[②] 潘志贤.实现免费师范生政策初衷尚需时日[N].中国青年报.2011-2-22.

味着违反人权。① 可见,教师具有支配个人劳动的权利。同时,教师正常流动有助于促进城乡教师资源二次配置均衡,国家也在一直鼓励和引导城乡教师资源的合理流动。原国家教育委员会在1996年颁发了《关于"九五"期间加强中小学教师队伍建设的意见》文件中明确提出,要积极进行教师定期交流。打破在教师使用方面的单位所有制和地区所有制,促进中小学教师在学校和地区之间的交流。要建立教师流动的有效机制,采取切实的政策措施,鼓励教师从城市到农村,从强校到薄弱学校任教。通过实行教师定期交流,促进教育系统内部人力资源的合理配置,加强薄弱学校的建设与发展,缓解农村边远地区中小学对教师的需求。2004年教育部发布的《2004—2010年西部地区教育事业发展规划》中,又明确提出要加强教师培养工作,为西部地区特别是农村地区培养留得住、下得去、用得上的合格教师……国家和地方财政设立奖教金,对在艰苦、贫困地区乡村长期任教且表现突出的教师给予奖励。2012年教育部等五部委联合印发的《关于大力推进农村义务教育教师队伍建设的意见》中明确规定:各地要建立县(区)域内教师校长轮岗交流机制,建立县(区)域内城镇中小学教师到乡村学校任教服务期制度,引导、鼓励优秀教师到乡村薄弱学校或教学点工作。城镇中小学教师在评聘高级职务(职称)时,要有一年以上在农村学校或薄弱学校任教的经历。支持退休的特级教师、高级教师到乡村学校支教讲学。推进校长职级制改革试点,探索实行校长任期制和定期交流制。2014年教育部等三部门联合印发了《关于推进县(区)域内义务教育学校校长教师交流轮岗的意见》对义务教育阶段的教师交流做了专门指导和规定。2015"乡村教师支持计划(2015—2020年)",提出要提高乡村教师生活待遇、推动城市优秀教师向乡村流动等关键举措,努力造就一支素质优良、甘于奉献、扎根乡村的教师队伍。可知,国家层面已从城乡基础教育均衡发展的角度关注义务教育教师流动问题。

但是,目前我国城乡中小学教师流动呈现出无序、不平衡的状态。有学者研究发现教师流动的特征有三点:第一,从经济欠发达地区向经济发达地区流动;第二,从乡村学校向城市学校流动;第三,从薄弱学校向重点学校流动。② 可见,当下的教师流动不但没有发挥其在促进城乡教师资源配置均衡中的积极作用,反而进一步加剧了城乡教师资源配置的不均衡,农村学校成为教师流动的受害方而非受益方。因此,政府有必要规范教师流动行为,完善城乡教师流动

---

① 麻跃辉.中小学教师流动中权益保障的对策分析[J].内蒙古师范大学学报(教育科学版),2007,20(6):27—29.
② 周彬.透过"教师流动"筹划"教育动态均衡"[J].上海教育科研,2006(11):1.

政策,制定教师定期流动制度。从法律层面规定教师流动是其应尽的义务之一,推动城乡教师定期交流,发挥优秀师资的辐射效应,提高农村教师队伍整体素质。鉴于我国区域经济社会发展差异显著的现状,城乡基础教育教师流动的范围不宜太大,应先以县域内流动为主,减少城乡教师流动阻力。将城市学校教师流动与职称评定以及评优、评先相挂钩,激发城市教师的流动热情。同时也要做好流动教师的各项保障工作,解决教师住房、吃饭以及交通等方面的后顾之忧,促使城乡教师流动效益的最大化。需要指出的是,这种城乡教师流动,不是单方面的,而是城市学校和农村学校的结对帮扶、双向流动,城市教师用自身掌握的知识技能促进农村教育发展,农村教师也有机会到城市学校学习先进的教育教学经验。以北京为例,北京市在2005年实施了城镇教师支援农村教育工作,每年选派1000名城镇优秀教师到农村中小学全职支教一年,同时选聘2000名骨干教师兼职支教,实现优质教师资源的广泛辐射。在此基础上,部分区县延长支教年限,并形成工作制度,所有区域内的教师都必须到农村山区中小学任教三年以上,将支教工作与评优奖励、职务聘任、骨干选拔等直接挂钩,推动了教师资源的城乡统筹。[①]

(三)健全教师资格认证制度,提高教师入职门槛

教师资格制度是由国家实行的针对教师的职业许可制度,对于规范教师入职门槛、提高教师专业地位等方面有着无可替代的作用。1993年颁布的《中华人民共和国教师法》中第十条规定:国家实行教师资格制度。中国公民凡遵守宪法和法律,热爱教育事业,具有良好的思想品德,具备本法规定的学历或者经国家教师资格考试合格,有教育教学能力,经认定合格的,可以取得教师资格。2000年教育部发布的《〈教师资格条例〉实施办法》第八条对教育教学能力中的普通话水平、学历以及身体条件等做了明确规定。教师资格制度的推行改变了以往单一、封闭、定向的教师培养模式,有益于吸收优秀人才加入教师队伍,丰富教师来源渠道,提高教师职业的社会地位,也是教师专业化的必要措施。但是我国目前实行的教师资格认证制度中也存在学历要求过低、教师专业知识和能力规定模糊、教师资格考试水平不高、教师资格认证机构单一以及教师资格缺乏退出机制等问题,限制了师资质量的提高,导致了教师资格认证制度没有发挥其应有的提高教师准入门槛以及促进教师专业发展的作用。按照现有教师资格认证的学历规定,小学教师资格为中专学历,初中为大专学历,高中为本

---

① 吴松元.中小学教师流动制度建立的理性思考[J].教师教育研究,2008(4):35—39.

科学历。而事实上,城市学校通过公开招聘的形式对教师学历有着较高的要求,很多城市小学要求教师学历至少本科以上,最近几年,城市中小学招聘教师甚至要求研究生学历。相比之下,农村学校只能勉强达到国家规定的最基本的教师资格要求,有些农村学校甚至出现教师无证上岗的现象。可见,我国城市中小学教师学历水平明显高于农村学校,且教师高学历现象逐渐普遍,提高教师资格认证标准的重点和难点在农村地区。因此,提高教师资格认证标准对于农村基础教育乃至全国教师事业发展都有着十分重要的意义。

(四)统一城乡教师编制标准

我国中小学教师编制政策曾历经 1984 年和 2001 年两次重要调整,2001 年的中小学教师编制改革虽在一定程度上满足了特定历史时期精简多余编制的需要,提高了我国中小学教师的使用效率,但若从今天社会公平、城乡协调发展与教育公平的视角进行审视,2001 年编制政策调整实质是我国城乡二元结构下城市中心取向的改革。[1] 教师编制标准是决定教师数量和配置的核心要素,直接关系到我国基础教育师资队伍的建设与稳定。然而,当前我国现行的教师编制政策存在着编制标准整体偏紧且偏向城市、城乡倒挂倾向,编制管理制度也不完善、不健全,因而造成近年我国中小学教师特别是农村教师大量减少以致严重不足,难以满足农村中小学基本的教育教学和学校运转要求,更难以适应现代教育改革和教育事业发展的需要的现象。[2]《国家中长期教育改革和发展规划纲要(2010—2020 年)》中明确提出要逐步实行城乡统一的中小学编制标准,对农村边远地区实行倾斜政策。2012 年教育部、中央编办、国家发展改革委、财政部和人力资源社会保障部联合发布了《关于大力推进农村义务教育教师队伍建设的意见》,其中明确规定:逐步实行城乡统一的中小学编制标准,对农村边远地区实行倾斜政策。落实国家有关文件规定,对寄宿制中小学、乡镇中心学校、民族地区双语教学学校、村小及教学点、山区湖区海岛牧区学校等实施特殊师资配备政策。按照国家基础教育课程改革要求,补足配齐农村音乐、体育、美术、英语、信息技术、科学课程等紧缺学科教师以及心理健康教育教师。同一县域内中小学教职工编制可以互补余缺,县级教育行政部门统筹使用本地区中小学教职工编制。严禁任何部门和单位以任何理由任何形式占用或变相

---

[1] 韩小雨,庞丽娟,谢云丽.中小学教师编制标准和编制管理制度研究——基于全国及部分省区现行相关政策的分析[J].教育发展研究,2010(8):15—19.

[2] 韩小雨,庞丽娟,谢云丽.中小学教师编制标准和编制管理制度研究——基于全国及部分省区现行相关政策的分析[J].教育发展研究,2010(8):15—19.

占用农村中小学教职工编制。因此,相关决策部门应立足于农村基础教育发展实际逐步提高农村学校教师编制标准,以破除农村学校引进和补充教师资源的瓶颈,实行城乡统一的中小学教师编制标准。同时,也应加强对教师编制标准的监督管理工作,严禁任何部门以任何借口占用农村学校教师编制名额。对于偏远山区以及民族地区等居住分散、交通不便的教学点和村小,教师编制标准要适当放宽,以解决学科教师不足的困境,保障学生学业和身心的健康发展。

(五)提高农村教师工资待遇

2018年新修订的《中华人民共和国义务教育法》中明确规定了教师的平均工资应当不低于当地公务员平均工资水平。2008年通过的《关于义务教育学校实施绩效工资指导意见》提出,从2009年1月1日起,在全国义务教育学校推行绩效工资,以确保义务教育教师平均工资水平不低于当地公务员平均工资水平,同时对义务教育学校离退休人员发放生活补贴。时至今日,我国许多地方的农村教师工资水平仍未达到国家规定标准。绩效工资改革虽然一定程度上提高了农村教师工资水平,但是,有关信息显示,绩效工资在实施过程中还存在一些突出问题,如绩效工资花了大钱,2009年就新增120亿元,但多方反映效果并不好,近58%的教师表示工作积极性"没有变化",甚至"降低";奖励性绩效工资比例过低,形成新的"大锅饭"现象,难以体现"多劳多得"的激励作用,挫伤了部分一线教师,尤其是优质学校教师的工作积极性;城乡之间、地区之间绩效工资的差异较大;教师绩效考核方案的制定及实施不规范,评价指标不合理等。农村教师工资待遇较低极易导致两种不良后果:一是优秀教师资源不愿流入农村学校,窄化了农村地区优质教师输入途径;二是造成了农村教师队伍不稳定,加剧了农村中青年骨干教师外流的现象。社会分配、福利和保障制度是维护公民权益、稳定社会秩序、促进经济发展的基本保障,也是人才流动的重要保障。但由于目前我们的社会分配、福利、保障制度受地区、城乡间的多重分割,各类保障制度在地区、城乡间是不对接的,这种政策脱节给建立教师流动制度带来难度,仅靠教育系统自身的力量去解决是乏力的。许多地方的教师除国拨工资外,其他的福利、社会统筹、医疗保险、失业保险、退休金等待遇保障依然由学校负担,并没有实行社会化管理。教师一旦发生从一个学校流动到另一个学校的实质性人事关系调动,就可能意味着失去原有的一些福利待遇,这也是为什么中小学教师流动呈现逆向、单向度、失衡的现状。[①] 从发达国家处理贫困落后地

---

① 吴松元.中小学教师流动制度建立的理性思考[J].教师教育研究,2008(4):35-39.

区师资保障问题的经验可以看出,大幅度提高偏远地区教师待遇是其共同点之一。为了解决贫困落后地区的师资问题,或是吸引优秀教师到贫困落后地区任教,有的国家采取的是增加基本工资(永久性的、增加的金额也大);有的国家采取的是奖励的办法,例如澳大利亚;有的国家(如智利)同时采用两种办法;有的国家规定师资严重短缺地区的教师工资比其他地区教师的工资高,像瑞典。但不管哪种方法,一个共同特点就是:大幅度提高贫困落后地区教师的物质待遇和提供其他各种优惠条件。① 2015年中央政府出台的《乡村教师支持计划(2015—2020年)》就明确提出要提高乡村教师生活待遇,努力造就一支素质优良、甘于奉献、扎根乡村的教师队伍。因此,我国在发展农村地区基础教育的过程中,理应不断优化和落实乡村教师的优惠政策,通过采取较大幅度提高农村教师工资待遇的举措,以吸引优秀人才前往农村地区任教。

(六)加大农村教师在职培训力度

国家不断加大对教师培训的投入,尤其是国培计划,从2010年的5.5亿元提高到2012年的14.5亿元。这对于提高教师素质,尤其是中西部农村教师素质起到了重要作用。然而,在培训中还存在如教师对国培计划参与度逐年下降,国培计划培训教师报到率从2010年的100%降至2011年95%—97%,2012年少数地方不及80%;部分地区教师选派随意性大,未严格按照培训项目要求选派教师,存在硬派指标、重复培训现象;培训机会城乡分配不均,抽样调查显示,培训教师中农村仅占26.4%;培训效果不如预期,抽样数据显示,有些地方64.6%的教师认为"培训效果一般或无用";缺乏对培训效果的跟踪评价机制,教师培训效果无法评估等问题。加大教师在职培训力度是提高农村教师队伍整体素质的关键举措之一。在终身教育时代背景下,教师知识不能一蹴而就,更不是只要经过职前教师教育阶段培养就可受用终身,教师专业发展是一个持续的过程。但是,我国农村学校教师在接受在职进修培训的机会和质量上都和城市学校教师有很大差距,这也是导致我国农村地区基础教育师资的教育教学能力发展缓慢的重要因素。《关于大力推进农村义务教育教师队伍建设的意见》中也明确提出:加强农村教师国家级示范培训,积极探索农村教师远程网络培训的有效模式,为农村义务教育教师建立网络研修社区。加强音乐、体育、美术、科学、综合实践等农村紧缺薄弱学科课程教师和民族地区双语教师培训。

---

① 麻跃辉.中小学教师流动中权益保障的对策分析[J].内蒙古师范大学学报(教育科学版),2007(6):27—29.

支持农村名师名校长专业发展,造就一批乡村教育家。研究完善符合村小和教学点实际的职务(职称)评价标准,职务(职称)晋升向村小和教学点专任教师倾斜。推动各地结合实际,规范建设县(区)域教师发展平台。因此,着眼于我国农村基础教育的长远发展,提高农村教师在职进修力度迫在眉睫。首先,要完善农村教师在职进修制度,从政策和制度层面为农村教师继续教育提供保障,出台专门针对农村地区基础教育发展实际的政策法规,促使农村地区教师培训正规化、制度化,如提高"国培"在广大农村地区的覆盖率,以使更多的农村学校教师接受高质量培训。其次,拓宽农村基础教育师资培训路径,为不同群体的农村教师提供尽可能多的有针对性的学习途径,其中远程教育是我国农村教师在职进修的重要方式。再次,支持农村学校校本培训制度的建立,教师专业发展不仅可以通过校外进修的方式进行,也可以立足于学校的教育教学真实场景而获得发展。学校是教师专业发展的主要场所,有着校外培训无可比拟的优势,因此要促进农村学校的校本培训制度化,推动农村教师专业水平的不断提升。最后,完善农村教师进修培训质量的监督和评价机制,强化对各类培训效果的评价,同时也要加强县级教育行政部门对农村学校校本培训的指导和监督,以确保农村学校教师培训的质量。

五、促进教育政策评估机制专业化,强化政策评估有效性

通过审视西方政策的发展进程,政策研究者们已经指出了教育政策评估在实践中所发挥的重要作用。教育政策评估是一种政治和社会过程,其运用科学的方法提供教育政策运行所需的信息,提升政策制定的科学性和民主性,决定着政策的延续、调整和废止。不论教育政策最终的功能性和发展趋势如何,都必须建立在对教育政策进行细致、全面的评估基础之上。而形成专业化的教育政策评估机制是保障政策评估有效性的现实需要和基本手段。基于此,为促进专业化的教育政策评估机制形成,我们从以下几个方面给出建议。

1. 评估主体以内部评估为主,外部评估为辅

内部评估主体主要包括教育政策制定部门、教育政策执行部门及教育政策监督部门等,他们是教育政策制定和执行的直接参与者,能够获取与政策有关的最前沿、最全面的信息,且评估结果被政策主体采纳的可能性最大。但是内部评估者最大的弱点就是难以超脱部门利益的限制,因此,评估结果很可能会在部门利益最大化的导向下失去其公正性和客观性。外部评估主体主要是第三方专业评估机构,他们具有评估的独立性,不依附于被评估部门,能保障评估

结果的客观公正性。但是难以获得全面、真实的第一手资料,在政策过程中的参与性也较低,因此评估结论会缺乏有效性和实用性。综合二者的优势和不足,我们应该建立以内部评估主体为主、外部评估主体为辅的"主辅型"评价主体机制,既能发挥内部评估主体的信息搜集处理优势又能保障政策评估的独立性和科学性,两者相互协调,双向互动,共同提升教育政策评估的有效性。

2. 完善教育政策监测与评估机制的运行程序

从运行程序来看,在监测与评估的不同阶段,需考虑的问题不同。首先,在准备阶段,评估主体需要考虑为什么要进行监测与评估?对教育政策的哪些层级、哪些内容的政策执行过程进行监测与评估?监测与评估采取什么样的途径和方案?监测与评估需要具备什么样的条件?其次,在监测与评估的实施阶段,主体需要按照已设定的目标,广泛收集政策执行过程中的各种信息,并对信息进行分析,得出监测与评估结论。在实施过程中,主体要根据实际情况不断调整预设的监测与评估方法,根据具体情境和评估内容采用适切的监测与评估模式。最后,在监测与评估的总结阶段,需对前两个阶段的工作进行全面总结,积极听取相关当事人的意见,并据此不断调整监测与评估的信息和过程,最后将监测与评估报告报送有关部门或公之于众。需要注意的是,上述监测与评估过程的几个阶段并不是单向的、不可逆的过程,而是一个动态的循环过程。①

3. 建立科学的教育政策评估指标体系

要针对已有研究的薄弱环节,进一步拓展研究内容,建立教育政策评估体系。科学合理、简便易行的教育政策评估指标体系要能反映政策评估的内容,是评估教育政策的经济性、效益性和有效性,并揭示政策活动存在问题的重要量化手段。良好的指标体系应具备定量和定性相结合的特征,一方面设计"硬指标"为客观评估提供科学的理论支持,另一方面,适当增加部分"软指标"使指标体系可以更加完整。此外,从价值尺度来看,教育政策评估指标不应该是"标量"而应该是"矢量",即应该具有价值的导向性,因此,教育政策评估指标体系的构建过程中,应该深化指标价值向度的研究。且为了提高指标体系的适用性,应该反复筛选指标,加强对指标效度、信度、隶属度以及相关度的考察,特别是确定指标的权重、为指标赋予分值,可以使指标体系更加科学、实用,也可成为今后教育政策评估研究的重要内容。②

---

① 范国睿,孙翠香.教育政策执行监测与评估体系的构建[J].教育发展研究,2012(5):54—60.
② 张茂聪,杜文静.教育政策评估:基本问题与研究反思[J].教育科学研究,2013(10):19—24.

4.建立教育政策评估保障机制

首先,政府要加大资金投入,设立政策评估专项资金,建立现代化的资金管理系统和申报机制,政策评估主体根据评估工作实际需求申请专项评估资金。其次,政府要建立教育政策评估的制度保障机制,如各级政府部门制定符合本地区实际情况的暂行评估规定,内容涉及评估主体的权利与义务、职业准则、评估专业人员基本要求、评估主体问责机制等,以明确评估主体的法律权利与义务,做到有法可依、违法必究,保障评估结果的有效性。

5.构建城乡基础教育均衡发展预警机制

城乡基础教育均衡发展是一个持续和动态的过程,也是我国基础教育长期追寻的目标。城乡基础教育发展差距不断拉大的其中一个重要原因是政府有关部门对城乡基础教育非均衡发展程度、性质、范围、来源等信息缺乏实时的监测分析,通常是在城乡基础教育非均衡发展问题比较严重后才感知到进而采取措施,但这些措施又比较缺乏针对性、有效性,因此不能有效控制城乡基础教育发展差距日益扩大的趋势,最终导致城乡基础教育非均衡发展问题日积月累,日益严重。[①] 因此,构建城乡基础教育均衡发展预警机制就显得尤为迫切和必要。城乡基础教育均衡发展预警机制通过对城乡基础教育非均衡发展程度、性质、范围、来源等重要信息进行实时监测(监测系统是预警机制的核心系统),不仅能起到"拉响警报"促使政府部门提前感知城乡基础教育非均衡发展面临问题的作用,还能通过问责制度促使政府部门根据监测信息系统分析的数据及时采取针对性措施缩小差距,为各级政府部门督导和调节基础教育均衡发展提供科学的理论依据。

---

① 薛海平,李岩.中国城乡义务教育均衡发展预警机制研究[J].首都师范大学学报(社会科学版),2013(2):132—137.

参考文献：

一、中文类

(1)书籍

1. (美)埃尔伍德·帕特森·克伯莱著,陈露茜译.美国公共教育:关于美国教育史的研究和阐释[M].合肥:安徽教育出版社,2012.
2. 腾大春主编.外国教育通史(第三卷)[M].济南:山东教育出版社,1992.
3. 王强.美国农村教育发展史[M].银川:宁夏人民出版社,2009.
4. 顾明远梁忠义主编.世界教育大系·美国教育[M.长春:吉林教育出版社,2000.
5. 王强.美国农村教育史[M].桂林:广西师范大学出版社,2011.
6. 滕大春.美国教育史(第二版)[M].北京:人民教育出版社,2001.
7. 韦恩·厄本,杰宁斯·瓦格纳著,周晟,谢爱磊译.美国教育:一部历史档案[M].北京:中国人民大学出版社,2009.
8. 赵延会.世界第一慈善家族——洛克菲勒慈善百年[M].中国公益研究院资本精神研究中心,2013.
9. 孙群郎.美国城市郊区化研究[M].北京:商务印书馆,2005.
10. 朱世达.美国市民社会研究[M].北京:中国社会科学出版社,2005.
11. 李艳玲.美国城市更新运动与内城改造[M].上海:上海大学出版社,2004.
12. (美)英伯等著,李晓燕等译.美国教育法(第三版)[M].北京:教育科学出版社,2011.
13. (美)E.P.克伯雷.外国教育史料[M].武汉:华中师范大学出版,1991.
14. 单中惠主编.外国中小学教育问题史[M].济南:山东教育出版社,2005.
15. 王禺.文化马赛克:加拿大移民史[M].北京:民族出版社,2003.

16. 沃尔特·怀特,罗纳德·瓦根伯格,拉尔夫·纳尔逊著,刘经美,张正国译. 加拿大政府与政治[M]. 北京:北京大学出版社,2004.

17. 张友伦. 加拿大通史简编[M]. 天津:南开大学出版社,1994.

18. 陈·巴特尔 & Peter Englert. 守望·自觉·比较——少数民族及原住民教育研究[M]. 北京:中央民族大学出版社,2009.

19. 黄东黎. 世界贸易组织补贴规则的条约解释[M]. 北京:法律出版社,2010.

20. 瞿葆奎. 教育学文集·法国教育改革[M]. 北京:人民教育出版社,1994.

21. 教育部国际合作与交流司. 国外基础教育调研报告[M]. 北京:首都师范大学出版社,2001.

22. 王义高. 世界当代教育思潮与各国教改趋势[M]. 北京:北京师范大学出版社,1998.

23. [法]皮埃尔·勒鲁,王允道译. 论平等[M]. 北京:商务印书馆,1988.

24. 孙启林. 世界主要发达国家义务教育均衡发展比较研究[M]. 长春:东北师范大学出版社,2009.

25. 邢克超. 战后法国教育研究[M]. 南昌:江西教育出版社,1993.

26. 朱华山. 传统与变革的抉择:细读法国教育[M]. 沈阳:辽宁人民出版社,2011.

27. 单中惠. 外国素质教育政策研究[M]. 济南:山东教育出版社,2004.

28. 法国反思追求平等的"就近入学"[N]. 凤凰周刊,2006.

29. 顾明远,梁忠义. 世界教育大系:法国教育[M]. 长春:吉林教育出版社,2000.

30. 朱华山. 传统与变革的抉择:细读法国教育[M]. 沈阳:辽宁人民出版社,2011.

31. 《马克思恩格斯全集》第二卷[M]. 北京:人民出版社,1957.

32. 吴式颖. 外国教育史教程[M]. 北京:人民教育出版社,1999.

33. 吴式颖. 外国教育史教程[M]. 北京:人民教育出版社,1999.

34. 吴式颖主编. 外国教育史教程[M]. 北京:人民教育出版社,2008.

35. (澳)W.F.康纳尔著,孟湘砥,胡若愚主译. 20世纪世界教育史[M]. 长沙:湖南教育出版社,1991.

36. 吕达,周满生. 当代外国教育改革著名文献(英国卷.下)[M]. 北京:人民教育出版社,2004.

37.[德]克里斯托弗·福尔.1945年以来的德国教育:概览与问题[M].北京:人民教育出版社,2002.

38.袁振国主编.中国教育政策评论2004[M].北京:教育科学出版社,2004.

39.朱家存.教育均衡发展政策研究[M].北京:中国社会科学出版社,2003.

40.孙霄兵、孟庆瑜.教育的公平与利益中外教育经济政策研究[M].上海:华东师范大学出版社,2005.

41.中国社会科学院公共政策研究中心.香港城市大学亚洲管治研究中心.中国公共政策分析(2005年卷)[M].北京:中国社会科学出版社,2005.

42.荣兆梓,吴春梅.中国三农问题——历史·现状·未来[M].北京:社会科学文献出版社,2005.

43.转型期中国重大教育政策案例研究课题组.缩小差距——中国教育政策的重大命题[M].北京:人民教育出版社,2005.

44.翁文艳.教育公平与学校选择制度[M].北京:北京师范大学出版社,2003.

45.刘欣著.基础教育政策与公平问题研究[M].武汉:华中师范大学出版社,2008.

46.王学杰.湖南农村公共政策运行机制研究[M].长沙:湖南科学技术出版社,2001.

47.袁振国.教育政策学[M].南京:江苏教育出版社,2001.

48.宋乃庆,李森,朱德全.中国义务教育发展报告(2012)[M].北京:教育科学出版社,2013.

49.曾天山.中国基础教育热点问题报告[M].南宁:广西教育出版社,1999.

50.朱华山.传统与变革的决择细读法国教育[M].沈阳:辽宁人民出版社,2011.

51.翁文艳.教育公平与学校选择制度[M].北京:北京师范大学出版社,2003.

52.上海财经大学公共政策研究中心.中国农村义务教育转移支付制度研究[M].上海:上海财经大学出版社,2005.

(2)期刊论文

1. 王春艳.美国城市化的历史、特征及启示[J].城市问题,2007(06):93.

2. 王淑霞.论美国内战时期自由民局的创建[J].中南大学学报(社会科学版),2014(1):70—73.

3. 陈奕平.第一次世界大战期间及二十年代美国黑人大迁徙运动[J].美国研究,1999(4):109—125.

4. 储昭根.美国新移民法案难产的背后[J].观察与思考,2007(23):50—54.

5. 王强.20世纪美国农村"学校合并"运动述评[J].外国中小学教育,2007(8):1—4.

6. 樊涛,曲铁华.20世纪美国农村学校布局调整策略及对我国的启示[J].国家教育行政学院学报,2014(1):89—94.

7. 冯晓艳.美国基础教育领域教育机会均等问题探析——基于科尔曼报告的研究视角[J].考试周刊,2012(65):16—17.

8. 张善余.20世纪90年代美国城市人口发展的新特点——2000年美国人口普查数据初析[J].城市问题,2002(2):67—70.

9. 虞虎,王开泳,丁悦.美国底特律"城市破产"对我国城市发展的警示[J].中国名城,2014(5):39—44.

10. 白国强.美国郊区城市化及其衍生的区域问题[J].城市问题,2004(4):65—68.

11. 胡锦山.美国中心城市的"隔都化"与黑人社会问题[J].厦门大学学报(哲学社会科学版),2007(2):121—128.

12. 皓狄.有所不为的美国教育部[J].读写月报(新教育),2011(10):4—5.

13. 李秀芳,曹能秀.美国农村学前教育存在的问题及其对策[J].幼儿教育,2010(9):53—56.

14. 姬虹.美国城市黑人聚居区的形成、现状及治理[J].世界民族,2001:44—52.

15. 李秀芳,曹能秀.美国农村学前教育存在的问题及其对策[J].幼儿教育,2010(9):53—56.

16. 陈蕊.美国初任教师入职指导研究综述[J].教育导刊,2009(11):31—34.

17. 李祖祥.美国农村教师职后教育的新动向[J].外国教育研究,2010(1):

85—87.

18.田静,王凌.美国农村高素质师资短缺的原因与对策[J].世界教育信息,2004(4):1—5.

19.赵彦俊,崔宏观.美国农村基础教育优先发展政策探析[J].外国教育研究,2012(5):21—25.

20.傅松涛,赵建玲.美国城乡教育机会均等与"农村教育成就项目"[J].外国教育研究,2006(3):35—39.

21.易红郡.西方教育公平理论的多元化分析[J].湖南师范大学教育科学学报,2010(4):5—11.

22.黄忠敬.美国是如何解决教育公平问题的——教育政策工具的视角[J].教育发展研究,2008(21):1—6.

23.张燕军.从奥巴马政府修订NCLB法看美国教育均衡发展[J].外国教育研究,2011(2):44—49.

24.晓唐.世界各国(地区)教育经费占国民生产总值比例(%)一览(1975)[J].外国教育资料,1980(4):35.

25.宋彬,黄琛.美国基础教育的经费来源分析与思考[J].上海教育科研,2006(4):23—26.

26.杨军.促进基础教育的均衡发展——来自美国的经验[J].外国教育研究,2004(11):11—12.

27.傅松涛,赵建玲.美国城乡教育机会均等与"农村教育成就项目"[J].外国教育研究,2006(3):35—38.

28.沈有禄,谯欣怡.教育券计划及其对中国教育改革的借鉴作用[J].现代大学教育,2004(4):75—79.

29.杜一萍,陶涛.美国农村小规模学校探究与启示[J].当代教育科学,2008(2):47—49.

30.杜屏,赵汝英.美国农村小规模学校政策变化分析[J].教育发展研究,2010(3):72—75.

31.张君辉,王敬.从择校制度看美国基础教育改革的教育公平[J].外国教育研究,2005(7):73—76.

32.吴佳妮.从推动种族融合到提高教育质量——美国磁石学校的产生与发展[J].上海教育,2012(5):14—19.

33.白治堂,方彤.美国中部地区教师教育机构农村师资问题的解决策略

[J].外国教育研究,2009(4):85.

34.梁深.美国替代性教师认证模式述评[J].中小学教师培训,2008(5):61—64.

35.丁慧.美国农村学区吸引和挽留教师的对策及其启示[J].教育导刊,2007(1):50—52.

36.余强.美国《不让一个孩子掉队法》的实施近况和问题[J].世界教育信息,2004(11):15—19.

37.冯国有,粟玉香.绩效问责:美国教育财政政策的取向及启示[J].教育理论与实践,2014(19):14—21.

38.李欣.从"普及中的失衡"到"均衡中的普及"——加拿大促进高等教育均衡发展的政策研究[J].复旦教育论坛,2013(1):75—79.

39.张湘洛.加拿大的教育立法及其启示[J],教育评论,2003(1):107—110.

40.卢琦,杨有林主编.全球沙尘暴警示录[M].北京:中国环境科学出版社,2001.

41.周晓红.全球化与中产阶级的型塑:理论与现实[J].天津社会科学,2007(4):65—70.

42.孙璐.加拿大天才教育与辅导及其启示[J].教学与管理,2010(10):76—79.

43.黄红霞,王建梁.多元文化教育:加拿大的经验及启示.民族教育研究[J].2004(5):81—84.

44.魏华,李海涛.加拿大促进欠发达农村发展的举措[J].全球科技经济瞭望.2001(08):21—23.

45.陈素,杜丽霞.加拿大人口简介[J].西北人口,1998(3):39—41.

46.张桂霞,李玲.加拿大人口发展的空间差异及其变化[J].世界地理研究,2004(2):96—102.

47.赵传兵.学校行动职业引导政府干预——加拿大城乡教育差距及实现城乡教育一体化的建议[J].世界教育信息,2013(2):29—33.

48.刘平.加拿大阿尔伯塔省的绿色证书培训[J].中国农技推广,1999(05):14—15.

49.徐金龙等.加拿大教育资金的来源及其使用和管理[J].基础教育参考,2003(12):3—6.

50. 夏艳华.加拿大政府间转移支付制度及借鉴[J].中国财政,2012(12):69—70.

51. 孙月蓉.加拿大低收入家庭保障计划对我国的启示——从完善最低生活保障制度的视角[J].社会保障研究,2012(2):107—112.

52. 杜莉,袁莉莉等.国外政府补贴教育的方式[J].科学发展,2009(4):93—102.

53. 张姗姗.加拿大农村宽带发展计划实施进展[J].世界电信,2006(8):13—16.

54. 刘林森.国家宽带:经济复兴最重要的战略[J].信息化建设,2010(9):53—54.

55. 张丽.二十世纪50—80年代法国初中等教育体制改革述论[J].史学月刊,1996(6):96.

56. 张萌."面向2010年的新高中"——法国新一轮高中教育改革[J].外国中小学教育,2010(7):14.

57. 孙启林,周世厚.大均衡观下的"略"与"策"——法国义务教育均衡发展政策评析[J].现代教育管理,2009(1):95—98.

58. 张丽.二十世纪50—80年代法国初中等教育体制改革述论[J].史学月刊,1996(6):95.

59. 米歇尔·德博维.教育与国际经济新秩序[J].教育展望,1982(2).转引自邢克超.战后法国教育研究[M].南昌:江西教育出版社,1993.

60. 刘敏.以教师流动促进教育均衡——法国中小学师资分配制度探析[J].比较教育研究,2012(8):51—55.

61. 汪凌.掌握知识和能力的共同基石——法国基础教育课程改革趋势[J].全球教育展望,2001(4):32—39.

62. 王晓辉.法国新世纪教育改革目标:为了全体学生成功[J].比较教育研究,2006(5):23.

63. 张萌."面向2010年的新高中"——法国新一轮高中教育改革[J].外国中小学教育,2010(7):15.

64. 王晓辉.法国新世纪教育改革目标:为了全体学生成功[J].比较教育研究,2006(5):32—37.

65. 汪淋,刘成富.法国的教育经费投入及其思考[J].高等理科教育,2010(5):80.

66. 潘璐.发达国家义务教育投资对我们的启示[D].河北:河北大学,2005.

67. 孔凡琴,邓涛.日、美、法三国基础教育师资配置均衡化的实践与经验[J].外国教育研究,2007(10):23—27.

68. 高如峰.法国义务教育特别扶持计划[J].外国教育研究,1999(6):33.

69. 袁苓.法国的教育体制与资源配置[J].江西社会科学,1999(6):108.

70. 刘云杉,王志明,杨晓芳.精英的选拔:身份、地域与资本的视角——跨入北京大学的农家子弟(1978—2005)[J].清华大学教育研究,2009(50):42—59.

71. 刘熙.英国中小学入学政策改革——以家长权利保障为核心[J].基础教育参考,2009(9):42—44.

72. 王琴.英国中小学入学政策研究[J].基础教育参考,2007(11):39—42.

73. 杨光富.从布莱尔首相"家教风波"看英国中小学教育现存问题[J].外国中小学教育,2003(1):22—26.

74. 吴雪萍.新世纪英国教育发展的目标与策略述评[J].全球教育展望,2002(4):204—205.

75. 王璐,孙明.英国教育均衡发展政策理念探析[J].比较教育研究,2009(3):7—11.

76. 阚阅.促进教育均衡发展的新举措——英国"追求卓越的城市教育"计划评析[J].全球教育展望,2004(9):72—75.

77. 易红郡.追求平等与提高质量:"二战"后英国中等教育改革的基本理念[J].外国教育研究.2005(1).

78. 王艳玲."教育行动区"计划——英国改造薄弱学校的有效尝试[J].全球教育展望,2004(9):67.

79. 杨军.英国促进基础教育均衡发展的政策综述[J].外国教育研究,2005(12):8.

80. 秦素粉,朱宛霞.促进城市基础教育均衡发展的政策选择——英国"城市教育优异"计划(EiC)述评[J].上海教育科研,2007(1):15.

81. 吴清山,林天佑.教育名词浅释——教育优先区[J].教育资料与研究,1995(5):49.

82. 张济洲."国家挑战"计划——英国政府改造薄弱学校的新举措[J].外国中小学育,2008(10):22—23.

83. 张羽寰,孟伟,李玲.从"特色学校"到"自由学校"——英国多路径改进薄弱学校政策述评[J].上海教育科研,2012(6):31.

84.索磊.从"特色学校"到"信托学校"——英国提高薄弱学校办学质量政策解析[J].教育发展研究,2009(15):111—116.

85.杨光富.卡梅伦政府教育新政:创建"自由学校",确保教育公平[J].外国教育研究,2011(2):42—43.

86.李爱萍,杨梅.20世纪德国基础教育改革政策的演进与启示[J].外国教育研究.2004(11):26—31.

87.姚继军,张新平.新中国教育均衡发展的测度[J].华东师范大学学报(教育科学版),2010(2):33—42.

88.孙进.教育均衡发展政策的"结果困境"——德国义务教育均衡发展的现状、问题与启示[J].复旦教育论坛,2012(5):81—87.

89.赵梅菊,雷江华.德国特殊教育发展的特点[J].现代特殊教育,2012(1):58—61.

90.闫瑾.德国促进教育公平的方针政策[J].世界教育信息,2006(10):7—10.

91.王定华.德国基础教育质量提高问题的考察与分析[J].中国教育学刊,2008(1):10—17.

92.程莹,程东平.德国基础教育的改革策略[J].教育理论与实践,2004(7):19—22.

93.陈武林.公平与优质:英美两国基础教育均衡发展政策评介[J].外国中小学教育,2010(10):6—11.

94.马德益.英国基础教育薄弱学校改革的市场化特征[J].外国教育研究,2005(4):48—52.

95.沈卫华.兼顾公平与效率:英国基础教育拨款政策的调整[J].教育科学,2007(4):93—97.

96.李昆秦.基础教育均衡发展的国际趋势[J].中国城市经济,2012(1):163—164.

97.乔雪峰.断裂还是承接?:芬兰基础教育改革的路径选择及其启示[J].外国教育研究,2012(1):3—9.

98.赵俊峰,李英歌.芬兰教育改革与发展中公平观的演变[J].外国教育研究,2008(35):40—45.

99.李忠东.全面和均衡发展的芬兰教育[J].世界文化,2006(9):40—42.

100. 孙德芳.芬兰教师教育课程结构/内容与设计原则[J].世界教育信息,2011(01):46—48.

101. 池蕾.芬兰教育的理念及特色[J].特区实践与理论,2010(3):71—73.

102. 皮拥军.OECD国家推进教育公平的典范——韩国和芬兰[J].比较教育研究,2007(2):6—10.

103. 赵俊峰,李英歌.芬兰教育改革与发展中公平观的演变[J].外国教育研究,2008(31):40—45.

104. 王悦芳.芬兰基础教育改革的逻辑与理念[J].外国中小学教育,2009(6):7—10.

105. 赵俊峰,李英歌.芬兰教育改革与发展中公平观的演变[J].外国教育研究,2008(31):40—45.

106. 冯瑄,董建龙,汤世国,洪涌清.创新——芬兰科教兴国的启示[J].中国软科学,1999(6):12—19.

107. 闫慧.芬兰社区信息化建设的经验[J].中国信息界,2008(6).

108. 王秀香.芬兰图书馆发展事业掠影[J].新世纪图书馆,2012(10):84—86.

109. 石春玉.芬兰教育成功之路及对我国教育的启示[D].山东:山东师范大学,2005.

110. 张国平.芬兰基础教育中的教育平等归因分析[J].学周刊·A,2011(1):5—6.

111. 颜佩如,欧于菁,王蕴涵.芬兰中小学师资培育硕士化制度与最新师资培育政策发展之研究[J].台中教育大学学报(教育类),2012(1):31—54.

112. 张国平.芬兰基础教育中的教育平等归因分析[J].学周刊.2011(1).

113. 皮拥军.OECD国家推进教育公平的典范——韩国和芬兰[J].比较教育研究,2007(2):6—10.

114. 李水山.芬兰优质基础教育的特点与启示[J].世界教育信息,2010.

115. 连伟峰,陈玥.芬兰基础教育均衡发展的特殊及启示[J].教育与教学研究,2011.

116. 张俊洪,陈铿,杨文萍.以罗尔斯公平与正义理论的视角谈芬兰教育对我国教育的启示[J].现代中小学教育,2013(12):85—89.

117. 杨治平.芬兰基本公共教育服务均衡化发展探析[J].基础教育,2014(3):45—49.

118. 石中英.教育公平的主要内涵与社会意义[J].中国教育学刊,2008(3):1—6.

119. 翟博.教育均衡发展:理论、指标及测算方法[J].教育研究,2006(3):16—29.

120. 杨令平.城乡义务教育校际均衡发展现状的调查与思考[J].教学与管理,2009(25):29—32.

121. 夏扉.基础教育均衡发展中弱势群体的教育[J].现代教育论丛,2010(8):41—45.

122. 员旋.进城农民工子女的义务教育问题与对策分析[J].东方企业文化,2013(7).

123. 王兰芳.中国居民的收入分配:现状分析与理论探索[J].经济评论,2002(4):55—59.

124. 张乐天.城乡教育差别的制度归因与缩小差别的政策建议[J].南京师大学报(社会科学版),2004(3):71—75.

125. 丁国光.城乡二元结构的形成与突破[J].中国财政,2008(16):27.

126. 马国贤.中国义务教育资金转移支付制度研究[J].上海财经大学学报,2002(6):45—52.

127. 杜育红.中国义务教育转移支付制度研究[J].北京师范大学学报(人文社会科学版),2000(1):23—31.

128. 胡骏根.农村税费改革转移支付资金在拨付、使用中存在的问题及对策[J].审计与理财,2004(10):Z0.

129. 蒋鸣和等.中国贫困县教育财政与初等教育成本——491个国家级贫困县的分析[J].教育与经济,1997(4):31—44,55.

130. 陈锦辉,彭伟.关于免费师范生教育实施问题的思考[J].教育教学论坛,2012(23).

131. 吴松元.中小学教师流动制度建立的理性思考[J].教师教育研究,2008(4):35—39.

133. 祝影.中国城乡经济发展差异的文化探析[J].探索,2003(3):115—117.

134. 戈玲.试析当代青年价值观念变化对其政治倾向形成的影响[J].中国青年政治学院学报,2000(2):10—15.

135. 俎媛媛.我国教育的城乡差异研究——一种文化再生产的视角[J].教

育理论与实践,2006(10):22—25.

136.刘曙东.中国近代城乡的文化差异及启示[J].湖南文理学院学报,2007(1):75—77.

137.高政,邓莉.教育公平的文化视角[J].清华大学教育研究,2010(4):8—14.

138.吴家庆,陈利华.改革开放以来我国农村基础教育政策创新发展的特点[J].湖南师范大学社会科学学报,2008(4):11.

139.许杰.重心下移:义务教育均衡发展政策走势[J].中国教育学刊,2012(3):6—8.

140.罗业委.义务教育教师绩效工资制度实施现状分析[J].知识与经济,2010(2):148—149.

141.张茂聪,杜文静.教育政策评估:基本问题与研究反思[J].教育科学研究,2013(10):19—24.

142.江红霞.简论教育政策制定中人的有限理性[J].教学与管理,2006(3):3.

143.王智超,杨颖秀.教育政策制定过程中的滞后现象[J].现代教育管理,2010(7):40—42.

144.肖远军,李春玲.我国教育法制建设的回顾与反思[J].重庆大学学报(社会科学版),2000(5):69—71.

145.范国睿,孙翠香.教育政策执行监测与评估体系的构建[J].教育发展研究,2012(5):54—60.

147.李志强.基础教育均衡发展问题研究——以"区域"的视角分析[D].华东师范大学,2006.

148.江赛蓉.服务型政府背景下的教育公共服务性[J].现代教育论丛,2009(12):24—27.

149.张振芝.教育公平:和谐社会教育政策的基本价值取向[J].辽宁师范大学学报(社会科学版).2011(2):121—122.

150.李玲,杨舒涵,韩玉梅,赵怡然.城乡义务教育学校标准化建设优化研究——基于学龄人口变化趋势预测[J].教育研究与实验,2012(4):20—24.

152.葛红林.从农村标准化学校建设看政府公共服务供给[J].中国行政管理,2010(11):121—122.

153.陈时见,刘义兵,张学斌.师范生免费教育政策的实施状况与发展路径——基于师范生免费教育的现状调查[J].教师教育学报,2015(4):57—65.

154.麻跃辉.中小学教师流动中权益保障的对策分析[J].内蒙古师范大学(教育科学版),2007(6):27—29.

155.周彬.透过"教师流动"筹划"教育动态均衡"[J].上海教育科研,2006(11):1.

156.卫倩平.农村中青年教师流动问题研究[J].中国成人教育,2011(01):57—59.

157.吴松元.中小学教师流动制度建立的理性思考[J].教师教育研究,2008(4):35—39.

158.韩小雨,庞丽娟,谢云丽.中小学教师编制标准和编制管理制度研究:基于全国及部分省区现行相关政策的分析[J].教育发展研究,2010(8):15—19.

159.薛海平,李岩.中国城乡义务教育均衡发展预警机制研究[J].首都师范大学学报(社会科学版),2013(2):132—137.

(3)学位论文

1.张向平.洛克菲勒基金会对美国黑人教育的影响及其模式分析[D].河北:河北大学,2009.

2.王强.理想与现实:美国农村普及教育史研究[D].南京:南京师范大学,2007.

3.赖秀龙.区域性义务教育师资均衡配置的政策研究[D].上海:华东师范大学,2011.

4.吴明清.教育优先区计划之检讨与规划研究[D].台北:国立台北师范学院,1997.

5.姚艳杰.英国义务教育入学政策研究[D].福州:福建师范大学,2008.

6.李春霞.英国"城市教育优异计划"(EIC)研究[D].西南大学,2011.

7.洪建峰.芬兰基础教育改革研究:从兼顾公平和卓越的视角[D].浙江:浙江师范大学,2012.

8.石春玉.芬兰的教育成功之路及对我国教育改革的启示[D].山东:山东师范大学,2005.

9.白韶红.我国农村义务教育财政转移支付问题研究[D].重庆:重庆大学,2007.

10. 冯学军.中国义务教育财政投入不均衡问题研究[D].沈阳:辽宁大学,2013.

11. 杨建平.新时期我国基础教育均衡发展的对策研究[D].成都:电子科技大学,2008.

12. 李迎.我国财政投入对义务教育均横发展的影响分析研究[D].长沙:长沙理工大学,2012.

13. 赵颖.我国农村义务教育财政转移支付制度的运行绩效研究——以公平和效率为视角[D].北京:首都师范大学,2008.

15. 王怀兴.中国农村基础教育政策研究——基于人力资本投资的视角[D].吉林:吉林大学,2009.

17. 刘洁.我国农村义务教育财政转移支付问题研究[D].青岛:中国海洋大学,2013.

18. 姚琳.义务教育师资力量均衡发展的对策探讨[D].武汉:华东师范大学,2008.

19. 董琳娜.农村寄宿制学校设施建设现状研究——以民乐县四所学校为例[D].兰州:西北师范大学,2012.

20. 姚会军.英国综合中学发展研究(1944—1980)——追求教育机会均等的视角[D].河北大学,2006.

(4)其他

1. 王传军.美国城镇化的"破"与"立".光明日报,2013-2-5(8).

2. 田静,施江滨.美国教育政策中"农村"概念界定的应用与问题[Z].农职业教育与经济社会发展——云南省农业教育研究会2010年学术年会论文汇编,2010年.

3. 中华人民共和国财政部.加拿大政府间财政关系.http://www.mof.gov.cn/mofhome/guojisi/pindaoliebiao/cjgj/201406/t20140620_1102271.html

4. 钱敏锋,陈侠.加拿大2015年普及5M宽带[N].人民邮电报,2011-5-26.

5. 张梦颖编译.加拿大大学建立可持续计划目录数据库为农村规划者打开协同合作大门[N].中国社会科学报,第452期.

6. 法国审计法院"审问"教育不公平.法制网.2010-05-25.

7. 中国名校生源急剧变迁农村学生难入名牌大学[N].南方周末,2011-08-06.

8. 国家中长期教育改革和发展规划纲要(2010—2020年)[EB/OL].(2014—10—20).http://www.china.com.cn/policy/txt/2010－03/01/content_19492625_3.htm.

9. 教育部财政司,国际统计局社会科技和文化产业统计司.中国教育经费统计年鉴(2011)[Z].北京:中国统计出版社,2012:632.

10. 中国教育部官网2013年教育统计数据

11. 北京十一学校官网[EB/OL].http://www.bjshiyi.org.cn/ArticleShow.aspx?id=156.

12. 张琳.南京市教育局调查显示:一个高中生年需五千元[N].扬子晚报.2003—3—21(2).

13. 周济.城乡之间教育最重要的差距是教师队伍差距[EB/OL].[2009—09—11].http://www.china.com.cn/news/2009—09/11/content_18507801.htm.

14. 中国教育新闻网.部分特岗教师的困惑:坚守还是逃离?[EB/OL].http://www.jyb.cn/basc/sd/201405/t20140506_580619.html.

15. 岩华.(美国)中华发展战略研究所报告:下个世界还属于中国吗[N].WWW.shuku.net

16. 中国青年报.现实免费师范生政策初衷尚需时日[N].2011—2—22.

17. 光明日报.2014年高校毕业生将达727万创历史新高[N].2013—12—09.

18. 中华人民共和国教育部门户网站.后"4%时代"的民生追求——写在国家财政性教育经费支出占4%目标实现之际(下)[EB/OL].(2013—03—06)[2013—04—02].http://www.moe.gov.cn/publicfiles/business/htmlfiles/moe/s7237/201303/148308.html

19. 新华社.2005—3—5 电

20. 中华人民共和国统计局.中国统计年鉴(2008)[Z].北京:中国统计出版社

21. 教育部财政司,国际统计局社会科技和文化产业统计司.中国教育经费统计年鉴(2011)[Z].北京:中国统计出版社,2012:627.

二、外文类

1. DeYoung, A. J. (2002). Dilemmas of rural life and livelihood: Aca-

demics and community. (Working Paper No. 3). ACCLAIM. Research monograph series. http://files.eric.ed.gov/fulltext/ED471920.pdf

2. Larson, Rick; McCullough, Gair. (1996). REAL Enterprises:" A Chance To Build Something That's Your Own." Active Learner: A Foxfire Journal for Teachers, v1 n2 p12－15

Henness, Steven A. (2001). K－12 Service－Learning: A Strategy for Rural Community Renewal and Revitalization. http://files.eric.ed.gov/fulltext/ED461466.pdf

3. Daniel V. Brigman. (2009). Effectively Leading a School District toward School Consolidation [D]. New York: Trevecca Nazarene University. 2009:19

4. Mulcahy, Dennis. (1992a) Do We Still Have Multi－Grade Classrooms. Morning Watch. Vol. 20, Nos. 1－2, pp:1－8.

5. Knapczyk, D. & Chung, H. (1999). Designing Effective Learning Environments for Distance Education: Integrating Technologies to Promote Learner Ownership and Collaborative Problem Solving. In B. Collis & R. Oliver (Eds.), Proceedings of EdMedia: World Conference on Educational Media and Technology 1999 (pp. 742－746). Association for the Advancement of Computing in Education (AACE). Retrieved August 17, 2015 from http://www.editlib.org/p/6639.

6. Barley, Z. A., and Brigham, N. (2008). Preparing teachers to teach in rural schools (Issues & Answers Report, REL 2008－No. 045). Washington, DC: U. S. Department of Education, Institute of Education Sciences, National Center for Education Evaluation and Regional Assistance, Regional Educational Laboratory Central. Retrieved from http://ies.ed.gov/ncee/edlabs.

7. Hudson, Mildred. Final Report(revised)for the National Study of Community College Career Corridors for K－13 Teacher Recruitment. Washington. DC: Office of Educational Research and Improvement, 2002.

8. Rennie Center for Education Research & Policy. (Fall 2009). Preparing tomorrow's teachers: The role of practice－based teacher preparation programs in Massachusetts. Cambridge, MA: Rennie Center for Education Research & Policy.

9. U. S. Department of Education. 24 New Teacher Quality Partnership Grants Totaling More Than $35 Million Awarded to Recruit, Train and Support More Science, Technology, Engineering and Math Teachers Major Progress on President's Goal to Prepare 100,000 Excellent STEM Teachers. SEPTEMBER 25,2014

10. U. S. Department of Education. Key Policy Letters Signed by the Education Secretary or Deputy Secretary. March 31,2004

11. J. Donald Wilson, "Education in Upper Canada: Sixty Years of Change." in J. Donald Wilson, Robert M. Stamp and Louis Philippe Andet (eds.) Canadian Education: a History, Prentice—Hall of Canada, Ltd., 1970.

12. Sir George William Ross (1896). The school system of Ontario (Canada) its history and distiDi Mascio, Anthony. The Idea of Popular Schooling in Upper Canada: Print Culture, Public Discourse, and the Demand for Education. McGill—Queen's University Press, 2012.

13. Roderick MacLeod and Mary Anne Poutanen. A Meeting of the People: School Boards and Protestant Communities in Quebec, 1801—1998. Montreal and Kingston: McGill—Queen's University Press, 2004.

14. Bruce Curtis. Joseph Lancaster in Montreal (bis): Monitorial Schooling and Politics in a Colonial Context. Historical Studies in Education / Revue d'histoire de l'éducation 17,1 (2005):1—27.

15. Wendie Nelson. The Guerre Des Etelgniors: School Reform and Popular Resistance in Lower Canada: 1841—1850.

16. Murphy, F. Michael. The Common School Amendment Acts of the 1830s and the Re—shaping of Schooling in London, Upper Canada. Historical Studies in Education / Revue d'histoire de l'éducation 8,2 (1996):147—166.

17. C. E. Philips. The Development of Education in Canada. Toronto, W. J. Gage, 1957, p227.

18. W. M. G, Leamed and K. C. M. Sills, Education in the Maritime Provinces of Canada, New York, Carnegie Foundation for the Advancement of Teaching, 1922, PP. 9—10.

19. Margaret Conrad, Alvin Finkel, Cornelius Jaenen. History of the Canadian peoples: 1867 to Present. Volume II, pp199—200.

20. C. E. Philips. The Development of Education in Canada. Toronto, W. J. Gage,1957. P183－184.

21. F. Henry Johnson. A Brief History of Canadian Education[M]. Ontario Teachers' Federation,1994,p 266

22. F. Henry Johnson. A Brief History of Canadian Education[M]. Ontario Teachers' Federation,1994,p 104

23. J. M. McCutcgen. Public Education in Canada, Toronto: Best,1941,P171.

24. W. F. Dyde. Public Secondary Education in Canada, New York: Teacher's College,Columbia University,1929. P. 41.

25. J. W. Chalmers,Schools of the Foothill Provinces ,University of Toronto Press,1967,P. 26.

26. C. E. Philips. The Development of Education in Canada. Toronto, W. J. Gage,1957. P194.

27. nctive features. D. Appleton and company. Retrieved 15 April 2013. , p4

28. Theodore Michael Christou. (2009). Parallel Progressivist Orientations:Exploring the Meanings of Progressive Education in Two Ontario Journals,The School and The Canadian School Journal,1919－1942. A thesis submitted to the Faculty of Education in conformity with the requirements for the degree of Doctor of Philosophy, Queen's University Kingston, Ontario, Canada.

29. John E. Lyons,Bikkar S. Randhawa,Neil A. Paulson. . The Development of Vocational Education in Canada. Canadian Journal of Education, 1991,16(2):137－150.

30. Act,Canada. Dept. Of Agriculture. Office Of The Agricultural Instruction. Dominion Aid to Agricultural Instruction in Canada. 1917. Reprint. London:Forgotten Books,2013. Print.

31. E. C. Guillet,In the Cause of Education,University of Toronto Press, 1960,P. 398.

32. Statistics Canada,Canada Year Book 1988 Ottawa,1989,pp 6－7.

33. Youth Unemployment in Canada:Challenging Conventional Thinking?

By the Certied General Accountants Association of Canada. http://www.cga-canada.org/en-ca/ResearchReports/ca_rep_2012-10_youthunemployment.pdf

34. Statistics Canada, 2001 Census Dictionary, Catalogue no. 92-378-XIE. Ottawa; 2003.

35. The Canada Year Book[Z],1997. Statistics Canada,1997.

36. L. Gary Hart, Eric H. Larson, and Denise M. Lishner. Rural Definitions for Health Policy and Research. American Journal of Public Health:July 2005, Vol. 95, No. 7, pp. 1149-1155.

37. Canada Postal Guide — Addressing Guidelines". Canada Post. 15 January 2007.

38. 2001 Census Analysis Series— A profile of the Canadian population: where we live, Statistics Canada, Catalogue:96F0030XIE010010001.

39. Colombo, R. John. The Canadian Global Almanac, Toronto 1997.

40. Statistics Canada. The Canadian Population in 2011: Population Counts and Growth". February 2012.

41. 世界卫生组织. 加拿大的人口组成_加拿大人口概况. http://www.renkou.org.cn/countries/jianada/2014/1993.html

42. Statistics Canada . Education indicators in Canada [M]. Ottawa:1999.

43. Minister's National Working Group on Education, Our Children — Keepers of the Scared Knowledge: Final Report of the Minister's National Working Group on Education. Commissioned by the Department of Indian Affairs and Northern Development, December 2002. http://dsp-psd.pwgsc.gc.ca/Collection/R41-9-2002E.pdf.

44. Breau, S. , Rising inequality in Canada:A regional perspective, Applied Geography (2014), Retrieved from http://dx.doi.org/10.1016/j.apgeog.2014.11.010

45. British Columbia Ministry of Education. 2002. Legislation Update: Bill 34, The School Amendment Act, 2002. Retrieved from http://www.bced.gov.bc.ca/legislation/legp202.htm

46. The Legislative Assembly of British Columbia. November 23, 2001. Legislative Session:2nd Session, 37th Parliament, Select Standing Committee

on Education, Minutes and Hansard. Retrieved from http://www.leg.bc.ca/cmt/37parl/session-2/edu/hansard/e11123a.htm

47. British Columbia Ministry of Education. 2012. Actual Sources of Other Operating Revenue by School District. Retrieved from http://www.bced.gov.bc.ca/accountability/district/revenue/0809/

48. Keep Five Alive Coalition. 2004. Keep Five Alive! Retrieved from http://www.keepfivealive.ca

49. Murphy, P. J, & Angelski, K. (1996/1997). Rural teacher mobility: A report from British Columbia. Rural Educator, 18(2), 5-11.

50. Buettner, R. (2004). Coping mechanisms used by rural principals. Retrieved from the S.S.T.A. Research Centre: www.ssta.sk.ca/research/leadership/95-13.htm.

51. Stelmach, B. (2004). Unlocking the schoolhouse doors: institutional constraints on parent and Community involvement in a school improvement initiative. Retrieved from The Canadian Journal of Educational Administration and Policy: www.umanitoba.ca/publications/cjeap/articles/stelmach.html.

52. Statistics Canada (2012). Data produced by Statistics Canada. Labor Force Survey 2012. Ottawa: Statistics Canada, 2012. http://www4.hrsdc.gc.ca/.3ndic.1t.4r@-eng.jsp?iid=32#M_1

53. Postsecondary Education Participation among Underrepresented and Minority Groups[EB/OL]. http://www.statcan.gc.ca/pub/81-004-x/2011004/article/11595-eng.htm

54. Statistics Canada, 2008. Aboriginal Identity (8), Highest Certificate, Diploma or Degree (13), Major Field of Study - Classification of Instructional Programs, 2000 (14), Attendance at School (3), Area of Residence (6), Age Groups (10A) and Sex (3) for the Population 15 Years and Over, for Canada, Provinces and Territories, 2006 Census - 20% Sample Data. Catalogue number: 97-560-XCB2006036.

Hull, J. (2009). Postsecondary completion rates among on-reserve students: Results of a follow-up survey. Canadian Issues, 59 - 64.

55. O'Grady, Kathryn & Houme, Koffi. PCAP 2013 Report on the Pan-Canadian Assessment of Science, Reading, and Mathematics, on October

7,2014.

56. Department of Finance Canada. Federal Support to Provinces and Territories. http://www.fin.gc.ca/access/fedprov—eng.asp

57. Tehaliwaskenhas, Bob Kennedy, Oneida. Turtle Island Native Network News briefs for March 2005. http://www.turtleisland.org/discussion/viewtopic.php?p=5539

58. Ontario Ministry of Education. Teacher Performance Appraisal: Technical Requirements Manual 2010. Queen' Printer for Ontario. 2010,20.

59. 2012 BC Education Facts. British Columbia Teachers' Federation [OL]. http://bctf.ca/uploadedFiles/Public/Publications/2012EdFacts.pdf.

60. RodPaige, & Joseph A. Esposito. Attracting, Developing and Retaining Effective Teachers: Background report for the United States[R]. The United States Department of Education, 2004.

61. The Alberta Teachers' Association. Teaching in the Early Years of Practice: A Five—Year Longitudinal Study. An ATA Research update. 2013, June.

62. Ontario Ministry of Education. Compilation of Professional Development Core Content to Support the New Teacher InductionProgram(NTIP) A Resource for Board NTIP Teams, September 2008.

63. Government of Canada. . Bill C—33: First Nations Control of First Nations Education Act, April 10, 2014. http://www.parl.gc.ca/HousePublications/Publication.aspx? Language=E&Mode=1&DocId=6532106

64. Egerton Ryerson. Report on a system of Public Elementary Instruction for Upper Canada, 1846. in J. George Hodgins, Documentary History of Education in Upper Canada, vol. 6 (1846). Toronto: Warwick Bros. & Rutter, 1899, P74.

65. Susan E. Houston and Alison Prentice, Schooling and Scholars in Nineteenth—Century Ontario. Toronto, Canada: University of Toronto Press, 1988, p115.

66. 法国教育官网 http://vosdroits.service—public.fr/particuliers/F1878.xhtml

67. Office for standards in education. Access & Achievement in Urban Education. A report from the Office of Her Majesty's Chief Inspector of Schools [R]. London:HMSO,1993.

68. Frances Castle,Jennifer Evans. Specialist Schools:What do We Know? [R/OL]. [2009－03－]. (2013－08－10). 22RISE:http://www. risetrust. org. uk/specialist. html.

69. Jesson,Crossley. Educational Outcomes and Value Added by Specialist Schools:2005 Analysis[R/OL]. The Specialist Schools and Academies Trust 2006:19.

70. The Academies Programme:Progress,Problems and Possibilities[EB/OL]. [2011－12－25]. (2013－08－10). http//thegovernor. org. uk/freedownloads/acadamies/Sutton%20Trust%20on%20Acade mies. pdf.

71. Aboutacademies[EB/OL]. [2011－12－25]. (2014－08－10). http://www. education. gov. uk/schools/leadershiptypesofschools/academies/a0061252/about－academie.

72. H,J. Hahn. Education and Society in Germany [M]. Oxford:New York,1988,96.

73. Ackeren Iv,Klemm K,Entstehung,Struktur and Steuerung des deutschen Schulsystems[M]. 2,Auflage. Wiesbaden:Vsverlagfur Sozialwissenschaften,2011.

74. Statistisches Bundesamt. Bildungsfinanzierungsbericht 2010 [R]. Wiesbaden:Statistisches bundesamt,2010.

75. Prenzel Mua(Hrsg). PISA 06 in Deutschland. Die Kompetenzen der Jugendlichen im dritten Landerverleich[R]. Munster. Waxmann,2008.

76. KMK(Hrsg),Das Bildungswesen in der Bundesrepublik Deutschland 2009[R]. Bonn:KMK,2010:108－110.

77. Klieme E,et al(Hrsg). PISA 2009. Bilanz nach einem Jahezehnt [R]. Munster,Waxmann,2010.

78. Maaz K,Banmert J,Cartina K S. Soziale and reguinale Ungleichheit im deutschen Bildungssystem [G] Cortina K S,et al. (Hrsg). Das Bildungswesen in der Bundesrepublik Dentschland . Reinbek bei Hamburg:Rowohlt,2008.

79. Solga H,Dombrowski R. Soziale Ungleichheiten in schulischer und

wuBerschulischer Bildung[R]. Dusseldorf:Hans—Bickler—Stiftung. 2009.

80. Banmert J,Cortina K S,Leschinsky A. Grundlegende Entwicklung und Strukturprobleme im allgemeinbildenden Schulwesen[G] Cortina K S,et al.(Hrsg). Das Bildungswesen in der Bundesrepublik Dentschland . Reinbek bei Hamburg:Rowohlt,2008:92.

81. Autorengruppe Bildungsberichterstattung. Bildung in Deutschland 2010[R]. Bielefeld:wbv,2010.

82. Peisert H. Soziale Lage und Bildungschancen in Deutschland[M]. Munchen:piper,1967.

83. KMK(Hrsg). Das Bildungswesen in der Bundesrepublik Deutschland 2009[R]. Bonn:KMK,2010,125.

84. Ackeren Iv,Klemm K,Entstehung,Struktur and Steuerung des deutschen Schulsystems[M]. 2,Auflage. Wiesbaden:VS verlag fur Sozialwissenschaften,2011. 157.

85. Erkki Aho,Kari Pitkanen and Pasi Sahlberg. Policy development and reform principles of basic and secondary education in Finland since 1968[M]. Washington,DC:World Bank. 2006:44

86. Joel Kivirauma,Kari Ruoho. Excellence through Special Education？Lessons from the Finnish School Reform[J]. Review of Education,2007.

87. Joel Kivirauma,Kari Ruoho. Excellence through Special Education？Lessons from the Finnish Encyclopedia of Educational Research. P1631.

88. Kaestle F. Carl. (2008). Victory of the Common School Movement:A turning point in American educational history. In Historians on America:Decisions that makes a Different,edt. by George Clark. Dot1q publishing,2010.

89. SchoolReform[J]. Review of Education,2007.

90. Richard,B. ,Boone. Education in the United States:Its History from the Earliest Settlements. New York:Thoemmes Press, 1889,P. 19.

91. Kaestle F. Carl. (2008). Victory of the Common School Movement:A turning point in American educational history. In Historians on America:Decisions that makes a Different,edt. by George Clark. Dot1q publishing,2010.

92. Kaestle F. Carl. (2008). Victory of the Common School Movement:A turning point in American educational history. In Historians on America:De-

cisions that makes a Different,edt. by George Clark. Dot1q publishing,2010.

93. Kaestle F. Carl. (2008). Victory of the Common School Movement:A turning point in American educational history. In Historians on America:Decisions that makes a Different,edt. by George Clark. Dot1q publishing,2010.

94. Boone,Richard G. Education in the United States:Its History from the Earliest Settlements. Whitefish:Kessinger Publishing,2011.

95. Beyond the One－Room Schoolhouse. "American Eras. 1997. Encyclopedia. com. 13 Aug. 2015 <http://www. encyclopedia. com>.

96. Laws,Connecticut. The Code of 1650. 1830. Reprint. London:Forgotten Books,2013. Print.

97. Sukko Kim & Robert A. Margo. Historical Perspective on U. S. Geography. Handbook of Regional and Urban Economics,2003,Volume 4,August:1－44

98. Mitzel,Harold E. ,Encyclopedia of Educational Research,Fifth Edition,New York:The Macmillan Publishing Co. ,Inc. 1982,P. 169.

99. Gaumnitz,W. H. Availability of Public School Education in Rural Communities,U. S. office of Education,Bulletin,1930. No. 34,P53.

100. Katz,Stanley N. Reshaping U. S. Public Education Policy. Stanford Social Innovation Review,Spring 2013. 11(2),24－26.

101. Loma Jimerson. The Devil is In the Details:Rural－Sensitive Best Practices for Accountability Under NCLB. [EB/OL]. http://ruraledu. org

102. No child Left Behind and Rural Education Implications for Policy and Practice. [EB/OL]http ://www. nasbe. org.

103. Deck,Frank D. ,Shoffstall,Grant W.. How Do Rural Schools Fare Under a High Stakes Testing Regime?

104. Journal of Research in Rural Education,2005,20 (14).

105. Davidson,Elizabeth,Randall Reback,Jonah E. Rockoff,and Heather L. Schwartz. Fifty Ways to Leave a Child Behind:Idiosyncrasies and Discrepancies in States' Implementation of NCLB. . NBER Working Paper No. 18988. April 2013. JEL No. H7,H75,I21,I28

106. US Census Bureau Census 2000 Summary Files.

107. National Center for Education Statistics. Common Core of Data Pub-

lic Elementary and Secondary School District Universe.

108. National Center for Education Statistics Common Core of Data Public Elementary and Secondary School District Universe,1995—1996.

109. National Center for Education Statistics Common Core of Data Public Elementary and Secondary School District Universe,1998—1999.

110. National Center for Education Statistics Common Core of Data Public Elementary and Secondary School District Universe,2002—2003.

111. Few Rural Schools Benefit from New "Flexibility" Rules for NCLB Highly Qualified TeacherProvisions[N]. Rural Policy Matters,2004. 6.

112. Save the Children. (2002). America's forgotten children:Child poverty in rural America. Retrieved May 13, 2015, from http://www.savethechildren.org/usa/report_download.asp

113. Cohn,D'vera. Adding Context to the Census Bureau's Income and Poverty Report. Pew Research Center Report. 2011. http://www.pewsocialtrends.org/2011/09/12/adding-context-to-the-census-bureaus-income-and-poverty-report/

114. National Center for Law and Economic Justice. Poverty in the United States:A Snapshot. 2013,Report. http://www.nclej.org/poverty-in-the-us.php

115. National Center for Education Statistics. The Condition of Education 2014. http://nces.ed.gov/pubs2014/2014083.pdf

116. National Center for Education Statistics. The Condition of Education 2014. http://nces.ed.gov/pubs2014/2014083.pdf

117. Orfield,Gary,EricaFrankenberg. Great Progress,a Long Retreat and an Uncertain Future. Civil Rights Project/Proyecto Derechos Civiles, May, 2014. http://civilrightsproject.ucla.edu/research/k-12-education/integration-and-diversity/brown-at-60-great-progress-a-long-retreat-and-an-uncertain-future/Brown-at-60-051814.pdf

118. National Center for Education Statistics. The Condition of Education 2014. http://nces.ed.gov/pubs2014/2014083.pdf

119. National Center for Education Statistics. The Condition of Education 2014. http://nces.ed.gov/pubs2014/2014083.pdf

120. Patricia Canapé Hammer, Georgia Hughes, Caria McClure, Cynthia Reeves, Dawn Salgado. Rural Teacher Recruitment and Retention Practices: A Review of the Research Literature, National Survey of Rural Superintendents, and Case Studies of Programs in Virginia. 2005. 12.

121. Terri Duggan, Schwartzbeck, Cynthia D. Price, Doris Redfield, Helen Morris, Patricia Canapé Hammer. How Are Rural School Districts Meeting the Teacher Quality Requirements of No Child Left Behind? [R]. American Association of School Administrator & Appalachia Educational Laboratory. 2003.

122. Debra Hughes Jones, D. H.; Alexander, C.; Rudo, H. Z.; Pan, D.; Vaden-Kiernan, M. Teacher Resources and Student Achievement in High-Need Schools. [R]. Southwest Educational Development Laboratory, 2006.

123. U. S. Department of Education, Office of Postsecondary Education, The Secretary's Fourth Annual Report on Teacher Quality: A Highly Qualified Teacher in Every Classroom, Washington, D. C., 2005.

124. Birman, Beatrice, Kerstin Carlson Le Floch, Amy Klekotka, Meredith Ludwig, James Taylor, Kirk Walters, Andrew Wayne, Kwang - Suk Yoon, Georges Vernez, Michael Garet and Jennifer O'Day. State and Local Implementation of the No Child Left Behind Act: Volume II -- Teacher QualityUnder NCLB: Interim Report. Santa Monica, CA: RAND Corporation, 2007. http://www.rand.org/pubs/reprints/RP1283.

125. Economics and Statistics Administration & National Telecommunications and Information Administration. Exploring the Digital Nation: Computer and Internet Use at Home. 2011, November. http://www.ntia.doc.gov/files/ntia/publications/exploring_the_digital_nation_computer_and_internet_use_at_home_11092011.pdf

126. United States Government Accountability Office. FCC Should Improve the Accountability and Transparency of High-Cost Program Funding. Highlights of GAO-14-587, a report to congressional requesters. 2014, July. http://www.gao.gov/assets/670/664939.pdf.

127. Murnane, Richard J. John P. Papay. 2010. "Teachers' Views on No Child Left Behind: Support for the Principles, Concerns about the Practices."

Journal of Economic Perspectives, 24 (3): 151 – 66. http://www. aeaweb. org/articles. php? doi=10. 1257/jep. 24. 3. 151

128. Lawrence, Barbara K, Bingler, Steven, Diamond, Barbara M. , Hill, Bobbie, Hoffman, Jerry L. Howley, Craig B. , Mitchell, Stacy; Rudolph, David, & Washor, Elliot. (2002, September). Dollars & sense: The cost effectiveness of small schools. [Electronic version]. Retrieved from The Rural School and Community Trust Web site.

129. Louisiana Public Schools Show Dramatic Improvement, School Scores Show[EB/OL] . http://www. doe. state. la. us/lde/comm/pr. asp? PR=605

130. Congress U S. American recovery and reinvestment act of 2009[J]. Public Law, 2009 (111−5):11L

131. Cubberley, Ellwood Patterson. Public Education in the United States. [M], Houghton Mifflin, 1942.

132. FreeSchool[EB/OL]. [2012−1−6]. (2014−08−10). http://www. education. gov. uk/schools/leadership/typesofschools/free schools.